Ipsa varietate tentamus efficere, vt alia aliis, quædam fortasse omnibus placeant. Plinius Iunior lib. 4. Epist. 14.

A MES PROCHES,

Et à tous mes illustres Amis.

MESSIEVRS,

Ie ne sçaurois vous donner vne meilleure marque de l'estime que ie fais de vostre amitié, que de vous donner ma propre Vie : car c'est ainsi que ie puis appeller les Memoires que ie vous presente, où i'ay essayé de raporter fidellement toutes les choses que i'ay vuës : & ie m'y suis voulu depeindre assez naïuement, pour vous laisser vn portrait de moy tout entier, en vous contant mes habitudes & mes inclinations, auec vne bonne partie de ce qui est venu à ma connoissance depuis que ie suis au monde. Là, MESSIEVRS, vous vous trouuerez vous-mesmes. I'y parle de vous en diuerses rencontres: i'y tesmoigne la passion que i'ay de vous honorer, & ie n'impose point : mais ie vous asseure que si vous pouuiez lire dans mon cœur, vous vous y verriez bien d'autre sorte, ayant pour vostre vertu, & pour toutes vos bonnes qualitez, des ressentiments que ie ne sçaurois exprimer de bouche ni par escrit ; quoy que ie vous

MEMOIRES DE MICHEL DE MAROLLES,

ABBÉ DE VILLELOIN.

DIVISEZ EN TROIS PARTIES.

Contenant ce qu'il a vû de plus remarquable en sa vie, depuis l'année 1600.

Ses entretiens auec quelques-vns des plus sçauants hommes de son temps.

ET

Les Genealogies de quelques familles alliées dans la sienne, auec vne brieue description de la tres-illustre Maison de Mantouë & de Neuers.

Alteri viuas oportet, si tibi vis viuere.

A PARIS,
chez ANTOINE DE SOMMAVILLE, au Palais, en la Gallerie des Merciers, à l'Escu de France.

M. DC. LVI.

AVEC PRIVILEGE DU ROY.

aye dit quelquesfois que ie porte mon cœur sur mes léures. Cependant vous auez esté l'vn des principaux motifs de mon Ouurage, par le desir que i'ay eu d'acquerir de la gloire, en publiant que vous m'auez donné part à vostre bien-veillance, & que i'ay ioüi souuent de la douceur de vostre entretien. Et certes, quand il n'y auroit eu que cela, ce seroit presque assez pour le dessein que ie me suis proposé. Mais ie vous entretiendrai encore de bien d'autres choses pour ne vous rien celer : & ie ne sçay pas mesmes si vous ne me ferez point de reproches de vous en auoir trop dit. Me puis-je promettre que vous lirez volontiers les petites choses de mon enfance ? Renouuellerai-je agreablement en vostre souuenir les basſesses du College? Ay-je quelque chose de meilleur à vous dire ? Qu'auez-vous à faire de tout ce que ie vous conterai de ma ieunesse ? Quelle rareté si grande y a-t-il dans toutes les choses que i'ay vuës? Et de quelles actions remarquables vous peut entretenir vn homme de lettres, qui n'a point fait de voyages, & qui ne s'est point embarrassé dans les affaires du grand monde? Au reste, MESSIEVRS, ie puis croire que vous n'aurez pas grand souci d'apprendre quels sont mes sentiments, & que comme ma Philosophie n'a point de charmes si merueilleux, qu'elle soit capable de vous toucher; ie ne voy pas aussi qu'il vous importe fort que ie vous die les noms des familles considerables à qui i'ay l'honneur d'appartenir. Voilà pourtant toute l'œconomie de mon Ouurage, que i'ay composé de memoire, sans le secours d'aucun Liure, parce que i'ay crû n'en auoir pas besoin. Mais s'il y a peu d'artifices, ie vous puis asseurer au moins, qu'il y a beaucoup de verités. Ce n'est pas que i'aye pretendu ni en detenir aucune dans le silence de celles que ie sçay i'auouë que i'en ſçay vn peu plus que ie n'en ai dit : mais la diſcretion n'en a pas deſiré dauantage de ma propre confeſſion : & puis tout le monde n'eſt pas capable de les receuoir & d'en profiter.

Apres tout, MESSIEVRS, ie ſuis aſſeuré qu'il n'y a rien de ſi nouueau, ni de ſi rare au monde, dont vous ne puiſſiez vous paſſer fort aiſément. Il y a peu de choſes neceſſaires dans tous les Liures : & pourueû qu'il y en ait quelques-vnes d'agreables & de diuertiſſantes pour vn honneſte entretien, ie croy que cela ſuffit. Peut-eſtre que le mien n'en ſera pas entierement denué : & ie ſerai raui que vous ayez la bonté de m'en dire vn iour voſtre auis.

Mes Proches, & entre-autres mes Neueux, me ſçauront peut-eſtre gré des choſes aſſez particulieres & honorables que ie dis de ceux dont nous ſommes ſortis; ils connoiſtront les Maiſons importantes auſquelles nous auons l'honneur d'appartenir, prendront exemple, s'ils veulent, ſur la moderation de mon eſprit, & s'encourageront ſur le modelle de leur Ayeul à faire des actions qui ne dementent point la nobleſſe de leur extraction. Quant à mes Amis, ie les conjure de ſuporter mes defaux. Ie leur demande auſſi la grace de ne me liurer pas à la rigueur des Iuges impitoyables en matiere de Liures; & de ne charger pas mon Ouurage de loüanges exceſſiues, ſi par hazard, il y auoit quelque choſe qui fuſt à leur gouſt : car ie ſçay le danger du precipice où ces ſortes de loüanges mettent ce qu'elles veulent éleuer trop haut. Oüi, MESSIEVRS, ſi i'en eſtois crû, ni vous ne dechireriez point ces petits Memoires, que i'ay bien voulu honorer de voſtre nom, ni vous n'en feriez point auſſi tant d'eſtat, par vn excez de voſtre ciuilité, que d'autres qui eſcriuent mieux que moy s'en peussent offencer. Mais vous estes trop obligeants & trop iudicieux : & comme ie n'ay pas suiet de craindre le premier, i'en ai beaucoup moins de me défier du second : car, pour en dire la verité, ce dernier danger ne menace que ces hautes testes dont la Renommée porte le nom & la gloire en tant de Regions, & il n'est redoutable que pour ces beaux Esprits qui ont cent bouches qui parlent en leur faueur, & cent plumes qui celebrent tout ce qu'ils font.

I'ay adiouté à la fin de ces Memoires vn abbregé de la Genealogie des Princes de Mantouë, pour satisfaire à mes promesses, & à la curiosité de quelques-vns qui ont desiré sçauoir, comme cette Maison illustre descend des Anciens Roys de Lombardie, & mesmes du premier Roy de cette Dynastie, qui viuoit à la fin du cinquiesme siecle. Ce que i'en ai obserué apres quelques autres, est assez digne de remarque, & pourroit plaire à ceux qui descendent d'vne si noble origine, s'ils estoient vn peu touchez de ces choses-là; Mais les Grands qui ne donnent des marques de leur estime aux particuliers, qu'autant que ces particuliers ont plus ou moins de part en leurs faueurs qui sont assez capricieuses, n'en font point aujourd'huy d'estat, & se contentent le plus souuent de chimeres, qui ne subsistent que dans l'imagination, quoy qu'ils soufriroient mal-aisément qu'on entreprist de iustifier le contraire. I'ay bien voulu ioindre encore à la Maison de Mantouë quelque chose de celle de Neuers, parce qu'elle est fonduë dans celle-là, & que i'ay promis de montrer comme elle y est entrée, ayant passé depuis plusieurs siecles par tant de generations & de familles diuerses. Peut-estre que cette partie ne deplaira pas: et ce qui se trouue dans les autres, y est traité d'vne ma-

niere si serrée & si diuersifiée, que si vostre curiosité vous porte à le lire dans vn grand loisir, i'ose esperer que l'ennuy que vous y pourriez apprehender, ne vous durera pas long-temps. Quoy qu'il en soit, si vous en prenez la peine, vous verrez si par la naiue representation que ie vous offre de moy-mesme, vous iugerez encore vn peu digne de l'honneur de vos bonnes graces,

MESSIEVRS,

Vostre tres-humble & tres-affectionné seruiteur, MICHEL DE MAROLLES,
Abbé de Villeloin.

IE me suis oublié de vous dire que ie ne conseille à pas vn de mes Proches ni de mes Amis, de s'appliquer comme i'ay fait à l'estude, & particulierement à composer des Liures, s'ils pensent que cela serue à leur gloire, ou à leur auancement. Ie suis persuadé que de toutes les personnes de l'Estat, il n'y en a point de plus negligées que celles qui s'adonnent aux lettres : & le petit nombre des bien-heureux en ce genre-là, (ie n'en connois auiourd'huy que deux ou trois) ne doit point imposer, ni faire de consequence à tous les autres. Ie sçai ce qui en est par ma propre experience, & par celle de quelques-vns de vous, & de plusieurs qui sont morts & que i'ay connus, sans que ie m'imagine qu'on ait dessein de me faire changer d'auis. Croyez-moy, Messieurs; pour pretendre aux faueurs de la fortune, il ne faut que se rendre vtile ou complaisant à ceux qui ont beaucoup de credit & d'authorité, estre bien fait de sa personne, flatter les Puissants, souffrir de leur part en riant toute sorte d'injures & de mépris quand ils trouuent bon d'en vser de la sorte, ne se rebuter iamais de mille obstacles qui se presentent, auoir vn front d'airain & vn cœur de rocher, insulter sur les gens de bien persecutez, dire rarement la verité, & paroistre deuot, mesmes auec scrupule, quoy que l'on abandonne toutes choses pour ses propres interets. Apres cela, tout le reste est presqu'inutile. Mais quoy qu'il en soit, ne faisons point le mal afin qu'il en arriue du bien: Reuerons les Puissances souueraines auec tous les respects qui leur sont dubs, & souuenons-nous que la courte durée de nostre vie nou defend de conceuoir icy bas de longues esperances, & que nos iours s'écoulent tandis que nous parlons.

Vitæ summa breuis, spem nos vetat incohoare longam,
Dum loquimur fugit inuida ætas.

Extraict du Priuilege du Roy.

PAR Grace & Priuilege du Roy, en datte du 31. de Decembre 1655. & signé par le Roy en son Conseil, PELISSON FONTANIER: Il est permis à Messire MICHEL DE MAROLLES Abbé de Villeloin, de faire imprimer *Sa Vie, ou ses Memoires*, Contenant ce qu'il a vû pendant sa vie, depuis l'année 1600 iusques à present: & ce durant le temps de dix ans entiers & consecutifs, à commencer du iour que lesdits Memoires seront acheuez d'imprimer: & deffences sont faites à tous Libraires, Imprimeurs & autres, d'en vendre, ny distribuer d'autre Impression que de celle qu'il aura fait faire, ou celuy qui aura droit de luy, pendant ledit temps, sous peine de trois mille liures d'amende, & autres peines mentionnées esdites Lettres, qui sont en vertu du present Extraict, tenuës pour bien & deuëment signifiées.

Et ledit Sieur DE MAROLLES a cedé & transporté le Priuilege mentionné cy-dessus à ANTOINE DE SOMMAVILLE, Marchand Libraire à Paris, pour iouir du contenu en iceluy, suiuant l'accord fait entr'eux.

Les Exemplaires ont esté fournis.

Acheué d'imprimer le 5. Ianuier 1656.

MICHAEL DE MAROLLES
ABB. DE VILLELOIN *An. Æ. 48.*

Gr. del. et f. 1648

LES MEMOIRES DE MICHEL DE MAROLLES, ABBE' DE VILLELOIN.

CONTENANT CE QV'IL A VEV de plus remarquable en sa vie, depuis l'année mil six cens.

IE veux escrire moy mesme les particularitez de ma vie: ie diray le lieu d'où ie suis, les parens à qui ie doy ma naissance, les habitudes que i'ay euës, les occupations que ie me suis données, & les honnestes gens que i'ay connus.

Ie nâquis en Touraine le vingt-deuxiéme iour de Iuillet de l'année 1600 le troisiesme fils, & le quatriesme enfant de Claude de Marolles, & d'Agathe de Chastillon son Espouse, tous deux de familles nobles, l'vne du Diocese de Tours du mesme lieu dont ie porte le nom, assez connuë depuis plus de quatre cents ans, & l'autre du païs de Forests, où depuis cent cinquante ans, elle s'estoit transplantée du Languedoc d'où elle tire son origine.

Mon Pere, dont nostre Histoire de France fait quel-

1600.

** Vray & ancien vsage des Duels par Daudiguier. Aubigni hist. Vniu. f. du Pleix, de Serres. Matth. Pluuinel. la Colombiere. Mezeray.*

Mes parens.

que mention, & particulierement au suiet de son combat * assez memorable qu'il fit deuant Paris entre deux puissantes armées cōtre L'Isle-Mariuaut, le propre iour de la mort du Roy Henry III. & par quelques seruices qu'il a rendus en diuerses occasions, nâquit au mesme lieu de Marolles l'an 1564. de Françoise d'Erian sa Mere: & Agathe de Chastillon à qui ie dois ma naissance, & les principaux soins de mon education, vint au monde l'an 1571. l'ainée des Enfans du second lict de Noel de Chastillon Seigneur du Soleillan en Forests, & de Ieanne de la Vuë son Espouse, fille de Baltasar de la Vuë & de Magdelaine du Puy, qui me donne l'honneur de l'alliance de ces illustres Pierre & Iacques du Puy, si celebres pour leur grand sçauoir, comme ie suis redeuable à quelques autres de mes Ayeules ou bis-Ayeules des alliances des Maisons d'Angenes, de Rets, de Vouhet, de Guenand, de Prie, & d'Amboise, d'où nous pouuons tirer d'vn costé les mesmes descentes qui ont esté induites pour la maison illustre de la Rocheposay.

Ie ne fus pas le dernier des Enfans de nostre famille: comme il y en eut trois qui me deuancerent du ventre maternel, il y en eut trois autres qui me suiuirent dans le mesme ordre que ceux qui m'auoient deuancez, c'est à dire vne fille entre deux fils de l'vn & de l'autre costé. Mais de sept que nous estions, mon frere aîné appellé Claude qui fut nourry Page du Roy Henry IV. mourut en Italie depuis sa sortie de Page en l'aage de 17. ans, & deux autres, celuy qui estoit immediatement auant moy, appellé Gilles, & le dernier de tous nommé Charles, ne vesquirent que peu de mois; de sorte que nous ne restames que quatre, feu mon frere plus jeune que moy d'vn an, ayant laissé plusieurs Enfans de Ieanne de Menou sa seconde femme, & mes sœurs aussi decedées apres auoir laissé vne assez nombreuse posterité: Mais de ces quatre, il ne reste à present que moy seul, auec vn nombre assez considerable de Neveux & de Niepces.

Ma naissance.

I'ay tousiours ouy dire que ie dois en quelque sorte ma

naissance aux plaintes que ma Mere faisoit des lōgues absences de mon Pere, qui estoit toûjours à la Cour, ou dans quelques emplois de guerre ou de voyages: car il est vray que si l'on mettoit bout à bout tout le tēps qu'ils ont esté ensemble en 36. ans qu'ils ont esté mariez, ie ne croy pas qu'il s'en pust trouuer deux entiers: & le plus long sejour de mon Pere en sa maison, n'estoit pas d'vn mois ou de deux; de sorte qu'estant petit iusques à l'aage de dix ans, ie ne le connoissois gueres que dans son portrait. Ce n'est pas qu'il n'eust beaucoup d'estime pour sa femme, & qu'il n'aimast assez sa famille; mais son ambition & son courage ne luy permettoient pas de s'arrester plus longtemps chez luy: & il n'estoit pas d'humeur, ny assez riche aussi pour auoir tousiours ma Mere aupres de soy.

Quand ie vins au monde, il ne se trouua pas dans le païs; de sorte que suiuant ses ordres, il le falut attendre pour me baptiser, ayant dessein de se seruir de cette occasion pour pacifier certain diferent qui s'estoit émû entre des personnes de qualité de la Prouince: Mais il n'en fut pas de besoin: car les choses s'acommoderent par vn autre moyen: & pour témoigner à M. du Gast lors Gouuerneur d'Amboise, qu'il le tenoit de ses amis, il le pria de me tenir sur les Fons, & de me donner son nom, m'ayant fait porter pour cet effet à vne maison appellée la Rochere que nous auions aupres d'Amboise. Madame de la Valiere, Charlote Adam, qui auoit esté nourrie fille d'honneur de la Reine Louyse, y fut conuiée pour estre la Maraine: & Michel du Gast depuis Marquis de Montgauguier me donna son nom. Mon Baptesme.

Ma Mere qui se portoit alors fort biē, me voulut nourrir de son laict, & ie luy ay ouy dire bien des fois que ie n'eus iamais d'autre nourrice qu'elle, quoy qu'elle deuint grosse bien tost apres de Louys de Marolles mon frere puisné qui a laissé les enfans dont i'ay tantost parlé; de sorte que ie ne fus que neuf mois à la mammelle: & si on m'a voulu dire la verité, i'ay commencé à parler à la fin de ce terme là. Mon enfance.

Deux ans apres i'eus vne grande maladie qui faillit 1602.

1602. à m'emporter, & qui s'estant déchargée sur l'œil gauche, m'en a si fort debilité la vuë, que bien qu'il n'y paroisse pas, si est-ce que ie n'en ay iamais vû assez clair pour discerner distinctement les objects. Vn Medecin du Roy appellé Falaiseau qui me guerit, augura des lors, à ce qu'on m'a dit, assez fauorablement de moy, considerant la formation de ma teste, & ayant égard à quelques regles de la physionomie, par lesquelles il iugea que i'estois plustost destiné à vne condition paisible qu'à faire le métier penible & turbulent de ceux dont i'estois descendu. Ce qui fut possible vn sujet à mes Parents de me destiner, comme ils firent bien-tost depuis, à vne autre profession que celle qu'ils auoient tousiours choisie iusques-là dans le dur métier des armes.

Falaiseau.

Ils eurent donc dessein de me faire Abbé, ayant d'ailleurs vn Aisné assez bien fait, qui donnoit de grandes esperances de maintenir la famille, & iugerent à propos de faire mon Frere Louys plus ieune que moy d'vn an, Cheualier de Malthe.

Mes premieres inclinations.

Cette pensée fut assez proportionnée à nos inclinations. Mon Aisné estoit prudent & courageux, mon Cadet impatient, distrait, entreprenant & hardy : & bien que ie fusse assez gay, i'estois pourtant assez posé, & autant amateur de liures & de peintures, que mes Freres l'estoient d'armes, d'espées, de Cheuaux, de chiens & d'équipage de chasse.

Ce ieune frere & moy fusmes nourris ensemble iusques à l'aage de neuf à dix ans : mais auec vne si grande difference d'humeur, qu'il ne s'est peut-estre iamais rien vû de pareil, de deux personnes si proches éleuées de mesme façon. Il me paroissoit haïr tout ce que i'aimois : le bruit qui luy donnoit de la ioye, me faisoit peur : il se passionnoit pour la chasse, tandis que ie me laissois déja toucher aux douceurs de l'harmonie, auec vne auersion que i'auois de ce qui luy plaisoit si fort. Les contes qui se font aux petits enfans, m'entretenoient agreablement, & luy ne les pouuoit souffrir. I'apprenois dé-ja quelques leçons par cœur, & ie sçauois lire que ie n'auois pas encore six ans, ayant aussi formé comme de moy-mesme, sur quelques lettres d'vne bonne Tante que i'auois, & que i'aimois infiniment, vne sorte de caractere pour escrire, au lieu que mon frere auoit peu d'application à toutes ces choses-là : mais en recompence, il paroissoit plus hardy que moy à se tenir à cheual, à tirer de l'arquebuse, & à manier les armes. De-là vint qu'il se rendit beaucoup plus agreable que moy à nos Parents, qui le voyoient plus conforme à leur humeur, & à leur profession, bien qu'ils eussent fort souhaité qu'il eust vn peu plus reüssi aux choses où i'auois acquis quelque auantage sur luy.

Mais enfin on trouua bon de nous separer : & mon frere qui certainement estoit bien fait, ayant la croix de Malthe, fut donné page à M. le Duc de Mayenne qui l'auoit demandé ; & mon Pere, dés l'année 1609. obtint du Roy Henry le Grand, le breuet d'vne petite Abbaye pour moy, appellée Baugerais de l'Ordre de Cisteaux, à quatre lieuës de chez luy, de laquelle Messire Georges de Sorbiers Cheualier Seigneur des Pruneaux, grand Oncle de M. le Baron d'Heruaux auoit ioüy assez long-temps, apres Messieurs les Comtes de S. Aignan, qui n'auoient pas eu grand soin de ce petit Benefice.

Le Breuet de cette Abbaye vacante par la demission de M. des Pruneaux, fut expedié à Paris le 9. iour de Mars 1609. signé Henry, & plus bas Potier, en suitte d'autres Breuets d'Abbayes plus considerables qu'il plut à sa Majesté d'accorder au sieur de Marolles Capitaine des cent Suisses de sa Garde, pour l'vn de ses enfans, le desirant fauorablement traitter à cause de ses bons & agreables seruices : mais ces Abbayes, & entre autres celles de S. Paul des Bois & de Landernec en basse Bretagne, ne se trouuerent pas vacantes.

L'Abbaye de Baugerais.

Les Bulles de celle-cy, de l'Ordre de Cisteaux dans

le diocese de Tours, furent obtenuës en Cour de Rome, en la sixiéme année du Pontificat de Paul V. au mois de Iuillet 1610. & furent insinuées au Greffe des insinuations à Tours, le 16. iour de Decembre de la mesme année, auec mes lettres de Tonsure que i'auois receüe de M. de la Guesle Ar. de Tours, dés le mois de Mars auparauant.

I'estois donc bien ieune, quand ie fus honoré de la qualité de Clerc d'vne Eglise illustre, & d'Abbé d'vn Monastere où il y auoit six Religieux Prestres, auec le Prieur Claustral, homme d'esprit & ciuil appellé dom Nicolas Brissonnet, dont i'ay tousiours fait beaucoup d'estat.

Ce n'est pourtant pas du plus loin que ie me souuienne, il me semble que ie dirois assez facilement toutes les choses que i'ay faites, ou que i'ay vuës depuis l'aage de
1604. quatre ans. I'ay memoire du retour d'vn voyage que mon Pere fit en Sauoye, pour y vendre vne terre qu'il y auoit euë des liberalitez de M. de Nemours, Charles Emanuël de Sauoye, qui l'aimoit vniquement, & qui sans mentir, auoit des sentiments genereux pour quelques seruices assez importants qu'il luy auoit rendus, tant en la iournée d'Yuri, que lors qu'il se sauua de la prison de Pierre-ancise de Lyon, d'où il fut à Vienne, assisté des gens & de l'équipage, que mon Pere luy auoit amenez. I'ay, dis-je, memoire qu'au retour de son voyage de Sauoye, vn honneste-homme qui l'auoit accompagné, nous apporta deux petits Ours, qu'il fut assez facile d'appriuoiser du commencement; mais estant deuenus grands, & ayant repris leur naturel farouche, ils se déchirerent l'vn l'autre, & on fut contraint de les acheuer de tuer à coups d'arquebuse, à cause de la peur qu'ils nous faisoient, & du danger mesmes qu'il y auoit de s'en approcher, quoy qu'ils fussent enchainez: & ce danger estoit d'autant plus grand pour mon Frere que pour moy, qu'il s'en approchoit plus hardiment, iusques-là mesmes qu'il eut vne fois dessein d'en tuer vn d'vne petite espée qu'il auoit.

Voyage de Sauoye.

1605. Ie me souuiens encore mieux du retour du voyage

que mon Pere fit en Hongrie auec le Comte de Laual, en l'année 1605. lors que Georges Bast Lieutenant General des armées de l'Empereur Rodolphe, épandit les conquestes de son Maistre dans la Transiluanie, & qu'il s'opposa au passage des ennemis qui se vouloient ietter dans l'Autriche, faisant leuer ses enseignes d'aupres de Komorre où elles auoient long-temps sejourné, pour aller donner la charge à quatorze mille Caualiers Turcs qui s'estoient debandez sur elles. L'armée Chrestienne demeura victorieuse en cette furieuse rencontre, quoy qu'elle y perdit le Comte de Laval ieune Seigneur de grande esperance, tandis que celuy qui l'auoit conduit dans vne si belle campagne par les ordres du Roy, soutint auec les ordres du Comte, & les troupes qu'il commandoit, l'effort des ennemis du costé de l'aile droite de l'armée Chrestienne, & les poursuiuit vne grande lieuë, iusques au passage d'vne riuiere où quinze cent hommes qui furent tuez ou noyez, laisserent neuf Cornettes en la puissance des Victorieux auec vn bon nombre de Chevaux; entre lesquels se trouuerent quatre belles Cauales d'vne blancheur de poil extraordinaire, qui furent enuoyées à ma Mere auec vn petit Carrosse leger à la mode de ce Pays-là, dont elle se seruit assez long-temps pour aller à l'Eglise de la Paroisse qui estoit à vne petite lieuë de nostre maison, ou faire quelques visites dans le voisinage: & quand elle nous menoit auec elle, ce nous estoit vne ioye nompareille; parce qu'auec ce qu'elle nous estoit la meilleure du monde, & que nous estions rauis de la voir, ce nous estoit vne réjouyssance nompareille de sortir & de nous aller promener.

Voyage de Hongrie.

Mais parce que l'Eglise, comme ie viens de dire, estoit vn peu loin, & qu'il est assez incommode de trainer dehors vne famille assez nombreuse, quand il fait mauuais temps, on prit vn ieune Ecclesiastique qui auoit vn peu estudié pour dire la Messe au logis, & auoir soin de nostre instruction. Il s'appelloit Iean Im-

Mon Precepteur.

bert, pour lequel nous obtinſmes en ſuite de M. l'Archeueſque de Tours, la Cure de la Paroiſſe, & c'eſt de luy que i'ay appris les premiers principes de la langue Latine; mais non pas à prier Dieu & à lire: car ie dois cette inſtruction à ma Mere qui auoit eu la bonté de me nourrir du laict de ſon ſein, comme i'ay dé-ja dit: & ma Tante Charlotte de Marolles ſœur aînée de mon Pere, m'auoit donné quelques exemples pour l'eſcriture, que i'imitay d'aſſez bonne heure, & que i'ay touſiours ſuiuis.

Ma gouuernante.

Nous auions auſſi vne gouuernante qui eſtoit vne vieille Demoiſelle, Gabrielle d'Erian parente de la maiſon du coſté de noſtre ayeule paternelle, dont la douceur & les tendreſſes m'eſtoient vne des plus precieuſes choſes du monde. Elle nous racontoit des Hiſtoires du temps paſſé, ie penſe meſmes qu'elle en inuentoit quelques-vnes, dont i'eſtois autant rauy que mon frere l'eſtoit peu: & quand i'eſtois plus petit, il falloit que ie fuſſe touſiours entre ſes bras, & la bonne fille ne s'en plaignoit pas. Ie me ſouuiens que dés l'aage de quatre-ans, eſtant tourmenté d'vne colique tres-douloureuſe, ie ne pouuois trouuer d'allegement que par ſes careſſes: & quand elle prenoit la peine de me porter à la fontaine, qui eſt au deſſous de la maiſon, en deſcendant deux ou trois cents pas, & qui fait vn ruiſſeau qui coule agreablement au trauers d'vne petite ſaulçaie entre vne prairie & vne eſpece de iardinage, il me ſembloit que ie ne ſentois plus de mal.

1607. Mais apres la ſeptieſme année, comme i'eſtois ſous la diſcipline de noſtre precepteur, il falut changer d'habitudes & ſe captiuer à l'eſtude des leçons qu'il nous donnoit, quoy que i'y trouuaſſe peu de ſatisfaction:

Rudiments.

car la Grammaire n'a pas touſiours pour les enfants tous les charmes qui ſe pourroient imaginer. Il falut neanmoins s'y reſoudre, & apprendre par cœur les regles barbares du Deſpautere, & quelques mots latins des choſes qui s'offroient pour les mettre en vſage dans

dans de petites compositions qu'il nous donnoit à faire. Enfin à force de nous y appliquer, il me rendit capable à dix ans d'entrer dans vne cinquiesme : mais ie me rendis bien plus sçauant dans les Romans & dans quelques autres liures François que nous auions, que dans les rudiments du latin.

Il y auoit chez nous vn Homere en vers François de la traduction de Salomon de Certon Secretaire du Roy, le grand Olimpe, & les Metamorphoses d'Ouide de la traduction de François Habert d'Issoudun, vn Ronsard, vn du-Bartas, Robert Garnier, Plutarque en deux volumes de la traduction d'Amiot, les Essais de Michel de Montagne, l'Histoire de France de du-Haillan, les deux premiers liures d'Amadis de Gaule, les œuures de Grenade, & peu d'autres liures. Ie sçauois presque par cœur toute l'Odissée d'Homere, non pas tant pour les vers que pour les choses, & ie me souuenois assez bien de ce que i'auois leu dans Ronsard, dans Amadis, & dans le grand Olimpe; De sorte que i'en racontois bien souuent des fables, & pour en auoir vne fois recité vne assez à propos, c'estoit celle d'Eole & des vents, le iour que fut baptisé Claude de Rochefort fils de François de Rochefort Baron de Lucé & de Syluine le Begue; M. de Sigi Ayeul Paternel & Parrin de l'enfant qu'il tint sur les Fons auec Charlote d'Estampes de Vallencay depuis Madame de Puysieux, en l'année 1609. que ie n'auois pas plus de neuf ans, me donna des loüanges qui m'encouragerent merueilleusement à estudier.

Bibliotheque.

Baron de Lucay.

1609.

Vne autrefois M. de Vauberault, Nicolas Papillon qui auoit espousé mon Ayeule paternelle en secondes nopces, dont il auoit trois filles, Polixene, Françoise & Tertra Papillon mes Tantes, & qui estoit vn des plus vaillans & des plus habiles hommes de son temps, entendant les Autheurs Grecs & Latins comme sa langue maternelle, ne me donna pas moins de ioye pour l'estime qu'il fit de quelques vers de Ronsard que ie luy recitay, & de la fable de Polypheme que ie luy racontay du neufiéme liu.

Vauberaut.

de l'Odissée, iusques là, qu'il ne faignit point de me dire que i'estois plus sçauant que mon Precepteur, ce qui me seruit admirablement pour me faire conceuoir vne affection toute particuliere à l'estude.

Chartreux du Liget.

Les Peres Chartreux du Liget nos voisins, ne m'y encouragerẽt pas moins, & entr'autres vn bon Pere qui s'appelloit, Dom Marc Durand de la ville d'Aix en Prouence qui auoit composé vn Poëme François de la Magdelaine, qui me sembloit merueilleux, quoy qu'en effet ce ne fust pas vne chose fort admirable, si l'on en eust pû faire comparaison auec les ouurages qui se composent auiourd'huy ; mais où il y auoit quelque chose de bon. Ce Religieux qui est mort fort aagé, estoit d'vn naturel jouial, & grand amateur de nouuelles ; de sorte que pour l'obliger, ses Amis qu'il auoit en grand nombre, luy en faisoient sçauoir de toutes parts. Cependant il ne fut iamais vne ame plus sincere & plus cordiale que la sienne, ny vn homme plus soigneux de s'acquiter de toutes les obligations de son ordre tres austere: & quand il voyoit que i'auois goust à la Poësie, iusques à celle de son Poëme, il estoit raui, & disoit de moy mille choses obligeantes, quoy que ie ne fusse qu'vn Enfant. Là, nostre Precepteur me menoit assez souuent dans le petit carosse de Hongrie, & i'en raportois tousiours quelque image en taille-douce, dont il me sembloit que ie parois admirablement vn coin de la chambre où ie couchois.

Quand les Peres, qui prenoient vn iour de la semaine pour leurs ébats, se venoient quelquefois diuertir le long du ruisseau de nostre fontaine qui n'est qu'à vne lieuë de chez eux, i'estois rauy de les voir auec cette rare modestie qui sied si bien à des gens de leur condition. Nous les allions accompagner auec nostre Precepteur à vn quart de lieuë de là, puis que par leurs statuts, il n'osoient entrer en quelque maison que ce fust : & bien souuent, i'y ay vû le R. Pere Dom Petau frere aîné du celebre Iesuite Denis Petau qui a écrit auec tant de reputation: I'y ay vû aussi Dom Bochar frere du premier President de Champigny,

Dom du Tillet qui auoit tant esté du mõde, Dom Iacques Girauld Gentilhomme de Prouence, qui auoit autrefois porté les armes, & Dom Alfonse du Plessis de Richelieu depuis Archeuesque d'Aix & Cardinal de Lion. Ce dernier y fut deux ans Coadiuteur, & visitoit souuent la Noblesse du voisinage qui en faisoit beaucoup d'estat, tant à cause de M. le Baron de Richelieu son frere aisné, que pour sa profession Religieuse, & pour son merite particulier.

L'Idée qui me reste encore de ces choses là, me donne de la ioye: ie reuoy en esprit, auec vn plaisir nompareil, la beauté des campagnes d'alors: il me semble qu'elles estoient plus fertiles qu'elles n'ont esté depuis, que les prairies estoient plus verdoyantes qu'elles ne sont à present, & que nos arbres auoient plus de fruits. Il n'y auoit rien de si doux que d'entendre le ramage des oyseaux, le mugissement des bœufs, & les chançons des Bergers. Le bestail estoit mené seurement aux champs, & les Laboureurs versoient les guerets pour y ietter les bleds que les Leueurs de taille, & les gens de guerre n'auoient point rauagez. Ils auoient leurs meubles & leurs prouisions necessaires, & couchoient dans leurs licts. Quand la saison de la recolte estoit venuë, il y auoit plaisir de voir les trouppes de Moissonneurs courbez les vns apres les autres dépoüiller les sillons, & ramasser au retour les iauelles que les plus robustes lioient en suitte, tandis que les autres chargeoient les gerbes dans les charettes, & que les enfants gardants de loin les troupeaux, glanoient les épics qu'vne oubliance afectée auoit laissez pour les reioüir. Les robustes filles de village sioient les bleds comme les garçons, & le trauail des vns & des autres estoit entrecoupé de temps en temps, par vn repas rustique qui se prenoit à l'ombre d'vn Cormier ou d'vn Poirier qui abbatoit ses branches chargées de fruits, iusques à la portée de leurs bras.

Vie rustique.

Quand le Soleil sur les six heures du soir commençoit à perdre la force de ses rayons, on nous menoit prome-

Temps de la moisson.

ner voir le champ des Moiſſonneurs; & ma Mere y venoit auſſi bien ſouuent elle-meſme, ayant touſiours mes Sœurs, & quelqu'vne de mes Tantes auec elle, ſans les autres filles & Demoiſelles ſuiuantes. Il me ſemble que leur entretien eſtoit le plus doux du monde: & vne modeſtie agreable, jointe aux ſoins d'vne propreté bien-ſeante aux perſonnes de condition, quoy qu'elles fuſſent ſeules, faiſoit bien voir que leur éloignement du grand monde, ne leur auoit point abbatu le cœur, & ne les rendoit point plus groſſieres. Elles s'alloient toutes repoſer en quelque bel endroit, d'où elles prenoient plaiſir de regarder la recolte, tandis que nous autres enfans, ſans auoir beſoin de ce repos, nous allions nous méler parmy les Moiſſonneurs: & prenant meſmes leurs faucilles, nous eſſayons de couper les bleds, comme eux.

Ie me ſouuiens qu'vn iour m'échauffant, peut-eſtre vn peu trop à cet exercice, vne Demoiſelle m'ayant demandé ſi M. l'Abbé de Villeloin faiſoit cela? Ie luy répondis qu'ouy, comme ſi i'euſſe regardé l'auenir par vn eſprit prophetique: & quand elle m'eut repliqué, comme ie l'entendois? Ie ne ſçay, luy dis-je: mais quand cela ſeroit, celuy que vous dites, ne ſe feroit point de tort; parce qu'autresfois d'auſſi honneſtes gens que luy, n'en auroient pas rougy; (i'auois appris cela, ſans doute, dans la vie de quelque illuſtre Romain) & ſans ſçauoir ce que ie diſois, elle ſe prit à rire, & m'arracha la faucille de la main, de peur que ie m'en fiſſe mal.

Apres la moiſſon, les Païſans choiſiſſoient vn iour de Feſte pour s'aſſembler, & faire vn petit feſtin, qu'ils appelloient l'Oiſon de metiue (c'eſt le mot de la Prouince) à quoy ils conuioient non ſeulement leurs Amis, mais encore leurs Maiſtres, qui les combloient de ioye, s'ils ſe donnoient la peine d'y aller.

Nopces de village.

Quand les bonnes gens faiſoient les nopces de leurs enfans, c'eſtoit vn plaiſir d'en voir l'appareil: car outre les beaux habits de l'eſpouſée, qui n'eſtoient pas moins que d'vne robe rouge, & d'vne coëffure en broderie de faux-clinquant, & de perles de verre, les parents estoient vestus de leurs robes bleuës bien plissées, qu'ils tiroient de leurs coffres parfumez de lauande, de roses seiches, & de romarin; ie dis les hommes aussi bien que les femmes: car c'est ainsi qu'ils appelloient le manteau fronsé qu'ils mettoient sur leurs espaules, ayant vn colet haut & droit, comme celuy du manteau de quelques Religieux: & les Païsanes proprement coëffées, y paroissoient auec leur corps-de-cotte de deux couleurs. Les liurées des espousailles n'y estoient point oubliées, que chacune portoit à sa ceinture ou sur le haut de manche. Il y auoit vn concert de musettes, de flutes & de haut-bois, & apres vn banquet somptueux, la dance rustique duroit iusques au soir. On ne se plaignoit point des impositions excessiues: chacun payoit sa taxe auec gayeté: & ie n'ay point de memoire d'auoir ouy dire, qu'alors vn passage de gens de guerre eust pillé vne Parroisse, bien loin d'auoir desolé des Prouinces entieres, comme il ne s'est veu que trop souuent depuis, par la violence des ennemis.

1610. Mort du Roy Henry IV.

Telle estoit la fin du Regne du bon Henry IV. qui fut la fin de beaucoup de biens, & le commencement d'vne infinité de maux, quand vne Furie enragée osta la vie à ce Grand Prince, dont ie pense m'estre apperceu de quelque funeste prognostique, lors que le soir de la iournée qu'il fut tué, vne grande lueur pendant l'obscurité de la nuit, fit paroistre toute la campagne en feu. Ie la vis comme on estoit prest de s'aller coucher, & ceux qui la virent auec moy, en furent saisis de quelque sorte d'effroy: mais cela dura fort peu; & quoy que plusieurs crurent que ce n'estoit qu'vn éclair, si est ce que comme il fut extraordinaire, quand on sceut dés le lendemain la nouuelle de l'accident funeste, ma Mere qui estoit vn peu credule aux contes qui se faisoient des choses prodigieuses, ne manqua pas d'expliquer cette vision d'vn indice certain du malheur qui estoit arriué.

1611. Voyage de Tours.

Apres la mort du Roy, & la ceremonie des funerailles de ce Grand Prince, où mon Pere qui commandoit les

1611. cent Suiſſes de la garde, ſe trouua marchãt à coſté du Comte de la Mark, comme il fit depuis au Sacre du Roy Louïs XIII. vne année s'eſtoit écoulée, & i'acheuois l'onziéme de mon âge, quand pour nous diſpoſer à faire le voyage de Paris, ma Mere qui eut la bonté de m'y mener, iugea premierement à propos d'en faire vn petit à Tours, où elle ne fut que huit iours; tant pour y voir quelques-vns de nos proches & bons amis, que pour y faire employ de quelques eſtoffes de ſoye, dont elle fit habiller proprement mes ſœurs & moy, ſelon noſtre âge & noſtre condition.

La ville de Tours. C'eſtoit en vne fort belle ſaiſon : & quelque ieune que ie fuſſe, ie conceus vne ſi agreable idée de cette Ville-là, que ie l'ay touſiours depuis conſiderée, comme l'vn des plus beaux lieux du monde : Et de fait, qu'y a-t-il de comparable à ſa ſituation, entre deux grandes riuieres qui ſe ioignent trois fois en dix lieuës de païs dans vne valée ſpatieuſe, où ſe forment deux grandes iſles, diuerſifiées de jardinages, de prairies, de bois, de vignes, & de maiſons? Les coſtaux qui l'enuironnent, ne ſont pas moins ſomptueux, leſquels en des endroits font des falaiſes eſcarpées qui blanchiſſent de loin, comme ces grandes Dunes qui bornent l'Ocean ſur quelques coſtes de Normandie. Les clochers & les tours de cette Ville, ſe découurent de huit lieuës loin, en perſpectiue de l'vn & de l'autre coſté: & ce qu'il y a de rare en cela, c'eſt que des valons differents de la Loire & du Cher, qui ſont meſmes ſeparez d'vne coſte fort éleuée, qui regne le long de ces deux riuieres, iuſques à vn gros bourg, appellé Mont-Louïs, on la voit également dans la diſtance que i'ay marquée. Mais l'aſpect qu'elle donne à quelques Chaſteaux qui ſont autour, comme Verets & Cangé, ſans parler du Monaſtere des Capucins de l'autre coſté des riuieres; ſans mentir c'eſt vne choſe ſurprenante. Quant au plan de la Ville, il eſt vny, & ie ne croy pas qu'il ſoit de gueres moins eſtendu que d'vne demy-lieuë de long, y comprenant les faux-bourgs, auec des iſſuës merueilleuſes de part & d'autre; ſoit qu'on les considere du costé du grand fleuue, sur vn Quay reuestu de pierre, qui regne tout le long de la Ville; soit qu'on le regarde du costé du Cher, vers cette admirable allée du mail, au milieu de quatre autres qui se pourroient continuer trois fois autant, si on vouloit, le long d'vn rampart reuestu, large de quatre chariots de front. Les leuées qui ont esté faites tout autour, pour mettre la Ville & le païs en seureté, contre le debordement des eaux, seruent également de chemins, & de promenoirs delicieux, ou force arbres prettent le couuert. Le dedans de la Ville, où les ruës sont à la verité vn peu estroites, se trouue neanmoins orné de fontaines, de boutiques de Marchands, & de beaux edifices; mais principalement d'Eglises qui y sont en grand nombre, dont les plus illustres sont la Cathedrale, & cette grande Collegiale de S. Martin, l'vne des plus celebres du Royaume, tant pour ses richesses, que pour son antiquité, & pour les cendres du Sainct qu'elle renferme. Au reste, ie ne diray rien de Mairmontier l'vne des plus anciennes, & plus venerables Abbayes de la Chrestienté, qui se trouue au bout de l'vn des faux-bourgs, ny de toutes les autres choses dignes de remarque, parce qu'elles sont assez connuës, & qu'elles sont peu necessaires au dessein que ie me suis proposé. Mais ce que i'en ay bien voulu toucher en passant, n'a esté que pour marquer les raisons que i'ay euës d'estimer vn si beau lieu; à quoy ie pense qu'auoient bien contribué les ciuilitez, & le bon accueil qu'on y faisoit à ma Mere; tant chez Madame la Mareschale de Souuré qui logeoit au Plessis, que chez la Dame qui m'auoit tenu sur les Fons, & chez la femme de M. de la Rochere, mon Oncle Louïs de Marolles, frere puisné de mon Pere, cette Dame appellée Marie du Fautreit, vefve du Sieur de Lauriere Conseiller au Parlement, & sœur de Marc du Fautreit, aussi Conseiller de la Cour de Parlement à Paris, de laquelle mon Oncle n'a point d'enfans.

1611.

M. de la Rochere.

Nous y vismes aussi M. l'Archeuesque François de la Guesle, qui témoignoit pour mon Pere vne estime toute

M. de la Guesle Ar. de Tours.

1611. particuliere, & qui me donna sa derniere benediction, quoy qu'il ne mourut que trois ans apres, dans l'Assemblée des Estats generaux, qui fut tenuë à Paris.

Ce Prelat qui n'estoit pas le plus bel homme de son tẽps, parce qu'il auoit le regard farouche, la bouche de trauers, & la voix rude, estoit pourtãt d'vne mine assez auantageuse, à cause de sa taille haute & de son embonpoint; outre l'ornement que luy donnoiẽt le violet & la poupre; car il estoit presque tousiours vestu de ces deux couleurs, comme les Euesques le deuroient estre le plus souuent dans leurs Dioceses; & portoit ordinairement vne escarcelle de veloux violet à sa ceinture, auec des fermaux d'argent doré, comme le Recteur de l'Vniuersité de Paris en porte encore auiourd'huy; c'estoit sans doute pour y mettre de la monnoye, qu'il distribuoit luy-mesme aux pauures.

Visite de parents. De Tours, ma Mere vid en s'en retournant chez-elle Madame de la Croix, Claude Raguier de Migenes, femme de Claude Berard Baron de la Croix, Lieutenant Colonel du Regiment de Normandie, & Madame de Bleré, Peronne de Kairuel mere de Ioseph de Fauerolles Seigneur de Bleré nos Alliez; & apres auoir passé le mois de Septembre en sa maison, elle en partit le douziéme d'Octobre pour m'amener à Paris, afin que i'y fusse au commencement des classes des Colleges. Ma Tante de Marolles & mes deux Sœurs estoient auec elle: & nous ne fusmes que huit iours à faire ce voyage, quoy qu'on l'eût pû faire en moins de temps: mais il n'y auoit rien de trop pressé.

Voyage de Paris.

Chantelou. Nous vismes en passant le jardin de Chantelou aupres de Chastres, qui estoit alors vne des belles choses qu'on eust sceu voir, tant à cause des eaux, des grottes, & des bocages diuersifiez, que des statuës, des buits, & des cabinets de feüillages & de verdure, qu'on y auoit dressez de toutes parts. Les fables des Metamorphoses y estoient representées çà & là; & ce que i'y trouuay de plus ingenieux, & de plus rauissant à mon gré, estoit la representation d'vne d'vne mappe-monde auec de la terre, & de l'eau naturelle, où les mers & les riuieres n'estoient point oubliées, non plus que les montagnes & les quatre vents également disposez autour du grand cercle de l'horison, lesquels faisoient rejaillir l'eau de leurs bouches qu'ils sembloient enfler expres. 1611.

Mon Pere enuoya vn carrosse au deuant du nostre, au bourg-la Reine ; & nous estant mis dedans, parce qu'il estoit beaucoup plus propre, & que nos cheuaux estoient fatiguez, n'ayant aussi iamais frequenté les rues de Paris, nous y arriuasmes à six heures du soir, ayant trouué des flambeaux & des gens de mon pere qui nous menerent en la ruë S. Antoine, où estoit son logis, auprès de l'hostel de Roquelaure, depuis appellé l'hostel de S. Paul. Nostre arriuée à Paris.

Ce fut vne grande ioye à toute la famille de se voir ensemble: & mon pere qui auoit vne grace admirable en tout ce qu'il faisoit, ioignit quelque sorte de magnificence au bon accueil de visage qu'il fit à sa femme, à sa sœur, & à ses enfans. Il iugea mesme à propos que quelque Dame de Paris de ses bonnes Amies, qui sçauoit les modes, & qui auoit de l'esprit, luy aidast à faire l'honneur du logis; ce qui ne fut pas inutile : car en matiere de femme, la mode n'est pas vne affaire de petite importance. Ce fut neanmoins bien-tost fait, parce que les Dames de nostre Prouince en approchoient assez: & quand trois ou quatre iours se furent écoulez, ma Mere fit ses visites, & eut mesmes l'honneur de faire la reuerence à la Reine, vid Madame la Princesse de Conti, qui luy témoigna desirer sa fille-ainée, comme elle y fut depuis: & pour parler de ce qui me concerne, il falut consulter le R. Pere Coton Iesuite Confesseur du Roy, qui estoit ami de mon Pere. Il voulut bien prendre la peine de venir deux ou trois fois au logis, qui n'estoit pas loin de la maison Professe de S. Louys, où il estoit quelquesfois, & fut d'auis qu'on me mist en pension au College de Clermont, dans la ruë S. Iaques, où des Le P. Coton.

1611. Seculiers enſeignoient les humanitez, ſous la direction des Peres Ieſuites.

College de Clermont.

On n'en delibera donc pas dauantage : i'entrai dans ce College au commencement du mois de Decembre, où ce fut pour moy vn changement de vie qui ne me ſurprit pas moins que feroit la priſon ou la ſeruitude à quelqu'vn qui auroit ioüi dans le plus beau lieu du monde, d'vne agreable & douce liberté. Ie me voyois là comme dans vn païs inconnu, où tous les viſages, auſſi bien que les habits m'eſtoient étrangers. Cependant apres en auoir bien ſoupiré, il falut s'y appriuoiſer, malgré que i'en euſſe, & familiariſer auec des ſortes de gens, à quoy ie n'eſtois point acoutumé.

Le P. Doujat.

Le Ieſuite qui auoit noſtre direction, s'appelloit Doujat, qui eſtoit le principal du College, homme d'vne famille de la robe aſſez connuë dans Paris, & qui eſtoit en reputation dans ſa Compagnie. Il me mit parmi de ieunes gens que ie n'áy point connus depuis, excepté François de Machault Conſeiller aux Requeſtes du Palais, & les Enfants de M. Mangot : & apres m'auoir interrogé pour determiner la Claſſe où ie deuois aller, il me mit à la Cinquieſme, attendant Paſques, pour me faire monter à la Quatrieſme : mais il n'en eut pas le loiſir : car les Ieſuites ayant perdu leur procez contre l'Vniuerſité, dont M. Hardiuilier depuis Archeueſque de Bourges, eſtoit Recteur, il leur fut deffendu par Arreſt d'enſeigner, ou de faire enſeigner au College de Clermont, ny en quelque autre College que ce fuſt dans Paris.

College de la Marche.

Il falut donc ſortir de là dix-huict iours apres que i'y fus entré : & neanmoins pour demeurer touſiours en quelque façon ſous la direction des Ieſuites, de qui mon Pere ſuiuoit en cela les auis & les ſentiments, à cauſe du Pere Coton qui l'aimoit, ie me trouuay au nombre des Penſionnaires que prit au College de la Marche vn bon Preſtre appellé Eſtienne Meige du Dioceſe de Limoges, qui auoit enſeigné quelque temps les baſſes claſſes au College de Clermont.

C'estoit vn homme melancholique qui paroissoit deuot, mais d'vn sçauoir fort mediocre, & de fort mauuaise humeur, du moins à mon egard ; de sorte que sa façon de parler, & sa maniere d'agir m'estoient insupportables, & ie m'imagine que si i'eusse esté institué sous d'autres metodes que les siennes, & par vn esprit plus agreable & plus doux, i'eusse profité au double dans ces premiers commencements ; & ie dirai bien mesmes que cette auersion faillit à me faire tout quitter, & que ie me suis persuadé bien des fois, qu'il me fit oublier des choses beaucoup meilleures que celles qu'il m'enseignoit, si ce n'est dans les obligations à dire le Breuiaire à cause de l'Abbaye que i'auois, à quoy il me contraignoit, quand ie n'en eusse pas eu la volonté, parce qu'en effet, ie n'y estois pas trop assidu, tant par le peu d'vsage que i'en auois encore, que par les distractions qui sont assez ordinaires à la ieunesse.

1611. Meige Pedagogue.

Ce bon homme m'en persecutoit donc incessamment, & auoit tousiours quelque chose de fascheux à me dire, à cause qu'il me voyoit d'vne humeur enjoüée ; ce qui me fit auancer vne parole bien hardie pour l'aage que i'auois, & qui luy deplût aussi extremement, qui estoit qu'il me donnoit suiet de croire que les naturels chagrins & deuots comme le sien, n'estoient pas tousiours les plus prudents, ni les plus iudicieux, parce qu'ils tiennent pour vne science consommée, ce qui en est à peine le commencement. Peut-estre bien que ie l'auois oüi dire à quelqu'vn, & qu'elle auoit fait impression sur mon esprit ; mais quoy qu'il en soit, ie l'auançai, comme si elle eust esté de moy ; & le Principal du College, appellé Laurent Bourseret qui en fut auerti, pour m'en faire vne seuere reprimande, ne s'en fit que rire, & ne m'en sceut pas si mauuais gré que nostre Pedagogue l'eust bien desiré, ou qu'il se l'estoit imaginé.

Sa mauuaise humeur.

I'estudiois alors en la troisiesme, sous vn Regent appellé François Paris de Bar-sur-Aube en Champagne, homme de mauuaise mine, mais qui auoit de l'erudition, & qui

Mes premieres estudes au College.

1611\. m'ayant pris en bonne amitié, me seruit autant par ses caresses, pour me ramener à l'affection de l'estude, que la rudesse, & le mauuais sens de l'autre estoit capable de m'en éloigner : car le vray moyen d'obtenir de moy tout ce qu'on eust voulu, estoit de me parler ciuilement, & de me piquer d'honneur, & non pas de me faire vne mine triste, ou de me traiter auec rigueur, comme celuy-cy faisoit.

Ie fus quatre ans de suite dans cette misere, & iamais ie ne trouuai temps si long, quoy que i'y eusse fait des amis de mon aage, qui se trouuerent à peu pres dans les mesmes sentiments que i'auois. Il est vray qu'ils aiderent beaucoup à me diuertir, & ils m'encouragerent par leur exemple à ne me laisser pas vaincre à la repugnance que i'auois conceuë ; de sorte qu'il falut profiter du temps & de l'occasion qui s'offroit pour estudier, & pour me deliurer bien-tost du ioug qui me sembloit si pesant.

Mes compagnons d'Estude.

Ie commençai donc ainsi mes premieres estudes, & ie les acheuai presqu'en mesme temps auec mes chers compagnons de classe Henry de Litolfi Maroni, esprit agreable & facile, depuis mort Euesque de Basas, fils du Seigneur Constance de Mantouë, Escuier de la petite Escurie du Roy : Florent de Masparault, d'vne douceur nompareille, qui est mort Conseiller au grand Conseil : François de Machault, Conseiller aux Requestes du Palais : Iean Nicole de Chartres, deuenu l'organe & la voix de sa Patrie, portant sa parole & ses sentiments, quand l'occasion s'en offre à propos : Pierre Chanut, que son sçauoir & sa prudence ont rendu si digne des grands emplois qu'il a eus : Martin le Roy, sieur de Gomberuille, dont la plume a tant d'agreements : Ange Massac, si iudicieux dans ses Plaidoyers & si sage dans ses conseils : & quelques autres qui ne sont plus, ou qui se sont contentez d'vne moindre reputation.

Maladie.

Ie fus malade vne seule fois pendant ce temps-là, d'vne ébulition de sang extraordinaire, & l'eusse esté peut-estre dangereusement, sans vn prompt secours qui me fut donné par l'auis de M. Bouuar, depuis premier Medecin du Roy, & sans la ioye que m'apporta le retour de ma Mere qui reuint à Paris pour mettre ma sœur aînée chez Madame la Princesse de Conti qui l'auoit demandée. Toutesfois le seiour qu'elle y fit, ne fut pas long: & m'ayant fait esperer que ie la reuerrois bien-tost, & qu'elle me viendroit querir, ie me consolay, & ie me resolus d'acheuer mes estudes.

1611. Madame la Princesse de Conti.

Cependant ma sœur qui n'estoit pas mal-faite, & qui auoit de l'esprit, fut honorée des bonnes graces de la Princesse qui en disoit du bien à tout le monde, & qui la fit connoistre à la Cour, auec tant d'estime, que le second des Luines depuis Mareschal de France & Duc de Chaune, en deuint amoureux, & l'eust peut-estre espousée, si chacun d'eux eust esté assez riche l'vn pour l'autre, ou si la fortune n'eust éleué bien-tost apres ce Gentil-homme au point que tout le monde l'a vû, par la faueur étrange que son frere trouua presque en mesme temps dans l'esprit du Roy. Campagnoles Capitaine aux gardes fut aussi vn de ceux qui rechercherent ma sœur; mais elle se trouua destinée pour Emon de Menou, Seigneur du Rabris, Gentilhomme d'vne ancienne maison de Touraine, qui en fit la demande par ma Tante de Marolles, & que son bien, son merite & sa condition, quoy qu'il eust vne fille vnique d'vn premier mariage, ne permirent pas qu'on le pust refuser.

Mariage de ma sœur aînée.

Ma Sœur entierement soumise aux volontez de mes Parents, quoy que ce luy fust vn extreme deplaisir de quitter si-tost la Cour où elle n'auoit esté que six mois, n'y fit point de resistance. Elle leur obeït, & s'en alla dans le mesme équipage que son mary fit faire expres, auec mon ieune frere: car l'aîné qui estoit allé en Piemont, y estoit mort quelques iours auparauant, & n'y eut que moy seul qui pour ne perdre point de temps au cours de mes estudes, n'eus point de part à vne rejoüissance qui fut si considerable dans la famille.

Ce fut l'année d'apres que se fit dans la Place Royale

1612. Le Carousel.

la magnificence du Carousel pour le mariage du Roy & de l'Infante d'Espagne, dont la description s'est faite dans vn liure expres. Ie la vis commodément les trois iours qu'elle dura, auant le Dimanche de la Passion de l'année 1612. & ie m'en souuiens si bien, que i'en ai encore l'idée toute fraische, & les images presentes à l'esprit. Mon Pere qui y fit la charge de Mareschal de Camp pour les Tenants qui defendoient l'entrée du Chasteau de la Felicité, y estoit assez considerable pour nous y mettre en lieu de seureté, auec d'autres petits Gentilshommes de nos Amis, entre lesquels estoient le Baron de Prie, le Comte des Chapelles & Grand-pré. Nous estions assis aupres de la Tente des Tenants, & vne Compagnie du Regiment des Gardes, qui estoit au de-là des Barrieres du Camp, empeschoit que le peuple ne se mist au deuant de nous.

M. de Marolles Mareschal de Camp.

Mon Pere, qui tous les iours fut vestu diferemment auec des habits en broderie, & paré de plumes & d'enseignes de diamants, auoit six Estafiers vestus de ses liurées de veloux zinzolin, doublé de satin vert de mer auec du clinquant d'argent, & des bonnets de mesme estoffe piquez d'or, ayant vne pointe en visiere, & le reste sans rebord, deux desquels auec de grandes gosses estoient aux costez du cheual de leur Maistre, & les quatre autres menoient en main deux autres cheuaux, l'vn de poil isabelle, & l'autre de gris pommelé. Son employ de Mareschal de Camp estoit d'ouurir le champ aux escadres qui deuoient entrer, & de les faire auancer du costé des echafaux du Roy & de la Reine sa Mere, ioignant celuy de la Reine Marguerite, qui estoit du costé droit, en tournant dans la Place: ce qu'il faisoit d'vn air agreable, auec sa mine fiere & douce qui luy auoit acquis, aussi bien que son courage & sa valeur, le surnom de BRAVE MAROLLES; car c'est ainsi qu'on l'appelloit à la Cour.

Ses deuises.

Sa deuise qui n'a pas esté marquée par l'Autheur du Liure du Carousel, estoit deux rinceaux d'oliuier & de laurier ioints ensemble par le bas auec ces mots, *Vnus aut alter*, pour dire qu'il faloit la paix ou la victoire, dont ces deux branches sont le symbole, ou bien faisant allusion au seruice qu'il rendit alors auec le Baron de Courbouson, qui estoit l'autre Mareschal de Camp des Tenans, ou possible ayant egard à quelque galanterie qui mettoit la Felicité à vne espece d'indiference, ne s'estant pas contenté d'vne autre qu'il prit fort galante huict ans auparauant, dans vn celebre combat de Barriere, qui se fit au Louure, deuant le Roy, où il eut vn pareil employ, auec le Baron de Praslain, depuis Mareschal de France: car i'ay sceu de luy-mesme qu'il se contenta de l'espée de ses armes, posée en pal entre deux pennes d'argent adossées, dans vn champ d'azur, auec ces mots, *præpetibus pennis*, pour marquer sa promptitude à mettre l'espée à la main, où il s'agiroit du seruice du Roy, ou de la gloire des Dames. 1612.

Ie vis donc la magnificence du Carousel pendant les trois iours qu'elle dura, qui furent vn Ieudy, vn Vendredy & vn Samedy de la quatriesme sepmaine de Caresme, qu'il fit le plus beau temps du monde, & mesmes auec vn peu de chaleur; de sorte qu'il ne se vit iamais rien de plus heureux, ni de plus agreable, quoy que tout cela n'aboutit qu'à courre la bague, & à rompre dans vne lice contre vn faquin; ce qui fut suiui d'vn grand feu d'artifice dans le Palais de la Felicité, où se voyoient representez en caracteres de lumiere, les chifres de leurs Majestez & de l'Infante d'Espagne, parmi vn grand nombre de fusées, & le bruit des tambours, des trompettes & des mousquetades, qui s'acheua par celuy qui est si terrible des Boëtes & des Canons de l'Arsenac, auec des acclamations extraordinaires dans les ruës de la Ville: & afin d'y voir repasser les chars de triomphe auec la mesme pompe qu'ils estoient entrez dans la place, chacun eut ordre de mettre des lanternes aux fenestres; de sorte qu'il faisoit clair dans les ruës, comme en plein iour, & il fut facile à tout le monde de ioüir du

plaisir de regarder les troupes somptueuses des Braues
1612. sous des habits de Heros ou de Guerriers auantureux: & le lendemain de tous ces beaux iours, il plut extremement; ce qui pouuoit encore donner suiet à quelque noble distique, comme celuy qui fut fait pour les ieux d'vn Empereur Romain, si Auguste eust encore aimé de nostre temps les charmes de la Poësie de quelque Virgile.

Duc de Pastrane.

Bien-tost apres se fit à Paris l'entrée du Duc de Pastrane, qui fut enuoyé pour le traité du mariage du Roy & de Madame sa sœur, auec l'Infante & l'Infant d'Espagne, au mesme temps que M. le Duc de Mayenne fut enuoyé de France en Espagne, pour le mesme suiet: Ie vis cette entrée, qui se fit par la porte S. Iaques, vn Lundy 13. iour d'Aoust de l'année 1612. dont M. le Duc de Neuers fit les honneurs de la part de la Reine, apres que M. le Marquis de Cœuures eut esté au deuant de cet Ambassadeur, iusques à Linas: & fus bien-aise de reconnoistre mon Pere au nombre des Seigneurs & Gentils-hommes qui se trouuerent en cette occasion; par les ordres de la Cour, afin qu'vn Gentil-homme Espagnol de la suitte de l'Ambassadeur, se trouuast accompagné par vn François iusques à l'Hostel de Nauarre ou de Roquelaure, qui luy fut destiné pour son logis, dans la ruë S. Antoine.

Au commencement de l'année suiuante i'oüis parler
1613. de la mort des Barons de Lux pere & fils, tuez par le Cheualier de Guise; mais ie remarquay bien mieux la ceremonie qui se fit en ce temps-là du Baptesme de six Taupinamboux dans l'Eglise des Capuchins, dont le Roy fut le Parrin. C'estoit enuiron le temps de Pasques: ils passerent habillez de blanc auec des bonnets pointus en teste, dans la grande ruë du faux-bourg S. Honoré, où ie les vis fort aisément d'vne fenestre du logis du Pere d'vn Amy que i'auois au College: & cinq mois apres on fit les feux de la Feste de S. Louïs, qui fut la premiere fois qu'elle fut solemnisée, dont nous eusmes grande rejoüissance,

Taupinamboux.

rejoüissance, parce qu'il nous sembloit que c'estoit autant de gagné pour n'aller point en classe, tant la ieunesse aime à se diuertir. 1615.

Ie croy que ce fut approchant de ce temps-là, ou bien en l'année 1614. que mon Pere s'estant defait de sa charge des Suisses, entra dans la maison de Neuers, parce que Madame de Neuers & Monsieur le Duc de Mayenne son frere, luy témoignerent que ce leur seroit vne ioye indicible, & que M. de Neuers le souhaitoit, pour auoir plus d'occasion de luy faire paroistre l'estime qu'il faisoit de luy. Et de fait, ce Prince ayant trouué bon qu'il se chargeast de la conduite de M. le Duc de Rethelois son fils aîné, quoy qu'il fust encore bien ieune, il l'asseura que cela ne luy feroit point de tort dans l'honneur qu'il auoit d'estre au Roy, que sa pension de douze cents escus luy seroit payée, & qu'il auoit parole de la Reine & du Surintendant, qu'on ne luy en feroit rien perdre ; qu'au reste il vouloit luy en bailler encore autant, & qu'il auroit sa Compagnie de Cheuaux-legers entretenuë, attendant quelque marque plus honorable & plus vtile qu'il luy vouloit donner de sa bonne volonté. Il falut neanmoins auoir sur cela vn commandement expres de la bouche du Roy & de la Reine : Et mon Pere s'estant resolu enfin d'obeïr, ne voulut pas refuser ce qu'il eust peut-estre bien desiré qu'on ne luy eust pas demandé, à cause de la sujetion. Il n'acrut pas sans doute les prosperitez de sa fortune par ce moyen là, quoy qu'il ne parust point desauantageux, & entra dés-lors dans tous les interests de cette grande maison, qui se vit incontinent apres agitée par les troubles, que causerent le credit & la faueur extraordinaire du Marquis d'Ancre. 1614. M. le Duc de Neuers.

M. le Prince de Condé se retira de la Cour : M. le Duc de Vendosme fut arresté prisonnier au Louure, d'où il se sauua bien-tost apres, pour se retirer en Bretagne, & la Citadelle de Maisieres fut renduë par le Gouuerneur à M. le Duc de Neuers, contre l'intention de la Reine. On fit neanmoins quelque accord auec les Princes qui 1615. M. le Prince se retire.

congedioient les Troupes : Mais apres que le Roy eut
1615 esté declaré Majeur, & que l'Assemblée des Estats Generaux à Paris y eut esté finie, le Roy ayant pris le dessein d'vn voyage en Guyenne, les Princes se retirerent de la Cour pour la seconde fois, afin de leuer des gens de guerre en Picardie, à quoy le Roy opposa vn corps-d'armée, où mon Pere auoit sa Compagnie & y estoit en personne, sous la charge de M. le Mareschal de Bois-dauphin, qui les pressa vn peu & les obligea de passer à guai la riuiere de Loire aupres de Boni, laquelle vn moment apres deuint si grosse, qu'il eust esté perilleux de s'y engager. Là, mon frere qui estoit encore page de M. de Mayenne & qui auoit fait le voyage d'Espagne auec luy, perdit la salade du Duc son Maistre, qui échappa de l'arçon de la selle de son cheual, & tomba dans l'eau, où il fut bien auisé de ne s'arrester pas à la chercher.

Boni.

Mariage du Roy.

Cependant on celebra les ceremonies du mariage du Roy, & de Madame sa sœur à Bordeaux : & la Cour estant de retour à Tours, au mois de Ianuier de l'année 1616. où l'on donna les Sceaux à M. du Vair, on assigna la
1616. Conference de Loudun, & le traité s'y estant conclu, les Princes se rendirent en suite à Paris aupres du Roy, les vns apres les autres : mais non pas le Duc de Luxembourg, qui en ce temps-là mourut à Gergeau. Madame de Neuers reuint aussi à la Cour, apres auoir soustenu dans sa Ville vne espece de siege auec vne valeur extraordinaire, & vne patience incroyable pour vne femme.

On ne pensa plus qu'à faire des rejoüissances, & les Princes & Grands Seigneurs se traiterent magnifiquement les vns apres les autres. Ie vis le festin de M. de Neuers, qui fut vne chose somptueuse : ie pense qu'il y eut cinquante couuerts & dix-huict seruices, dont les plats furent portez par des Pages richement vestus : & à chaque seruice, les trompettes sonnoient du haut d'vne terrace qui regardoit sur la riuiere, sur le Pont-neuf, & sur le iardin ; puis les hautbois, les musettes & les flustes douces, faisoient oüir leur concert : en suitte on enten-

Festins, entre les Princes.

doit les violons; & enfin la melodie des luths & des voix, recommençant ainsi plusieurs fois tour à tour, depuis vne heure, iusques à cinq ou six du soir, parmi toutes sortes d'entretiens agreables dans vne grande sale richement tapissée, au bout de laquelle, il y auoit vn buffet somptueux. Là, estoient auec M. le Prince de Condé, & les Ducs de Guise, de Mayenne, de Chevreuse, d'Elbeuf, de Vendosme, de Boüillon, & plusieurs autres Seigneurs de France, le Prince d'Orange, & le Comte de Carlile Anglois, & vn autre Seigneur Ambassadeurs d'Angleterre. 1616.

Pendant le disner, vn Voleur se cacha dans le cabinet de M. de Neuers, pour en dérober ce qu'il y trouueroit de plus precieux: mais ayant esté surpris sur le petit lict du Prince, où il crût qu'on ne l'iroit pas chercher, il fut saisi par les Valets-de-chambre, & lié à vne quenoüille du lict, où il fut mal-traité, quoy qu'il y fust visité de tous ceux qui auoient esté du festin: & parce qu'il paroissoit vn peu melancholique, on se contenta pour le rejoüir, & pour diuertir aussi la compagnie, de le faire sauter cinq ou six tours dans vne catalongne, que des pages & des laquais luy teinrent fort officieusement, dans vne allée du iardin, dont il n'eut pas grand suiet de se plaindre, parce qu'on ne luy fit pas dauantage de mal. Voleur attrapé sur le fait.

Au reste, la paix ne fut pas de longue durée: car le premier iour de Septembre ensuiuant, qui fut vn Ieudy, M. le Prince de Condé ayant esté retenu prisonnier au Louure, d'où il fut mené à la Bastille, les autres Princes & Seigneurs qui s'estoient ioints auparauant dans ses interests, & à qui l'on vouloit mesmes faire à croire que dans les festins, dont nous venons de parler, ils auoient auancé des paroles bien hardies touchant la bande de ses armes, qu'ils appelloient vne barre, se retirerent de la Cour & s'en allerent à Soissons, & M. de Guise auec eux, qui toutesfois n'y demeura pas long-temps; mais les autres ne trouuant point de seureté en leur retour, forme- Prison de M. le Prince.

1609. rent d'autres desseins, qui furent à la veille de causer de grands mouuements.

Pillage de la maison du Mareschal d'Ancre.

Le mesme iour que M. le Prince fut arresté, on pilla l'apresdisnée les maisons du Mareschal d'Ancre; c'est à dire celle de la ruë de Tournon, au faux-bourg S. Germain, & celle qu'il auoit aupres du Louure. Ie vis le pillage de celle du faux-bourg, qui estoit la principale, où les femmes paroissoient au faiste du logis arracher iusqu'au plomb des couuertures, apres auoir pillé les chambres & les cabinets, & brisé les lambris dorez. Ie vis ietter d'vne fenestre haute qui regardoit sur la ruë, plus de huict cents masques de Balet ou de Comedie. Des valets de nostre College & de pauures garçons, en eurent vn tour de lict de satin violet en broderie d'or: on n'y laissa pas vn seul meuble de bois, & les grilles de fer n'y furent point épargnées, non plus que les Arbres du iardin, qui furent également rauagez. I'eus horreur d'vne action si furieuse, & ie portay impatiemment de voir vne si grande licence au peuple, qui ne sçait ce qu'il fait, quand il est émû, ou qu'il a perdu le respect, & que la presence de quelque personne venerable n'arreste point son impetuosité. On y enuoya bien le fils du Cheualier du Guet: mais ce fut mal-heureusement pour luy: car il y fut tué.

Eloignement de M. de Neuers.

Quelque temps apres, on fit commandement aux gens de M. le Prince de Condé, & à tous les Domestiques de ceux de son parti, de sortir de Paris, sur peine de la vie, ausquels se ioignit M. de Neuers, à cause du déplaisir qu'il receut de Chaalons, ville de son gouuernement, qui luy refusa ses portes, dont il témoigna bien en suitte son ressentiment.

Cependant M. de Marolles ne se hasta point de sortir de Paris, pour essayer de iustifier à la Cour le procedé de M. de Neuers; sur quoy il eut plusieurs audiences de la Reine-Mere, qui luy témoignoit de la bonne volonté. Mais comme il eut conuaincu de fausseté en sa presence, les raports que luy en auoit faits vn Exempt des Gardes, appellé

Mort de Baranton.

Baranton, qui ne pouuant se consoler d'vn reproche si

amer, en conceut tant de regret qu'il se tua d'vn caniuet, dont il se perça le cœur, mon Pere se retira aussi en Champagne, où estoit M. de Neuers : Et le Comte d'Auuergne deliuré de la Bastille, apres quatorze années de prison, eut charge de leuer pour le Roy, vn corps d'armée à Meaux, dont il fit la guerre aux Princes, tandis que par le credit & les intrigues du Mareschal d'Ancre, il y eut du changement au Conseil du Roy : car M. du Vair ayant rendu les Sceaux, dont il auoit vsé auec tant d'integrité, M. Mangot Secretaire d'Estat, fut choisi par la Reine pour faire cette charge, & M. de Luçon, depuis Cardinal de Richelieu, fut employé pour exercer l'office de Secretaire d'Estat, & quelques iours apres il y eut Declaration publiée contre le Duc de Neuers, & tous ceux qui l'assistoient ; puis contre les Ducs de Vendosme, de Mayenne, le Mareschal de Boüillon, le Marquis de Cœuure, & leurs adherants.

1616.

M. Mangot

Ce fut alors que sur le bruit qui couroit d'vne certaine entreprise, afin de ne rien negliger, & prenant garde iusques aux moindres choses, M. le Garde des Sceaux m'enuoya querir au College de la Marche où i'estois, pour s'informer si ie n'auois point receu de lettres de mon Pere, & si ie n'auois pas vû quelqu'vn de ses gens qui m'en eust appris des nouuelles ; que ie prisse bien garde à ne déguiser rien de la verité, parce qu'il y alloit du seruice du Roy. Là, estoit M. de Luçon en habit noir, renuersé sur vne chaise de cuir, tandis que M. le Garde des Sceaux estoit debout, en me parlant sur ce suiet. Ie luy fis reponse, que mon Pere ne s'estoit iamais donné la peine de m'écrire, & qu'il écriuoit aussi peu à celuy qui me tenoit en pension, parce qu'il estoit assez asseuré des soins qu'il auoit de moy, pour ne me laisser manquer d'aucune chose dont ie peusse auoir besoin : qu'au reste, ie n'auois point du tout de connoissance du lieu où il estoit, & que ie n'auois point vû de ses gens ; mais que ie pouuois croire qu'il ne feroit iamais rien contre le seruice du Roy ; à quoy il estoit obligé par sa naissance & par son inclination. M. le Garde des Sceaux me dit que ie parlois de ses deuoirs dont il n'estoit pas question ;

On m'interroge chez M. le Garde des Sceaux.

M. de Luçon.

mais qu'il vouloit seulement sçauoir si ie n'en auois point eu de nouuelles? Ie n'eus rien à luy repliquer dauantage, quoy qu'il me dist cela d'vn ton assez fier: & M. de Luçon qui connoissoit assez mon Pere, & qui auoit de l'estime pour luy, se redressa sur sa chaise, & dist qu'à la verité il ne croyoit pas que M. de Marolles se fust iamais porté de son mouuement contre le seruice du Roy; mais qu'il estoit marri qu'il se fust trouué engagé dans vn si mauuais parti. Puis il adiousta tout bas, que ie me retirasse, & qu'il ne me conseilloit pas de demeurer à Paris. Ie ne sçai si c'estoit pour me faire peur: mais ie ne m'en estonnai pas beaucoup. Cela neanmoins me fit monter quelque rougeur sur le front, & m'estant retiré, nostre Pedagogue & le Principal de nostre College, qui s'imaginerent qu'ils ne me pouuoient retenir auec seureté, & voyant d'ailleurs le danger qu'il y auoit de déplaire à la Cour, dans les moindres choses, me donnerent congé, & mesmes me prierent de m'en aller le plustost qu'il me seroit possible en Touraine, où estoit ma Mere, & que pour cet effet on fourniroit aux frais du voyage, & qu'on me donneroit ce qui seroit necessaire.

1616. M. de Luçon

Ma sortie du College.

Ie n'eus pas grand'peine à prendre vn congé si obligeant, quoy que ce fust au commencement d'vn Hyuer assez rude. On me fit faire vn habit de campagne & de la saison: & quoy que i'eusse des Amis intimes au College, estant prest de monter auec quelques-vns en Philosophie à la fin de l'année, si est-ce qu'ayant beaucoup plus de passion de reuoir la Patrie, ie m'en consolay fort aisément; mais auant que de partir, ie vis tous mes Amis les vns apres les autres, pour leur dire adieu, croyant que nostre separation seroit beaucoup plus longue qu'elle ne fut pas; quoy qu'elle ne le fust que trop pour le bien de mes estudes, où ie prenois plus de goust que ie ne faisois du commencement: car, pour en dire la verité, les deux premieres années du College me semblerent beaucoup plus rudes que les suiuantes, tant à cause de la bassesse des classes où i'estois, que par l'ennuy que me donnoit

la mauuaiſe humeur de celuy qui nous tenoit en pen-
ſion. 1616.

Mais afin de reprendre la choſe vn peu de plus haut, Mes Compagnons d'eſtude.
quand ie me ſentis touché de l'affection de l'eſtude, i'a-
uoüe que ce me fut vne grande conſolation, d'auoir trou-
ué des eſprits ſociables, tels que mes chers compagnons d'Eſtude que i'ay deſia nommez, & que d'autres encore qui n'eſtoient gueres plus auancez que nous, comme le Neveu de M. le Cardinal du Perron, depuis Eueſque d'Angouleſme, dont la ſageſſe & la modeſtie ont eſté ſi recommandables. M. de Fieſque, depuis Maiſtre de Chambre de M. de Verneüil, Eueſque de Mets & Abbé de S. Germain des Prez : M. Heſſelin Louys Cauchon, Seigneur de Condé, depuis Maiſtre de la Chambre aux deniers, & l'vn des plus honneſtes hommes de noſtre temps: M. Bargeot, auiourd'huy Chanoine de la Sainte Chapelle, homme d'honneur, s'il en fut iamais, & d'vne probité rare: Meſſ. Chahu, dont le ieune s'eſt fait Ieſuite, & s'eſt acquis de la reputation dans ſa Compagnie: M. l'Abbé Lumague, amateur des beaux arts, des peintures, & des autres curioſitez de cabinet: M. Matthieu, Medecin fameux de la Faculté de Paris: Nicolas du Pin & Gabriel Abſolu, deux naturels admirables pour les graces du corps & pour les lumieres de l'eſprit; mais qui moururent en la fleur de leur ieuneſſe, & quelques autres, entre leſquels il y eut vn Religieux appellé du Lion, qui auoit plus d'eſprit que de pieté; mais qui d'ailleurs auoit de la bonté, & qui s'eſtoit rendu conſiderable à tout le monde par ſon adreſſe & par ſon eſprit; de ſorte que pour ſe licentier impunément, il ne falloit que meriter ſes bonnes graces, & ſa confidence. Du Lion.

Ie ne ſçai pas où il prenoit le fons de toute la depence qu'il faiſoit: mais il en auoit touſiours de reſte pour de petits feſtins qu'il aimoit extremement, pour la paulme, & pour la Comedie, où il nous menoit quelquesfois, lors que cette fameuſe Comedienne appellée la Porte, montoit encore ſur le theatre, & qu'elle ſe faiſoit admirer de Comediēs.

1616. tout le monde auec Valeran, & que Perrine & Gaultier estoient des originaux qu'on n'a iamais depuis sceu imiter. Mais ie me tins bien plus redeuable à nostre Ami des bonnes connoissances de dehors qu'il me procura, comme celle de M. Balesdens, qui demeuroit alors au College de Harcour, chez vn bon homme appellé le Landez, depuis Docteur en Theologie, & Oncle des deux Mazures, Curez de S. Paul l'vn apres l'autre. Comme il s'est auiourd'huy acquis de l'estime par les belles lettres qui luy ont donné place dans l'Academie Françoise, il estoit, dés ce temps-là, d'vne humeur gaye & d'vn entretien diuertissant.

M. Balesdens.

M. le Card. du Peron.

Ce fut par le moyen de M. l'Abbé du Perron que i'eus l'honneur de voir vne fois Monf. le Cardinal son Oncle, dans sa maison de Baignolet, & de faire la reuerence à ce grand homme, qui eut la bonté de m'accueillir d'vn visage doux, & de me témoigner l'estime qu'il faisoit de mon Pere. Ie pris la hardiesse mesmes de luy parler des admirables vers de sa traduction de l'Eneïde, qu'il auoit publiée depuis peu, & que ie sçauois par cœur; ce qu'il trouua bon, & nous en recita luy-mesme quelques-vns qui luy vinrent en memoire sur le mesme sujet; à quoy il adiouta que ce n'estoit pas vne mauuaise marque, d'auoir de l'estime pour ces choses-là. Il se faisoit alors porter dans vne chaise découuerte, à cause de ses goutes qui ne luy permettoient pas de se tenir debout, & mourut le mois d'Aoust * en suiuant, laissant à son frere ses Abbayes & son Archeuesché de Sens.

* *Ce fut l'an 1618.*

Crassot

Enuiron ce mesme temps, ie vis mourir dans nostre College le Philosophe Crassot de la ville de Langres, qui auoit beaucoup de raport à ces portraits de Philosophes Cyniques, qui se trouuent dans les cabinets des Curieux, estant mal-propre comme eux, auec vne barbe longue & touffuë, & les cheueux mal peignés. Il auoit vne chose bien particuliere, & que ie n'ai iamais vuë qu'en luy seul qui estoit de plier & de redresser ses oreilles quand il vouloit, sans y toucher.

Estant

Estant donc prest de sortir de nostre College, & d'y quitter mesmes les habitudes que i'y auois contractées, apres cinq années de sejour, il se trouua vn honneste homme de la Prouince, Claude Odon Prieur de Bretagne, qui me fit compagnie pour y aller, & qui ne me quitta point qu'il ne m'eust rendu en nostre maison. Ma Mere fut rauie de me voir; mais ie la trouuai fort alarmée de tous les bruits qui couroient au suiet de la guerre des Princes, où mon Pere estoit engagé. On ne nous menaçoit de rien moins que d'vn rauage qu'il n'y auoit pas moyen d'euiter, si les troubles continuoient; ce qui obligea ma Mere de faire garder sa maison, pour essayer au moins de la garentir du pillage contre des gens sans aueu qui rodoient dans le païs.

1616. Mon retour en Touraine.

Cependant les Amis & les Voisins ne laissoient pas de nous visiter: & ma Mere receut beaucoup de consolation des soins que prit d'elle en ce rencontre Madame la Vidame d'Amiens, Françoise de Bastarnai, qui viuoit en grande reputation de sainteté & d'vne vertu exemplaire dans son Chasteau de Montresor, qui n'est qu'à deux lieuës de chez nous.

Mad. la Vidame.

Mais enfin l'orage s'appaisa, & nos craintes cesserent par la nouuelle qui nous vint vn Mercredi, de la mort du Mareschal d'Ancre, qui fut tué le Lundi d'auparauant 24. iour d'Avril. La Reine Mere fut releguée à Blois, & les Princes ayant mis bas les armes, retournerent à Paris; De sorte qu'ayant passé l'Esté aux champs auec la plus grande douceur du monde, où ie vis soigneusement les Amis de nostre Maison, dont ie receus beaucoup de ciuilitez, ie reuins à Paris pour renouër le fil interrompu de mes Estudes, & faire mon cours en Philosophie, dont on m'auoit iugé capable, il y auoit plus d'vn an.

Mort du Mareschal d'Ancre.

1617.

Ie fus mis en pension pour cet effet aupres du College de Nauarre, apres auoir esté saluër les Princes de l'Hostel de Neuers, qui me témoignerent beaucoup de bonté, & sur tout M. le Duc de Retelois, qui me faisoit l'honneur de m'aimer, & qui prenoit plaisir à

beaucoup de choſes dont il me donnoit la liberté de
1617. l'entretenir.

M. le Duc de Retelois. Ce Prince d'vne beauté rare & d'vn eſprit merueilleux, faiſoit toutes choſes de ſi bonne grace, qu'on ne parloit que de ſes perfections; de ſorte que comme il eſtoit éleué au deſſus de pluſieurs par la grandeur de ſa condition, il eſtoit digne auſſi de porter le tiltre de Prince de la Ieuneſſe de ſon temps. Il auoit deux freres plus ieunes que luy, le premier appellé Charles Monſieur, deſtiné à la Profeſſion Eccleſiaſtique, & qui peut-eſtre y fuſt demeuré, s'il ne fuſt point deuenu l'ainé; & le ſecond nommé Ferdinand, qui depuis fut Duc de Mayenne, & mourut ieune en Italie.

Charniſay. Mon Pere auoit la conduite du Duc de Retelois, ayant vn Sous-gouuerneur appellé Bohan: Et vn Gentilhomme de qualité appellé René de Menou, ſieur de Charniſay en Touraine, fut mis aupres des deux autres ieunes Princes, pour les bons témoignages que mon Pere auoit rendus de luy, à M. de Neuers. Il n'y auoit pour tous les trois qu'vn Precepteur appellé G. G., de la ville d'Orleans, homme d'vn petit genie, qui fut pourtant preferé à pluſieurs, & entre autres à Pierre Monmaur, ſurnommé le Grec, qui alla prendre la place que celuy-cy occupoit aupres du fils ainé du Mareſchal de Praſlin. Vn Secretaire appellé Polens du païs de Liege, leur enſeignoit l'Italien & l'Aleman, Aleaume & Erigogne, les Mathematiques & les Fortifications, Rabel à peindre, Preuoſt à dancer: & quand vn aage vn peu plus auancé eut augmenté leurs forces, Charniſai l'vn des plus adroits Eſcuiers de France de ſon temps, leur apprit à monter à cheual, & l'Anglois à faire des armes.

Exercices de Ieuneſſe.

Chacune de ces choſes auoit ſes heures reglées, & i'eſtois raui de voir des Princes d'vne naiſſance tres-heureuſe, repondre ſi bien aux ſoins que l'on prenoit de les éleuer. Ie les venois viſiter les iours de leur diuertiſſement: & comme ils trouuoient bon que i'allaſſe par tout auec eux à la promenade, auſſi ne m'en diſpenſois ie que le plus rarement qu'il m'estoit possible, estant asseuré que M. de Neuers l'auoit agreable, parce qu'il sçauoit bien que ie ne leur inspirerois rien de contraire à ses desseins, & Madame de Neuers mesmes trouua bon de me dire que ie luy ferois plaisir de les voir souuent. 1617.

Mais ayant commencé mon cours de Philosophie sous le fameux Ianus Cecilius Frei, qui enseignoit au College de Montaigu, ie tombai malade d'vne grosse fiévre continuë, qui me causa des resueries importunes, à cause de l'application que i'auois euë auec vn peu trop de contention à l'estude que ie faisois; de sorte que ie ne pouuois reposer, & ie me trouuay en grand danger de mourir, parce que la maladie fut aiguë & longue: toutesfois la ieunesse, auec les bons remedes qui me furent administrez par les ordonnances de Tournier, l'vn des plus sçauants Medecins de la Faculté, me remit sur pied au bout de trois mois. Ainsi cela fit beaucoup de tort à mes Estudes; mais ie me recompensai en suitte par vn trauail assidu.

Le Philosophe Freï.

Grande maladie.

Ie changeai de logis, & vins demeurer en la ruë de la Harpe, chez vn Ioüeur de luth, où ie pris connoissance de M. Bourdelot, qui auoit fait des Notes sur Lucien & sur Petrone. Cet excellent homme qui aimoit passionnement la Musique, venoit souuent en ce logis là, pour y entendre les concerts de luths qu'on y faisoit: & pour me témoigner quelque reconnoissance du respect que i'auois pour luy à cause de son sçauoir. Il me fit present de son dernier ouurage, où i'eusse pris beaucoup plus de plaisir que dans mes escrits de Philosophie, si i'eusse eu du temps de reste pour m'y appliquer.

M. Bourdelot.

Ie fus en ce lieu-là iusques à la fin de l'année, pendant laquelle nostre Professeur me donnoit des leçons en particulier pour le temps que i'auois perdu, & ie faisois escrire sous luy celles qu'il dictoit en public, où il méloit beaucoup de questions & recherches curieuses, tant de l'Astronomie, que du Sisteme du monde & de la Geographie, dont i'auois acquis desia quelque connois-

ſance: & ſe ſeruoit meſmes bien ſouuent des figures que
1617. i'auois dreſſées pour induire des preuues de cette ſcience, leſquelles il recommandoit publiquement, & les faiſoit beaucoup valoir.

1618. Panegyriques de Freï. Ce fut au meſme temps que ce ſçauant homme du Canton de Fribourg dans le païs des Suiſſes, fit imprimer deux Panegyriques, qu'il recita pour les paranymphes d'vne licence en Theologie, dans l'vn deſquels tous les mots commençoient par C. comme le nom de celuy dont il celebroit les loüanges, appellé Callæus, & dans l'autre il n'y auoit ni R. ni S. en l'honneur d'vn ſçauant Religieux Dominicain, appellé Claude Mahuet, ce qui ſeroit à peine croyable, y conſeruant vn bon ſens, ſi nous n'en pouuions encore eſtre aſſeurez par l'edition que
Bourdelot. nous en auons, laquelle il dedia à M. Bourdelot, dont ie viens de parler, & dont porte le nom par adoption ſon Neveu d'vne ſœur, qui eſt auiourd'huy ce celebre Medecin de la Faculté de Paris, M. l'Abbé de Maſſay.

Au reſte cette année 1618 fut remarquable par trois
Feux. feux extraordinaires, l'vn d'Accident, le ſecond d'Artifice, & le troiſieſme de la Nature, comme l'eſcriuit en vers Latins Iſaac Habert Pariſien, que i'ay fort connu depuis, auec grande eſtime, comme ie diray bien-toſt. Le premier de ces trois feux que ie vis, comme tout Paris, fut celuy du Palais, quand ce grand Temple de la Iuſtice fut embraſé par vn accident impreuû, le Mardy ſixieſme iour de Mars: le ſecond fut le feu d'artifice qui ſe fit à la feſte de S. Louys dans l'Iſle de Louuiers, aupres de l'Arſenac, depuis l'Iſle de Noſtre-Dame, qui pour lors n'eſtoit point baſtie, où par le moyen de la poudre & de certaine compoſition de bitume & de vitriol, les fuſées repandirent en l'air des Eſtoiles & des ſerpenteaux de feu, dont tout le monde fut ſurpris comme d'vne nouueauté qui n'auoit point encore paru. Le dernier de tous ces feux fut celuy de cette grande Comete, qui a donné tant de ſuiet de parler.

Or deux iours apres le premier feu, qui fut celuy du

Palais, mourut sur les cinq heures du soir Catherine de Loraine Duchesse de Neuers, en suitte d'vne maladie de quinze ou vingt iours, qui luy fut causée, à ce qu'on dit par quelque sorte de violence qu'elle se fit, pour se trouuer vn soir chez la Reine, où il y eut vne grande assemblée pour vn balet royal qui s'y deuoit dancer. Iamais cette Princesse ne parut si belle: elle estoit toute brillante de pierreries, & sa taille auantageuse, iointe à vne grace nompareille, luy donnoit vn éclat merueilleux. Ie la vis, ce me semble, en cet estat, comme les Poëtes décriuent leur Iunon, quand pour se rendre plus majestueuse, elle s'ornoit de ses riches atours. Cependant quelque secours qu'on luy pust apporter en sa maladie, par l'aduis des plus celebres Medecins de la Faculté de Paris, où furent appellez Duret, de Lorme, Seguin & Riolan, auec du Puy son Medecin ordinaire, admirablement versé dans le grand art dont il fait profession, il falut en vn moment perdre tous ces riches dons de la Nature, & ceder enfin à la violence de la maladie, qui ne put estre surmontée par aucuns remedes. Cette Princesse si vertueuse & si bien née, mourut donc en l'aage de 33. ans, entre les bras de son illustre Espoux, à qui elle laissa les trois Princes que i'ay tantost nommez, & trois filles, Louyse, Anne, & Benedicte qui mourut depuis Abbesse d'Auenay: M. de Neuers en fut inconsolable: & le corps de la defuncte ayant receu dans son lict de parade les honneurs qui se rendent aux personnes de sa qualité, fut porté à Neuers, auec beaucoup de pompe, pour estre inhumé dans le Chœur de l'Eglise Cathedrale, où sont les corps de quelques Ducs de Neuers. Le Sieur Daudiguier qui a tant escrit, & que i'ay connu depuis auec beaucoup d'estime, fit ce sonnet à la mode de ceux de Mainard, sur la mort de cette Princesse.

1618. Mort de Madame de Neuers.

Daudiguier.

Vous mourez, ô grande Princesse!
Et quittant ce bas Element,
Vous nous y laissez seulement,
Pour vous y regretter sans cesse.

1618.

Helas! ha, ie ne croyois pas
Que la pieté sans exemple,
Dont vous estiez ça bas le temple,
Dust estre subiette au trépas.
Mais voyant le soir precedent
Tomber par vn grand accident
De Themis le saint edifice;
Ie doutai de vostre santé,
Et iugeai que la pieté
Tomberoit apres la Iustice.

College de Clermont.

Enuiron le mesme temps, les Iesuites ayant obtenu Arrest du Conseil contre l'Vniuersité de Paris, ouurirent leur College de Clermont, pour y recommencer leur exercice à Pasques ensuiuant, où le Roy leur fit l'honneur de leur donner pour Escoliers M. le Marquis de Vernëuil, & M. le Comte de Moret, ses freres naturels, qui en peu de temps se rendirent si sçauants, que sur la fin de leurs Estudes, qui ne fut pas fort éloignée de leur commencement, ils soutinrent publiquement des Theses en Philosophie & en Theologie, auec vn succez merueilleux.

La connoissance que la Cour m'auoit donné de ces deux personnes illustres, ne me permit pas de cesser de les voir, quand ils furent au College, sous la discipline des Peres Iesuites, où chacun d'eux auoit son Gouuerneur. I'y allois donc fort souuent, & il me sembloit que mes soins ne leur estoient pas desagreables: mais auant que de les voir au commencement de leurs Classes, qui fut en l'année 1618. i'acheuai ma Philosophie, à la fin du mois d'Aoust de la mesme année: puis attendant l'ouuerture des leçons en Theologie, i'allai en Touraine pour y passer le temps des Vacations.

M. Gault de Tours.

En faisant ce voyage, ie me trouuai de bonne fortune en la compagnie d'Eustache & de Iean Baptiste Gault, deux personnages d'vne vertu extraordinaire qui reuenoient de Rome, & s'en retournoient à Tours, lieu de leur naissance, où ils alloient pour se consoler auec leur Mere de la mort de leur Pere, dont ils portoient le deüil. Ie me souuiendrai tousiours de la douceur de leur entretien, & des bonnes choses qu'ils me dirent pour la pieté, sans me faire connoistre le dessein qu'ils auoient d'entrer dans l'Oratoire, comme ils y entrerent bien-tost apres, sous la direction de M. de Berulle. Enfin ces Messieurs s'estant acquis en ce lieu-là beaucoup de reputation, furent iugez dignes l'vn apres l'autre de gouuerner l'Eglise de Marseille, & sont morts en reputation de sainteté. 1618.

I'arriuai chez nous vers le commencement de Septembre, où toute la famille me témoigna quelque ioye de me voir, comme ie fus raui de la trouuer pleine de ioye & de prosperité: & pendant le sejour que i'y fis, i'allai visiter le voisinage, où estoit M. Cornac Abbé de Vincloin, qui estoit de retour d'aupres de M. du Maine, où il auoit des emplois: i'y vis aussi M. de Pons René d'Argi, qui auoit esté deputé aux Estats Generaux pour le Corps de la Noblesse de Touraine, l'vn des plus sages Gentils-hommes de son temps: M. de Menou mon beau-frere, dont la maison ne desemplissoit point de beau monde, tant il y faisoit bonne chere à tous ses Amis: & tous les autres qui nous donnoient des marques de leur affection.

Estant de retour à Paris, ie me logeai aupres de saincte Geneuiefue, dans la ruë de S. Estienne des Grecs, chez vn bon homme appellé Piat Maucors, qui tenoit force honnestes gens en pension. I'y occupai la chambre où auoit demeuré fort long-temps vn celebre Professeur Escossois de Nation,* ie pense mesmes auoir oüi dire qu'il y estoit decedé: quoy qu'il en soit, me sentant respirer le mesme air qu'il auoit fait; ce me fut vn encouragement à me porter dauantage à l'estude, outre l'exemple que m'en donnerent dans le mesme logis des personnes de beaucoup de merite & d'vn sçauoir exquis que i'y rencontray, comme ie dirai tantost. 1619. Logis de Piat.

* C'estoit M. Criton.

Ayant oüi quelques Professeurs en Theologie, dont ie fis escrire plusieurs traitez, ie m'appliquai soigneusement à la lecture des saintes Escritures, des Conciles, & de l'histoire Ecclesiastique, d'où ie puisai de grandes veritez pour me La Theologie.

1619. detromper de beaucoup d'erreurs & de superstitions populaires. Comme i'en auois la memoire toute fraische, & que i'auois vne assez grande facilité de m'exprimer, i'en parlois fort souuent, afin de m'y fortifier dauantage : & ie croy que i'y paroissois plus sçauant que ie n'y auois acquis de connoissance, parce qu'il y faut employer bien plus de temps que ie n'auois fait, pour y estre consommé.

Mais outre le naturel que i'y auois assez propre, & la grande application que i'y apportois auec vn esprit gueri de la preocupation, la connoissance qu'vn certain bonheur m'auoit donnée des plus grands hommes de ce temps-là, me profita merueilleusement : car sans sortir de mon logis, i'y eus en diuers temps l'entretien & les bons exemples que me donnerent pour l'amour des lettres, Iean Baptiste de Crosilles, depuis Abbé de la Couture, Iean de Lingendes Predicateur illustre, depuis Euesque de Sarlat, & de Mascon, & Isaac Habert Docteur en Theologie, depuis Theologal de Paris, & Euesque de Vabres. D'ailleurs ie voyois fort souuent deux Professeurs celebres en Philosophie, Freï, & du Val qui auoit enseigné à Lixieux auec tant de reputation, l'vn & l'autre de mes bons Amis. Au Conuent des Iacobins, i'allois visiter Messire Nicolas Coëfteau Euesque de Dardanie & Administrateur de Metz, & le R. Pere des Landes, depuis Euesque de Triguier : & aux Iesuites du College de Clermont, les celebres Peres, Fronton du Duc, Iaques Sirmond, & Denys Petau, le dernier que ie connus par le moyen de son frere le Chartreux, & les deux autres par les habitudes frequentes qu'auoit aupres d'eux M. de Crosilles mon bon Ami. Quant à la connoissance de M. Coëfteau, ie la dois à celle du R. Pere des Landes qui estoit de nostre Prouince, & cheri de longue main dans nostre famille. Ce fut aussi dans le mesme logis que ie vis la premiere fois Mons. de S. Amant, qui s'est acquis tant de reputation par ses beaux Vers, ayant composé dés-lors son Poëme de la solitude, qui fut receu auec tant d'applaudissement.

Theologiens.

Academie. Et parce que nous estions souuent visitez par des gens d'esprit, d'esprit, qui se plaisoient à la pureté de la langue, & qu'il n'y en auoit pas vn de nous qui ne fist estat de la mesme chose; nous cõposasmes vne espece de petite Academie, qui ne nous fut pas inutile. Ce fut alors qu'vn ieune Theologien, appellé Louys Masson, depuis Predicateur considerable, & persuadé de tout ce qu'vne pieté solide suggere de plus saint & de plus religieux, estant fraischement venu du païs de Languedoc, d'où il est, ne pût s'empescher de nous marquer son étonnement, nous ayant trouuez comme nous examinions certaines façons de parler de la langue; ce qu'il estimoit de peu d'importance en comparaison d'autres choses, où, selon sa pensée, il eust esté bien plus iuste que nous eussions employé du temps. Peut-estre qu'il auoit raison: mais il n'y en auoit pas vn de nous qui ne fust persuadé que pour la perfection des sciences, il ne faut rien negliger, & particulierement en l'eloquence, & en la pureté du langage, si necessaire pour s'exprimer nettement, & qui ne se peut apprendre que par vn long vsage, & par vn soin tout particulier, dont vn esprit iudicieux peut seulement faire le discernement. 1619.

Outre les mots & les façons de parler, nous examinions encore l'œconomie des pieces, & chacun de nous essayoit d'en faire quelqu'vne sur les suiets qui estoient proposez. De-là vinrent plusieurs versions qui se firent du Pseaume 136. quelques imitations de Virgile, & d'Ouide, diuerses Poësies de Louys de Reuol de Dauphiné, l'vn des plus beaux esprits que i'aye connus de ma vie, la Semaine amoureuse de Moliere, l'Eromene de Daudiguier le ieune, les Eglogues de Virgile en vers, de Pierre Marcassus, quelques Epigrammes & Sonnets de M. Colletet, vn traité du Chauue composé par vn Gentil-homme appellé de Vaux, qui demeuroit aupres de M. le Comte de Cramail, vne Ode de Pierre Marbeuf de Roüen, Aduocat au grand Conseil, addressée à M. le Comte de Moret, les Epistres de Crosilles, & ma premiere version de Lucain. Ouurages Academiques.

F

1619. Honnestes gens.

Ie ne sçaurois aussi oublier, entre les bonnes connoissances que ie fis dans ce logis, le Docteur Maillard Anglois, homme d'esprit, & sincere, que des Gentils-hommes de son païs, appellez Lucas, Gorge, & Farfex, obligeoient de venir souuent chez nous, où ils estoient logez, M. de Croisettes, mort depuis Lieutenant General à Soissons, & l'vn des plus genereux hommes que ie connus iamais, & Iaques Tonnereau du Plessis, de la ville de Tours, qui n'eut iamais le mensonge sur les lévres, ni la malice dans le cœur.

M le Card. de la Rochefoucauld.

Sur le commencement de l'Automne de l'année 1619. Messire Benjamin de Brichanteau, Euesque de Laon, & Abbé regulier de sainte Geneuiefue, estant venu à deceder d'vne maladie, qui luy fut causée pour auoir mangé quelques abricots, M. le Cardinal de la Rochefoucauld fut pourueu de cette Abbaye: & parce qu'il trouua bon d'y venir demeurer, ayant quitté son logis du faux-bourg saint Honoré, mon Pere qui auoit pour ce Prelat vne veneration toute particuliere, me commanda de le voir souuent, à quoy ie ne manquai pas vne fois ou deux le mois.

M le C. de Moret.

Mes plus ordinaires visites, outre celles de l'Hostel de Neuers, où i'auois des obligations étroites, estoient chez M. le Comte de Moret, qui s'estoit venu loger sur le fossé aupres de la Porte S. Michel. Et parce qu'il auoit agreable l'entretien que ie luy faisois de mes lectures des Poëtes, dont ie luy faisois chois des plus beaux endroits; son Gouuerneur appellé Lestrade, qui auoit beaucoup de pieté, de douceur & de politesse, quoy qu'il ne fust pas homme de lettres, en estoit bien-aise, & ne doutoit nullement que son ieune Prince, en se diuertissant de la sorte, ne perdroit pas le temps; mais, si ie ne me trompe, le Prince ne songeoit pas moins à noüer par mon moyen quelque amitié auec le Duc de Retelois, qu'il estimoit infiniment.

De Lingendes & Crosilles.

Alors on mit aupres de luy M. de Lingendes, pour estre son Precepteur; mais il n'y demeura pas long-temps pour la premiere fois: car par ie ne sçay quelle intrigue secrette, contre l'intention mesmes de Madame la Comtesse de Moret, & de ses freres le Cheualier de Bueil & de la Perriere, on substitua Crosilles en sa place, qui leur estoit auparauant le plus agreable du monde. Le Comte souffrit ce changement, quoy qu'il aimast de Lingendes; mais il ne haïssoit pas Crosilles, & voulut obeïr de bonne-grace au Roy, qui luy donna aussi vn autre Gouuerneur appellé Beauregard Chabris, d'vne valeur & d'vne probité rare, aussi bien que Lestrade, qui luy ceda neanmoins en cette rencontre, pour aller exercer la mesme charge aupres de Mess. de Vendosme, & de-là chez M. de Nemours. Mais enfin Delingendes fut restabli, & Crosilles qui auoit demeuré aupres de Mess. de Grandmont, s'en alla chez le Duc d'Vsez, où il fut deux ans. De-là, il fut recherché pour la reputation de son sçauoir & de son esprit agreable en conuersation par M. le Grand Prieur de Vendosme, qui luy procura le Prieuré de Cheré, dependant de la Couture: & apres la mort de M. le Grand Prieur, il vint acheuer sa fortune chez M. le Comte de Soissons, qui apres la mort de Poicteuin, le fit titulaire de ses Abbayes de S. Michel en l'Herm, de S. Ouïn de Roüen, de Iumieges, de la Couture, & du Froimont; & enfin apres l'auoir contraint à luy donner vne demission de ses Benefices pour en pouruoir vn de ses Aumoniers, appellé Montagne, sur ce qu'il fut accusé de sacrilege, pour s'estre marié, il l'abandonna miserablement dans vne prison de dix années, laquelle il ne suruesquit que de six mois, ayant esté declaré absous par Arrest du Parlement les Chambres assemblées, apres trois Sentences Ecclesiastiques renduës contre luy. 1619.

Comme i'estois redeuable à l'Abbé de Crosilles de plusieurs bonnes connoissances qu'il m'auoit données dans la Cour & dans les Maisons Religieuses, où il estoit estimé, ie luy procurai celle de l'Hostel de Neuers, où venoit alors ce qu'il y auoit de mieux fait & de plus galand dans le monde. Le Duc de Retelois qui Crosilles.

auoit infiniment de l'eſprit, le receut auec ſes ciuilitez or-
1619. dinaires : & parce qu'il luy fut facile de ſe perſuader que mon Pere y auoit beaucoup contribué, il dedia pour l'amour de luy, le liure de ſes Epiſtres à ce ieune Prince, qui n'en fit pas moins d'eſtat, que le reſte de la Cour, qui ne ſe pouuoit laſſer de les lire ; de ſorte qu'en moins de deux ans, il s'en fit quatre ou cinq editions. Cependant il s'en faut beaucoup qu'elles n'ayent trouué depuis le meſme ſuccez, & ie ſuis certain que dés-lors le bon-homme Malherbe ne ſe pouuoit empeſcher d'en faire des railleries, & d'appeller leur Autheur le Secretaire des Dieux, en quoy il fut ſuiui par ſon Diſciple Honorat de Bueil Seigneur de Racan, à qui i'ay ouï dire bien ſouuent que ſon diſcours & ſes penſées ſe tenoient comme vne chaine de ſable. Il auoit pourtant la conuerſation iolie, & ne manquoit pas d'erudition, ayant fait beaucoup de lectures, dont il auoit la memoire aſſez preſente, & parloit facilement, & meſmes auec vn ton galand, pouruû qu'il ne fuſt pas contredit ; mais la moindre reſiſtance luy cauſoit vne emotion qui le rendoit piquant ; ce que i'ay bien vû des fois à l'Hoſtel de Nemours, chez M. le Comte de Cramail, & dans les cabinets de Madame la Doüairiere de Longueuille & de Madame la Marquiſe de Ramboüillet, où ſe trouuoient beaucoup de perſonnes de qualité.

Ie ne dirai point les grandes choſes qui ſe paſſerent à
1620. la Cour pendant ce temps-là, ie n'y ay point de part : &
Peſte dans Paris. la maladie contagieuſe qui fut aſſez conſiderable à Paris, depuis l'année 1620. iuſques en l'année 1623. ne m'en fit point ſortir, meſmes pendant les Eſtez qu'elle eſtoit la plus dangereuſe, & que chacun pour euiter le peril, ſe retiroit aux champs : & certes en l'année 1621. il y reſta ſi peu de perſonnes de condition, pendant les mois d'Aouſt & de Septembre, que m'eſtant vne fois trouué auec M. le Marquis de Vardes, pour aller à la promenade du coſté de Vincennes, nous ne trouuaſmes que deux carroſſes par les ruës, depuis la Porte de Neſle iuſques à celle de S. Antoine : & de dix ou douze que nous eſtions chez no-

ſtre bon hoſte, i'y demeurai ſeul auec le plus ieune de ſes Enfans, Bachelier en Theologie. 1620.

Alors l'Abbé de Croſilles, que i'eſtimois infiniment, demeuroit chez M. le Comte de Guiche, & le Comte de Louuigny ſon frere, que la crainte de la maladie contagieuſe n'auoit point fait ſortir de Paris. Ie le voyois en ce lieu-là le plus ſouuent qu'il m'eſtoit poſſible, où venoit vne bonne partie de ce qu'il y auoit de reſte de perſonnes de qualité à Paris, qui en ce temps-là ne s'eſtoient point engagez en d'autres emplois. La conuerſation douce faiſoit bien vne partie de leur diuertiſſement: mais enfin le ieu s'y méla, qui cauſa des pertes conſiderables, & qui donna lieu à de petites querelles, dont quelques-vnes furent appaiſees par le Comte de Cramail, & par le Marquis de la Vieuille. Comte de Guiche.

Cependant M. de Neuers ayant obtenu du Roy la ſuruiuance de ſon Gouuernement de Champagne & de Brie, pour le Duc de Retelois ſon fils, trouua bon que ce ieune Prince en priſt poſſeſſion, & que mon Pere euſt l'honneur de ſa conduitte. Quand il fit ſon entrée dans les villes de ces deux Prouinces, on m'a dit que ce fut par tout vne choſe magnifique: & mon Pere meſmes eut la bonté de m'en donner vn vaſe de vermeil doré, dont ie fis preſent au Profeſſeur Freï, qui m'auoit enſeigné la Philoſophie auec beaucoup de ſoin, & qui voulant prendre les degrez de la Faculté de Medecine, auoit dedié les Theſes de ſa Tentatiue à mon Pere, pour l'amour de moy. Duc de Retelois Gouuerneur de Chãpagne.

Quand la Cour fut de retour à Paris, ſur le commencement de l'Hyuer, apres que la maladie fut appaiſée; M. de Neuers eut vn grand deméle auec le Cardinal de Guiſe, pour le Prieuré de la Charité, dependant de l'Abbaye de Cluni: car en ayant fait pouruoir en Cour de Rome le Prince de Tymeraye ſon ſecond fils, ſur vne lettre ou promeſſe du Cardinal de Guiſe Abbé de Cluni: & ce Cardinal s'en eſtant voulu dedire en faueur de l'vn des Enfans qu'il auoit eus de la Dame des Eſſars, fut Querelle du Card. de Guiſe.

1620. le suiet d'vn grand procez, & de partager dans la Cour toutes les personnes de condition. M. le Prince de Ioinuille, depuis Duc de Chevreuse, en receut vn appel, pour auoir assisté le Cardinal son frere à quelque insulte qu'il fit à M. de Neuers, comme il sollicitoit au Parlement le iugement de cette affaire.

Ie n'estois pas alors auec luy, non plus que M. le Prince de Tymeraye, ou Charles Monsieur son fils, que i'auois accompagné en toutes les autres sollicitations; Mais ie vis bien au retour les grands troubles que cette querelle mit dans la famille, lesquels furent dificilement appaisez, parce qu'il y eut des coups donnez de part & d'autre, sans que M. de Neuers, qui fut offencé le premier, ne se defiant de rien, eust eu loisir de mettre l'espée à la main, que Fouques son Escuier tenoit hors de la chambre du Rapporteur, où il estoit seul. M. du Maine entra dans les interets de son beau-frere, & se diuisa dans sa propre famille. Mais enfin ces debats furent pacifiez, où l'authorité du Roy interuint, & M. de Neuers fut satisfait.

Beauté de M. le Duc de Retelois.

Depuis, comme on disoit que le Duc de Retelois estoit amoureux de Mademoiselle de Soissons, Charlote Anne de Bourbon, l'vne des belles Princesses de la Cour, qui mourut depuis aagée de quinze ans; ce ieune Prince d'vne beauté rare, ayant vn iour les cheueux bouclez & poudrez, qui adioutoient de nouuelles graces à celles de son visage & de sa bonne mine, & le faisoient regarder de tout le monde; M. de Luines le voyant de la sorte, ne se pût empescher de le cajoler, & de luy dire qu'on voyoit bien qu'il auoit vne Maistresse, parce qu'il auoit la teste trop belle: à quoy le Prince repartit, que ce n'en estoit pas la cause, mais qu'il auoit ainsi les cheueux naturellement. Et comme M. de Luines faisoit peut-estre semblant deuant le Roy d'en estre étonné, le Roy demanda s'il estoit vray? Non, Sire, luy dît le Duc de Retelois; Pourquoy donc me le disiez-vous tout à cette heure, repliqua M. de Luines? C'est, luy repartit le Duc, que ie dis au Roy la verité, & à vous ce qui me plaist. Cette parole que i'entendis fort distinctement, ayant l'honneur d'estre auprés de luy, me plut infiniment, & i'eusse esté raui que M. de Neuers eust esté à Paris, pour luy en faire le recit; mais n'y estant pas, il se falut contenter de l'aller dire à Madame la Doüairiere de Longueuille, sa Tante, qui trouua cela le plus fier & le plus ioli du monde; mais qui eust bien voulu que M. son Neveu s'en fust abstenu, parce qu'elle auoit tousiours grand peur de choquer la Cour.

1620.

L'année d'apres fut remarquable par le commencement de la guerre contre les Huguenots, depuis que par vne sedition populaire, on eut mis le feu dans vn Temple qu'ils auoient au bout d'vn faux-bourg de la ville de Tours, le iour qu'ils firent le conuoy funebre d'vn homme appellé Martin le Noir, qui auoit pris leur creance, quelques années auparauant. Le Roy fit vn voyage en Poictou, où il prit S. Iean d'Angeli, pendant lequel le Cardinal de Guise mourut à Xaintes d'vne fiévre maligne, & reconnut auec beaucoup de regret l'injustice de la violence dont il auoit essayé d'vser à l'endroit de M. le Duc de Neuers son Cousin-germain.

1621. Commencement de la guerre contre les Hugnenots.

Puis le Roy estant allé en Guienne, il y assiegea Montauban, où M. du Maine fut tué mal-heureusement dans les tranchées; ce qui fut vne perte considerable à la France, & tres-sensible à M. de Neuers son beau-frere. Ses Neveus furent heritiers de ses Duchez & Seigneuries, sous benefice d'inuentaire, à cause des grandes debtes qu'il auoit laissées. De-là, Ferdinand de Gonzagues, troisiesme fils de M. de Neuers, fut appellé Duc de Mayenne, & en conserua le tiltre iusques à sa mort, qui arriua dix ans depuis.

Mort de M. du Mayne.

Le Connestable de Luines mourut aussi bien-tost apres M. du Maine, d'vne fiévre pourprée à Longueteille, d'où son corps embaumé fut aporté en Touraine, pour estre inhumé à Maillé, qu'il auoit fait eriger en Duché, sous le nom & appellation de Luines, à deux lieuës

M. du Connestable de Luines.

1621. au dessous de Tours. Cette Ville le receut par les ordres du Roy, auec assez de magnificence; mais cela n'empescha pas que comme on auoit escrit de son viuant force libelles diffamatoires contre luy, on n'en publiast encore quelques-vns contre sa memoire, apres sa mort: tant les fortunes prodigieuses, comme auoit esté la sienne, font d'ordinaire conceuoir vne certaine auersion, qu'il est dificile de surmonter, quand celuy qui en a ioüi longtemps, n'a pas sceu l'art d'en bien vser.

Cependant pour euiter les maladies de l'Automne, qui regnoient alors dans Paris, M. le Duc de Retelois alla passer vn mois ou deux de cette fascheuse saison au Chasteau de Briere, aupres de Chastre, d'où se découure vne belle vuë tout autour, auec vn païsage fort diuersifié. Il y fut visité de toute la Noblesse du païs, & entre autres du Vicomte de sainte Mesme, de la Maison de l'Hospital, qui le conuia d'aller passer quelques iours en son Chasteau aupres de Dourdan. Ie l'y accompagnai: & pendant trois iours qu'il y fut parmi la meilleure chere que le bon Gentil-homme luy pût faire, il luy donna encore le diuertissement de la Chasse du Chevreüil & du Sanglier; mais pour en dire la verité, le plaisir ne luy en fut pas fort sensible, non plus qu'à moy qui ne l'aimai iamais, quoy que ie sois de race de Chasseurs. Toutesfois, afin de n'attirer pas des reproches de mon Pere, & de toute la Noblesse qui estoit là, ie fis semblant d'en estre raui: & m'estant apperceu que M. le Duc de Retelois n'y auoit pas moins d'auersion que moy, & qu'il se contraignoit pour vser de complaisance, ie luy dis que ie me tiendrois aupres de luy, pour l'entretenir d'autres choses, & qu'il pourroit demeurer dans les routes, & sur les auenuës pour voir passer la beste, ou entendre du moins le bruit des chiens, & le son des cors, ce qui ne luy deplut pas: & sans s'agiter trop, n'allant gueres plus viste que le pas, en causant de mille choses agreables, il eut presque tout le plaisir de la Chasse, & vit forcer le Chevreüil à la sortie du bois, où se découure vne grande plaine, qui nous sembloit

Chasteau de Briere.

La Chasse de sainte Mesme.

bloit toucher à l'extremité de l'horiſon ; de ſorte que ceux qui auoient couru ſur toutes les voyes, peurent croire qu'il en auoit fait autant. 1621.

Deuis de la Chaſſe.

Il me dit comme nous eſtions ſeuls, qu'il y auoit ſans doute peu de gens qui euſſent le gouſt bon pour les veritables plaiſirs : que pour luy, il n'en pouuoit trouuer, où il n'y auoit point de gloire à meriter : Ce qui me fut vne marque d'vne belle ame & d'vn grand cœur. Là-deſſus ie luy cherchai des raiſons & des exemples illuſtres, pour appuyer ſes nobles ſentiments. Ie luy dis que les Beſtes ne valoient pas la peine qu'on employaſt tant de ruſes pour les attraper : que la Chaſſe rend les hommes ſauuages, & qu'elle endurcit le cœur : que les grands Princes l'ont pluſtoſt ſouferte pour prendre quelque ſorte d'exercice, qu'ils n'en ont eſté paſſionnez : que ceux qui ont de l'ambition, ne ſçauroient s'abbaiſſer à ſi peu de choſe : & qu'apres tout, ſi la Chaſſe eſt aimable pour l'exercice du corps, elle ne l'eſt gueres pour la ſatisfaction de l'eſprit : mais que pour ne choquer pas l'opinion de beaucoup de gens, il faloit vn peu contraindre ſon naturel & faire ſemblant de l'aimer. Il me dit qu'à la verité, la ſolitude luy paroiſſoit quelque choſe d'affreux ; qu'il y auoit de la cruauté dans la Chaſſe, puiſqu'elle met ſon plaiſir à tuër ce qui fuit, & à bleſſer ce qui ne fait point de mal : que les ruſes qui s'y pratiquent, quoy qu'elles ſoient des images de la guerre, ſont touſiours des eſpeces de trahiſon, ce qu'il haïſſoit mortellement : & que iamais il ne ſe reſoudroit d'eſtre ſeul au coin d'vn bois pour attendre vn Liévre, comme vn Voleur feroit vn Paſſant, afin de le dépoüiller & de l'aſſaſſiner. Ie fus raui de l'entendre ſi bien Philoſopher. Le lendemain nous retournaſmes à Briere, & de là ſur le commencement du mois d'Octobre, à Paris, où il falut prendre le deüil pour la mort de M du Maine, dont la nouuelle funeſte fut apportée incontinent apres, comme nous auons dit tantoſt.

1622. Canonisation de 5. Saints.

L'Année suiuante fut celle de la Canonisation de 5. Saints, dont la Ceremonie fut celebrée par le Pape Gregoire XV. ordonnant des Festes, des Temples & des Autels pour chacun d'eux: & incontinent apres, à ce que portoit la relation que nous vismes, les trompettes & les tambours sonnerent dedans & dehors l'Eglise, aussi bien que toutes les cloches de la Ville: & du Chasteau S. Ange, on tira force canons en signe de la Canonisation; puis on chanta le *Te Deum*, & le Pape dit la Messe en l'honneur des cinq glorieux Saints, auec la pompe & les ceremonies acoutumées en telles occasions, & octroya Indulgences Plenieres auec plusieurs années de pardon, qui s'estendirent aux Prouinces éloignées, dont elles témoignerent leur alegresse, & entre-autres l'Espagne, qui en fit de grandes rejouïssances à Saragosse, en l'honneur de sainte Terese, Patrone des Carmes Deschaussez: car il y eut mesmes, à ce qu'on nous a dit, vn Tournoy à cheual pour honorer la feste de cette Sainte, où toutes les galanteries imaginables furent obseruées, iusques aux cartels, aux deuises, & au prix du combat. Mais à Paris au Monastere des Carmes Deschaussez, & dans les Maisons des Iesuites, on se contenta de representations en tableaux, de meubles somptueux, de musiques douces, de Processions, où les Images des Saints estoient portées en triomphe, & de feux d'artifice, qui furent faits parmi le bruit des trompettes, des tambours, & des canons: Mais le plus éclatant de tous les feux, fut celuy des Carmes Dechaussez, qui se fit à la vuë de tout Paris, sur vne platte-forme éleuée au dessus de leur Eglise. La plaine de Grenelle qui n'en est pas loin, estoit-alors verdoyante par le bled qu'on y auoit semé: mais la foule des carosses l'a paistrit de telle sorte, qu'on pût croire qu'il n'y leueroit pas vn seul espic. Cependant elle parut depuis si abondante, sans qu'on y eust semé d'autre bled, que cela passa pour vne espece de miracle, parmi ceux qui ne sçauent pas qu'vn champ semé ne reçoit point de dommage par les chariots, ny par

Feux d'artifice.

les pieds des cheuaux, quand les tuyaux ne sont pas encore formez, pourueu qu'on n'en foule les herbes qu'vne seule fois. 1622.

Ie me souuiens aussi qu'on parla fort alors d'vne Image miraculeuse de Nostre-Dame de la Victoire, qui fut apportée d'Alemagne par vn Carme Dechaussé, appellé Pere Dominique de Iesus Maria, depuis mort en Espagne. Cette Image fut trouuée par hazard parmi des pieces de bois rompuës, & c'estoit vn petit tableau d'vn pied & demi de haut, & d'vn pied de large, où estoit peinte vne Natiuité de nostre Seigneur, auec la Vierge, S. Ioseph & deux Bergers: mais parce que le bon Pere crût que les Heretiques auoient creué les yeux par mépris à la figure de la Vierge, il l'a porta par tout auec luy, priant nostre Seigneur Iesus-Christ de vanger l'injure faite à l'Image de sa sainte Mere, & s'en seruit pour animer les Armées Imperiales au combat contre les Bohemiens Heretiques, à quoy il imputa le succez de la Victoire, & en obtint de grandes faueurs & des dons precieux de l'Empereur, & du Duc de Bauieres, auec vne si grande reputation de sainteté, que quand il passa en France pour s'en retourner en Italie, le peuple se pressoit autour de luy pour le toucher & pour auoir sa benediction, auec des morceaux de sa robe ou de son manteau, pour les enchasser comme des reliques: ce que sa charité souffroit paisiblement, quand celle des Peres de son Ordre, & de plusieurs bonnes personnes luy eust deub manquer, pour luy fournir d'autres habits, au pris que le sien estoit mis en pieces par vne deuotion indiscrette. Le Roy mesmes & la Reine-Mere qu'il eut l'honneur de voir dans leur voyage de Guienne, le receurent auec des caresses & des bontez extraordinaires, firent estat de ses benedictions qu'il donnoit liberalement, & s'en estant retourné à Rome, le Pape qui l'honora de mesme sorte, consacra l'Image miraculeuse sur le grand Autel de l'Eglise de S. Paul: & apres beaucoup de ceremonies Religieuses, que l'histoire n'a pas voulu oublier, il luy rendit de grands

Nostre-Dame de la Victoire.

1622. honneurs en habit Pontifical, pendant qu'on chantoit le *Te Deum*, & les Cardinaux, le Clergé, & le peuple, la venererent en suitte, dans le grand Tabernacle d'hebene & d'argent, qui luy fut dressé en memoire perpetuelle de l'heureuse victoire obtenuë par son intercession.

Mort de François de Gonzagues Duc de Retelois.

CEpendant M. de Neuers occupé en Champagne à faire retirer de son Gouuernement l'Armée du Mansfeld, qui auoit brûlé quelques villages autour de Retel, en vint glorieusement à bout, auec les Troupes qu'il mit bien-tost sur pied, & celles de renfort que le Duc d'Engoulesme luy amena. Mais bien-tost apres il perdit le Duc de Retelois son fils aîné, Prince de grande esperance, qui mourut aagé de seize ans à Mesieres, le treiziéme iour d'Octobre, d'vne dissenterie causée par l'infection de l'air, à quoy la mal-heureuse Armée de Mansfeld auoit beaucoup contribué. De-là vint qu'on en fit tant d'imprecations contre ceux qui auoient persuadé à cet Alemand de venir en France. Sans mentir cette perte fut considerable, & i'en fus viuement touché, quand la nouuelle m'en fut apportée en Touraine, où i'estois.

Ie me ressouuins aussi-tost de ce que ce Prince m'auoit dit quelque temps auparauant, ie pense que ce fut la derniere fois que i'eus l'honneur de luy parler & de luy dire adieu, quand il sortit de Paris, pour n'y reuenir iamais; Ie ne sçai, dit-il, ce que c'est: mais il est vray que i'aprehende l'heure de la mort, & que ie ne sçay comment on s'y peut resoudre, quand on la voit proche; C'est pourquoy, luy dis je, vous ne la craignez gueres, ne l'enuisageant que de fort loin; car vous viurez long-temps; mais ie luy parlois selon mes souhaits. Cependant l'on m'a dit qu'il ne fut point saisi de cét effroy qu'il aprehendoit si fort, & qu'il mourut fort doucement, apres s'estre fortifié l'ame & le courage par la grace que Dieu confere par ses Sacrements. Son corps fut porté de Mesieres à Neuers, où il est inhumé dans l'Eglise des Minimes, à cause que M. son Pere croyoit l'auoir obtenu de Dieu par les prieres de S. François de Paule; C'est pourquoy le nom de ce Saint luy fut donné quand le Pere du Viuier Minime, le tint sur les Fons, au nom de tout son Ordre. 1622.

Mon Pere qui l'auoit accompagné dans sa pompe funebre, reuint chez luy auec vn grand deüil. Il y passa vne partie de l'Hyuer: Mon Frere qui auoit serui dans l'Armée de Champagne, y vint tout de mesme; de sorte que toute la famille se trouuant ensemble, on traita le mariage de Polixene de Marolles, ma ieune sœur, auec vn Gentil-homme de la Prouince, appellé Gabriel de Bridieu, Seigneur du Claueau. Les articles & le contract en furent passez; mais la solemnité des nopces ne se celebra que l'année d'apres.

Polixene de Marolles.

De-là, nous reuinmes à Paris vn peu auant Noël, où M. de Neuers desirant que mon Pere se chargeast encore du gouuernement de la personne de Charles Monsieur, son second fils, auquel il auoit de-ja donné la qualité de Duc de Retelois, en osta les soins à M. de Charnisai, pour ne luy laisser que la conduitte de M. du Maine: car il auoit auparauant celle de tous les deux, & trouua bon aussi que ie fusse logé dans son Hostel, pour conuerser auec Mess. ses Enfants.

Charles Monsieur.

Mademoiselle de Neuers sa fille ainée, qui se pouuoit dés-lors appeller la gloire des Princesses de son aage par la beauté de sa personne, & par les excellentes qualitez de son esprit, qui croissoient de iour en iour, auoit aupres d'elle vne Gouuernante, qui estoit la vertu mesme, & vouloit bien que ie la visse souuent; de sorte que ie n'auois pas besoin de me mettre en peine de faire ma cour ailleurs, quand i'eusse esté d'humeur, comme beaucoup d'autres, à y employer tout mon temps. Ie donnois neanmoins vne bonne partie du mien à l'entretien de cette ieunesse illustre, & sur tout les soirées, où i'essayois de méler l'vtile auec les choses agreables, pour exercer leur memoire & former leur iugement sur diuers suiets tirez de l'histoire & de la fable. De-là vinrent les petites Comedies en prose & en vers, que ie composai en leur faueur: & i'en mis quelques-vnes de

Mademoiselle de Neuers.

Comedies.

Plaute en François, aussi bien que des Tragedies de Seneque, & entre-autres la Medée & l'Hercule furieux, où il me semble qu'ils trouuerent dequoy satisfaire leur inclination & leur curiosité.

1622.

Maladie de Mademoiselle de Neuers.

Mais vne grande maladie qui mit en danger Mademoiselle de Neuers, interrompit tous ces diuertissements. Elle fut mesmes abandonnée des Medecins : & M. son Pere qui l'aimoit cherement, ayant quelque pressentiment de sa grandeur future, ne s'en pouuoit consoler, quand vn certain homme qui se méloit de deuiner par les regles de la Physionomie, l'asseura qu'elle n'en mourroit point : ce qu'il disoit si affirmatiuement, qu'il en persuada quelque chose; & vn Empyrique appellé Semini, luy donna vn remede qui l'ayant tirée de cet affreux peril, rejouït toute la maison, & chacun rendit graces à Dieu pour vne conualescence si precieuse.

Mort de M. de Geneue.

Ce fut enuiron ce temps-là, que mourut à Lion François de Sales, Euesque de Geneue, que i'auois vû plusieurs fois à Paris, & ouï prescher à Saint André des Arts; marquant en ses Sermons & en sa conuersation la mesme douceur qui paroist en ses escrits. Les Religieuses qu'il a instituées, le reuerent comme vn Saint, & les sentiments du Pape Alexandre VII. qui est auiourd'huy seant, ne s'en éloignent pas beaucoup.

1623.

Mort de M. Coëfteau.

M. Coëfteau Euesque de Marseille, ne le suruesquit pas long-temps, & mourut à Paris dans sa maison du faux-bourg, aupres de la Porte S. Michel, où ie l'auois vû trois iours auparauant, qu'il se portoit beaucoup mieux de ses goutes qu'il n'auoit acoutumé, & se proposoit de partir huict iours apres, pour aller en son Eueschë de Marseille, dont il n'y auoit pas long-temps qu'il estoit pouruû, ayant exercé plusieurs années auparauant la charge d'Administrateur de l'Eueschë de Metz, sous le tiltre d'Euesque de Dardanie.

Dernieres œuures de M. Coëfteau.

Ayant fait vn abregé en François du Roman d'Argenis, il en voulut donner la lecture à ses Amis, aussi bien que de l'Epistre dedicatoire de son liure contre Marc-

Antoine de Dominis Archeuesque de Spalate, qu'il dedioit au Pape Gregoire XV. & qu'il auoit acheué depuis peu de iours. Ie me trouuai du nombre auec l'Abbé de Crosilles, & les Sieurs Sirmond, Peletier, Ferrier, Theophile, & quelques autres; & parce que Theophile estoit sorti de prison depuis peu, s'estant iustifié du crime d'impieté, dont il auoit esté accusé, il l'exhorta de ne se commettre plus auec les Moines (il vsa de ce mot par galanterie) & luy donna ses escrits à lire, parce qu'en effet il estoit bon Lecteur. Mais comme la lecture ne s'en pût faire en vne apres-disnée, il y en falut employer deux; C'est pourquoy nous y retournasmes le lendemain, qui estoit la seconde Feste d'apres Pasques de l'année 1623. Et quand cette lecture fut finie, chacun luy témoigna l'estime qu'il faisoit de son esprit & de la pureté de son stile, & nous eussions pû croire qu'il estoit en la meilleure santé du monde. Cependant dés le Vendredi suiuant, on nous vint dire qu'il estoit decedé, & nous fusmes à son enterrement, qui se fit dans l'Eglise du grand Conuent des Iacobins, la veille du iour qu'il deuoit partir pour aller en Prouence. 1623.

Ie faisois alors imprimer la premiere edition de mon Lucain, que ie dediai au Roy, & que i'eus l'honneur de luy presenter, à la suite de M. le Cardinal de la Rochefoucauld, qui luy dit du bien de moy, & de l'affection que i'auois pour les lettres. Ie donnai presque à toute la Cour des exemplaires de ce liure : & quoy que ce fust peu de chose, Madame la Princesse de Conti qui auoit l'humeur du monde la plus ciuile & la plus obligeante, en fit plus d'estat qu'il ne meritoit, & fut cause qu'il s'en debita vn assez bon nombre : i'y ay neanmoins reconnu depuis beaucoup de fautes, & i'ay essayé de les corriger. Mon Lucain.

Quand Mademoiselle de Neuers fut guerie, & qu'elle eut repris sa premiere beauté, à quoy son temperament merueilleux auoit encore adiouté des graces nouuelles; quoy qu'elle fust bien ieune, on commença neanmoins de parler de son mariage auec le Prince de Pologne, qui Mademoiselle de Neuers.

1623. depuis a succedé au Royaume de Sigismond son Pere : mais cela estoit reserué pour vn autre temps.

M. de Neuers en Italie.

CEpendant M. de Neuers fit vn voyage en Italie pour visiter le Duc de Mantouë, chef de sa Maison, & le Duc Sforce son beau-frere : & comme il se trouua tout porté sur les lieux, il receut ordres du Roy de s'en aller à Rome, comme son Ambassadeur extraordinaire, pour complimenter de sa part le Pape Vrbain VIII. sur son auenement au S. Siege. Il y receut aussi la confirmation de son Ordre de la Milice Chrestienne, sous le tiltre de la Conception de la Vierge immaculée. Il l'auoit institué quelques années auparauant : & comme il en portoit l'habit, il trouua bon aussi de le faire porter à Mess. ses Enfans. Quelques Seigneurs & Gentils-hommes s'en trouuerent pareillement honorez : mais cela ne dura pas long temps ; ce que d'autres ayant bien preuû, ne iugerent pas à propos de s'y engager, sans vn expres commandement du Roy. Tant y a que Monsieur de Marolles en fut dispensé ; mais mon Frere eût l'honneur de le receuoir.

Ordre de la Milice Chrestiẽne.

Ce Prince estant de retour d'Italie, desira que ie misse en François la Bulle de sa Sainteté, touchant cette nouuelle Milice, auec ses Constitutions, contenuës en dix Chapitres, lesquelles il trouua bon en suitte de faire imprimer, sous la direction du Pere Ioseph Capuchin, qui en fut le grand Promoteur, & qui auoit aussi suggeré à ce Prince genereux, de faire equiper des Vaisseaux pour embarquer des Cheualiers de sa Milice, & aller au secours des Chrestiens opprimez sous la domination du Turc, & particulierement de ceux qui sont en la Morée, qu'il esperoit attirer dans les interets de son entreprise par vne reuolte considerable. Son zele & son grand cœur luy ostoient l'aprehension de toute sorte de perils, & ne luy permettoient pas de desesperer d'vne entreprise si hardie, adioutant d'ailleurs beaucoup de creance aux reuelations du Pere Capuchin, qui l'asseuroit qu'il faloit se

Bulle & Constitutions de la Milice.

promettre

promettre toutes choses d'vn si grand & si pieux dessein, & que Dieu feroit des Miracles, s'il en estoit besoin, pour le faire reüssir. Cinq Vaisseaux furent donc bastis & fretez de tout point aux depens de M. de Neuers, qui n'y voulut rien épargner, & receurent en la ceremonie de leur Baptesme, s'il faut vser de ce terme, les noms de S. Michel, de S. Basile, de la Vierge, de S. François, & de S. Charles; Mais enfin le mal-heur voulut qu'ils furent brûlez, & que toute cette grande depence fut abymée dans les eaux, ou deuorée par les flâmes. 1623.

Pour fauoriser l'estude de M. le Duc de Retelois, qui apprenoit la langue Latine, & qui aimoit assez les curiositez de l'histoire, ie luy mis en françois vn abbregé de la Romaine, composé par Pline le Ieune, ou par Cornelius Nepos, qui est celuy-là mesme que i'ay inseré depuis à la fin des remarques de ma premiere edition de Virgile, auec d'autres petits ouurages qui traitent de l'origine des Romains. Celuy-cy ne luy deplût pas; & comme il auoit la memoire fort heureuse, & que l'ouurage n'estoit pas trop long, il l'apprit aisément par cœur. Charles Monsieur Duc de Retelois.

Ce Prince auoit le naturel beau, & l'esprit plus fin qu'il ne paroissoit; mais vn peu railleur entre ceux qui le voyoient familierement, quoy qu'il eust eu grand peur de fascher personne, & faisoit ciuilité à tout le monde; mais non pas egalement, selon les preceptes que mon Pere luy en auoit tant de fois donnez, parce que c'est le vray moyen de se faire aimer, & d'aquerir de la reputation. Il auoit appris à ne se tenir iamais importuné par les Gentils-hommes qui le venoient visiter, vsoit mesmes de familiarité auec eux: & ainsi sans se donner beaucoup de peine, il gagnoit le cœur de tous. Il faisoit aussi estat des gens de lettres, à cause de leur sçauoir; & aimoit vn Grec illustre appellé Domitien, parce qu'il auoit vne memoire prodigieuse de tout ce qu'il auoit lû, & disoit tousiours des choses rares. Il écoutoit aussi auec plaisir Monsieur l'Archeuesque d'Aix, Paul Huraut de l'Hospital, & son frere M. de Gouruille, qui estoit vn vieux Gen- Ses inclinations.

til-homme, qui parloit beaucoup & fort agreablement d'vne infinité de choses qu'il sçauoit.

1623.

Mademoiselle de Gournay.

Au reste Mademoiselle de Gournai estoit vn de ses grands diuertissements : & quoy qu'il fust d'vne humeur assez galante, si est-ce qu'il n'y auoit point de Dame qu'il n'eust quittée pour entretenir celle-cy, soit qu'il la vist chez Mademoiselle sa Sœur, soit qu'il la trouuast chez Madame de Longueuille sa Tante, ou chez Madame la Comtesse de Soissons, où elle alloit quelquesfois.

Ses perfections.

Cette bonne fille que i'ay tousiours beaucoup estimée, & que ie visitois souuent en mon particulier, auoit l'ame candide & genereuse. Sa beauté estoit plus de l'esprit que du corps, & sçauoit force choses qui ne sont pas ordinaires aux personnes de son sexe. Nous auons plusieurs ouurages de sa façon en prose & en vers, qui sont recueillis en vn seul volume, qu'elle fit imprimer de son temps, & l'a intitulé, *Presents de la Damoiselle de Gournay*. Ceux qui l'ont voulu railler, n'ont pas trouué suiet de s'en glorifier, & plusieurs grands personnages luy ont donné des loüanges pendant sa vie, & apres sa mort, & entre-autres Michel de Montagne, Iuste Lipse, les Cardinaux du Perron & de Richelieu, M. Cospean Euesque de Nantes, M. de la Rocheposai, Euesque de Poictiers, M. Seguier Chancelier de France, & Mess. les Surintendans, qui ont tousiours eu soin de luy payer vne pension assez mediocre, que le Roy luy donnoit, & n'en a iamais voulu auoir dauantage, à la charge de se seruir d'vn carrosse, comme ie sçay qu'il luy fut offert de la part de M. le Card. de Richelieu. Plusieurs scauants hommes la visitoient, aussi fort souuent, & la bonne Damoiselle comptoit au rang de ses meilleurs Amis M. de la Mothe le Vayer, M. le Prieur Oger, & M. son frere; Mess. les Haberts, Cerisai, Lestoile, Boisrobert, de Reuol, Colletet, Malleuille, tous assez connus dans la Republique des lettres, & si ie ne me trompe, elle me faisoit l'honneur de me mettre en ce nombre là.

COmme i'estois en Touraine, sur la fin de l'Esté de l'année 1624. i'y receus la nouuelle de la mort d'vn sçauant homme, c'estoit du Pere Fronton du Duc Iesuite, l'vn des plus celebres Theologiens de son temps, de la naissance duquel la ville de Bordeaux a suiet de se glorifier. I'auouë que la perte m'en fut sensible: car ce bon vieillard qui me faisoit le bien de m'aimer, ou du moins de souffrir patiemment que i'allasse quelquesfois profiter de son entretien, auoit l'ame tout à fait sincere, & ie luy suis obligé de beaucoup de sentiments pour les matieres Theologiques, que sa facilité me fit conceuoir, & qu'il auoit confirmez dans mon ame par vn solide raisonnement. Il mourut à Paris en la 66. année de son aage, le 25. iour de Septembre 1624.

1624. Mort du Pere Fronton.

M. l'Abbé de Crosilles m'auoit procuré cette connoissance, aussi bien que celle de M. du Bois Predicateur du Roy, que ie compte au rang des meilleures fortunes de ma vie. Celuy-cy que ie vis dés le temps qu'il estoit aupres de Mess. de Vendosme, dont il auoit la conduite, me gagna le cœur d'abord par la franchise qui me parut sur son visage; mais qu'il a tousiours accompagnée de tant d'esprit & de sçauoir, qu'il seroit bien dificile de le connoistre, & de ne le pas aimer. Il escrit & parle agreablement, & il faut que tout le monde luy cede, pour les soins qu'on se peut promettre d'vn parfait Amy. Au reste, sa fortune pour les richesses est mediocre, parce qu'il a beaucoup de vertu: & toutesfois il la partage genereusement auec ses proches, qu'il sçait en auoir besoin: & outre l'affection qu'il porte à sa Niepce Mademoiselle de Villeneufue, fille d'honneur de la Reine & de beaucoup d'esprit, il fait encore paroistre son bon naturel vers vn Frere qu'il a dans l'Ordre des Peres Dominicains, où sa rare modestie ne le rend pas moins considerable que son eloquence & son sçauoir; de sorte qu'il n'a peut estre tenu qu'à luy d'en auoir les premieres charges, comme il a receu d'ailleurs toutes les marques d'honneur qui sont

M. du Bois.

duës à ceux qui ont estudié & enseigné comme luy, auec reputation.

1625. Theses soutenuës au College de Clermont.

IE retournai sur la fin de l'année à Paris, où dés le commencement de la suiuante, ie vis les celebres disputes qui se firent en diuers iours, au College des Iesuites en la presence du Roy, pour les Theses de Mess. de Verneüil & de Moret, ses Freres naturels. Là, contre la coutume, en faueur de la Cour, M. l Archeuesque de Roüen, François de Harlai, ouurit la dispute en langue vulgaire; mais quelque sçauant que fust ce Prelat, les dificultez qu'il y forma, n'en parurent gueres plus intelligibles Cependant les deux Princes reüssirent admirablement dans les Actes qu'ils firent l'vn apres l'autre en Theologie, sous la direction du Pere Merat Theologien celebre, qui les auoit enseignez tous deux, si ma memoire ne me trompe point en cela.

Balet du Roy.

Vn mois apres, comme le Roy estoit encore ieune, se voulant diuertir à vne galanterie de son aage & de la saison, dança vn Balet fort agreable, de l'inuention de M. le Duc de Nemours, qui auoit en cela des pensées rares, comme il les auoit en toutes autres choses. M. de Moret, à qui ie rendois souuent mes respects, me vint prendre à l'Hostel de Neuers pour me le faire voir, & eut soin de demander pour moy vne place au Capitaine des Gardes, qui m'en donna vne par hazart beaucoup meilleure qu'il ne se le fust imaginé, & que n'en eurent ceux qui estoient proches le haut-dais, où les Reines se deuoient asseoir: mais estant descenduës plus bas, à cause de la foule, ie vis toutes les entrées fort aisément. Ce Balet eut pour tiltre, Les Fées des forests de S. Germain, dont l'vne presidoit à la Musique, vne autre au Ieu, la troisiesme à la Folie, la quatriesme aux Combats, & la derniere à la Dance, chacune d'elles faisant voir des entrées selon son humeur, dont la description ne deplairoit peut-estre pas, si i'entreprenois de la faire: Mais pour parler seulement de la premiere sous la puissance de Guillemine la

Quinteuse dancée par Chalais, sans rien dire de toutes les autres; il y eut vne machine representant la Musique en gros, sous la figure d'vne grande femme, ayant plusieurs luths pendus autour d'vn vertugadin, d'où ils furent decrochez par certains Musiciens fantasques, qui sortirent de dessous ses iuppes: & comme ils en faisoient vn concert, la grande femme dont la teste s'éleuoit iusques aux chandeliers qui descendoient du plat-fons de la sale, battoit la mesure: puis la Musique & les Musiciens disparurent insensiblement pour faire place à d'autres choses beaucoup plus ingenieuses & plus diuertissantes qu'elles ne furent de grande depence. En suitte, il y eut vn grand Bal, où le Roy extremement paré auec toute la Cour, fit dancer Mademoiselle de S. Luc, qui estoit vne fort belle personne: & M. de Baradas, alors Fauori, estoit du nombre des Seigneurs qui dancerent auec le Roy, 1625.

Au 22. de Mars ensuiuant, le Pape fit vne Bulle touchant la Legation du Cardinal François Barberin son Neveu, addressée aux Archeuesques & Euesques de l'Eglise Catholique, laquelle estant venuë en France, M. de Neuers desira que i'en fisse vne version, que i'ay vuë depuis dans l'onziesme Tome du Mercure François, en la page 185. & en suitte M. le Legat fit son entrée à Paris par la Porte S. Iaques, le Mercredy des Quatre-temps de la Pentecoste, auec toute la magnificence qui s'en trouue descrite autre part. I'en vis vne partie, de la maison d'vn Libraire appellé Toussaint du Bray, dans la ruë S. Iaques, où i'estois aupres de Mademoiselle de Neuers, comme peu de iours auparauant, ie vis aussi quelque chose de la ceremonie du Mariage de la Reine d'Angleterre deuant le Paruis de Nostre-Dame, où M. le Duc de Chevreuse porta la procuration pour le Roy d'Angleterre, accompagné des Ambassadeurs extraordinaires, les Comtes de Carlile & de Hollande: & M. le Cardinal de la Rochefoucauld fit les Epousailles, au lieu de M. l'Archeuesque de Paris, qui ne s'y voulut pas trouuer à cause de cela: & la Messe fut celebrée à cinq heures du soir par M. l'Eues-

M. le Legat Barberin.

Mariage de la Reine d'Angleterre.

1625. que de Chartres, assisté de Mess. les Euesques de Baïonne & de Dardanie, pour faire les Diacre & Soudiacre. Le Ciel se couurit de nuages cette iournée là, & la pluye fit vn peu d'incommodité. Ceux qui ont escrit l'histoire, n'en auroint pas sans doute oublié toutes les particularitez.

Voyage de Chãpagne.

Bien-tost apres M. le Duc de Neuers ayant fait quelque sejour à Paris depuis son voyage d'Italie & d'Alemagne, se proposa d'en faire encore vn autre en Champagne, & d'y mener auec luy Mess. ses Enfants. C'estoit, sans doute, pour le dessein que ie dirai tantost. Il trouua bon que ie leur tinse compagnie, & me fit mettre auec eux dans son carrosse, aupres de la Gouuernante de Mademoiselle sa fille, où estoient aussi M. de Marolles, & M. de Charnisai: les filles ayant leur carrosse à part, les Escuiers & les Gentils-hommes seruants, le leur, aussi bien que le Precepteur & les Secretaires, sans les autres Officiers qui estoient à cheual.

Ce voyage se fit par vn beau-temps, & fut assez diuertissant, tant à cause de la paix dont la campagne iouïssoit alors, que pour les receptions ioyeuses que les Villes firent à leur Gouuerneur, qui les auoit conseruées auec tant de soin. Ie fus fasché que la maladie l'empescha de passer par Rheims, parce que ie n'y auois point esté, & que i'eusse esté bien-aise de voir cette ville, la Metropole de la premiere Belgique, où tant de nos Roys ont esté sacrez, depuis la seconde Race (car nous n'aprenons point de nostre histoire qu'il y en ait eu aucun de la premiere:) mais nous n'en aprochasmes que de trois lieuës, & nous couchasmes à Fismes, petite Ville sur la route des gens de guerre, si connuë par leurs frequentes & fascheuses visites.

Rheims.

La Damoiselle de Fismes.

Là, nostre Prince fut visité par la plus rauissante Demoiselle du monde. Elle estoit vestuë à l'antique: & comme elle estoit d'vne taille auantageuse, passant le plus grand homme de la moitié de la teste, on l'eust pû nommer la grande geante, comme celle que les liures d'Amadis rendent si celebre, si d'ailleurs elle eust esté aussi belle, ou qu'elle eust eu la conuersation aussi agreable; mais celle-cy qui alloit du pied comme vn basque, estoit si grossiere, que pour faire la complaisante & la femme de bonne humeur, elle conuia le plus beau de la compagnie à ioüer à la boule dans vne allée du iardin : & de fait, pour en auoir du plaisir, on fit partie auec elle, pour voir son adresse : & quand c'estoit à son tour de ioüer, elle haussoit son bras, leuoit sa coëffe à pointe, & retroussant sa robe sur son vertugadin, auec sa iuppe (la mode en estoit encore à son vsage,) elle auançoit vn pied, & apres auoir poussé son coup, elle se releuoit sur l'autre, & battoit de la main, obseruant de loin tous les mouuements de son bois, auec des postures & des exclamations admirables. Enfin la rare Demoiselle gaigna la partie, & remporta les loüanges qu'elle auoit bien meritées. 1625.

Le lendemain, on fut disner à vn gros bourg du Retelois appellé Sompy, où sur la fin du repas les filles des habitants, qui s'estoient parées, entrerent en dançant, & firent vn grand cercle autour de la table, qui estoit dans vn lieu assez spacieux: mais comme leur ioye & leur émotion furent vn peu excessiues, on les fit sortir dehors auec la mesme gayeté; & le Prince, pour leur témoigner qu'il leur sçauoit gré de leur reiouïssance, en choisist deux des plus iolies, ausquelles, il fit donner le double de ce que par vne fondation de sa Maison, on auoit accoutumé de donner à quelques-vnes pour les marier dans toutes les terres & Seigneuries dependantes de ses Duchez. Dance de Sompy.

On partit en suitte pour Retel, où le Gouuerneur vint au deuant, auec les habitans en armes, qui receurent leur Duc auec toutes les demonstrations de ioye qu'il leur fut possible. Cette Ville qui me parut d'vn assez grand circuit, est située sur la riuiere d'Aisne. De-là, nous passasmes à Mesieres, que la riuiere de Meuse enferme presque toute de son canal, qui fait en ce lieu-là vne espece de pen-insule, & la rend vne place considerable, auec sa Citadelle, sur la frontiere du Royaume : & de Mesieres Retel. Mesieres.

1625. comme le iour s'abbaissoit, nous allasmes à Charle-ville, qui n'en est qu'à vne demi-lieuë, sur la mesme riuiere; dans vn beau païs.

Charle-ville. Cette Ville dans vne terre souueraine hors de France, quoy qu'elle soit encore dans le Diocese de Rheims, doit son origine & son nom à Charles de Gonzagues, Duc de Neuers. Les murs, les pauillons, les portes, & les edifices en paroissent somptueux, estants bastis de brique & de pierre de taille, & les maisons couuertes d'ardoise, qui croist dans le païs. Les ruës & les places en sont bien proportionnées, & le quai le long de la riuiere est reuestu de pierre, auec vn pont de mesme qui trauerse, pour aller ioindre le Mont Olympe, où l'on iettoit alors les fondements d'vne forteresse. Il y auoit dans cette Ville quatre Eglises, l'vne de Iesuites, l'autre de Capuchins, & les deux dernieres de Carmelites Mitigées, & de Religieuses du S. Sepulchre, où dans la derniere Madame la Comtesse de Chaligni, veufve d'vn Prince de Loraine, estoit Fondatrice & Superieure.

Apres qu'il eut plû à M. de Neuers de s'arrester quelque temps dans le grand pauillon du portail de la Ville, où il y a vn bel apartement, il y fit seruir son souper: & sur les neuf à dix heures du soir, voulant aller à son logis, sur le bord de la riuiere de l'autre costé de la Ville, il ne monta point en carrosse: mais comme l'air estoit doux & la soirée belle, il nous dit qu'il seroit bien-aise d'aller à pied iusques-là, parce que ce n'estoit qu'vne promenade, & que nous luy tinsions compagnie, auec Mess. ses Enfants & Mademoiselle de Neuers. Cependant tout du long de la ruë, ce ne furent que perpetuelles acclamations: & quand nous fusmes dans la grande place, où il faloit passer, i'auouë que ie me trouuai surpris de sa belle symetrie en quarré, où aboutissent quatre grandes ruës qui répondent aux quatre portes de la Ville, dans vne distance assez considerable, le tout orné d'vn grand nombre de lumieres dans des lanternes de papiers de diuerses couleurs, qui estoient à toutes les fenestres, auec des

des feux de ioye, qui s'allumerent en mesme temps aux extremitez des quatre ruës, non sans des concers de violons, & de haut-bois, & le bruit de quelques mousquetades, parmi celuy des trompettes & des tambours. 1625.

Cela parut d'autant plus beau à tous tant que nous estions, qu'on ne s'y attendoit point du tout, & certainement cette place éclairée de la sorte, me fit souuenir de la description que fait S. Iean dans son Apocalypse, de cette Ierusalem Celeste, dont les murailles en quarré sont basties de pierres precieuses : car en effet, toutes les lumieres blanches, rouges, vertes, iaunes & bleuës, que nous découurions de toutes parts, auoient beaucoup de raport à l'éclat des Cristaux, des Iacinthes, des Emeraudes, des Calcedoines, & des Saphirs.

Nous sejournasmes plus d'vn mois en ce lieu-là, où son Excellence (on ne donnoit point encore de l'Altesse aux Princes, comme on fait à present) fut visitée des Seigneurs & des Dames du païs: & s'allant promener pendāt les beaux iours & aux heures commodes dans le voisinage, soit du costé de Mesieres, ou du costé des Ardennes, nous luy tenions compagnie, & ie ne luy deplaisois pas de luy raconter ce que ie me souuenois d'auoir leu de ces grandes forets dans les Romans, & sur tout de la fontaine enchantée du bon Renaud, qui ne deuoit pas estre loin de là. Vn Monastere de Cordeliers Conuentuels, appellé Bethleem, qui sans mentir est vne agreable solitude, s'y offroit aussi fort commodément pour y aller prendre l'air, & conuerser auec les bons Religieux.

Pendant que nous fusmes à Charle-ville, Gabriel de Sainte Marie de Gefford, dit le Benedictin Anglois, Theologien celebre, Archeuesque de Rheims, y fit sa visite, & y tint les Ordres, au mois de Septembre, dans l'Eglise des Peres Capuchins, où il fit vne nombreuse promotion d'Ecclesiastiques de diuers Dioceses, apres vn excellent Sermon qu'il y prononça, la veille, où nous assistasmes tous auec son Excellence : & trois iours apres nous allasmes au Chasteau de la Cassine, à trois lieuës de- M. l'Ar. de Rheims. La Cassine.

1625. là, basti par le Prince Ludouic de Gonzagues, dans vne plaine basse, sur le bord d'vn marais, au trauers duquel passe la riuiere de Bar, qui se va décharger dans la Meuse. Le sejour en est agreable en Esté, à cause des eaux & des bois: & le parc, à l'entrée duquel est vn Monastere de Cordeliers Conuentuels est d'vne fort grande étenduë, où regne vne seule allée, entre beaucoup d'autres, d'vne extreme longueur. D'vn autre costé, on voit le Chasteau de Chemery, qui appartenoit alors au Baron de Coussi & à sa Mere la Comtesse de Sors, qui receut chez elle des visites de nostre Cour. Et pour la Cassine, qui n'est pas d'vne structure fort éleuée, elle est neanmoins bien bastie, & fort ornée par dedans de galleries, de cabinets, de peintures & de lambris dorez.

Depart de France de M le Duc de Retelois.

Ie ne sçaurois bien dire le temps que nous fusmes en ce beau lieu; mais c'est le dernier où i'aye vû M. le Duc de Retelois, qui en partit quelques iours apres nous, par les ordres de M. son Pere, pour aller à Mantoüe, accompagné de peu de personnes, & d'vn Secretaire Italien, appellé Martinelli, qui estoit homme d'esprit, venu expres de Mantoüe cinq ou six mois auparauant; mais le dessein ne nous en estoit pas connu, parce qu'il le faloit tenir secret, à cause des brigues d'Espagne & de la Maison de Guastale, qui essayoit de corrõpre les intentions du Duc, au preiudice de la Maison de Neuers, quoy qu'elle fust la plus proche à succeder, si le Duc venoit à mourir sans enfans, comme il n'y auoit pas grande apparence qu'il en dust auoir. Toutesfois M. de Marolles en fut auerti: & sans l'engager dans le voyage, on trouua bon de se contenter pour cela de Boham, sage Gentil-homme, qui estoit sous-Gouuerneur, de Salaberi Valet de-chambre, & de peu d'autres gens, auec le Secretaire que i'ay desia nommé. Et c'est le suiet pour lequel nous fismes le voyage de Champagne.

Nous partismes donc de la Cassine pour retourner à Paris; mais ce fut par vn autre chemin. Monf. de Neuers prit la route d'Auenai, qui est vn grand Monastere de

Auenai.

Religieuses Benedictines, aupres d'Aï, à quatre lieuës de Rheims, où estoit la plus ieune de ses filles appellée Benedicte, destinée pour l'Ordre de Saint Benoist, dont elle portoit desia l'habit, sous la direction de Madame de Barradas, Professe de cette Abbaye, qui bien-tost apres fut nommée par le Roy à l'Abbaye du Pont-aux-Dames, de l'Ordre de Cisteaux, dans le Diocese de Meaux. 1625.

D'Auenai nous vinsmes à Coulommiers, maison superbement bastie par Madame de Longueuille, Catherine de Gonzagues, où cette Princesse qui portoit ses ciuilitez au dernier point, receut M. son Frere & Mademoiselle sa Niepce, auec vne ioye & vn accueil qui ne se peuuent exprimer. Elle nous y fit voir son bastiment somptueux, qui n'estoit pas encore acheué; mais entre les choses que i'y trouuai de plus exquises, est le grand escallier soutenu de colosses de femmes nuës, qui le semblent soutenir de leurs mains, & la balustrade magnifique au dessus de la corniche du grand edifice, enrichie de figures, de festons & de feüillages à l'antique, laquelle regne tout autour; mais il faut auoüer que la situation n'en est pas merueilleuse. Coulommiers.

Nous y sejournasmes deux iours entiers, & l'vn de ces iours fut employé à faire vne visite au Monastere de Faremonstier, à vne lieuë de là, où estoit Mademoiselle de Retelois, Anne de Gonzagues, depuis Madame la Princesse Palatine, qui n'y portoit point l'habit de Religieuse, comme aussi n'en a-t-elle iamais eu le dessein. I'eus l'honneur de la voir par la grille, auec ce grand éclat de beauté qu'elle a tousiours conserué depuis; mais auec vne tendresse sur le visage, & quelque sorte de petit ennuy peint sur ses iouës, qui toucha tellement Monsieur son Pere, que ie luy entendis dire au retour dans le carrosse à Madame sa Sœur, qu'il en auoit pitié, & qu'il auoit enuie de la retourner querir: mais Madame de Longueuille, qui ne fut pas de cet auis, le diuertit de cette pensée, & luy fit prendre vn autre conseil. Il n'y auoit dans le carrosse auec eux que Madame le Feron, M. de Marolles & moy. Mademoiselle de Retelois.

1625. Traductiō de la Semaine - Sainte.

Pendant tout ce voyage, qui fut de trois mois, ie fis ma Traduction de l'Office de la Semaine-Sainte, pour l'amour de Mademoiselle de Neuers, à qui sa pieté en auoit suggeré le desir, & ie la fis imprimer l'année suiuante pour la premiere fois; mais non pas en l'estat que ie l'ai remise depuis, auec approbation des Docteurs & Priuilege du Roy. Mais quelque succez qu'ait eu cet ouurage, qui fait vne partie considerable du Breuiaire Romain, s'il en faloit aujourd'hui consulter les auis de quelques-vns pour le donner au public, ils s'y opposeroient de tout leur pouuoir, sans nous en dire de bonnes raisons, quoy qu'il ne soit pas nouueau de voir des versions des Pseaumes, des Escrits des Prophetes & des Apostres, des homelies des SS. Peres, & de la pluspart des Hymnes qui sont entre les mains de tout le monde, sans que les Ennemis d'vne si douce consolation pour les ames pieuses, l'ayent pû empescher iusques icy, par vne stupide ferocité. Sans mentir, l'Eglise est à la veille de receuoir de grands seruices par ces gens-là; & celuy qui dit à quelqu'vn qu'il faisoit rimer vn masculin auec vn feminin, contre les regles de nostre Poësie, quand il employoit les mots de Pere & de Mere, à la fin de deux vers, se connoissoit bien à donner son auis sur des ouurages de cette qualité, luy qui veut qu'on traduise les Hymnes en vers, parce que cela sert beaucoup pour les rendre plus intelligibles, ou auec plus de fidelité que lors qu'on les traduit en prose.

Faux auis de la mort de M. l'Euesque de Limoges.

Estant de retour à Paris, Monsieur de Neuers eut vn faux auis de la mort de M. de Limoges, Raimond de la Marthonie, & demanda son Euesché au Roy, qui le luy accorda. Il me dit en me voyant dans son cabinet, la creance qu'il auoit d'auoir obtenu ce benefice, pourueû qu'il fust vacant. Ie luy dis que le Roy le considerοit trop, pour n'auoir pas esté bien-aise de luy témoigner en ce rencontre, comme en beaucoup d'autres, l'estime qu'il faisoit de luy. Il me répondit, que si cela estoit, il auoit ietté les yeux sur moy. Ie luy rendis graces de ses soins, & de toutes ses bontez, reconnoissant franchement, que comme ie ne meritois point cet honneur, aussi ne m'y attendois-ie nullement; mais que ie luy en serois eternellement obligé.

Voilà les bien-faits, & les auantages que i'ay receus de ce grand Prince: & des seruices que mon Pere a essayé de rendre à sa Maison en douze années qu'il y a esté, il ne luy en est pas demeuré dauantage; tant il est vray de dire que les richesses & les grandeurs mondaines ne sont pas toûjours les recompenses du courage, de la valeur & de la fidelité. On nous a oubliez, comme nous auons oublié nous-mesmes nos propres interets: & tant plus on a de retenuë & de modestie chez les Grands, & plus on s'y trouue negligé. Il faut donc quelque sorte de hardiesse auec peu de pudeur, & beaucoup de dissimulation & d'importunité pour y reüssir; C'est pourquoy m'en estant apperceu de bonne heure par vn exemple domestique, ie m'en suis retiré sans regret: mais auant que d'en partir tout à fait, comme ie m'y suis encore trouué en beaucoup d'occasions, sans aucun attachement ou esperance, ie dirai ce que i'y ai vû, & les raisons que i'ay euës de m'appliquer à quelque chose de meilleur & de plus seur.

1625. Ma premiere retraite de la Cour.

PEndant le Carnaual de l'année 1626. le Roy voulut dancer encore vn Balet, dont M. de Nemours inuenta le suiet, qui estoit de representer plusieurs Balets en vn seul, pour les rejouïssances des Nopces imaginaires de la Doüairiere de Bilbahaut, auec vn personnage qu'il appelloit le Fanfan de Sotteuille (car les noms mesmes en ces choses là, doiuent auoir quelque chose de plaisant, & il y a de l'art à les bien choisir) Mons. de Nemours qui m'en auoit dit le dessein, voulut que ie le visse, parce qu'il se persuadoit que ie m'y connoissois vn peu, & qu'il sçauoit bien que i'estimois tout ce qui venoit de luy. Ie le vis donc; mais pour en dire la verité, ce ne fut pas si commodément que celuy de l'année d'auparauant. I'en remarquai pourtant assez bien toutes les particularitez, & ie luy en dis en suite mes sentiments. Il y eut sans doute de bonnes choses en ce genre là; mais il y en eut aussi qui ne reüssirent pas si bien qu'on l'auoit esperé, comme d'y auoir amené vn cheual

1626. Balet du Roy.

1626. sur lequel estoit monté le Sieur Marais, ioüant le personnage du Grand Turc, au lieu de l'introduire seulement sur vne machine representant vn cheual, ce qui est de bien meilleure grace, que de faire paroistre ces choses-là au naturel; puis qu'en effet, la dance n'est qu'vne pure fiction pour le diuertissement; ce qui n'est pas de mesmes de la Comedie, qui approche dauantage du naturel. C'est pourquoy la Comedie peut admettre quelquesfois des animaux naturels, au lieu que la dance, qui n'est que des hommes, ne le fait iamais auec succez.

Balet des doubles femmes.

Le petit Balet des doubles-femmes que Monsieur de Nemours fit dancer vn peu auparauant, surprit tout le monde agreablement, & reüssit mieux qu'aucun que ie vis iamais, bien qu'il se fist à fort peu de frais, & qu'il ne fust que de cinq ou six entrées au plus, dont les violons firent la premiere habillez de sorte qu'ils paroissoient toucher leur instruments par derriere; mais c'est qu'en effet, ils auançoient à reculons, & auoient des masques au derriere de la teste, representant des vieilles de belle humeur, qui l'inspirerent de telle sorte à toute la compagnie, qu'elle s'en resjoüit admirablement. La suitte qui n'en fut pas moins diuertissante, s'acheua par l'entrée des doubles-femmes, qui parurent d'abord comme de ieunes Damoiselles, qui saluërent la compagnie en se demasquant, c'est à dire ostant vn masque de velours de dessus vn autre de Ballet, representant vn visage de Demoiselle, auec vn habit ridiculement modeste; puis se retournant tout d'vn coup, ayant vn masque de vieille derriere la teste, encore plus ridicule que celuy des Violons, auec vn chaperon, & le reste de l'habit de femmes degingandées, elles s'agitoient d'vne étrange sorte, comme si la ialousie ou quelque autre passion les eust possedées; & derechef en faisant paroistre le visage doux & modeste, elles reprenoient vne action beaucoup plus retenuë; ce que tantost elles faisoient toutes ensemble, & tantost separément. Enfin s'estant toutes prises par la main pour dancer en rond, on n'eust sceu dire, qui estoit le deuant ou le derriere, tant cette inuention iolie seduisoit agreablement l'imagination.

Il en est de mesmes des Comedies qui exigent le moins de despence, & dont la beauté principale consiste aux choses qui se disent, & à l'action des personnages, le reste n'estant qu'vn acessoire qui ennuye bien tost, quoy qu'il faille que le Theatre soit propre; mais auec vne magnificence mediocre, sans y employer toutes ces grandes machines, ou ces longues perspectiues, qui nuisent souuent bien dauantage aux Acteurs, qu'elles ne leur donnent de grace, comme l'experience nous l'a fait voir. Ie croy que les Comedies de Plaute & de Terence n'auoient pas besoin de tous ces vains ornements: & ce qui estoit iugé de meilleur dans la representation des Tragedies de Sophocle & d'Euripide, n'estoit point sans doute l'artifice des changements de Scenes dont vsoient les Grecs, quoy qu'il ne les faille pas negliger, quand l'occasion s'en offre à propos. Monsieur de Nemours estoit de ce sentiment: & comme ie l'entretenois quelquesfois des Comedies de Plaute & de Terence, parce que ie voyois qu'il y prenoit plaisir, il me disoit que ie luy faisois regretter de n'entendre pas assez bien le Latin, pour voir toutes les beautez de ces deux Autheurs, & sur tout de Plaute, dont l'esprit luy paroissoit plus enjoüé & plus brillant que celuy de Terence.

1626. Comedie.

M. de Nemours.

D'autresfois il auoit la bonté de me lire mille choses agreables qu'il auoit escrites: & tantost allant à la promenade auec luy, i'estois raui de l'entendre parler sur toutes sortes de suiets auec vn esprit, & vn iugement merueilleux. Le iour que Madame sa femme accoucha de l'vn de Mess. ses Enfans, qui fut vn Samedy, ayant eu beaucoup de fatigues, pour la peine où il l'auoit vuë, il se voulut recreer vn peu l'apresdisnée: & comme i'eus l'honneur de la passer toute entiere aupres de luy, ie luy dis que i'auois quelque pressentiment de la dignité future de cet Enfant, & que bien qu'il eust des ainez de grande esperance, il ne leur seroit point inferieur, soit qu'il le voulust destiner à l'Eglise, ou qu'il embrassast quelque iour vne autre profession. L'euenement a iustifié cette conie-

1626. ‹ture: & celuy-là, qui est aujourd'hui le seul de cette branche illustre, ne dement point la gloire du sang de Sauoye & de Loraine, dont il est descendu. M. de Nemours m'ayant témoigné qu'il seroit bien-aise que ie le visse souuent, ie m'en sentis glorieux; mais ie n'abusai pas d'vne si grande ciuilité.

Iubilé.

QVand le temps des rejouïssances fut passé, on publia les Indulgences du Iubilé: & comme on alloit à pied aux Stations dans les quinze Eglises, qui furent marquées pour cet effet par M. l'Archeuesque de Paris, les Peres Iesuites qui firent vne perte considerable du Pere Coton, leur Prouincial, exposerent son corps au peuple, dans la Sacristie de leur Eglise, qui estoit l'vne des quinze, où il auoit le visage découuert, & receut les honneurs de la sepulture, le Ieudy de la My caresme, qui estoit cette année-là le iour de S. Ioseph. Cet homme illustre qui auoit esté plusieurs années Confesseur du Roy, mourut trois iours apres la declaration qu'il donna par escrit contre la doctrine contenuë dans le Liure de Santarellus Iesuite, touchant l'authorité & la personne des Roys: & en suitte deceda pareillement M. Seruin, Aduocat General, qui defaillit en parlant deuant le Roy, comme il tenoit son Lit de Iustice au Parlement le sixiesme iour de Mars.

Mort du Pere Coton.

Mort de M. Seruin.

Faux aduis de la mort de M. de Cornac.

Enuiron ce mesme temps-là, on nous escriuit de la Prouince, que M. de Cornac Abbé de Villeloin, estoit aussi decedé, ce qui donna suiet à mon Pere de demander son Abbaye au Roy, qui luy auoit tousiours fait esperer quelque bien pour moy. Enfin cette occasion s'en estant offerte, le Roy luy accorda liberalement ce qu'il luy auoit demandé: & s'estant informé combien valoit l'Abbaye, mon Pere luy dit qu'il pensoit qu'elle fust de cinq ou six mille liures de rente; C'est peu de chose, luy dit le Roy, ie voudrois qu'elle en valust vingt mille, ie vous la donnerois d'aussi bon cœur: car i'ay tousiours eu pour vous de l'estime & de la bonne volonté. Ces paroles

les d'vn grand Roy furent tres-obligeantes. Le breuet en fut expedié auec toutes les depesches necessaires ; mais l'aduis de la mort ne se trouua pas veritable : & M. de Villeloin, qui n'auoit esté qu'vn peu malade, se portoit beaucoup mieux. Cela n'empescha pas que mon Pere n'en rendist au Roy ses tres-humbles remerciements : mais comme toutes les choses de la fortune luy auoient tousiours assez peu reüssi, le Roy eut la bonté de nous tesmoigner qu'il se souuiendroit de nous, & que nous pouuions nous en asseurer. 1626.

Il me fut aisé de croire que cette affaire reüssiroit comme celle de l'Euesché de Limoges: & quoy que i'eusse besoin de quelque établissement pour subsister, à cause du peu de bien qui restoit dans nostre famille, par les pertes que nous y auions faites, & par les grandes depenses de mon Pere, à qui rien n'estoit demeuré de tous ses seruices qu'vn breuet du Roy, pour vne pension de six mille liures, dont il estoit mal payé; si est-ce que Dieu me fit prendre la resolution de me contenter du peu qu'il m'auoit donné, auec beaucoup de charges que ie ne sçaurois exprimer. De sorte que voyant Monsieur de Neuers à la veille de s'en aller hors de France, sa famille dispersée, & mon Pere hors d'employ, comme s'il eust esté à recommencer tout de nouueau en l'aage qu'il auoit, quoy qu'il eust encore assez de vigueur, ie me retirai chez nous au mesme temps que le Roy fut à Nantes, où se traitta le mariage de M. d'Orleans auec Mademoiselle de Montpensier.

Cependant M. le Cardinal de Richelieu, qui estoit entré au gouuernement des affaires, & de qui l'estonnante fortune prenoit desia de profondes racines dans l'Estat, eut vn breuet du Roy pour cinquante mille escus de rente en Benefices, sur les premiers qui viendroient à vaquer. Or il arrriua que le 2. iour de Decemb. de l'année 1626. l'Abbaye de Villeloin se trouuant de ce nombre-là, par le veritable deceds de M. de Cornac, dont nous eusmes aussi-tost auis, ie ne crus pas que tous les soins que

Mort de M. de Cornac, Abbé de Villeloin.

1626. nous prendrions de la faire demander vne seconde fois, peussent reüssir: Neanmoins, afin de ne rien negliger, quoy que nous fussions d'ailleurs asseurez que le frere du Defunct la faisoit courre, aussi bien que le Gouuerneur de Loches pour M. le Cardinal de la Valette; nous trouuasmes le Maistre de la Poste du Liege, homme officieux, & certainement de nos Amis, appellé Malpenée, qui par vn temps fort fascheux, à dix ou onze heures du soir entreprit de nous seruir en cette occasion assez importante, pour en donner promptement auis à mon Pere, qui s'en estoit retourné à Paris, il n'y auoit que dix iours.

Le Roy dõne l'Abbaye de Villeloin.

Ce Courier Ami, deuança tous les autres: mon Pere ne perdit point de temps pour aller à Crone, où estoit le Roy. Il eut l'honneur de luy parler. Le Roy se souuint de ses promesses, & nous accorda l'Abbaye de Villeloin, du consentement de M. le Cardinal de Richelieu, l'ayant refusée au frere du Defunct, & à M. le Cardinal de la Valette, qui par bon-heur pour nous n'estoit pas bien alors dans l'esprit du premier Ministre. Le breuet en fut expedié à Paris le cinquiesme iour de Decembre, signé Louys, & plus bas Phelippeaux: en suitte de quoy, nous en obtinmes les Bulles de Rome, du 14. des Cal. d'Avril 1627. en la quatriesme année du Ponti-
1627. ficat d'Vrbain VIII. & i'en pris possession le sixiesme iour de Iuillet en suiuant, en presence de M. de Bourdeilles, Cheualier des Ordres du Roy, de Sicard de Gachis, Abbé de Perignac, & de plusieurs autres tesmoins.

Villeloin.

Cette Abbaye de l'Ordre de S. Benoist, au Diocese de Tours, est d'vne fondation de plus de huict cent ans, où ie trouuai quatorze Religieux, onze desquels estoient Prestres, & les trois autres n'estoient que Nouices. Cela fut vn suiet de grande ioye à toute la famille, qui s'en promettoit quelque sorte de secours: & de fait, apres auoir payé les frais des Bulles, & fait les auances pour la nourriture des Religieux, i'employai vne partie considerable du reuenu à payer par les menus quelques debtes domestiques.

Vn mois auant que de prendre possession de ce Benefice, ie perdis auec beaucoup de deplaisir ma Tante Charlotte de Marolles, Sœur ainée de mon Pere, fille de bon esprit, & d'vne vertu rare, ne s'estant iamais souciée de se marier, quoy qu'elle eust esté assez recherchée en sa ieunesse, parce qu'elle ne croyoit pas auoir assez de bien pour trouuer des partis sortables à sa condition, ou proportionnez à son cœur genereux. Ie me persuadai que le saisissement qui la prit peu de iours auparauant, pour la mort subite de Siluain de Menou, fils ainé de ma Sœur, qu'elle aimoit tendrement, fut cause d'vne fiévre violente qui l'emporta le cinquiesme iour.

1627. Mort de Mad. de Marolles.

Entre les Religieux de ce Monastere, ie n'en trouuai qu'vn seul qui eust reüssi dans ses Estudes, appellé Claude Marsault, à qui, pour l'amour de cela, mon Predecesseur auoit donné la charge de Sousprieur, auec vn petit Prieuré dependant de l'Abbaye: & quand l'occasion s'offrit de luy témoigner l'estime que ie fis dés-lors de ses bonnes qualitez, ie ne la laissai pas échaper, & i'eus beaucoup de ioye de luy donner vn office assez considerable, qui vaqua bien-tost apres dans la Maison, par la mort du Chambrier Pilet. Les autres Religieux, quoy que bonnes gens, & dont i'ay fait estime, selon la portée de chacun, n'estoient point de cette force là.

Cl. Marsault.

Il vaqua aussi dés la premiere année vn Prieuré & quatre Cures en ma nomination, de trois desquelles ie fis expedier les lettres pour vn honneste homme de Loches, appellé Michel Lutier, que ie considerai pour ses bonnes mœurs, & pour son sçauoir, afin de luy en asseurer la meilleure, & de le retirer par ce moyen des ruïnes où sa maison estoit tombée, quoy qu'il eust des freres d'vn premier lict, qui iouïssoient de beaucoup de bien de la succession de leur Mere, & par les alliances auantageuses qu'ils auoient contractées; & il obtint de mon consentement le Prieuré en Cour de Rome.

M. Lutier.

1627. Reparations.

APres cela, ie m'occupai au soin de mes Abbayes. Ie fis reparer la petite, qui auoit esté vn peu negligée; Et ie meublai l'vne & l'autre, pour auoir moyen d'y receuoir les visites de nos Amis, & de mes proches, dont les familles estoient desia nombreuses. Cette depense au bout de quelques années, a monté à plus de dix mille liures, sans l'ordinaire, & vne partie considerable du reuenu employé à payer des debtes domestiques.

1628. Tiltres mis par ordre. Archeuesché d'Aix.

Cependant ie trauaillai à mettre par ordre les tiltres de ces deux Maisons, i'en fis vn inuentaire raisonné, & i'en composai mesmes quelque sorte de petite histoire: Et comme en ce temps-là M. l'Archeuesque d'Aix, frere de M. le Cardinal de Richelieu, se trouua obligé de se defaire de son Archeuesché, à cause de celuy de Lion, dont il venoit d'estre pouruû, M. le Cardinal de la Rochefoucauld, de qui i'estois connu, luy parla de moy, d'vne maniere fort obligeante, pour me considerer dans le dessein qu'il auoit d'en prendre recompense. Quelques Prelats seconderent son sentiment, & M. de Lion ne s'en estant pas éloigné, M. de Baraut lors Euesque de Basas, & M. de la Beraudiere Euesque de Perigueux, m'en escriuirent les propositions, tenant la chose fort faisable, puis que i'auois esté agreé. Ce qui m'obligea de les aller remercier, & de m'excuser d'vne offre si auantageuse: car mon Pere qui me connoissoit peut-estre beaucoup mieux que tous ces Messieurs, ou qui ne desiroit pas que ie quittasse si-tost vn Benefice que sa seule consideration m'auoit acquis, pour vn autre fort éloigné, quoy que beaucoup plus grand, & d'vne dignité sublime, me defendit de l'accepter, croyant peut-estre qu'il nous en viendroit d'autres assez tost, sans me defaire de mes Abbayes: mais quoy que ie n'en eusse pas la mesme opinion, si est-ce que ie n'eus point de peine à obeïr à celuy qui pouuoit toutes choses sur moy. M. de Bretel de Normandie, traita depuis de cet Archeuesché auec M. de Lion, dont ie n'eus point de regret.

Ie ne fus gueres plus d'vn mois en mon voyage de Paris, où ie laissai Monf. de Marolles, qu'on auoit desia engagé, contre son sentiment, à prendre vne charge de Mareschal de Camp auec M. de la Ferté Imbaut, depuis Mareschal de France, dans l'Armée d'Italie, commandée par le Marquis d'Vxelles, pour le secours de Mantouë: car il est vray que preuoyant bien ce qui en est arriué depuis, vû la conionċture des affaires d'alors, le peu d'assistance qu'il y auoit à se promettre du costé de la Cour, & la difficulté des passages & des viures sur les terres du Duc de Sauoye, qui ne manqueroit pas d'armer pour des interets contraires (ce que ie me souuiens bien qu'il representa plusieurs fois à M. de Longueuille, & aux autres amis de M. le Duc de Mantouë, qui ne se mettoient point en estat de l'aller secourir, & sur tout M. de Longueuille, qui estoit son Neveu, & dont la qualité auec les grands biens eussent rendu le parti considerable; ioint que pour son regard, ne se sentant pas auoir assez de bien pour seruir dans la premiere charge de l'Armée qui luy fut offerte, & qu'il n'estoit pas aussi fort content de n'estre que le second, sous vn Gentil-homme qui n'auoit point sur luy les auantages de l'aage, de la naissance & de l'experience) il eust bien voulu s'en excuser honnestement; mais tout cela ne seruit de rien. 1627.

Armée pour le secours de Mantouë.

Il falut ceder aux empressements qu'on luy fit: & commandant tour à tour auec la Ferté Imbaut, apres que l'vn & l'autre eurent forcé quelques barricades, & qu'estant descendus le long d'vn torrent, ils se furent postez au de-là d'vn bourg appellé Villars, où ils resisterent courageusement auec le Marquis d'Vxelles & toute l'Armée, à l'effort des Ennemis; enfin voyant qu'ils manquoient mesmes de poudre, & que la resistance de toutes les forces de Sauoye leur estoit vn obstacle qu'il estoit impossible de surmonter, outre que toutes sortes de munitions vinrent à leur manquer tout à la fois, ils se resolurent à faire retraite, auparauant que les Ennemis eussent gagné le pas de Lestrech, d'où leur perte estoit ineuitable.

M. de Marolles Mareschal de Camp.

1628. Combat en retraite.

Vne relation porte que le Sieur de Marolles partit pour aller mettre la Caualerie, & le reste des Troupes en bataille dans la petite plaine de Tourettes, & qu'il mena le Sieur de Brueil (c'estoit son fils) auec luy: ce qui asseura merueilleusement la retraite, où, comme dans toutes les occasions, sous des Chefs si braues, les Regiments de Montereau, du Bec, de Moulins, de la Chapelle, de Langeron, de Praslin, de Vignori, & plusieurs autres auec leurs Mestres de Camp & Officiers, donnerent beaucoup de marques de leur courage & de leur valeur, n'ayant perdu que quatre hommes durant toute leur retraite, quoy que les Ennemis les eussent suiuis iusques à ce qu'ils eussent regagné leurs barricades, où l'on a sceu de quelques prisonniers Piedmontois, qu'en toutes les escarmouches qui s'y firent, le Duc de Sauoye auoit au moins perdu cinq à six cent hommes, entre lesquels il y eut quelques Officiers & gens de remarque: mais cela n'empescha pas que la Sauoye ne publiast cette retraite, comme vne defaite considerable & vne victoire signalée, voyant que par ce moyen le Duc de Mantouë estoit priué d'vn puissant secours, contre les desseins que le Duc de Sauoye auoit formez.

La Rochelle.

Ainsi ce qui auoit esté predit, ne fut connu que trop vray par l'euenement: & apres que l'Armée eut esté licentiée, mon Pere s'en reuint à Paris, & de-là auec sa Compagnie de Gens-d'armes au Camp deuant la Rochelle, où le Roy estoit en personne, qui prit enfin cette place importante, & qui y fit son entrée victorieuse le iour de la Toussaints, apres vne resistence des Rochelois opiniastrée trop long-temps. La nouuelle nous en fut apportée le lendemain, dont il falut faire des feux de ioye: à quoy le peuple se porta d'autant plus volontiers qu'il en connoissoit peu les consequences: mais ie puis dire auec verité que ie pressentis bien dés lors ce qui nous en deuoit arriuer: car en effet, l'Estat ny l'authorité Royale n'en ont pas tant profité que les Fauoris, qui pour n'auoir point mis de bornes à leur ambition, nous ont embarrassez dans des affaires espineuses pour exercer long-temps nostre patience. 1628.

Enfin la suitte de cette fameuse conqueste fut de trauailler au secours de Mons. le Duc de Mantouë, & de defendre Casal, de pousser en suitte Mons. le Duc d'Orleans, de le vaincre en la iournée de Castelnaudarri, où le Comte de Moret fut tué, & le Duc de Montmorenci fut pris prisonnier; mais ce ne fut pas encore assez: car sous le pretexte de l'Electeur de Treves qu'il faloit maintenir contre la violence de la Maison d'Autriche, on trouua bon de declarer la guerre à l'Espagne: & pour la bien commencer, on conuoqua l'arriereban de la Noblesse, & on fit sur le peuple vn surcroist prodigieux de leuées de deniers, qui a tousiours continué depuis, & ne faut pas douter par la necessité des affaires, qu'elle ne dure encore trop long-temps. Troubles continuez.

Depuis l'année 1628. iusques en 1634. ie fis presque vn continuel sejour dans mes Abbayes, qui ne sont qu'à deux lieuës de chemin l'vne de l'autre. Là, nonobstant la misere de la guerre, & des subsides, qui chargeoient le peuple, ie menois vne vie assez paisible, à la reserue d'vn procez que i'eus, à cause de mon Abbaye de Villeloin, pour vn droit honorifique dans vne Parroisse du voisinage, contre vn Gentil-homme appellé Ronsard, qui au nom de sa femme, à cause d'vne terre qu'elle auoit, appellée les Genets, vsurpoit vne qualité dans la Parroisse de Coulangé, qui ne luy appartenoit pas, comme il fut iugé en suitte par Arrest du Parlement. Procez de consequence.

Ce procez d'assez grande consequence m'obligea donc de faire vn voyage à Paris, pour le solliciter; mais il ne dura pas long-temps: & ce fut alors que pour mettre sous la presse la suitte de l'Histoire Romaine, que i'auois composée depuis le regne de Diocletien & de Maximien, iusques à celuy de Valentinien & de Valens, i'en laissai la copie entre les mains de Toussaint du Bray, qui l'imprima en l'année 1630. auec les Abbregez d'Au- Suitte de l'histoire Romaine. 1630.

relius Victor & de Sextus Rufus, & l'Histoire de l'extra-
1630. ction d'Auguste de Messala Coruinus.

Mort de Madame de Marolles.

Ie dediai cét Ouurage au Roy; mais ie n'eus pas l'honneur de le luy presenter, pour m'estre trouué obligé d'assister ma Mere dans la grande maladie qu'elle eut, & qui l'a surprit en mon Abbaye, où elle m'estoit venuë visiter. Depuis quelques années elle estoit deuenuë fort infirme, de la plus saine personne du monde qu'elle estoit auparauant, & se trouua saisie d'vne fiévre lente, qui la mena au tombeau. Elle mourut entre les bras de son Mary, qui se trouua heureusement aupres d'elle, le 11. iour d'Aoust de l'année 1630. & nous donna sa benediction, apres auoir receu tous ses Sacrements, recommandant sur tout à sa petite fille Charlotte de Menou, qu'elle aimoit cherement, de viure dans la crainte de Dieu, & de croire qu'il ne l'abandonneroit iamais; ce qu'elle dit d'vn ton agreable, en leuant ses yeux au Ciel, & rendit l'esprit sans aucun effort. Son corps fut ouuert, où l'on luy trouua le cœur fort petit, le foye brûlé, les poulmons adherants aux costes, & trois pierres dans la substance du fiel: puis nous luy rendismes les honneurs de la sepulture dans l'Eglise de mon Abbaye, où ses cendres attendent la Resurrection.

Fondation.

C'est où ie veux estre aussi enterré, si ie viens à mourir dans le païs, ordonnant pour cet effet vne somme pareille que celle qu'ont donnée, pour prier Dieu pour eux, Mess. de la Rochefoucauld & de Cornac, mes Predecesseurs, & de laquelle ie paye dés maintenant la rente, pour ioüir de la Biblioteque que M. de Cornac a leguée au Monastere, à cette condition, ayant esté estimée autant que le legs de M. de la Rochefoucauld, oncle du Cardinal de ce nom, dont i'ay cy-deuant parlé.

Bibliotheque.

Ayant donc cette belle Bibliotheque en ma disposition, pour ma vie durant, i'ay essayé de la bien loger, & ie luy ai preparé vne gallerie expres, qui m'a cousté plus de mille escus. I'ay aussi fort accommodé la Maison Abbatiale, & i'ay tasché de mettre en assez bon estat les

deux

deux Eglises qu'il a plu à Dieu de me commettre, auec tout ce qui en depend, excepté quelques ornements assez necessaires, pour celle de Villeloin, que ie n'ai pas encore eu les moyens de fournir: 1630.

PEndant les années 1629. 1630. & 1631. ie mis par ordre tous les Tiltres de l'vne & de l'autre Maison, & i'en fis non seulement vn inuentaire tres-exact; mais encore, i'en transcriuis moy-mesme vne bonne partie des plus considerables, que ie rangeai dans vne suitte Chronologique: & de là, voulant passer à la connoissance de ceux de la famille, ie pris plaisir d'en faire aussi des extraits, & de les rediger dans le mesme ordre, pour aprendre les noms & les alliances de plusieurs de mes Ancestres, dont il y est fait mention. I'y en ai trouuai dés l'année 1327. mais il y en a vn entre les Tiltres de Villeloin concernant la mesme chose, plus ancien de douze ans, & trois encore plus anciens entre les Tiltres de mon Abbaye de Baugerais de l'Ordre de Cisteaux, touchant la fondation d'vne lampe à perpetuité, entre deux Autels dés les années 1212. 1216. & 1241. par lesquels on trouue qu'Helias & Raoul son fils, Seigneurs de Marolles, en la Parroisse de Genillé, font la fondation de cette lampe: & entre les Tiltres de l'Abbaye de Cormery, à present possedée par M. de Bethune, Archeuesque de Bordeaux, il y en a vn de l'année 1130. qui fait mention d'vn certain *Radulfus de Marollis Miles*, qui fit quelque donation à vne Eglise dependante de ce Monastere illustre.

Tiltres domestiques.

Ce fut vne consolation à ma Mere, auant que de mourir, de me voir pouruû, de voir aussi des Enfans de ses filles mariées honorablement, & d'esperer que mon Frere en auroit bien-tost de sa seconde femme, Ieanne de Menou, fille vnique de nostre beau-frere Emon de Menou, d'vn premier lict; parce qu'en effet, elle estoit preste d'accoucher, l'ayant espousée neuf ou dix mois auparauant, c'est à dire six mois depuis le deceds de sa

Femmes de Louys de Marolles.

premiere femme Claude de Rochefort, qui mourut en

1630. couche de la petite verolle, auec son Enfant, dés le mois de May de l'année 1629. & qui estoit fille de François de Rochefort, Baron de Luçay & de Syluine le Begue.

Ordres Ecclesiastiques. Or comme ie me trouuai honoré des Ordres Ecclesiastiques dés ce temps-là (car ie les auois receuës à Paris & à Tours, à diuerses fois, par les mains des Reuerendissimes Prelats Estienne Puget Euesque de Dardanie, Suffragant de Metz, pour Monf. de Paris, le 18. iour de Mars de l'année 1628. Bertrand d'Eschaux Archeuesque de Tours, le 22. de Septembre 1629. & Iean François de Gondy Archeuesque de Paris, le 23. iour de Fevrier 1630) ie fis la ceremonie Ecclesiastique des Epousailles, auec la permission du Pasteur de la Parroisse du Chasteau du Rabry, qui estoit la maison de M. de Menou, mon beau-Frere, & Pere de ma belle Sœur, dans le Diocese de Bourges, quoy que ce soit de la Prouince de Touraine pour le temporel.

On auoit tousiours predit à mon Frere qu'il espouseroit cette femme-là, comme il en auoit conceu le desir de fort bonne heure, & qu'il en auoit mesmes fait des recherches auparauant: mais l'occasion de l'autre mariage s'estant offerte, il perdit l'esperance de celuy-cy: & pouuoit croire bien-aisément qu'il n'y faloit plus penser: toutesfois Dieu en a voulu autrement disposer.

Ieanne de Menou. Sa premiere femme tres-sage & tres-vertueuse, mourut, comme ie l'ai desia dit: & cette derniere alliance ne s'est pas trouuée moins heureuse qu'on pouuoit esperer que la premiere l'eust esté: car outre les Enfants bien nez qui en sont venus, il ne s'est iamais vû vne societé plus douce, ny vne amitié plus sincere. Il n'y eut iamais vne femme plus prudente, ni plus soumise aux volontez de son mari, tant qu'ils ont vescu ensemble pendant vingt années, quoy que ses fatigues dans les Armées, auec l'ardeur de son temperament, & son impatience naturelle, luy eussent causé de grandes infirmitez.

Six mois apres la mort de ma Mere, dont le deüil fut

grand dans toute la famille, mon Pere se remaria à vne Dame de Paris, qu'il auoit tousiours beaucoup estimée, sans y rien chercher au de-là que sa satisfaction particuliere : car pour le reste, il faut auoüer que les auantages n'en furent pas bien grands, & qu'il nous eust mesmes esté vtile qu'il eust trouué bon de s'en abstenir; mais le Ciel en auoit autrement ordonné, & ce fut à nous de soufrir doucement, ce qu'il n'estoit pas en nostre pouuoir d'empescher, quand il eust esté iuste de le vouloir; outre que pour mõ particulier, ie m'estois tousiours soumis auec respect à tout ce que mon Pere auoit desiré de moy, & ie fus assez heureux pour ne luy en faire iamais paroistre la moindre emotion, dont ie m'apperceus bien qu'il me sceut gré, & qu'il eust esté bien-aise que mon Frere, qui le suportoit plus impatiemment, en eust vsé de la mesme sorte. Sur la fin de l'année, il amena sa femme en sa maison, où il acheua paisiblement le reste de ses iours auec elle, perdant le souuenir de la Cour, & se detachant peu à peu des affections qu'il auoit eües dans le grand monde, pour ne songer plus qu'au repos de son ame, & ioüir de la douceur d'vne vie priuée, hors le tumulte des affaires & des emplois.

1630. M. de Marolles se remarie.

La Prouince n'estoit point alors destituée de personnes de qualité, & d'vne agreable conuersation. Nous auions à Montresor, M. de Bourdeilles, Gouuerneur de Perigord, & Mess. ses Enfants, dont le second qui eut cette noble Seigneurie, depuis la mort de Monsieur son Pere, y venoit souuent, quand il auoit la meute de son Altesse Royale, Monsr. le Duc d'Orleans, & il y receuoit tous ses Amis auec vn accueil agreable. Nous y auions Monsieur le Comte de Bethune, au Chasteau de Selles, que M. son Pere, Frere du Duc de Suilly, auoit si bien basti sur la riuiere du Cher : M. le Comte de S. Aignan, son beau-Frere, depuis premier Gentil-homme de la Chambre, qui estoit souuent dans son Chasteau, sur la mesme riuiere, à deux lieuës de-là, & Monsieur de Valencay dans sa belle Maison, qui n'en est qu'à vne pareille

Personnes de qualité dans la Prouince.

1630. diſtance, & que Monſieur d'Haplaincour ſon fils, Dominique d'Eſtampes, a depuis accruë auec tant de ſomptuoſité.

De l'autre coſté, nous auions M. le Marquis d'Heruaux, Lieutenant de Roy de la Prouince, qui ioint l'eſprit & l'erudition à la gloire d'vne naiſſance illuſtre, qu'il tient d'vn Pere genereux, & qu'il fera paſſer, ſans doute, à ſa belle & nombreuſe poſterité.

Nous auions Monſ. le Vicomte de Briguel, Cheualier des Ordres du Roy, & M. d'Humieres ſon fils, l'vn & l'autre l'exemplaire de la probité & de la courtoiſie. Soit qu'ils fiſſent leur ſejour à Aſay le Feron, ſoit qu'ils demeuraſſent à Prully, l'vn des plus anciens & plus conſiderables Chaſteaux de la Prouince; touſiours l'abord eſtoit grand chez eux, & les Dames, dont la vertu eſtoit recommandable, aidoient merueilleuſement à faire les honneurs du logis. Le iour que Madame la Vicomteſſe de Brigueil, Iaqueline d'Humieres, la derniere du nom de cette Maiſon illuſtre, tomba malade d'vne fiévre aiguë, qui l'oſta du monde, ie paſſai toute la ſoirée auec elle dans vn entretien des choſes de l'autre vie, & i'ay ſceu depuis que pendant toute ſa maladie, qui ne fut que de cinq iours, elle en eut beaucoup de conſolation. Madame ſa belle-fille, Iſabelle Phelippeaux, la plus ieune de quatre ſœurs, toutes honneſtes, & d'vn rare merite, ne la ſuruеſquit pas longues années, & ie vis mourir en ſuitte à Paris M. ſon Mary, d'vne fiévre maligne, laiſſant douze Enfants de grande eſperance, ſous la tutelle de leur Ayeul paternel, le plus homme de bien de ſon temps, qui ne ſurueſquit pourtant que de ſix mois, vn ſi ſenſible déplaiſir.

Ie ne paſſerai point ſous ſilence les Viçomtes de Paulmy, qui ont reſtabli dans leur Maiſon, l'vne des anciennes du païs, les grands biens qui en eſtoient ſortis par les depences exceſſiues & par le mauuais menage de René le Voyer, Bailli de Touraine, qui s'eſtoit allié dans la famille de Criſſé. Louys le Voyer, que i'ay connu, eſtoit l'honneur & la ſincerité meſmes: & ſa femme, Françoiſe de Larſay, eſtant decedée, il prit les Ordres Eccleſiaſtiques, & y a veſcu ſaintement le reſte de ſes iours, ayant laiſſé des Enfants dignes de ſon nom, & entre-autres Gabriel le Voyer, Abbé de Paulmi, de qui l'eſprit & le ſçauoir ſont aſſez connus. M. d'Argençon, Maiſtre des Requeſtes, perſonnage recommendable pour ſes ſeruices, & pour ſes rares qualitez de ſageſſe & de pieté, eſtoit de la meſme famille, & n'a pas laiſſé vne poſterité moins illuſtre que l'ainé de ſa Maiſon; ce qui ſe iuſtifie bien-aiſément par les charges & les emplois honorables qui leur ſont demeurez, & qu'ils conſeruent auec tant de ſplendeur. L'eſtime que i'ay touſiours faite de ces Meſſieurs, m'a fait conſentir à ne leur dénier pas l'original d'vn tiltre conſiderable que i'ay trouué dans mon Abbaye de Baugerais, concernant la nobleſſe & l'antiquité de leur Maiſon: Il eſt de l'année 1245. par lequel Agathe, femme d'Eſtienne le Voyer, Seigneur de Paulmeïs, donne à cette Abbaye vne rente de quelques bleds, à prendre ſur vne dixme qu'elle auoit à Ferrieres Larſon, eliſant pour cet effet ſa ſepulture dans l'Egliſe de ce Monaſtere. Ce tiltre eſt ſcelé du ſceau d'Eſtienne le Voyer ſon Mary, où ſont repreſentez deux Leopards l'vn ſur l'autre, qui ſont encore auiourd'huy les Armes de ceux de cette Maiſon; ce qui n'a pas eſté remarqué par François de Belle-foreſt, qui en a eſcrit vne Genealogie, qui ſe voit dans ſon Hiſtoire de France. 1630.

Ie ne paſſerai point, dis-ie, ſous ſilence la Maiſon d'Argi, dont il ne reſte plus auiourd'huy dans noſtre Prouince que Meſſire Gilles d'Argi, Seigneur de Pons, Gentil-homme de beaucoup d'eſprit, & qui n'a pas ſeulement conſerué les biens qu'il a eus d'vn Pere tres-ſage; mais qui par ſa prudence s'eſt rendu ſoigneux d'en acquerir d'autres, pour accroiſtre les eſperances de pluſieurs Neveus qu'il a de ſes Sœurs, tous Gentils-hommes bien-faits, dont l'aiſné, chef de la Maiſon de Bellefons, recueillira vn iour par ſa femme de la Maiſon de Preuille de Chaſteaulandon, les biens de la ſucceſſion de feu M. de Méure, ſi connu en ſon temps pour ſon merite, ſorti d'vne branche des puiſnez d'Argi,

& qui n'auoit laissé pour tout heritier qu'vne niepce, mere
1630. de la femme de M. de Bellefons, petit-neveu d'vn autre du mesme nom, de qui le courage & les seruices furent signalez. Il auoit esté vn des meilleurs & plus sinceres Amis de mon Pere; & c'est de luy que sont sortis les Bellefons de Normandie.

Nous auions aussi dans le mesme voisinage la maison de Preaux, qui nous estoit chere, à cause de Gilbert de Preaux, dont la capacité fut honorée de la charge de sous-Gouuerneur du Roy, & qui a laissé des Enfants & des petits-Neveux heritiers de son nom & de sa reputation.

Nous y auions la maison de Palluau & de l'Isle-Sauary, possedées par les illustres descendans de Monsieur de Frontenac, Cheualier des Ordres du Roy, & son premier Maistre-d'Hostel: celles du Mée, de Marteau, de la Mothe, & de Lencosme: celles de Luçai, de Veuil, de Bauché, de la Moriniere & d'Entragues: celles des Roches S. Quentin, de Tranchelion, de la Sabardiere, de Thienne, de Baillou & de Cigongné: & d'vn autre costé, les maisons de la Foleine, de Bleré, de la Croix, du Courbat, & de Menetou, qui nous sont alliées; mais tenant beaucoup plus cher le souuenir de ceux qui ont soutenu la gloire de leurs Ancestres, à cause de leur amitié, que pour la proximité du sang, quoy qu'elle me soit auantageuse, entre ceux qui sont demeurez, de personnes qui nous estoient si recommandables, ie ne celerai point que i'honore & que ie cheris particulierement, Ioseph de Iussac, Seigneur de la Foleine, & Claude de Iussac son frere, Gentil-homme tres-accompli, Gouuerneur de la Tour du Havre, l'vn & l'autre fils d'Astremoine de Iussac, Seigneur de la Foleine, qui ioignoit la franchise & la fidelité au naturel le plus tendre pour ses Enfants & pour ses Amis, qui fut iamais.

Voilà les familles & les maisons considerables, où i'ay trouué le plus d'amitié & de societé, pendant le sejour que i'ay fait dans la Prouince en diuers temps, & mesmes quand i'en ai esté dehors, comme il est d'ordinaire aux personnes qui changent de lieu, de se rencontrer en plusieurs endroits. Mais reuenons à la suitte de nostre petite Histoire. 1630.

EN l'année 1632. i'eus vn petit demeslé auec M. d'Eschaux, Archeuesque de Tours, quoy que ce fust l'vn des meilleurs hommes du monde, & qu'il luy eust mesmes plû de me donner plusieurs fois des marques de sa bien-veillance. C'estoit touchant vn pouuoir de benir des ornements, des linges, & des vestements d'Eglise, que les Euesques donnent facilement, & qui ne se demande pas mesmes par les Superieurs des Maisons regulieres, & particulierement des nostres. Mais cherchant occasion de faire ciuilité à ce Prelat que i'honorois beaucoup, ie luy demandai ce que ie crus qu'il ne me voudroit pas refuser, & qu'il seroit mesmes raui de m'accorder. Toutesfois il en fit dificulté, parce qu'en effet il ne pensoit pas que la chose fust en son pouuoir: ce qui m'obligea de luy escrire quelques lettres, à la verité respectueuses; mais pourtant vn peu trop fortes pour luy estre agreables; de sorte qu'il ne se pût empescher de me tesmoigner que cela ne luy plaisoit pas, & m'accorda pourtant ce que ie desirois de luy.

1632. M. d'Eschaux Ar. de Tours.

Ie le priai d'excuser ma vehemence, & ie luy rendis par lettres de tres humbles remerciments; mais comme ie me persuadai que pour ne manquer pas au respect, il faloit faire quelque chose de plus, ie le fus trouuer à Tours, où il estoit: & apres luy auoir fait mes compliments, qu'il receut de bonne grace, il me retint à disner chez luy, où il attendoit Mons. le Prince, pour le traiter, comme il fit auec magnificence. Là, se trouuerent aussi les Ducs de la Trimoüille, & de la Rochefoucauld, & quelques autres personnes de qualité, & entre-autres le Comte de Maillé, le Lieutenant General de Tours, & le Sieur du Haye et Abbé d'Aigueuiue.

M. le Prince de Condé.

Mons. le Prince ayant pris sa place, fit mettre M. de

1632. Tours au bout de la table, M. de la Trimoüille de l'autre costé, M. de la Rochefoucauld aupres de luy, le Lieutenant General de Tours Abbé de S. Iulien, & l'Abbé d'Aiqueuiue en suitte, & ordonna que ie fusse entre M. de la Trimoüille & le Comte de Maillé; de sorte que me trouuant presque vis à-vis de luy, l'estant de M. de la Rochefoucauld, il trouua bon, pour se diuertir, de me faire des questions touchant les Indulgences d'vn Iubilé que le Pape auoit enuoyé, parce que M. de Tours estant fort enrumé ce iour-là, ne pouuoit presque parler. Ie luy dis que les Indulgences du Iubilé estoient vne grande grace que le S. Pere nous faisoit; parce qu'au lieu de grandes penitences, à quoy nous estions tenus pour la satisfaction de nos pechez, selon les anciennes pratiques de l'Eglise, il nous enuoyoit vne relaxation des peines que nous auions meritées : mais qu'il faloit bien prendre l'intention du Pape, & qu'il entendoit par les Indulgences, nous appliquer les merites du Sang de Iesus-Christ, dans vne bonne & sincere conuersion; c'est à dire non seulement de ne faire plus les maux que nous auions commis; mais encore de faire les biens que nous auions negligez. Il me demanda là-dessus, comme ie l'entendois, & si i'en vsois de la sorte? Ie luy repondis, que ie pensois m'estre assez expliqué de la sorte que ie l'entendois; mais que ie n'auois garde de me vanter que ie fusse plus iuste qu'vn autre. Il me repliqua que s'il estoit de cet auis, il perdroit le iugement, ou qu'il se feroit Moine dés le lendemain. Cependant, luy dis-je, il est escrit, qu'il faut s'abstenir du mal & faire le bien, & que le Seigneur, dans l'Euangile, auoit comparé le Royaume des Cieux à dix Vierges, dont il y en auoit cinq prudentes & cinq foles : que les prudentes estoient celles qui ioignoient les bonnes œuures à l'innocence de la vie, & les cinq foles, celles qui se contentoient de n'estre point criminelles. Il m'imputa de gayeté de cœur que i'auois forgé cette explication : mais M. l'Archeuesque, qui prit la parole, reconnût que c'estoit le vray sens de la Parabole:

Indulgẽces du Iubilé.

La parabole des Vierges.

bole : & pour la fortifier dauantage, quand il eut acheué son raisonnement, ie raportai le sens de celles des dix dragmes, & des cinq talents, qui reuiennent à la mesme chose. M. le Prince ne se rendit pas encore pour cela: & parce qu'il y auoit des Violons dans la sale qui faisoient du bruit, il leur commanda de se taire, & continua de se plaindre de la rigueur de l'Euangile, quand ie luy eus raporté le passage de l'estroitte voye du Ciel; sur quoy ie luy dis pour le consoler, qu'il estoit aussi escrit dans S. Iean 8. qu'vne femme fut surprise en adultere, & le reste, que luy-mesme recita tout du long: puis quand il eut acheué, & que i'eus pris la hardiesse de loüer la netteté de son expression, ie luy fis remarquer que le Fils de Dieu s'estoit contenté de dire à cette femme, qu'elle ne pechast plus; ce qui l'adoucît vn peu. 1632.

Et reuenant au Iubilé, il dît que c'estoit vne grande marque des misericordes de Dieu, & que nous luy estions bien obligez de l'institution qu'il en auoit faite dés l'Ancien Testament; Ie ne pûs m'empescher de luy dire que ie pensois que nostre Iubilé estoit fort diferent de celuy des Iuifs, quoy qu'en faueur de la pieté de plusieurs, on pouuoit bien dire que le premier estoit vne figure du second; mais que ce dernier n'estoit pas d'vne si haute institution, puis qu'il n'estoit que depuis 350. ans. Il me demanda, qui me l'auoit appris, & qu'il n'estoit pas de mon opinion. Ie luy dis que nous le sçauions de la tradition de tous les Saints Peres, qui auoient vescu depuis ce temps-là. Il luy plut de s'exercer vn peu sur le mot *des Saints Peres depuis ce temps-là*, estimant qu'on ne parloit plus des Peres de l'Eglise depuis la fin du sixiesme siecle tout au plus. Mais apres que ie me fus vn peu étendu à luy iustifier que ce tiltre estoit bien deub non seulement aux Papes depuis la fin du sixiesme siecle; mais encore à d'autres Euesques & Docteurs, tels que le Venerable Bede, Ado, Hildebertus, Hincmar, S. Bernard, S. Bonauenture, S. Thomas, & quelques autres que ie nommai, dont ils estoient tres-dignes, au iugement des Le Iubilé.

1632. Theologiens; ie luy dis que le premier Iubilé auoit esté institué en l'année 1300. par le Pape Boniface VIII. qui l'ordonna de cent en cent ans: mais que quarante-huict ans apres il fut celebré par vn de ses Successeurs, & encore l'année 1350. & que depuis, celuy qu'on appelle grand-Iubilé, fut establi de vingt-cinq en vingt-cinq ans. Il allegua contre cela l'authorité du Cardinal Bellarmin: & comme ie luy tesmoignai, sans rien dire, que ie n'en estois pas trop persuadé, il me pressa de parler. Alors ie luy dis que cela estoit bien difficile à croire, & qu'il estoit à craindre qu'il eust pris vne chose pour l'autre. Monseigneur ne se trompe pas, dit l'Abbé d'Aigueuiue: car il est sans doute que Bellarmin appuye ce sentiment. Si est-ce pourtant que i'en doute si fort, luy repliquai-je, que ie suis asseuré que cela ne s'y trouuera iamais. Là-dessus, on fit apporter le Liure de Bellarmin: & apres qu'on y eut trouué le passage pretendu, il me fut aisé de iustifier qu'il ne disoit pas cela; mais qu'il parloit mesmes sur vn autre suiet du Iubilé des Iuifs, dont Mons. le Prince demeura enfin d'accord, & se leua de table, où ie ne m'apperceus pas qu'il eust gueres plus mangé que moy. Et pour me tesmoigner qu'il n'auoit pas trouué mauuaise la liberté que i'auois prise dans vne si noble conuersation, il me voulut auoir pour tesmoin de ce qu'il eut à dire, auec Monf. de Tours, au Lieutenant General, & aux autres Officiers de la Ville, touchant l'establissement des Peres Iesuites, à quoy s'opposoient les Magistrats & le peuple. Mais enfin l'authorité de ce Prince fut respectée, & sa recommendation fut receuë, apres l'estime que Monf. l'Archeuesque auoit acquise à ces Peres, par le grand iugement qu'il en faisoit, & par les occasions qu'il leur auoit données tant de fois dans son Eglise, d'y faire paroistre les plus excellents hommes de leur Compagnie, & entre-autres le Reuerend Pere Delingendes, qui y prescha cette année-là auec cette grande eloquence, qui ne l'a iamais abandonné.

Iesuites establis à Tours.

Ie reuins assez satisfait de mon voyage, & ie trouuai

à mon retour M. l'Abbé de S. Ciran, qui me voulut honorer de sa visite, allant en son Abbaye. Cet excellent homme, dont la vertu a esté depuis esprouuée par le credit & par l'animosité de ses Ennemis, sçauoit bien l'ancienne fraternité qu'il y auoit entre son Monastere & le mien, & n'ignoroit pas aussi l'estat que i'en faisois pour l'amour de luy, m'en estant souuent expliqué à ses Religieux, que ie voyois quelquesfois; & desirant me connoistre, parce qu'il ne m'auoit iamais vû, il ne se trompa point aussi de penser que ie serois raui de receuoir sa visite, & d'auoir part en son entretien. Dieu me fit donc la grace que ie l'eus tout à loisir, & ie puis asseurer qu'en ma vie, ie n'ay oüi dire de meilleures choses pour vne solide pieté: Comme dans la conuersation ie luy ouuris mon cœur & mes sentiments, il me parla auec vne sincerité qui me rauist: & en me sollicitant à pretendre aux grandes charges de l'Eglise, par quelques propositions que luy-mesme me faisoit; parce qu'vn Prelat de ses Amis se vouloit reduire dans la condition priuée, & qu'il sçauoit bien qu'on m'auoit encore escrit pour entendre au traité de l'Euesché de Luçon, dont M. de Bragelongne qui en estoit Euesque, & qui estoit deuenu fort infirme, se vouloit defaire, aussi bien que quelques autres que ie ne nommerai point, il m'en dissuada en mesme temps par la description qu'il me fit du peril où se mettent ceux qui recherchent vne si haute éleuation, sans connoistre les perfections & les grandes obligations que Dieu demande de ceux qui sont en cet estat; sur quoy ie ne pûs m'empescher de luy dire, qu'auec toutes ses grandes lumieres, ie voyois bien qu'il n'auoit gueres penetré dans le fons de mon ame, pour sçauoir en quoy mes forces pouuoient consister; ou que pour me connoistre dauantage, il me vouloit obliger de parler, si d'ailleurs il n'auoit dessein de se railler de moy. Il me fit ciuilité: & au lieu d'accroistre mon souci pour cela, il aida merueilleusement à me faire perdre le peu de desir qui m'en pouuoit rester, dont ie luy aurai vne eternelle obligation.

1632. M. l'Abbé de S. Ciran.

L'Euesché de Luçon.

1632. Mort de Madame de Menou. SVr la fin de l'année, ma Sœur ainée que i'estimois
infiniment pour sa rare douceur, & pour la bonté
de son naturel, ne s'estant iamais mieux portée en apparence, & ne l'ayant iamais veuë en meilleur estat, tomba
malade: & apres estre accouchée de son vingt & vniesme Enfant, mourut en ses couches le premier iour de
l'année 1633. aagée de 36. ans; ce qui me fut vn déplaisir
1633. tres-sensible, & mit vn grand deüil dans toute sa famille,
laissant six Enfants bien ieunes, le reste du grand nombre que ie viens de dire, dont quelques-vns auoient esté
iumeaux, & les autres auant-terme, parce que la Mere
s'estoit blessée plusieurs fois.

Cet accident arriua comme i'estois sur le point de
partir pour aller à Paris; ce qui me fit diferer mon voyage
d'vn mois, quoy que i'en fusse pressé par mes Amis, qui
m'auoient engagé au traité de l'Euesché de Luçon, & entre-autres Mons. de Bethune, lors Euesque de Maille-
sais, qui me souhaitoit quelque établissement aupres de
luy. Ie ne pressai pas trop cette affaire, & ie ne la voulus
pas rompre aussi tout à fait, pour des raisons particulie-
M. de Bragelongne Euesque de Luçon. res; de sorte que comme l'humeur de Mons. de Brage-
logne estoit vn peu lente, la mienne n'estoit pas trop
precipitée, pour ce regard. Nous remismes donc toute
cette negotiation à quelques mois de-là, que ie me pro-
posai de faire vn voyage en Poictou: mais auparauant, il
falut auoir l'agreement du Roy & de Monsieur le Cardinal de Richelieu, qui ne me fut point refusé, & ie l'ob-
tins à Fontainebleau, où la Cour estoit allée pour la Ce-
Cheualiers du S. Esprit. remonie des Cheualiers de l'Ordre du S. Esprit, qui se
commença le Samedy quatorziesme iour de May, veil-
le de la Pentecoste, & qui s'acheua les deux iours sui-
uants.

I'y fus auec M. le Vicomte de Brigueil: & la courtoisie de M. de Gordes, Capitaine des Gardes, me donna entrée dans la grande sale, & me permit d'auoir vne
place de bout, derriere la chaise où le Roy recevoit le ser-

ment, & donnoit l'habit aux Cheualiers; de sorte que ie vis toute la ceremonie si commodément, que i'en pourrois dire toutes les particularitez, s'il en estoit besoin. 1633.

L'ordre y fut parfaitement bien obserué en toutes choses; & la foule n'y apportoit point de confusion. Ie ne pense pas qu'outre les Spectateurs qui estoient placez, il y en eust cinq ou six autres que moy dans le parterre, où ie ne reconnus que le Cheualier des Roches, & M. des Marets-Huraut, quoy qu'ils ne fussent pas Ecclesiastiques, ou gens de longue-robe, comme trois ou quatre autres Abbez qui estoient aupres de moy.

Nous estions donc au dessous de l'eschafaut de Mess. les Ambassadeurs, & vis-à-vis celuy de la Reine, derriere la chaise du Roy, comme i'ay desia dit, laquelle n'auoit point de dossier éleué, ce qui nous laissoit la liberté de tout voir, & d'entendre mesmes tout ce que disoit le Roy, & Mons. le Cardinal de Richelieu assis de l'autre costé auec le Cardinal de la Valette, ayants derriere eux les Prelats honorez du Cordon bleu, sçauoir les Archeuesques de Narbonne, de Paris, & de Bordeaux, & derriere ceux-là trois ou quatre autres Euesques en rochet & habit violet. Mons. le Cardinal de Lion, grand Aumosnier de France, officiant, estoit plus haut vers l'Autel, ayant à ses costez les Abbez de Pontigni & des Pierres, de l'Ordre de Cisteaux, seruants de Diacre & de Soudiacre, auec leurs mitres sur la teste.

Les Reuerences de la ceremonie.

L'ordre des reuerences estoit tel, premierement à l'Autel, puis au Roy, en suitte à la Reine, aux Cardinaux, aux Ambassadeurs, & la derniere aux Cheualiers. Le Roy luy-mesme, selon les occurrences, les faisoit toutes de bonne-grace, excepté celle qui se deuoit rendre à sa personne: & Mons. le Cardinal de Richelieu, qui y fit les principaux honneurs, outre Mons. le grand-Aumosnier, y conserua vne admirable dignité. Ie vis en suitte la ceremonie du disné, où les Cheualiers, auec leurs grands habits, estoient assis tous d'vn costé, comme des Religieux dans leur refectoire; & le lendemain on cele-

1633. bra auec pompe l'Office des Morts, pour les Cheualiers deecdez, depuis la derniere promotion, où les Cheualiers estoient en habits de deüil, qui n'estoient pas moins auantageux, pour la bien-seance, que ceux du iour precedent, estant faits sur le mesme modelle, sans autre difference que de la couleur.

Promenades. Les soirées de ces beaux iours, furent employées à la promenade en carrosse autour du grand canal, où se voyoit toute la magnificence de la Cour; i'y fus vne fois fois auec Monſ. le Duc de Candales que i'honorois beaucoup, & vne autre fois auec Monſ. le Duc de Brissac, que i'auois vû chez luy dans sa belle maison de Brissac, l'année d'auparauant, estant allé faire vn voyage en Anjou, auec vn de mes plus chers Amis, Louys de Reuol, qui auoit vn fort ioli benefice, appellé Montiliers, à six lieuës d'Angers.

Ie retournai à Paris apres les festes de la Pentecoste, auec les Enfants de M. d'Effiat, ie veux dire le ieune S. Mars, qui auoit vne grace merueilleuse en tout ce qu'il faisoit, & celuy qui depuis fut Abbé, où estoit aussi M. des Roches S. Quentin, Gentil-homme consideré de Monſ. le Cardinal de Richelieu, qui sans doute eust fait beaucoup de choses pour luy, si peu de temps apres il n'eust point esté tué dans le seruice, ne laissant qu'vn petit Enfant de sa femme, de la maison de la Riuiere Bonœil en Poictou.

S. Mars. Les Roches S. Quentin.

Thomas Ricchiardi. Ie ne seiournai en suitte que cinq ou six iours à Paris, d'où i'emmenai auec moy pour quelques mois vn certain Italien appellé Thomas Ricchiardi, Prestre de Pistaye dans la Marche d'Ancône, qui me paroissoit auoir de l'esprit & de l'erudition; mais qui se trouua si fantasque & si superstitieux, que ie me repentis bien depuis de m'en estre chargé. Il se mesloit de deuiner par les regles de la Geomance, & il ne se passoit point de iour qu'il n'en fist dés le matin des figures, dont il tiroit en suitte les vaines inductions que cette science admet. Il escriuoit bien en Latin; mais tout ce qu'il faisoit, estoit plustost pour la medisance que pour la loüange. Outre cela il estoit glorieux, importun & malplaisant, à force d'affecter la raillerie & les bons mots. 1633.

Ie le menai donc auec moy : & ne m'en pouuant defaire si-tost, ie fus contraint de le trainer en Anjou & en Poictou, où ie m'en allai auec mon bon Amy, Louys de Reuol, dont ie viens de parler. Nous vismes en passant à Tours Mons. l'Archeuesque, qui nous fit toute sorte de ciuilité : mais ie fus bien fasché d'vne espece de petite contestation qui se passa entre le Pere Delingendes & nostre Amy ; de sorte que comme il auoit l'esprit vn peu chaut, il faillit à perdre le respect pour defendre les interets & la doctrine de sa Maison de Sorbone, d'où il estoit, en quoy ie me sentis bien éloigné de le seconder : & voulant adoucir le plus qu'il me fut possible la dureté de son expression, ie ne pûs m'empescher de luy témoigner que ie pensois qu'il falloit menager plus discretement ses sentiments, & que la reputation du Pere Delingendes, outre le respect qui estoit deub à la presence de Mons. de Tours, meritoit bien qu'il ne s'esmeust pas si fort. Cela se passa donc de la sorte, & mon Amy ne me sceut pas mauuais gré de tout ce que ie luy auois dit.

Voyage d'Anjou.

M. de Reuol.

A deux iours de-là, nous fusmes en son benefice de Montiliers, où i'auois esté deux fois auparauant, de sorte que i'en connoissois le païs & tout le voisinage. Ie fus visiter Mons. de Rueil Euesque d'Angers, Prelat ciuil, obligeant, & de bonne mine, qui auoit apres de luy M. Costar, homme de belles lettres & d'vn esprit agreable, que i'auois connu à Paris, auec estime, dés le temps que nous demeurions dans l'Vniuersité. Ie vis aussi Mons. Arnauld Abbé de S. Nicolas, de qui le sçauoir, la modestie & la pieté ont esté si recommendables, qu'il en a esté iugé digne de succeder à Mons. d'Angers. I'eus l'honneur d'y salüer Mons. de Paris dans sa belle maison de S. Aubin, & vn Gentil-homme appellé Michelon, qui commandoit dans le Chasteau, nous y traita splendidement, à cause de Mons. de Reuol son parent & son

Mõtiliers.

M. d'Angers.

M. Costar.

M Arnaud.

Chasteau d'Angers.

1633. Amy. Il nous en fit voir toutes les singularitez, iusques à la cage de fer, & quelques peintures de la main de René Duc d'Anjou, Roy de Sicile, dont nous vismes aussi la maison de plaisance alors occupée par vn Tauernier au bout d'vn faux-bourg sur le bord de la Riuiere de Maine, où il y auoit encore en mauuaise peinture dans vne petite galerie basse, soutenuë d'vn costé de piliers de bois, les chauferetes, & les charbons ardents, auec ces mots pour deuise, *D'ardent desir*.

Maison du Roy de Sicile.

Ie ne veux pas oublier que nous estant allez promener au Palais, où il y a vne grande sale, & m'estant arresté à la boutique d'vn Libraire, où i'acheptai des liures, vn ieune homme du Barreau, qui s'y estoit desia acquis de la reputation, i'ay sceu depuis que c'estoit Mons. Menage, me vint acoster, & m'y fit voir ma traduction de Lucain de la premiere edition, par où il me voulut marquer qu'il sçauoit qui i'estois, dont ie luy fis compliment, & ie souhaitai de sçauoir de luy-mesme à qui i'auois cette obligation; mais il ne me le voulut point dire que quelques années depuis, comme il estoit à Paris aupres de M le Coadjuteur, depuis Cardinal de Retz, quoy que dans le peu de temps que ie iouïs de son entretien, ie connus bien que i'auois parlé à vn fort honneste homme.

M. Menage.

Angers. D'Angers, l'vne des plus considerables villes du Royaume, tant pour la beauté de sa situation, quoy qu'elle soit inegale, que pour la grandeur de la Ville, nous vinsmes repasser la riuiere de Loire aux Ponts dé-Cé, qui ne sont qu'à demy-lieuë d'Angers, & nous fusmes à Brissac, où nous vismes M. le Duc, qui se plut à nous regaler ciuilement auec toute son humeur graue & serieuse. Il nous retint à coucher, quoy que ce ne fust pas nostre dessein, & nous donna vn apartement à chacun, capable de loger vn Prince, auec des meubles somptueux. Il nous fit remarquer dans sa galerie, entre autres portraits de ses Ancestres, celuy du Pape, qu'il nous disoit estre de sa Maison, c'est à dire Baltazar Cossa, appellé

Brissac.

Baltazar Cossa.

pellé Iean XXII. ou XXIII. comme le nomme le Concile de Constance, où il fut deposé. I'auouë que ie ne me fusse pas douté que ce Pape eust esté de la maison de Cossé, pour auoir le surnom de Cossa, comme aussi le blason de ses Armes est-il fort diferent de celuy des Armes de cette maison illustre, originaire du païs du Maine ou d'Anjou, au lieu que celle du Pape Iean XXII. est Florentine. Mais il n'est pas necessaire d'examiner tousiours ces choses-là de si pres: & les extractions particulieres des maisons, leur portent des lumieres, qui bien souuent ne se tirent pas des histoires connuës de tout le monde. 1633.

De Brissac nous reuinsmes chez nostre Ami, qui nous y festoya, comme il auoit de coutume, nous y donna les visites de son voisinage, & entre-autres celle du Comte de Crissé, le Chef de l'ancienne famille des Turpins, originaires de Touraine, qui faisoit alors son seiour dans son Chasteau de Vihers, de l'ancien domaine des Comtes d'Anjou. Crissé.

Cinq ou six iours apres, nous fismes le voyage de Poictou, nous allasmes coucher à Bressuire, ville qui appartient au Comte de Fiesque: & de-là estants allez passer à Fontenai-le Comte, nous nous rendismes à Lermenau, Chasteau de l'Euesché de Maillezais, qui n'est qu'à demi-lieuë de là, où Monsf. l'Euesque, Messire Henry de Bethune, depuis Archeuesque de Bordeaux, nous receut auec ses ciuilitez accoutumées. Il nous retint huict iours aupres de luy, pendant lesquels nous fusmes à Lusson, qui n'en est qu'à cinq lieuës, au bout d'vne grande plaine fertile en bleds, d'où l'on découure la Mer, les marets qui en approchent d'vn costé, & de l'autre la celebre Abbaye de S. Michel en l'Herm: le Doyen & les Chanoines nous y traiterent, & nous menerent de leur logis à celuy de Monsf. l'Euesque, où il y a vne fort belle Chapelle: & l'Eglise Cathedrale n'est pas des moindres du Royaume. Son clocher est vne haute tour, surmontée d'vne aiguille de pierre, comme celles de Niort & de Fontenai, laquelle peut seruir d'adresse aux gens de mer, Voyage de Poictou. M. l'E. de Maillezais. Lusson.

1633. qui approchent des costes. Ces Mess. me regardoient en quelque façon comme vn homme qui deuoit estre leur Euesque, parce qu'ils auoient oüi parler des propositions de nostre traité; mais quoy que i'eusse trouué le lieu assez beau, ie n'en eus pas vn trop violent desir, & ie n'en conceus pas aussi vne fort grande esperance.

Disputes en Theologie. Vn autre iour Monf. de Maillezais, nous fit assister à des disputes en Theologie, qui se faisoient à Fontenai, dans vn petit hospice des Peres Iesuites, où M. de Reuol, Docteur de Paris, disputa, par la priere que luy en fit Monf. de Maillezais. Il me parla en suitte plusieurs fois du traité; mais comme Monf. de Lusson estoit absent, ie luy dis qu'il n'y auoit pas moyen d'y trauailler, ioint qu'en cela, il me sembloit qu'il n'y auoit rien de pressé: car, pour en dire la verité, bien que ie tinsse à honneur d'auoir esté proposé pour vn Estat si sublime; si est ce que ne m'en trouuant pas digne, ie me contentois seulement d'auoir donné suiet d'en parler.

Enfin le iour de nostre depart estant venu, nous prismes congé de M. de Maillezais, & nous reuinsmes par Richelieu, qui a beaucoup augmenté depuis ce temps-là, & dont nous voyons vne si noble description en vers, dans les agreables promenades de Monf. des Marais, où il mesle plusieurs reflexions de Morale & de Pieté. Nous

Chāpigni. vismes en passant le Chasteau de Champigni, qu'on a depuis démoli, à la reserue de la Sainte-Chapelle, où sont les corps de quelques Princes de la branche Royale de Montpensier; puis Fontevraut, Abbaye de filles, dans vn lieu desert, entre trois belles Prouinces, le Poictou, la Touraine & l'Anjou, où nous eusmes l'entretien de Monf. de Boumois, Intendant de cette Maison,

Boumois. Autheur de la Traduction des Vies des Saints, composées par Ribadeneïra Iesuite Espagnol. De-là estans venus passer à Chinon, nous nous rendismes le lendemain à Loches, & nous nous trouuasmes à la Feste de la my-Aoust aux Chartreux, où nous trouuasmes Monf. le Comte de Bethune, qui deux ou trois iours apres me deliura du Seigneur Ricchiardi, que i'auois mené auec moy, & le garda quatre ou cinq mois dans sa belle maison de Selles, d'où l'ayant comblé de courtoisie & de ses bien-faits, il le remena à Paris. 1633. Ricchiardi.

Monſ. de Reuol fit peu de seiour à Villiers, Prieuré de l'Ordre de Grandmont, qui luy appartenoit, à vne lieuë de mon Abbaye de Villeloin : & comme ie pensois iouïr auec mes liures de quelque repos dans ma retraite champestre; mon Pere tomba malade le iour de la Nostre-Dame de Septembre, dont il n'a pas releué depuis: ce qui m'obligea de me ranger aupres de luy, pour le seruir, & luy donner toute la consolation qui me fut possible. Sa maladie dura trois mois entiers : & pendant ce temps-là, on pratiqua pour le recouurement de sa santé, tous les remedes que les connoissances de la Medecine pouuoient suggerer à ceux qui furent employez à son traitement. Mort de M. de Marolles.

Vne certaine melancholie qu'il conceut, & qui luy causa vne grande iaunisse, rendit son mal incurable; mais elle ne luy osta pas les ciuilitez qui luy estoient si naturelles, ny la douceur de son esprit. Il se munit de tous les Sacrements de l'Eglise, tesmoigna vne fermeté inebranlable dans la Foy, & s'estonna plusieurs fois, apres auoir couru tant de perils à la guerre, de se voir mourir dans son lit. Comment, disoit-il, ce n'est pas les armes à la main qu'il faut quitter la lumiere? Et quand ses Medecins iugeoient à propos de le saigner, il luy falloit donner sa perthuisane, qu'il auoit au cheuet de son lict, pour luy seruir de baston: car il aimoit les armes, non pas pour le plaisir d'exterminer les hommes; mais pour s'en seruir dans vne defense legitime. Et autant qu'il estoit plein de courage, autant auoit il de l'auersion à la cruauté, & d'amour pour la Iustice & pour la Misericorde. De-là vient qu'il estoit si facile à estre touché de pitié, & qu'il estoit si soigneux de ne faire tort à personne.

Approchant de sa fin, il prit en bonne part ce que ie luy dis de la misere de cette vie, & de la consolation que

les gens de bien doiuent prendre, quand ils se voyent
1633. proches d'en estre bien-tost deliurez, pouruû qu'ils mettent leur esperance en Dieu seul, qu'il faloit adorer & aimer de tout son cœur, & luy demander en toute humilité les graces de ses misericordes par les merites de son Fils qui luy auoit offert, & qui luy offre encore tous les iours son Corps & son Sang en perpetuel Sacrifice pour la remission de nos pechez. Il nous témoigna qu'il croyoit de cœur toutes ces veritez, & que pouruû que nous nous aimassions les vns les autres, selon le precepte de l'Euangile, il mourroit sans regret. Il nous donna sa benediction: & apres auoir esté vne heure & demie dans l'agonie, il rendit l'esprit à Dieu, en poussant vne voix assez forte, le iour de la Feste de la Conception de la Vierge, qui fut vn Ieudy en cette année-là, sur les huict heures du soir, aagé de soixante-neuf ans.

Ses vertus. C'estoit vn des Gentils-hommes de son temps le mieux fait, nay auec peu de biens; mais auec beaucoup de cœur. Il ne fut iamais vn plus beau gendarme: & ceux qui ont escrit de luy, ont celebré son addresse & sa valeur. Il n'auoit point de lettres: mais il estoit iudicieux, parloit bien en peu de paroles, & faisoit admirablement vne narration, auoit le ton de la voix agreable, & escriuoit de bon sens. Il estoit ennemi du mensonge, & disoit que la parole d'vn Gentil-homme deuoit estre inuiolable, aussi bien que sa foy & la fermeté de son courage. Il aimoit les exercices du corps; c'est pourquoy il faisoit estat de la Chasse, de quelque nature qu'elle fust, & prenoit quelquesfois les diuertissements de la Paulme & du Mail; mais il ne ioüoit gueres aux ieux sedentaires, excepté aux Tarots, aux Dames-poussées & aux Echécs, à quoy il eust passé les nuits entieres, pour le seul plaisir de la victoire, sans auoir souci du gain: & disoit quelquesfois aux Princes qu'il auoit eus sous sa conduitte, qu'ils pouuoient prendre plaisir de gagner, s'ils vouloient donner dauantage qu'ils n'eussent fait en perdant: mais qu'à le bien prendre, pour les belles ames, perdre ou gagner, à l'égard de l'argent, estoit presque la mesme chose. Comme il ne s'est iamais soucié des riches-ses, il n'en a point aussi laissé apres luy : & la fortune qui a tourné autour de luy, a bien fait mine de le flatter : mais elle ne l'a point fauorisé. Ses seruices ont esté longs, penibles, & de peu de fruict : & sur le point que ses Maistres estoient en volonté de luy donner des marques de l'estime qu'ils faisoient de luy, des morts precipitées les luy ont rauis ; de sorte que plusieurs fois, il s'est trouué aussi auancé que le premier iour : mais cela n'empesche pas que sa famille ne se glorifie de l'honneur qu'il a conserué à son nom, & qu'il luy a mesme acquis. 1633.

Son corps fut inhumé sans pompe dans la Chapelle de sa maison : & à ses funerailles, assisterent le Prieur Claustral & les Religieux de Baugerais, selon vne ancienne coutume de ce Monastere, d'assister au Conuoy funebre des Chefs de nostre maison, quand ils en sont auertis. Les Religieux de mon Abbaye de Villeloin, y assisterent pareillement ; mais sans la mesme obligation, auec les Ecclesiastiques de la Parroisse, & des Parroisses qui sont autour. Si ie vis, & si i'en ai le moyen, ie me propose de faire eleuer vn tombeau auec vne inscription à sa memoire. Sa sepulture.

Vne heure apres qu'il fut expiré, ie me trouuai saisi d'vne grosse fiévre qui me dura vingt-quatre heures. Ie puis croire que la fatigue & l'ennuy l'auoient causée : & quand ie fus guéri, apres auoir satisfait aux deuoirs funebres, & reglé les affaires domestiques, tant à l'égard de nostre belle-Mere, Lucrece du Hamel, que de mes beaux-Freres, & de mon Frere, à qui ie laissai tous les biens qui me pouuoient appartenir de la succession, ie me retirai en mon Abbaye, où ie passai l'année entiere dans le deüil d'vne perte si considerable, & i'y receus force visites de tous mes Amis. Partage.

Au bout de l'année, nostre belle-Mere fut satisfaite de son doüaire, & de ses deniers dotaux, & se retira aupres de ses Enfants, à Paris, où elle recueillit bien-tost apres vne grande succession par la mort de sa Sœur, Marie du 1634. Lucrece du Hamel.

Hamel, veufve d'vn homme fort riche, autresfois Treso-
1634. rier des Parties-Casuelles, appellé Honoré Barentin, Sei-
gneur de Charonne, aupres de Paris, & des Berruries, à deux lieuës de Tours, d'où il estoit.

1635. Genealogies.

L'Année 1635. ie m'appliquai à la recherche de plusieurs tiltres de famille, dont ie fis vn grand nombre d'extraits, & i'escriuis plus de deux cents Genealogies de maisons nobles de la Prouince, à commencer par celles qui nous sont alliées; de sorte que i'en fis cinq ou six volumes, de plus de deux cents feüilles chacun. Comme i'estois dans cet exercice, & que ie faisois mes visites dans les maisons pour accomplir ce dessein, ie trouuai dans celle de Valençai, le premier homme de nostre temps dans cette sorte de curiosité, c'estoit Mons. d'Hosier, de la Ville de Marseille en Prouence, dont i'auois acquis la connoissance dés mon sejour de Paris. Que ne dismes-nous point sur ce suiet? Et qu'est-ce que sa memoire admirable ne luy fournit point pour tirer tous les quartiers des familles subsistantes dont luy parloit Mons. de Valençai, qui l'auoit inuité de venir chez luy pour le consulter sur toutes les Armes de ses alliances, qu'il faisoit representer sur vne frize d'Architecture autour du bastiment de son Chasteau somptueux? Or comme il m'asseura qu'il auoit aussi dessein de me voir en mon Abbaye, ie fus raui de l'emmener auec moy; de le retenir le plus long-temps qu'il me fut possible, & de l'accompagner en suitte chez Monf. le Vicomte de Brigueil, & chez quelques-vns de mes proches, où il voulut aller, aussi bien qu'à Loches & à Tours, où il n'auoit iamais esté.

M. d'Hosier.

Tous ces petits voyages ne furent que de quinze iours ou trois semaines. Nostre Amy s'en retourna de Valençai à Paris, où l'ayant suiui vn mois apres, ie me logeai au Faux-bourg S. Germain, en la ruë du Colombier, dans vne maison que ie meublai, derriere celle de M. des Yueteaux.

Ie pensois iouïr en ce lieu-là paisiblement d'vn si bon

voisinage : mais Dieu voulut que ie me trouuai frappé d'vne maladie qui me priua de toute sorte de conuersation, excepté de deux Amis, l'vn Ecclesiastique & bon Theologien, appellé Louys Masson ; & l'autre Aduocat, homme d'honneur & de grande vertu, appellé Claude Bonnet, de Chastillon sur-l'Indre, qui me voyoit tous les iours, outre M. Hastier, Prestre de la Parroisse, mon Confesseur, & les Sieurs Guenaud & de S. Iaques, Medecins de la Faculté de Paris, qui me traiterent, & qui me tirerent enfin du peril où m'auoit mis la petite-verole, accompagnée d'vne grosse fiévre & d'vne étrange douleur de teste, qui les obligea de me saigner iusques à huict fois. Mon Chirurgien s'appelloit Alot, & mon Apoticaire, qui fut tres-fidelle dans l'administration de ses drogues, auoit nom Naudin.

1635. Petite verole.

Cependant Dieu me fit la grace que ie ne perdis point le iugement, & que ie me resolus sans regret à la mort, me soumettant franchement à tout ce qu'il plairoit à Dieu d'ordonner de moy. Mes Benefices furent donnez à quelques Prelats, qui les demanderent, pensant que ce fust fait de moy, ou que ie n'en pourrois iamais releuer, comme il y auoit grande apparence. Ce qui m'obligea mesme de faire mon testament, quand ce n'eust esté que pour tesmoigner à mes gens le soin que i'auois de reconnoistre les seruices qu'ils m'auoient rendus, & de faire quelque bien à vn bon homme qui auoit esté quelque temps aupres de moy, appellé Louys Gaberot, oncle d'vn honneste Ecclesiastique qui fait de si beaux vers François, qu'ils seroient dignes d'estre recitez sur les mesmes theatres qu'ont paru ceux de l'admirable Corneille, & de quelques autres de nos Amis.

Danger de mort.

Vne des choses qui me consola autant de mourir dans la creance que tout le monde en auoit, fut la laideur de mon visage, que i'aperceus dans vn miroir en l'estat que i'estois alors : car sans mentir, il me sembla si diforme, que ie priai ceux qui estoient autour de moy, de ne s'en pas effrayer, de peur que cela mesmes ne leur

Laideur extreme.

1635. donnast enuie de me quitter : mais ils se trouuerent tous plus affectionnez que ie ne l'eusse osé esperer. Vn ieune Cousin du mesme nom que ma Mere, que i'auois aupres de moy, lequel ie faisois instruire aux Estudes, n'en eut point de peur, & personne n'en fut frappé qu'vn de mes petits laquais, qui en mourut en le renuoyant au païs, comme on le crut hors de peril.

Enfin au bout de quinze iours, il plût à Dieu de me rendre la santé : ie repris mes Estudes dans les matieres Genealogiques, où i'auois desia fait tant de progrez. I'assistai au Seruice solemnel qui se fit dans l'Eglise des Peres Iacobins du Nouitiat, au Faux-bourg S. Germain, pour les Sieurs de Mouy, de Queuzac, & de Londigni, qui furent les premieres victimes de la guerre. Et pour honorer dauantage cette pompe, les Prelats deputez pour l'Assemblée Generale du Clergé de France, s'y trouuerent, par les ordres de Monf. le Cardinal de Richelieu. I'y reuis plusieurs de mes Amis, sans estre connu d'eux, à cause des marques recentes de la maladie que i'auois euë, qui m'auoit fort changé : & peu de temps apres ie m'en retournai dans la Prouince, où l'Hiuer effaça mes rougeurs ; mais non pas ce qui demeure d'ordinaire apres vn venin si pernicieux, quoy qu'il ne m'ait point fait de coutures, ny changé les traits du visage.

Seruice funebre.

Ce fut alors que ie fis bastir dans mon Abbaye de Villeloin vn assez beau lieu pour ma Bibliotheque, que i'ornai de portraits de plusieurs personnages doctes qui ont flori en diuers temps, comme i'en auois mis dans ma grande sale deux rangées de personnes illustres, d'vne autre profession, dont i'auois fait copier vne bonne partie de ceux qui sont dans la gallerie de Selles, auec la permission de Monf. de Betune, le plus obligeant Seigneur du monde, par vn Peintre de Lion, appellé Vande, qui s'estoit arresté dans le païs. Ie luy auois fait faire aussi dans la mesme sale, cent cinquante Escussons des Armoiries des principales Villes & Souuerainetez de l'Europe, auec leurs

Bibliotheque.

leurs blasons sur le mur, au dessous des soliucs: & dans mon Abbaye de Baugerais, les Armoiries des Fondateurs & Bienfacteurs de cette Maison, suiuant les sceaux & les tiltres qui s'en trouuent dans le tresor. 1635.

SVr le commencement de l'année 1636. ie retournai à Paris, où ayant quitté mon logis du Faux-bourg S. Germain, i'en pris vn autre, où demeuroit la vertueuse Fille d'Alliance de Michel de Montagne, dans la ruë S. Honoré, vis-à-vis l'Eglise des Peres de l'Oratoire. Elle faisoit alors imprimer la premiere Edition de ses ouurages; & ce me fut vne grande ioye de me voir si proche d'elle, pour iouïr souuent de son agreable entretien, & sur tout les apresdinées, qu'elle receuoit les visites de ses Amis. Elle composa en ce temps-là, pour l'amour de moy, vne traduction en vers des Cantiques de la Vierge, de Zacharie, & de S. Symeon, pour les mettre dans la version que i'auois faite de l'Office de la Semaine-Sainte, dont l'on imprimoit la troisiesme Edition, depuis que le Priuilege du Roy en fut octroyé pour vn Libraire de la ruë S. Iaques, dés le 28. iour de Septembre de l'année 1634. mais il n'en fut pas besoin: car on iugea qu'il ne faloit rien changer à mon labeur qu'on auoit assez bien receu, quoy que ie sois d'auis d'y mettre encore vn iour la derniere main, si i'en ai le loisir. Et si plusieurs de nostre Faculté de Theologie, qui sont d'etranges gens en matiere de Liures, n'auoient point dissuadé les Puissances de consentir à nostre pieux dessein, il y a long-temps qu'on auroit imprimé tout le Breuiaire Romain en François, que nous auons traduit en faueur des personnes religieuses, qui n'ont pas l'intelligence du Latin, lequel d'ailleurs n'est pas si facile que plusieurs se le pourroient imaginer; de sorte que ie traduirois quelquesfois bien plus aisément du Latin de Plaute, que de celuy du Breuiaire. 1636. Mademoiselle de Gournay. Semaine-Sainte.

Ie conceus aussi dés-lors le dessein d'vne Histoire de Touraine; c'est pourquoy ie m'appliquai à en faire des Mon Histoire de Touraine.

1636. recueils, tant des manuſcrits qui me furent communiquez par ce celebre Hiſtoriographe du Roy, André du Cheſne, mon bon Ami, & par Meſſ. de Sainte-Marthe, qui ioignoient tant de courtoiſie & de douceur à vn ſçauoir tres-exquis, que d'vn grand nombre de tiltres que i'auois vûs dans la Prouince, & tirez des Liures imprimez.

I'en eſcriuis donc ſept ou huict volumes auec vne diligence incroyable: & vers le milieu de l'Eſté ayant deſſein de m'en retourner en Touraine, ie pris la route du Niuernois, où ie n'auois iamais eſté, pour y rendre mes reſpects à Madame la Princeſſe Marie, qui y faiſoit ſon ſeiour. I'allai deſcendre à vne grande hoſtellerie aupres du Pont: & dés le ſoir meſmes ie fus au Chaſteau, où ie fus accueilli au deſſus de mes eſperances: & les teſmoignages de bien-veillance que cette grande Princeſſe eut la bonté de me donner chez elle, m'obligerent à y faire plus de ſejour que ie ne me l'eſtois propoſé: car au lieu de deux iours, i'y paſſai vne ſemaine entiere. I'en employai les matinées à voir les honneſtes gens de la Ville, & entre autres Monſ. l'Eueſque & Monſ. l'Abbé de S. Martin, qui y tiennent le premier rang, les Superieurs des Maiſons Religieuſes, Meſſ. les Magiſtrats, & M. du Puy Medecin illuſtre, que i'auois vû ſi ſouuent aupres de Monſ. le Duc de Neuers.

Voyage de Neuers.

Madame la Princeſſe Marie.

Neuers.

Au reſte, la Ville me parut grande & aſſez belle, dans vne ſituation auantageuſe, aupres de l'emboucheure de Niéure, qui ſe iette dans la Loire, d'où il eſt croyable que la Ville a tiré ſon nom L'Egliſe Cathedrale & l'Eueſché, ſont ſur le haut, du coſté de la grande riuiere; & le Chaſteau Ducal, qui s'eſtend vers le milieu de la Ville, en eſt aſſez proche, ayant vne grande place ſur le deuant, qui luy donneroit l'aſpect de la riuiere, ſi vne ſeule rangée de maiſons ſur le bord de la coſte eleuée, ne luy en oſtoit point la veuë. Derriere le Chaſteau, eſt l'Abbaye de S. Martin, de Chanoines Reguliers, & tout contre, du coſté du Septentrion, eſt vn ancien Monaſtere de Cordeliers, où sont à present des Recolets. Il y a sept ou huict Parroisses dans la Ville, & autant de Monasteres de diuers Ordres, sans vn Collége de Peres Iesuites, & vne Maison de l'Oratoire, où ie trouuai d'honnestes gens. 1636.

Ie ne puis aussi oublier la rencontre que ie fis en ce lieu-là de Maistre Adam Billaud, Menuisier, que ie considere comme l'vne des plus rares choses du siecle. Il me vint salüer vn matin, par les ordres qui luy en furent donnez: & m'ayant recité de ses vers; i'en fus emerueillé. Ie dis à Madame, l'estime que i'en faisois, & que ie m'estonnois de ce que la reputation d'vn si bel esprit, n'estoit point encore venuë iusques à nous: qu'au reste, ie serois raui de la publier, & d'auoir des copies de ce qu'il m'auoit recité, pour les faire voir à des gens qui s'y connoissoient parfaitement, & qui seroient asseurément de mon auis. Maistre Adam ne s'en fit pas beaucoup prier, & ie croy qu'il ne fut pas marri d'auoir troué quelqu'vn qui publieroit ses loüanges sans enuie. Il vint pourtant luy-mesme à Paris l'année d'apres: il y fut connu des Grands & de toute la Cour, & fit imprimer vn recueil de ses vers, où plusieurs Escriuains prirent plaisir d'en composer d'autres à sa loüange.

Adam Billaud Menuisier.

Ie fus tres-satisfait de ma visite: ie pris congé de Madame la Princesse Marie, qui m'ordonna de la reuoir à quelque temps de-là. Ie m'en allai dans la Prouince, d'où ie fis incontinent apres vn voyage en Anjou, auec mon bon Amy Monsr. de Reuol: & passant par les Abbayes de Bourgueil & de S. Florent, i'eus la curiosité d'y voir quelques tiltres anciens de ces deux Monasteres celebres, & d'en faire des extraits, quoy qu'ils y fussent en si mauuais ordre dans l'vn & dans l'autre, qu'à peine en pût-on rien voir de suitte: mais les Reformez qu'on auoit mis dans la premiere depuis peu de mois, s'estoient bien resolus de les mieux ranger, & mesmes de trauailler au dessein que ie m'estois proposé.

Voyage d'Anjou.

Cette Maison qui appartenoit alors à Monsr. de Valençai Euesque de Chartres, depuis Archeuesque de

Bourgueil.

Rheims, est située, à mon auis, en l'vn des plus beaux
1636. lieux du monde, entre Tours & Saumur, à vne lieuë de la
riuiere de Loire, qu'elle voit au de-là d'vn autre petit
fleuue qui forme vn grand canal, le long d'vn parc admirable, entre vne allée en terrace, & vne prairie qui la separe d'vne forest de pareille longueur, qui touche presque les leuées de la grande riuiere, sans parler de deux parterres magnifiques, l'vn en compartiment au dessous d'vn autre en broderie, qui est au pied du Chasteau Abbatial, entre deux amples vergers de part & d'autre; de sorte qu'il est bien probable qu'il n'y a gueres de solitude sur la terre si delicieuse que celle-là, pour pleurer ses pechez dans les mortifications de la vie religieuse.

S. Florent. S. Florent sur la riuiere de Toé, au bout d'vn Faux-bourg de Saumur, n'est pas du tout si auantageusement situé, bien qu'il soit en vn fort bel endroit; mais l'Abbaye n'en est pas moins considerable pour ses reuenus & pour ses belles Collations, qui la rendent la plus illustre Abbaye de tout ce païs-là : car Bourgueil appartient à la Touraine, estant du ressort de Chinon & de la Coustume de cette Prouince-là, bien qu'il soit du Diocese d'Angers,

Doué. Nous vismes aussi Doué en passant, où il y a vn Amphitheatre antique, caué dans le roc : puis ayant seiourné dix ou douze iours chez nostre Amy, nous reuinsmes ensemble par Richelieu & par Chinon, & nous passasmes le reste de la belle saison, & vne partie de l'Hyuer en Touraine, tant chez nous, qu'à visiter nos voisins, & les Seigneurs que i'ay tantost nommez, où Monf. de Reuol estoit cheri & parfaitement estimé.

ENfin ayant dessein d'aller, luy en Dauphiné, d'où
1637. il estoit, & moy à Paris, où i'auois mon logis & mes principales habitudes, i'allai en passant à Blois, rendre
Blois. mes tres-humbles respects à son Altesse Royale Monseigneur le Duc d'Orleans, qui alors faisoit trauailler à

son bastiment, ayant détruit celuy de Louys douziesme, qui auoit esté le plus beau de son temps. Son Altesse, le meilleur Prince du monde, & qui a tousiours aimé les belles choses, se diuertissoit dans sa Cour, qui n'estoit pas petite, à faire des Balets, dont, à cause de quelques-vns de nos Amis, & entre-autres de Monsf. le Comte de Montresor, & de Monsf. l'Abbé d'Obasine Roger de Buade, oncle de Monsf. de Frontenac, ie m'arrestai à voir aupres d'eux dans la Maison-de-Ville; celuy qui fut dancé par son Altesse mesme, pour l'amour d'vne fille de la Ville, appellée Mademoiselle Roux, de qui la ieunesse & la modestie agreable, estoient pour le moins aussi recommendables que sa beauté, quoy qu'elle ne fust pas laide, & qu'elle eust bonne-grace.

1637.

Vn iour apres, qui estoit le 18. iour de Février de l'année 1637. ie continuai mon voyage. Ie passai le Caresme à Paris, où i'escriuis sur diuers memoires, & sur plusieurs Liures imprimez, les Genealogies des maisons Souueraines de l'Europe.

L'Abbé de Crosilles.

Ie vis aussi dans l'Hostel de Soissons l'Abbé de Crosilles, qui ne preuoyoit pas encore la disgrace qui luy arriua depuis, & qui sans mentir, estoit digne d'vne meilleure fortune que celle qu'il couroit chez vn Prince qui ne le connoissoit pas, ou qui le connoissoit peu: car s'il l'eust bien connu, il l'auroit épargné, ou n'auroit point étouffé, comme il fit, les lumieres d'vn fort bel esprit, en le decreditant par l'vne des plus vehementes accusations, pour vn Ecclesiastique, qui se puisse imaginer; sur quoy on escriuit, que ie luy auois maintenu, contre ses sentiments, qu'vn Prestre pouuoit bien quelquesfois se dispenser de dire son Breuiaire, mais non pas se marier, quoy qu'il y en eust des exemples: parce que l'Eglise defend auiourd'huy expressément ce qui peut-estre auoit esté autresfois soufert, comme quelques-vns l'ont pretendu iustifier par les Canons de quelques Conciles, & par des preuues tirées de l'Histoire. Ie n'ai point de memoire de cette contestation; mais ie me souuiens bien

1637. que pour n'auoir pas tousiours esté de son aduis, ie faisois neanmoins grand estat de son esprit, & de beaucoup de choses agreables qu'il mesloit dans son entretien.

Apres la Pentecoste, ie m'en retournai en Touraine, où ie trouuai vn honneste homme, institué Prieur Claustral dans mon Abbaye de Baugerais, de l'authorité de Monsf. le Cardinal de Richelieu Abbé de Cisteaux, comme General de cet Ordre. Il s'appelloit Dom-Matthieu Brunet, Religieux de Pontigni, ayant eu diuers emplois dans son Ordre, & il estoit tel que ie le pouuois souhaiter, en la place de Dom-Nicolas Brissonnet, mort quelque temps auparauant, faisant sa visite auec le Vicaire de la Prouince.

D. Matthieu Brunet.

Comme il auoit l'esprit bon & les sentiments vertueux, il ne me fut pas mal-aisé d'y mettre mon affection. Ie vis d'ailleurs qu'il m'estoit propre pour m'aider dans mes escritures, & dans les recherches que ie faisois des antiquitez & des tiltres des familles & des Eglises; de sorte que pour l'asseurer dauantage aupres de moy, ie luy procurai le tiltre d'vn Office Claustral dans mon Abbaye de Villeloin de l'Ordre de S. Benoist: & vn an apres il changea d'Ordre, de Monastere & d'habit, par vne dispence qu'il en eut du Pape.

Ayant dessein d'aller visiter à Neuers Madame la Princesse Marie, & luy d'aller en Bourgongne, d'où il estoit, pour visiter ses parents, ie le menai auec moy. Nous passasmes par vne Abbaye de l'Ordre de Cisteaux, appellée la Prée, où le Prieur nous receut ciuilement: de-là, nous passasmes à Mehun-sur-Yéure, qui est vn Chasteau situé sur vn rocher au milieu d'vne prairie, où mourut le Roy Charles VII. Il est maintenant ruïné, & il n'y a plus d'escalier pour monter à la chambre du Roy, dont aussi les planchers sont fondus, comme il est assez ordinaire dans les Chasteaux du domaine du Roy.

Mehun sur Yeure.

De Mehun, nous fusmes à Bourges, ville considerable, & le premier siege de la Gaule Aquitanique, où ie fus salüer Monf. l'Archeuesque Roland Heber, que i'auois connû dés le temps qu'il estoit Curé de S. Cosme, à Paris, & grand-Penitentier de Nostre-Dame. Ce Prelat me fit bon accueil, & me voulut donner à disner, apres qu'il eut pris la peine de nous montrer luy-mesme son Palais Archiepiscopal, qui auoit esté fort embelli par vn de ses Predecesseurs, appellé Iaques le Roy, qui auoit esté aussi Abbé de Villeloin, où il auoit eleu sa sepulture. L'Eglise Cathedrale, qui est tout aupres, est l'vne des plus illustres & des plus grandes du Royaume, soit que l'on considere son exaltation & sa structure, ou que l'on ait égard à sa dignité.

1637.

M. l'Ar. de Bourges.

L'Eglise.

Nous vismes aussi la Sainte-Chapelle, bastie par Iean Duc de Berri, aupres de son Palais, qui est maintenant celuy du Presidial, accompagné d'vne fort grande sale. La grosse Tour, qu'on a depuis ruïnée, n'en estoit pas loin, & faisoit au moins quelque sorte d'ornement à la ville, si elle estoit capable de luy donner quelque frayeur. Cependant il semble qu'il eust esté bon de la conseruer, comme vn monument illustre de l'antiquité, & comme la maison du Roy, d'où sa puissance se faisoit respecter aux esprits factieux, qui ont de la peine à se ranger à leur deuoir.

La Sainte-Chapelle.

La grosse Tour.

Ie fus en l'Abbaye de S. Sulpice, de l'Ordre de S. Benoist, au bas de la ville, qui est vne maison considerable: & vers le haut de la ville, on monstre comme vne chose singuliere la maison de Iaques Cœur, Intendant des Finances du temps du Roy Louys XI. & de fait, elle est assez bien bastie, & la plus belle qui se voye peut-estre en France de ce temps-là; mais elle est fort au dessous de celles que font à present les plus petits Commis des Officiers qui administrent les Finances. Les vitres en sont de cristal, comme le sont aussi celles de la Sainte-Chapelle, ornées de peintures Gottiques, qui sont d'vn coloris merueilleux. I'eus aussi la curiosité de voir assez pres de-là les Escoles de Droict, où auoient enseigné auec tant de reputation Cujas, & tant d'autres illustres Professeurs.

S. Sulpice.

La maison de Iaques Cœur.

1637. I'y vis le College des Peres Iesuites, qui est l'vn des plus anciens qu'ils ayent dans le Royaume.

Font-Morigni Abbaye.

De Bourges, nous vinsmes coucher en vne Abbaye de l'Ordre de Cisteaux, appellée Font-morigni, appartenant à l'vn des Enfants de Monſ. de Villedonné; mais qui luy estoit alors contestée par vn riche habitant de Neuers, appellé Bousitat. Ce Monastere de la filiation de Clairuaux, comme la pluspart de ceux de S. Bernard, est situé dans la solitude des bois, autour duquel, ie vis plusieurs forges à fer.

Le lendemain, nous fusmes passer la riuiere de Loire en batteau, à vne lieuë de-là, vn peu au dessous du Bec d'Allier, & nous arriuasmes de fort bonne heure à Neuers, où i'eus l'honneur aussi-tost d'aller salüer Madame la Princesse Marie, qui estoit logée dans le petit Chasteau, beaucoup plus commode que le grand, pour tous les apartements qui entrent les vns dans les autres, par de petites galeries de plein pied & d'vn seul etage; mais dont la vuë est extremement bornée.

Le petit Chasteau de Neuers.

Madame me fit donner vn logement dans le grand Chasteau, où ie demeurai plus de deux mois. Pendant mon sejour, ce ne furent que festins, que firent les principaux habitans & officiers de la ville, qui pour faire honneur à leur Princesse, en faisoient à tous ceux qui estoient dans ses interets, ou qu'ils sçauoient bien auoir quelque part à son estime. La principale Noblesse de toute la Prouince, luy vint rendre ses respects, & quelques-vns des plus considerables, s'y arresterent plus que les autres; mais tous estoient receus d'vn air si obligeant, qu'il n'y en eut pas vn seul qui ne s'en retournast tres-satisfait; de sorte que cette petite Cour, qui auoit ses beautez & ses agreements, ne laissoit point de temps pour s'y ennuyer. Il falut neanmoins, outre le cabinet & la promenade, chercher quelque sorte de diuertissement.

La Noblesse du Niuernois.

Ieu des Tarots.

Madame la Princesse Marie voulut ioüer aux Tarots, qui est vne sorte de cartes, dont l'vsage estoit autresfois plus frequent qu'il n'est à present, & m'ayant fait l'honneur

neur de me mettre de sa partie, comme les loix de ce ieu ne luy sembloient pas assez belles, ny assez diuersifiées, elle trouua bon d'y en faire de nouuelles, & de me charger de les escrire & de les faire imprimer, afin de s'en seruir plus commodément, & que personne n'en pust abuser. Il est vray qu'elles rendirent ce ieu beaucoup plus beau, & ceux qui les apprirent & qui s'y accoutumerent, s'y pleurent tellement, qu'ils ne pouuoient presqu'aimer d'autre ieu. Ie fus de ce nombre-là; & quoy que ie n'y fusse pas heureux, comme ie ne l'ai iamais esté à quelque ieu que ce soit, i'auouë que les heures m'y duroient fort peu. Mais depuis que l'exaltation de cette Princesse, m'a priué du bon-heur de la voir; ni ie n'ai plus aimé ce ieu, ni ie ne me suis plus soucié de voir le grand monde, & ie me suis contenté de mes Liures, & de receuoir quelques visites de peu de mes Amis.

1637.

Ie ne la vis iamais si gaye, parmi cette grauité serieuse & douce qui ne l'a iamais quittée, qu'elle estoit en ce temps-là, lors que sur la fin du mois de Septembre de l'année 1637. on me vint dire dés le matin vne nouuelle bien surprenante & bien fascheuse, puis que c'estoit de la mort de son Altesse Serenissime Monf. le Duc de Mantouë, arriuée dans sa Ville capitale, le vingt-& vniesme de ce mesme mois. Monf. du Puy, & Monf. de Sainte-Marie, l'vn des principaux Magistrats du Duché, iugerent à propos que i'en allasse annoncer la nouuelle à Madame, aussi tost qu'elle seroit éueillée; mais ie m'en excusai, & ie fus d'auis, auec eux, de prier le R. Pere Binet, Prouincial des Iesuites, arriué depuis deux iours à Neuers, faisant la visite des Maisons de son Ordre, de se charger de cette commission, laquelle il accepta volontiers, & s'en acquita fort bien.

Nouuelle de la mort de Monf. le Duc de Mantouë.

Le deüil fut grand, & les larmes furent abondantes. Le Roy en escriuit quelques iours apres vne letre de consolation à Madame la Princesse Marie, & luy mandoit; qu'il ne pouuoit receuoir de nouuelle qui l'affligeast « dauantage que celle qu'il venoit d'apprendre du de- «

Lettre du Roy à Mad. la Princesse Marie.

» ceds de son Cousin, Monſ. le Duc de Mantouë, qu'il
1637. » ſçauoit luy eſtre affectionné, & qu'il l'auoit éprouué
» en toutes les occaſions qui s'en eſtoient preſentées; de
» ſorte qu'il ne pouuoit faire de perte qui luy fuſt plus
» ſenſible. Qu'au reſte, il enuoyoit vn Gentil-homme
» expres pour le luy teſmoigner, & pour luy offrir tout
» ce qui dependoit de ſon pouuoir en ce rencontre: La lettre dattée de S. Maur, le 6. iour d'Octobre 1637. Sur quoy cette Princeſſe fit vn compliment digne d'elle, & d'vn ſi grand Roy, remercia la Reine, Monſ. le Duc d'Orleans & toute la Cour, pour leurs ciuilitez ſur le meſme ſuiet, & s'en alla bien-toſt apres à Paris, pour le beſoin de ſes affaires.

Cependant ie m'en reuins en Touraine, pour n'y faire pas long ſejour: car ie me trouuai auſſi obligé, pour des raiſons particulieres, d'aller à Paris, où i'auois mes habitudes & mon Eſtude. Il eſt vray que ie pris vn peu le plus long: car ayant deſſein de voir quelques Amis que i'auois à Tours, & de rendre meſmes quelques viſites à M. l'Archeueſque, i'y rencontrai Son Alteſſe Royale M. le Duc d'Orleans, qui trouuoit ſes plaiſirs en cette ville-là, pour l'amour d'vne fille appellée Louyſe Roger, d'vne famille honorable, & dont le bruit a couru qu'il eut depuis vn fils naturel, lequel il n'a pourtant pas encore legitimé, ſi on peut vſer de ce terme pour les Enfants qui ne ſont pas encore auoüez.

Son Alteſſe Royale à Tours pour l'amour de Louyſon.

Ce fut à ſon ſuiet qu'il danſa vn Balet du Mariage de
1638. Pierre de Prouence & de la belle Maguelone, où il mit les meilleurs danceurs de France, auec des gens de qualité, tels que le Comte de Brion, le Marquis de Maulevrier, & les Sieurs de Chabot, depuis Duc de Rohan, Craf Anglois, Langeron, Souuille, & quelques autres: Et le matin de la iournée qu'il le deuoit dancer; Guillon qui venoit de Paris, s'eſtant preſenté, Son Alteſſe luy demanda, s'il y auoit des nouuelles; Oüi, luy dit-il, Monſeigneur, de fort bonnes, & de fort aſſeurées. Tout le monde qui eſtoit dans la chambre, où ie me trouuai

Balet de Monſ. à Tours.

Nouuelle de la groſſeſſe de la Reine.

aussi, dans l'Hostel de la Bourdaisiere, se rendit attentif pour l'escouter: C'est, adiousta le Courier officieux, que la Reine est grosse, & que les Medecins ont asseuré qu'il n'y a plus de lieu d'en douter. Son Altesse qui a toûjours esté parfaitement sage, repondit que cela ne le surprenoit point du tout, & se retira dans son cabinet, d'où il ressortit aussi tost apres, auec cette mesme égalité d'esprit, qui ne l'a iamais abandonné. 1638.

Ie partis le lendemain pour reuenir à Paris, où ie changeai de logis, à cause de la mort de mon hoste, pour prendre vne partie de celuy de Deymié, Chirurgien de Mons. le Duc d'Orleans. I'y passai non seulement le Caresme, & le Printemps; mais encore tout l'Esté, d'où i'allois toutes les semaines deux ou trois fois au Chasteau d'Auberuilliers, pour y voir Madame la Princesse Marie qui s'y plaisoit, à cause de la bonté de l'air, & de ce qu'elle en pouuoit vser aussi librement, que s'il eust esté à elle-mesme, puis qu'il appartenoit à l'Intendant de sa Maison le celebre François de Montholon, qui l'a herité par droit de succession de ses grand-Pere & bis-Ayeul, Gardes-des-Sceaux de France. Elle y estoit le iour de la naissance du Roy, qui fut le 5. de Septembre de l'année 1638. & i'essaiai de luy en porter le premier la nouuelle; mais vn de ses gens me preuint. Le peuple en fit de grandes rejouïssances: & comme il ne demande pas mieux que d'auoir suiet de vuider les poinçons, & de faire des feux de ioye auec beaucoup de bruit, il ne manqua pas aussi dés le soir de cette heureuse naissance, d'en celebrer la feste, qu'il continua tout le reste de la semaine.

Deymié.

Auberuilliers.

Montholō.

CE fut en ce mesme temps, que m'estant offert de trauailler à faire vn inuentaire general de tous les tiltres de la maison de Neuers, esperant d'ailleurs que i'y trouuerois beaucoup de belles choses pour les curiositez de l'Histoire, ie receus auec ioye la commission que m'en donnerent mes Dames les Princesses de Mantouë: &

Commissiō pour faire l'inuentaire des tiltres de Neuers.

m'estant rendu à Neuers sur la fin de Septembre, ie fis en-
1638 registrer cette commission dans la Chambre des Comptes, apres plusieurs contestations de Messieurs les Officiers, qui ne vouloient pas que d'autres qu'eux prissent connoissance des tiltres du Thresor; mais enfin il falut ceder à vne puissance majeure: & ayant fait venir, pour m'aider dans ce grand labeur les gens qu'il me falloit, entre lesquels se trouua le Prieur de mon Abbaye de Baugerais, dont i'ay tantost parlé, ie commençai le Lundy quatriesme iour d'Octobre, & ie m'appliquai à cet ouurage quatre ou cinq mois durant, auec tant d'assiduité, que i'en vins à bout, ayant sans mentir dicté les extraits, & marqué de ma main plus de 19. mille tiltres, redigez en six gros volumes, auec les tables, d'vne inuention toute nouuelle; ce que i'aurois de la peine à croire d'vn autre, si ie n'en auois moy-mesme fait l'experience, & si ie ne voyois encore entre mes mains les marques d'vn labeur si prodigieux, pour la seule satisfaction de ma curiosité, quoy qu'il a bien pû seruir à des choses plus importantes.

Tiltres de Neuers.

Il n'y a pas vn tiltre qui n'ait son datte, & sa cotte toute particuliere, selon le chifre Romain, marqué sur le dos, à la reserue que sous le caractere qui signifie mille, c'est à dire sous M. i'ay adiouté iusques au nombre de 19. en cette sorte M/19. pour marquer dix-neuf mille, & ainsi des autres: & pour marquer dix-neuf mille huict cents cinquante-cinq, ie faisois ainsi, M/19.DCCCLV.

Tous les tiltres du Thresor de Neuers estoient contenus en 314. layettes, douze grands coffres, & deux mille sacs. I'y ai remarqué en gros six sortes de tiltres; des Contracts de Mariage, des Testaments, des Donations ou Fondations, des Transactions ou Partages, des Arrests ou Sentences interuenuës dans les Procez, & des Aueus, Homages ou Denombrements. Les plus dificiles à extraire de tous ces tiltres, sont les Transactions & les Procez, tant à cause de leur longueur, que pour les diuers incidents, ou embarras qui s'y rencontrent: & les plus aisez de tous, sont les Aueus, lesquels ne consistent qu'en trois ter-

Six sortes de tiltres.

mes, sçauoir les noms, & la qualité des personnes qui parlent, ce qu'ils tiennent, & à cause de quelle Seigneurie, 1638.
auec le datte, & les tesmoins, s'il y en a. En tout cela, & principalement aux Contracts de Mariage, aux Testaments, & aux Donations, ie croy n'auoir rien obmis de considerable; de sorte que ie puis dire que cet inuentaire est l'vn des plus amples & des plus vtiles qui se puissent faire.

Dés le premier mois i'expediai de cette sorte les tiltres de cinquante-deux layettes, où il s'en est trouué iusques à 3087. dont l'inuentaire compose vn volume de 893. pages. Le second volume de 950. pages, commencé le 4. iour de Nouembre 1638. & fini le Samedy quatriesme iour de Decembre, contient l'inuentaire de 5000. tiltres. Le troisiesme de 800. pages, fini le 12. de Ianuier 1639. contient l'inuentaire de 4500. tiltres. Le quatriesme de 800. pages, 1639.
acheué à la fin de Feurier, contient l'inuentaire de plus de 4000. tiltres. Ainsi ie ne fus pas plus de cinq mois à faire les extraits de tous ces tiltres, qui estoient dans la Chambre des Comptes de Neuers, reseruant le reste qui estoit dans le grand cabinet du Chasteau, à vne autre fois, aussi bien que les tiltres qui estoient à Paris, comme nous dirons tantost.

Sepultures des Princes de la maison de Neuers.

Cependant i'en fis copier tout du long plusieurs des principaux, dont i'ay fait quelques volumes à part: & cinq iours auant Noël, afin de satisfaire plainement à ma curiosité, ie descendis dans les caues où sont les Sepultures de plusieurs Comtes, Ducs, & Princes de la maison de Neuers, pour en remarquer les inscriptions & la disposition. Dans la caue de l'Eglise Cathedrale, entre le Chœur & le grand Autel, sont les corps de Iean de Bourgongne, Duc de Brabant, Comte de Neuers & de Retel, decedé le 5. de Septembre 1491. de Ludouic Gonzagues, Prince de Mantoüe & Duc de Neüers, d'Henriette de Cleues son Epouse, de Frideric & de François Gonzagues, morts en bas aage, & de Catherine de Loraine Duchesse de Neuers, outre les corps de deux anciens Euesques de Neuers.

1639. Dans vne autre caue au costé du Chœur, sont les corps de François de Cleues Duc de Neuers, de Marguerite de Bourbon son Espouse, de François second Duc de Neuers, & de Iaques de Cleues son Frere, de Françoise d'Albret, Veufue du Duc de Brabant, & d'Helene d'Albret Comtesse de Retel. Dans l'Eglise des Recolets, est le corps d'Ioland Comtesse de Neuers, & dans vne caue separée, sont les corps d'Engilbert & de Charles de Cleues son fils, Comtes de Neuers, de Marie d'Albret, femme de Charles, de Marie de Cleues Princesse de Condé, & de Louys Monsieur de Cleues Comte d'Auxerre.

Dieu me fit la grace de me conseruer la santé pendant vn labeur si long, & vne occupation si assiduë, qui ne me priua point aussi tous les iours de l'Aduent, d'ouïr des Sermons que fit dans l'Eglise Cathedrale vn bon Pere Carme Dechaussé, appellé Germain, qui disoit de fort bonnes choses, & qui les disoit, à mon aduis, assez agreablement, quoy qu'il ne preschast pas fort au gré du peuple, qui se connoist rarement en ces choses-là : & si i'y fusse demeuré le Caresme, ie l'aurois ouï auec autant de soin.

Pere Germain Predicateur.

Mais ayant acheué ce que i'auois entrepris, ie reuins à Paris, où Madame la Princesse Marie me donna vn logement dans son Hostel de Neuers, & me sceut gré de mon trauail. Ie luy dis pourtant qu'il n'estoit pas encore en sa perfection, qu'il falloit voir les tiltres du grand cabinet, & ceux du Thresor de l'Hostel de Neuers, où il y en auoit sans doute de considerables, & que les vns & les autres auroient besoin d'vne table generale, qu'il falloit faire à loisir, pour les rendre vtiles, & pour les trouuer facilement. Elle me pria d'en prendre donc la peine, & qu'apres cela elle en feroit faire deux copies, l'vne pour laisser dans la Chambre des Comptes à Neuers, & l'autre pour mettre entre les mains de M. de Montholon, Intendant de sa maison.

L'affection que i'ay tousiours euë pour cette Princesse, ne m'a rien fait trouuer de difficile ni d'ennuyeux, où il s'agissoit de son seruice, & puis i'estois bien-aise d'auancer tousiours dans ma curiosité, pour y faire de nouuelles conquestes, quand l'occasion s'en offroit. 1639.

Elle me fit encore vn honneur à quoy ie ne m'attendois pas; ce fut que son premier Escuier, appellé du Solier, qui auoit plusieurs années de seruices dans les maisons des Ducs de Mayenne, son Oncle & son Frere, & dans la sienne propre, ayant obtenu vn gouuernement à sa recommendation, & s'estant retiré, elle me dit qu'elle en vouloit auoir vn autre de ma main, & qu'elle estoit persuadée que ceux de nostre Prouince estoient honnestes gens, en quoy ie veis bien qu'elle me vouloit gratifier. Ie luy rendis graces d'vne opinion si auantageuse, & ie pris la liberté de luy dire que ie connoissois vn Gentil homme de Languedoc, qui en valoit beaucoup d'autres qu'on luy pourroit nommer, parce qu'il estoit bienfait, & qu'il auoit donné beaucoup de preuues de son courage & de sa discretion. Elle me demanda son nom, & les emplois qu'il auoit. Ie luy repondis qu'il estoit libre, bien qu'il fust à Monf. le Duc d'Orleans, & qu'il seroit trop glorieux de seruir vne si grande Princesse. Elle le voulut voir, ie le luy amenai le lendemain; sa façon luy plût, & crut facilement tout le bien que ie luy en auois dit. Enfin Iean de Vitalis (c'estoit le vray nom de celuy que i'auois appellé Grand Maison) prit possession de cette charge auec le congé de Son Altesse Royale, qui l'asseura mesmes qu'en seruant cette Princesse, il ne le tiendroit pas moins pour estre de sa maison.

M. du Solier.

Vitalis.

Cependant Madame la Princesse Marie ne faisoit pas beaucoup de visites considerables que ie n'eusse l'honneur de l'y accompagner, parce qu'elle me l'ordonnoit ainsi; & sur tout, quand elle alloit à S. Germain en Laye, où estoit la Cour: & Monf. le Cardinal de Richelieu ne m'y voyoit gueres, qu'il ne me fist quelque signe de la teste pour me gratifier. I'ay sceu mesmes que quelqu'vn qui aspiroit au plus haut degré de la faueur, eut des pensées pour moy assez auantageuses: & si ses desseins eussent reüssi, ie m'en serois, à ce qu'on disoit, peut-estre

1639. apperceu. Mais ie precipite vn peu trop, sans y penser, le cours de nostre Histoire, & ie la deuance icy de deux ans, puis que ie n'en suis encore qu'à l'année 1639.

Madame la Princesse Marie gouuernante du Niuernois.

NOstre Princesse obtint du Roy son breuet pour le gouuernement du Niuernois, dont elle s'en alla bien tost apres prendre possession, & me fit l'honneur de me mener auec elle. Ie vis auec vne ioye nompareille toutes les entrées qui luy furent faites à la Charité, à Neuers, & à S. Pierre le Montier, où elle eut seance au Presidial, apres auoir esté receuë sous le dais par toutes les Villes. Le Prieur de S. Pierre, de la famille des Rapines de Neuers, la harangua fort éloquemment, & la logea dans la belle maison de son Prieuré, dependant de l'Abbaye de S. Germain d'Auxerre. De-là, Son Altesse passa par le Chasteau de Langeron, qui n'en est pas loin, où l'vne des Sœurs du Maistre du logis, en l'absence de ses Freres qui seruoient le Roy dans les Armées, luy donna la collation, & s'en reuint à Neuers, où elle sejourna peu, & y laissa Madame sa Sœur. I'y demeurai aussi auec mon Religieux & mes Escriuains, pour acheuer l'inuentaire que i'auois commencé, & voir les tiltres du grand cabinet du Chasteau. Il s'y en trouua peu de considerables pour les affaires; mais beaucoup de memoires qui ne sont point à negliger, pour les curiositez de l'Histoire, & entre-autres ceux de Ludouic, Prince de Mantouë, qui auoit eu des emplois dignes de sa haute naissance.

S. Pierre le Montier.

Ie ne donnai gueres plus de huict iours à ce labeur, que ie commençai le 6. iour de Iuillet 1639. & dix iours apres, i'accompagnai Madame la Princesse Anne à Dezize, où le Gouuerneur que i'ay tantost nommé, luy fit la plus honorable reception qu'il put. De-là, ie pris congé de cette Altesse: & pour m'en retourner à Villeloin auec mes gens, i'allai passer à Moulins, où i'eus la curiosité de voir la Ville & le Chasteau, qui regarde sur vn grand iardin du costé de la riuiere d'Allier. De Moulins, ie vins à Souuigni, qui n'est qu'à deux lieuës de-là, où dans

Dezize.

Moulins.

Souuigni.

dans l'Eglise du Prieuré, qui est l'vn des plus considerables dependants de l'Abbaye de Clugny, sont les sepultures de plusieurs Ducs de Bourbon, comme il y en a aussi dans vn Monastere de Cordeliers proche de-là. Puis ie vins à Bourbon l'Archambaud, où i'admirai les sources d'eaux chaudes & fumantes, qui sont si salutaires à plusieurs qui en boiuent, & qui y font des bourbes, où d'autres recouurent la santé qu'ils ont perduë, pour des refroidissements de nerfs, ou des contusions de parties mal consolidées. C'est de ce lieu-là que toute la Prouince a pris son nom, & on y voit encore vne Sainte-Chapelle, aupres des ruïnes du Chasteau, situé sur le haut de la montagne. 1639. Bourbon.

De Bourbon, ie fus à Herisson, dans vn païs herissé de montagnes, & son Chasteau de l'ancien domaine des Ducs de Bourbonnois, est planté sur la pointe d'vn rocher escarpé de tous costez, excepté vers son auenuë, qui fait encore vne montée assez roide; mais d'autres montagnes qui l'enuironnent, sont encore plus hautes que ce rocher; de sorte que de loin le Chasteau qu'il soutient, paroist dans vne vallée, quoy qu'en effet, il soit fort éleué quand on est descendu dans la ville, sur le bord d'vne petite riuiere, dont le lict est pierreux, entre de gros cailloux. Herisson.

Ie vis le lendemain en passant, Chasteaumeillan, où dans vne Eglise Collegiale, en l'honneur de Nostre-Dame, est inhumée tres-noble & tres-puissante Damoiselle, Isabeau de la Tour, femme de feu M. Arnaud Amenion d'Albret Seigneur d'Orual, qu'elle auoit espousé en secondes Nopces: car auparauant elle auoit esté femme du Comte Guillaume de Bretagne, ayant laissé des Enfants de l'vn & de l'autre lict: & toutesfois, ce qui est bien à remarquer, elle ne porta point d'autre qualité que de Demoiselle, estant d'ailleurs Mere d'vne Duchesse de Brabant & Comtesse de Neuers, comme il se iustifie par son testament, que i'ay extrait des tiltres de Neuers, du 15. de Fevrier 1486. Chasteaumeillan. Isabeau de la Tour.

Ie vis le Chasteau de Culant, dont il y a eu deux Mareschaux de France, & vn Grand-Maistre de la Maison du Roy, sous le regne de Charles VII. Il estoit alors possedé par Monsf. le Prince de Condé.

1639. Culant.

La Chastre. De-là, ie vins à la Chastre, qui a fait vne illustre maison, d'où sont descendus les derniers Mareschaux de la Chastre, & celuy qui porte encore auiourd'hui ce nom, auec vne moindre dignité, fils de Monsf. de la Chastre, Colonel des Suisses, & petit fils de Monsf. de Nançai: & le lendemain, qui estoit feste, ie me trouuai encore d'assez bonne heure pour assister à la grande Messe de l'Eglise Collegiale de Neufui S. Sepulchre, dont ie connoissois le Prieur, que i'auois vû plusieurs fois chez M. le Marquis d'Heruaux.

Neufui S. Sepulchre. Cet honneste homme me fit beaucoup de ciuilitez, & comme i'eus ietté ma vuë dans son Eglise sur vne forme de Chapelle extraordinaire, il me dit que c'estoit le lieu saint, où l'on gardoit la precieuse Relique du Sang de nostre Seigneur Iesus-Christ, en l'honneur duquel cette Eglise auoit esté dediée; & que ce mesme iour, qui estoit la feste de la Magdelaine, estant l'vn des plus solemnels qu'ils eussent en toute l'année, ils auoient le priuilege de la faire voir à ceux qui en auoient la curiosité: & que si i'estois touché d'vn pareil desir, luy & Messf. ses Confreres, seroient bien-aises de me la montrer; mais que ie serois étonné de voir ce Sang liquide & vermeil, se partageant tousiours également en trois goutes dans le reliquaire de verre, où l'on le voyoit, & qu'en suitte il se reünissoit, comme feroient trois goutes d'eau, ou de quelque autre liqueur. Ie luy dis qu'à la verité cela estoit merueilleux; mais qu'il estoit bon de le voir, pour en estre dauantage persuadé. Là-dessus, pour m'obliger, il se reuestit de Surplis & d'Estole, on alluma les Cierges, & les charbons s'exciterent dans les Encensoirs, pour y mettre les parfums sacrez. Le Sacristain ouurit la Chapelle obscure, puis vne espece de tabernacle, d'où Monsf. le Prieur tira vne boëte d'argent, & de cette boëtte vn

Reliquaire de verre, porté par des Anges d'argent doré. 1639.

Apres la Ceremonie, il approcha ce Reliquaire de mes yeux en plein iour. Ie le considerai attentiuement, & i'en remarquai, ce me semble, assez bien toutes les circonstances. Puis l'ayant resserré, il attendoit de moy sans doute plus de marques de mon étonnement que ie ne luy en fis paroistre: & me pressant de luy en expliquer mes sentiments, ie luy dis deuant le peuple & ses Confreres, pour le contenter; que les choses dont il m'auoit donné tant d'asseurances, pouuoient bien estre; mais que ie n'en auois rien vû, & que ce que i'auois remarqué dans le Reliquaire, n'estoit ni vermeil, ni liquide; mais qu'il estoit d'vn tanné obscur & dur, & qu'au lieu de trois goutes égales dont il m'auoit parlé, ie pensois auoir compté quatre grains mal polis de grosseurs differentes. Il s'esbahit de mon aueuglement aussi bien que tout le peuple qui estoit là; de sorte que pour me confondre, on fut d'auis de retirer le Reliquaire vne seconde fois, & de me le faire toucher. La resolution fut assez hardie. Mais quoy que c'en soit, le Reliquaire fut confié entre mes mains; ie le considerai encore plus soigneusement que la premiere fois, & fis voir à Mess. les Chanoines & à toute la compagnie, ce qu'ils n'auoient peut-estre iamais vû iusques-là, & peurent croire, à mon auis, qu'ils s'estoient beaucoup plus trompez que moy, qui ne laissai pas de leur debiter force choses sur ce suiet, qui ne leur deplurent pas, selon l'opinion des Docteurs les plus éclairez, qui estiment que Iesus-Christ reprit tout son Sang en la Resurrection; de sorte qu'il n'en est resté tout au plus que des marques sur la terre; ou bien, que s'il y auoit veritablement du Sang de nostre-Seigneur icy bas, outre celuy de l'Eucharistie, c'estoit du sang miraculeux sorti de quelque Image outragée par la violence des Impies, comme on en a raconté plusieurs histoires; sur quoy ie leur cittai vn passage du Cardinal Bellarmin, escriuant sur cette matiere.

Reliquaire du Sang de I. Christ.

La chose se passa donc ainsi fort doucement : & apres leur auoir tesmoigné les obligations que i'auois à leur courtoisie, ie vins coucher à S. Gautier, aupres d'Argenton, & passai le lendemain à Maisieres en Brenne, dont mon beau Frere du Claueau estoit Gouuerneur, où se tenoit vne foire, à cause de la Feste du iour precedent, qui est aussi la solemnelle de ce lieu-là, dont l'Eglise Collegiale est dediée sous le tiltre de la Magdelaine. Elle fut fondée par Alix de Brabant, Dame de Maisieres, fille de Geofroy de Brabant, Seigneur d'Arscot, & de Ieanne de Vierzon, & niepce de Marie de Brabant, Reine de France en l'année 1339. Et cette Dame, veufve de Iean de Harcourt IV. du nom, qui laissa vne nombreuse posterité, est inhumée au milieu du Chœur de cette Eglise, où elle a vn tombeau éleué.

1639.

Maisieres en Brenne.

QVand ie fus de retour à Villeloin, ie repris le labeur de mes tables, que i'acheuai en trois mois : & sur la fin de l'année, ie m'en allai à Paris, par les ordres qui m'en furent donnez : & comme ie logeois dans l'Hostel de Neuers, ie ne me mettois pas en peine d'aller bien loin pour faire ma Cour, & pour voir le grand monde, si i'en eusse eu la curiosité, parce qu'il nous venoit chercher de tous costez : & apres la conuersation qui se trouuoit dans le Cabinet de Madame la Princesse Marie, il n'y auoit plus rien à desirer en ce genre-là. Toutes choses y estoient si honnestes & si agreables, qu'il eust falu estre tout à fait de mauuaise humeur, pour ne s'y plaire pas. La belle raillerie s'y mesloit auec le doux & le serieux : & la medisance, & toute autre sorte de licence en estoient bannies. Quelquesfois le ieu y estoit admis, mais il auoit ses limites : & la lecture des bons liures y trouuoit son temps, aussi bien que la pieté solide aux heures qui luy sont principalement dediées.

Le cabinet de Mad. la Princesse Marie.

1640.

Il arriua cette année-là que plusieurs Dames de haute condition, pour auoir le diuertissement des belles Comedies qui se composoient alors, firent vn fonds pour

Comedies des Dames.

en auoir la representation deux ou trois fois la semaine, pendant l'Hyuer. Nostre Altesse en estoit, auec Madame la Comtesse de Soissons, Madame de Rohan, & quelques autres Dames: & parce qu'elle sçauoit bien que i'en faisois estat, elle ne s'y voulut pas trouuer vne seule fois, que ie n'y allasse auec elle. La Compagnie en estoit choisie : & comme toutes choses y estoient admirables, aussi faut-il auoüer que les Comediens excelloient dans leur action, entre lesquels on auoit vû paroistre le rare Mondori, qui n'a point laissé de successeur, & qu'on eust pû comparer sans flaterie au Roscius des Anciens. 1640.

Il y eut aussi cette mesme année force magnificence dans le Palais Cardinal, pour la grande Comedie de Mirame, qui fut representée deuant le Roy & la Reine, auec des machines qui faisoient leuer le Soleil & la Lune, & paroistre la Mer dans l'eloignement, chargée de vaisseaux. On n'y entroit que par billets, & ces billets n'estoient donnez qu'à ceux qui se trouuerent marquez sur le memoire de son Eminence, chacun selon sa condition: car il y en auoit pour les Dames, pour les Seigneurs, pour les Ambassadeurs, pour les Etrangers, pour les Prelats, pour les Officiers de la Iustice, & pour les Gens-de-guerre. Ie me trouuai du nombre entre les Ecclesiastiques, & ie la vis commodément : mais pour en dire la verité, ie n'en trouuai pas l'action beaucoup meilleure pour toutes ces belles machines, & grandes perspectiues. Les yeux se lassent bien-tost de cela, & l'esprit de ceux qui s'y connoissent, n'en est gueres plus satisfait. Le principal des Comedies, à mon auis, est le recit des bons Acteurs, l'inuention du Poëte, & les beaux vers. Le reste n'est qu'vn embarras inutile, qui donne mesmes de faux iours, & qui fait paroistre les personnages des Geants, à cause des eloignements excessifs de la perspectiue, dont il faut que les especes soient merueilleusement petites dans la proportion, pour tromper la vuë. Au reste, si ie ne me trompe, cette piéce ne reüssit pas si bien que quelques autres de celuy qui l'auoit

Magnificences du Palais Cardinal. Comedie de Mirame.

1640. composée, ausquelles on n'auoit pas apporté tant d'appareil.

Monſ. de Valençai, lors Eueſque de Chartres, & qui fut bien-toſt apres Archeueſque de Rheims, aidant à faire les honneurs de la maiſon, parut en habit court ſur la fin de l'action, & deſcendit de deſſus le Theatre pour preſenter la collation à la Reine, ayant à ſa ſuitte pluſieurs Officiers, qui portoient vingt baſſins de vermeil doré, chargez de citrons doux & de confitures : en ſuitte dequoy les toiles du Theatre s'ouurirent, pour faire paroiſtre vne grande ſale, où ſe tint le Bal, quand la Reine y eut pris ſa place ſur le haut dais : Son Eminence vn pas derriere elle, auoit vn manteau long de tafetas couleur de feu, ſur vne cimarre de petite etoffe noire, ayant le colet & le rebord d'enbas fourré d'hermine : & le Roy ſe retira, auſſi-toſt que la Comedie fut finie.

Ie ne ſçai s'il m'eſchappa de dire quelque choſe de l'employ de Monſ. de Chartres : mais quelque temps apres, lors qu'au meſme lieu, on dança le Balet de la Proſperité des Armes de la France, où les meſmes machines de la Comedie furent employées, auec de nouuelles inuentions, pour faire paroiſtre tantoſt les campagnes d'Arras, & la plaine de Caſal, & tantoſt les Alpes couuertes de neiges, puis la Mer agitée, le goufre des Enfers, & enfin le Ciel ouuert, d'où Iupiter ayant paru dans ſon Troſne, deſcendit ſur la terre ; comme, dis-ie, ce Prelat qui eſtoit capable de tout ce qu'il vouloit, ſe donnoit la peine auec Monſ. d'Auxerre, de faire les honneurs de la ſale, m'eut dit que cette iournée-là, il ne preſenteroit pas la collation, ie luy repondis qu'il feroit touſiours bien toutes choſes, & me fit ciuilité ; de ſorte que ie vis encore ce Ballet commodément, où il y auoit des places pour les Eueſques, pour les Abbez, & meſmes pour les Confeſſeurs, & pour les Aumoſniers de Monſ. le Cardinal. Les noſtres ſe trouuerent à deux loges de celles qui furent occupées par

Le Balet de la proſperité des Armes de la France.

Iean de Vverth & Ekenfort, que l'on auoit fait venir expres du Bois de Vincennes, où ils estoient prisonniers. 1640.

Ce Ballet, auec toutes ses machines & toute sa magnificence, ne fut pourtant pas vne chose si rauissante qu'on se le pourroit imaginer; parce que l'inuention n'en fut pas exactement suiuie, & que les habits & les actions de plusieurs danceurs ne se trouuerent pas assez conuenables au suiet, outre que les chars de triomphe qui s'y presenterent, n'estoient trainés de rien, contre la vray-semblance, bien que cela se pûst faire fort aisément. Les recits de l'Harmonie, de l'Italie, d'Apollon & des Muses, furent assez agreables; mais ce qu'il y eut de plus exquis, furent les saults-perilleux d'vn certain Italien appellé Cardelin, qui representoit la Victoire en dançant sur vne corde cachée d'vn nuage, & parut s'enuoler au Ciel.

Iugement de ce Ballet.

Il y eut enuiron ce mesme temps vn autre Ballet du Triomphe de la Beauté, dancé par Mademoiselle d'Orleans, que l'on me fit voir à l'Arcenac; où Madame de la Melleraye auoit fait vne assemblée de ce qu'il y auoit de plus beau & de plus galant à la Cour. Mademoiselle y representoit la Perfection, Mademoiselle de Bourbon l'Admiration, & Mademoiselle de Vendosme la Victoire, chacune de ces trois accompagnées de leurs troupes, composées des plus belles personnes de la Cour; outre les entrées qui furent faites par des Seigneurs, & quelques-vns des meilleurs danceurs. Le suiet en auoit esté inuenté par M. Hedelin, l'vn des plus beaux esprits de nostre temps.

Ballet du triõphe de la beauté.

Ie ne me suis pas soucié depuis de toutes ces choses-là: & quand l'occasion s'en seroit offerte mille fois, ie n'en serois pas sorti de mon cabinet. Enfin ie m'en suis lassé, sans m'en estre auparauant empressé, & ie m'imagine que la vie mesmes seroit ennuyeuse, si on ne la pouuoit assaisonner par d'autres charmes, qui sont ceux de l'esprit & de la vertu.

Degoust des plaisirs de la Cour.

1640. Apres la saison de toutes cés rejoüissances, ie repris auec ioye mon labeur des tiltres de la Maison de Neuers, dont ie fis encore vn cinquiesme volume, enuiron le temps que mourut d'vn accident funeste l'vn de mes bons Amis, André du Chesne, Historiographe du Roy retournant d'vne maison qu'il auoit aux champs, à trois lieuës de Paris. Il y auoit porté les quatre premiers volumes de mon extrait des tiltres de Neuers, dont il se contenta de recueillir ce qu'il en put escrire dans huict mains de papier, pour ses curiositez de l'histoire. C'estoit en son genre l'vn des premiers hommes du monde: & la Prouince, à qui ie dois ma naissance, se peut glorifier de la sienne, pour la grande reputation qu'il s'estoit acquise. Sa mort arriua le dernier iour de May de l'année 1640 Puis ie m'en allai en Touraine pour des affaires de famille, qui se terminerent assez doucement. Ie veis en ce temps-là Monſ. d'Espernon à Loches, où il estoit en quelque façon relegué, & i'en receus toute sorte de ciuilité.

Mort de M. du Chesne.

M. le Duc d'Espernõ.

Ce Seigneur ayant trouué bon de m'arrester vn iour ou deux aupres de luy, & de me faire part de l'honneur de son entretien, me remplit l'esprit de mille bonnes choses, sans auoir besoin d'en chercher ailleurs que dans l'histoire de sa propre vie, qui auoit soufert tant d'agitations diuerses depuis les premieres années de sa faueur. Il auoit aupres de luy Monſ. de Candales son petit-fils, auec Mademoiselle sa Sœur, & Madame leur belle-Mere: & me parloit auec des tendresses nompareilles de Monſ. le Duc de la Valette, qui estoit alors dans la disgrace de la Cour, & le seul qui luy restoit de ses trois fils, dont il auoit conceu, auec tant de raison, de si hautes esperances, apres les auoir tous vûs éleuez aux premieres charges de l'Eglise & de l'Estat. Bien qu'il approchast la 90. année de son aage, si est-ce qu'il auoit encore vne santé assez vigoureuse: mais l'ennuy qu'il conceut du traitement qu'on luy faisoit en cet aage là, ne luy permit pas de resister à la maladie qui l'accueillit bien-tost apres,

& mou-

& mourut plein de gloire & d'honneur, au mesme lieu où ie le vis la derniere fois dans son lict, en prenant congé de luy. 1640.

Or sur vn auis fascheux qui me fut donné à Tours, de quelqu'vn qui se vouloit preualoir contre moy d'vne alliance qu'il auoit auec vn homme de la faueur, à qui rien n'estoit refusé, ie retournai à Paris au commencement de l'année 1641. & ie le contraignis, auec tout son credit, de reconnoistre par vn acte public, qu'il auoit conceu vn mauuais dessein, & qu'il s'estoit mespris. 1641.

Madame la Vicomtesse de Fruges, de la maison d'Epaisses & Mademoiselle sa fille, qui venoient alors fort souuent à l'Hostel de Neuers, me procurerent la connoissance de Monf. de la Milletiere, leur Cousin, & qui se trouue aussi mon Allié, dont la reputation estoit si publique. Ie compterai ce bien-là au rang de mes meilleures fortunes : & sa douceur non commune, dont il accompagne vn sçauoir tres-exquis, m'a rendu son amitié fort chere. Il ioint admirablement le zele auec la prudence, pour les choses qui concernent la Religion & la pieté : & nous auons de luy plusieurs liures en ce genre-là, dont tous les gens d'esprit qui les ont leus, font tres-grand estat.

M. de la Milletiere.

Quelque temps apres estant allé faire vne visite chez vn Seigneur de la Cour, i'y rencontrai auec vn pareil bon-heur Monf. de Salmonet, personnage excellent, que nous deuons à l'Escosse. Il me gagna le cœur par vne presence agreable & douce, & par les bonnes choses que ie luy entendis debiter dans la conuersation : & nous nous sommes vûs souuent depuis auec beaucoup d'amitié. Ce rare homme qui escrit en nostre langue, comme vn François naturel, ioint la politesse à vn grand sçauoir ; mais sa fortune a tousiours esté trauersée : & s'estant attaché à celle de Monf. le Cardinal de Retz, dés le temps qu'il n'estoit que Coadjuteur de Paris, il en a éprouué les disgraces tout du long. Cependant il ne fut iamais vn homme plus sage, plus respectueux aux Puis-

M. de Salmonet.

1641. sances legitimes, & plus desinteressé. Il a composé l'Histoire des derniers troubles d'Angleterre, & nous auons vû de luy vne Remontrance au Roy de la Grand'Bretagne, qui peut estre mise en comparaison de tout ce que nous auons vû de plus elegant.

Voyage de Forges. Les eaux de Forges ayans fait du bien à Madame la Princesse Marie, elle en voulut aller boire sur les lieux, par l'auis de ses Medecins, comme elle auoit fait l'année d'auparauant, & i'eus l'honneur de l'y accompagner. Elle y passa cinq ou six semaines, pendant les plus grandes chaleurs de l'Esté, lors que ces eaux sont les plus salutaires, & qu'on a dauantage de besoin de leur rafraichissement. La bonne compagnie qui se rencontre d'ordinaire en ce lieu-là, en rend le sejour suportable: & pour y trouuer le temps moins ennuyeux, on y ioüoit les apresdisnées, & sur le soir on alloit à la promenade, où il se trouuoit assez de carrosses pour y faire vne espece de petit-cours.

Bauue. I'y vis dans le voisinage, M. le Marquis de Bauue, dans sa belle maison de Riberpré, où ce Seigneur, de l'illustre famille de Moüi, me donna beaucoup de marques de sa courtoisie & de sa ciuilité. I'eus la curiosité d'y aller voir l'Abbaye de Beaubec, de l'Ordre de Cisteaux, qui n'en est qu'à vne lieuë: & Madame la Princesse Marie fit l'honneur à Monf. de Bellozane de le visiter vn iour dans son Abbaye, qui n'en est qu'à deux lieuës, où cet honneste-homme, qui porte le cœur sur les lévres, luy fit la meilleure reception qu'il pût. (Bellozane.)

Cette Princesse ayant dessein de voir auant son retour à Paris, la Comté d'Eu & la ville de S. Valeri, sur la Mer, qui appartenoit à la maison de Neuers, elle fut disner en passant chez l'Abbé de Foulcarmont, qui estoit vn bon Religieux de l'Ordre de Cisteaux, à qui cette maison autrefois ruïnée, estoit redeuable de sa restauration, ayant esté fondée par les Comtes d'Eu: Et de-là, elle fut coucher à Eu, où elle receut les honneurs qui sont dubs aux personnes de sa condition. Elle logea (Foulcarmont. Eu.)

dans le Chasteau, qui est bien basti & en belle vuë : fut de-là, voir l'Abbaye de saint Michel du Tresport, sur la Mer, appartenant à Monſ. le Commandeur de Souuré : reuint à Eu, où le Pere Dinet, Prouincial des Iesuites, la receut dans la Maison de son Ordre, & luy fit voir les Sepultures de Mess. de Guise, & de sa grand' Tante, Catherine de Cleues, qu'elle auoit connuë. 1641.

De-là, elle vint à Cahieu sur la Mer, qui estoit vne Seigneurie de sa Maison : & pour auoir le plaisir d'aller sur l'Ocean, elle s'y embarqua dans vn petit Esquif, pour venir auec la Marée iusques à S. Valeri, ce qui se fit en moins de demi-heure, quoy qu'il y ait deux lieuës. Les Habitans de la Ville la receurent sous le dais, & l'ayant haranguée, ils la menerent au plus beau logis qu'ils auoient preparé pour cet effet, car le Chasteau n'estoit pas meublé. Elle fut visiter l'Abbaye du Saint de la Ville, de qui l'Histoire porte que la Mer se fendit pour faire passer ses Reliques, qui furent apportées de l'autre costé. On découure de-là l'vne des plus belles plages du monde, à l'embouchure de la riuiere de Somme, qui s'ouure d'vne bonne lieuë, entre S. Valeri & le Cretoy. Cahieu. S. Valeri.

Le lendemain auant que de partir pour venir à Abbeuille, elle eut le plaisir de la pesche des Flaits au retour de la Marée. Le Gouuerneur d'Abbeuille vint au deuant d'elle, auec Madame de Rambures, qui luy donna son logis. Elle fut visiter les Religieuses de Saint François de Paule, dont il y a peu de Conuents en France, & vid l'Eglise du Prieuré, dependant de S. Pierre de Cluny; ce qui a peut-estre donné le nom à cette Ville, l'vne des plus agreables & des plus considerables du Royaume, sans estre Episcopale. Abbeuille.

D'Abbeuille, elle vint à Amiens, où elle fut receuë par le Marquis de Gesvres, & par les Maire & Escheuins qui la vinrent salüer & luy firent des presents & des compliments. Elle eut la curiosité de voir la Citadelle, & les plus beaux endroits de cette ville illustre, & entre-autres l'Eglise Cathedrale, dont l'architecture est belle, & Amiens.

1641. le dedans est orné de peintures, & d'vn lambris excellent dans le Choeur:

Chef de S. Iean. Comme on luy monstroit la Teste de Saint Iean Baptiste, que le peuple y reuere, comme l'vne des plus considerables Reliques du monde, la tenant tres-asseurée, apres l'auoir baisée, elle me dit que i'aprochasse, & que i'en fisse autant. Ie considerai le Reliquaire, & ce qui estoit dedans : ie m'y comportai comme tous les autres, & ie me contentai de dire, auec toute la douceur qui me fut possible, que c'estoit la cinq ou sixiesme que i'auois eu l'honneur de baiser; ce qui surprit vn peu son Altesse, & mit quelque petit soûris sur son visage; mais il n'y parut pas: & le Sacristain ou Tresorier, ayant aussi bien remarqué cette parole; repliqua qu'il ne pouuoit nier qu'on n'en fist mention de beaucoup d'autres (car il auoit peut-estre oui dire qu'il y en auoit à S. Iean de Lion, à Saint Iean de Morienne, à Saint Iean d'Angeli en Saintonge, à Rome, en Espagne, en Alemagne, & en plusieurs autres lieux) mais que celle-là estoit la bonne, & pour preuue de ce qu'il disoit, qu'on prist garde au trou qui paroissoit au crâne de la Relique au dessus de l'œil droit, que c'estoit celuy-là mesmes qu'y fit Herodias, auec son couteau, quand la Teste luy fut presentée dans vn plat. Il me semble, luy dis-ie, que l'Euangile n'a rien obserué d'vne particularité si rare: mais comme ie le vis émû pour maintenir le contraire, ie luy cedai auec toute sorte de respect: & sans examiner la chose plus auant, ni luy raporter vne authorité de Saint Gregoire de Nazianze, qui dit que tous les ossements de S. Iean Baptiste furent brûlez de son temps par les Donatistes dans la ville de Sebaste, & qu'il n'en resta qu'vne petite partie du Chef, qui fut portée en Alexandrie, ie me contentai de luy dire que la tradition d'vne Eglise aussi venerable que celle d'Amiens suffisoit pour authoriser vne creance de cette qualité, bien qu'elle ne fust que de quatre cents ans, & que ce ne fust pas vn article de Foy. Cependant on se munit de force representations de ce S. Reliquaire, & le bon Ecclesiastique demeura tres-satisfait.

Le lendemain apres auoir ouï la Messe aux Cordeliers, nous vinsmes à Clermont, & de Clermont à Paris, d'où Madame la Princesse alloit souuent à S. Germain & à Ruel, où estoient la Cour & le Conseil, & d'où s'eleuerent des nuages qui troublerent les Grands du Royaume, & qui firent en suitte tomber l'orage sur la teste du ieune Fauori; de sorte que l'Hyuer fut vn peu rude; mais dés que l'on eut calmé l'esprit du Roy, & que la belle saison commença de paroistre, on prit la resolution du voyage de Languedoc: & voyant que toutes choses estoient suspectes dans Paris pour les personnes de la plus haute condition; Madame la Princesse Marie fit dessein d'aller passer l'Esté aux champs, & pria pour cet effet Madame la Comtesse de Soissons de luy pretter son Chasteau de Creil, sur la riuiere d'Oise, à douze lieuës de Paris. Toutes choses y furent preparées pour l'y bien receuoir: elle y fut incontinent apres la Pentecoste, & m'ordonna de l'y accompagner.

1641.

Troubles dans la Cour.

Creil.

Ce Chasteau estoit vne Maison Royale du temps de Charles sixiesme, & fut accru par Pierre de Bourbon Seigneur de Beaujeu, qui espousa Anne de France, fille du Roy Louys XI. dont les Statuës & les Armes se voyent encore dans la Chapelle. Il est basti dans vne Isle de la riuiere, grand & commode dans toutes ses parties, auec d'assez belles issuës. Les ameublements en estoient magnifiques, & tout le monde y estoit logé commodément. Verneüil, Montatere, la Versine, & Liancour, sont dans le voisinage, toutes maisons d'importance, qui portent vn grand lustre à toute la Prouince, & sur tout la premiere & la derniere qui peuuent estre mises en comparaison de tout ce qu'il y a de plus exquis & de plus poli dans le Royaume en ce genre-là, Verneüil pour l'edifice, & Liancour pour les fontaines, les cascates, les iardinages, & les canaux. La vuë de Montatere est admirable, & la situation de la Versine sur vne petite coste en tombant sur la riuiere, est agreable & commode.

Verneüil. Liancour. Montatere. La Versine.

Nous fusmes nous promener en tous ces lieux-là, &

1641. encore à Merlou, appartenant à Monſ. le Prince de Condé. Apres que les Seigneurs de tous ces beaux Chaſteaux eurent fait leurs compliments à ſon Alteſſe, qui les receut auec beaucoup de ciuilité; Madame de Choiſi de Caën, qui eſtoit fort dans ſa confidence, & quelques autres Dames de Paris l'y vinrent viſiter: & ce fut pendant ce ſeiour que nous appriſmes la nouuelle des priſonniers qui furent arreſtez à Narbonne & amenez à Lion, où l'on fit leurs procez par Commiſſaires, & furent executez. Ie les connoiſſois tous deux; mais plus particulierement Monſ. de Thou que M. de S. Mars, de qui l'ambition, & le courage ne ſe preſcriuirent point de bornes; mais qui manqua de conduitte, & qui n'eut peut-eſtre pas aſſez de reconnoiſſance des bien-faits qu'il auoit receus du Roy qui l'auoit tant aimé, ou qui ne pût euiter les pieges qui luy furent tendus par des eſprits plus adroits, plus heureux, & plus puiſſans que le ſien.

Thou & S. Mars, decapitez.

Ayant eſté deux mois à Creil, Madame la Princeſſe Marie reuint à Paris: elle vit en paſſant Madame de Longueuille, qui eſtoit à la Chevrette, & partit bien-toſt apres pour aller à Neuers, où elle fut depuis le mois d'Aouſt iuſques à la fin de Nouembre: & ce fut alors qu'elle fit accommoder ſon Chaſteau de Saint Eloy, à vne lieuë de la Ville, penſant y faire vn plus long ſeiour qu'elle ne fit pas, pour les raiſons que ie dirai tantoſt. I'eus l'honneur d'y eſtre aupres d'elle iuſques à la S. Martin, employant le temps à mes heures de loiſir, c'eſt à dire toute la matinée à continuer mes recherches pour le Niuernois, & à dreſſer mes tables ſi neceſſaires pour profiter d'vn ſi grand labeur, outre quelques Genealogies du païs, que i'eus ſoin de recueillir.

S. Eloy.

Cependant l'execution de S. Mars & de M. de Thou ayant eſté faite à Lion, le Roy reuint: & M. le Cardinal de Richelieu, qui eſtoit malade d'vne eſpece de rhumatiſme, deſcendit par eau de Roüane, & ſe fit porter le reſte du chemin dans ſon lict, à force de bras. Ie le vis en cet equipage, quand il aborda à Neuers: & pour ne le pas in-

M. le C. de Richelieu malade, deſcend par eau.

commoder, il falloit rompre les murailles des maisons, où il deuoit loger : & si ce deuoit estre dans les apartements d'enhaut, comme il arriua dans la maison de M. l'Euesque de Neuers, il falloit dresser vn rampant dés le bas de la Cour, pour le faire entrer par les ouuertures des fenestres, dont l'on auoit rompu les croisées ; ce qui paroissoit vne chose tout à fait extraordinaire, vingt-quatre Estafiers ou Porteurs, estant destinez pour le porter tour à tour, comme i'ay desia dit : & parce qu'il n'estoit pas fort asseuré des affections des peuples, deux troupes de Caualerie bien armées, marchoient à ses costez, & tenoient le mesme ordre, quand il descendoit en batteau, de l'vn & de l'autre costé de la riuiere. 1641.

Plusieurs vaisseaux suiuoient celuy de son Eminence, dans l'vn desquels estoit la Duchesse sa Niepce, auec d'autres Dames, & tout cela ensemble faisoit vne espece de petite flotte. Mais parce que la riuiere estoit vn peu basse, on eut soin d'y faire des routes pour reünir les eaux qui s'ecartent trop dans leur lit, qui n'est que trop large, quand il y a de la seicheresse : Et M. le Duc d'Anghien mesmes prit la peine d'en ordonner le trauail, & sur tout dans le canal de Briare, qui estoit presque tari en ce temps-là : mais il y falut remedier par le moyen des estangs qui furent laschez dedans.

Les eaux basses.

Ce fut donc de la sorte que Monf. le Cardinal Duc de Richelieu, reuint à Paris : mais au lieu d'y trouuer la guérison, son mal croissant de iour en iour, auec le fardeau des affaires, & l'inquietude que luy pouuoient causer ses defiances, ayant dessein de faire donner vn Arrest de grande consequence contre Son Altesse Royale Monseigneur le Duc d'Orleans, qui se trouuoit enueloppé dans quelques soupçons, il deceda le quatriesme iour de Decembre de l'année 1642. Et quelques iours apres, son corps fut porté sans pompe dans la sepulture, qu'il s'estoit fait preparer luy-mesme en l'Eglise de Sorbone, dont il voulut estre le Restaurateur, comme il en auoit esté le Prouiseur. Il me semble que i'aurois bien

Mort de M. le Card. de Richelieu.

1642.

1642. des choses à escrire sur ce suiet, si c'estoit icy le lieu de le faire : mais il me suffira de dire qu'aussi-tost que cette nouuelle fut épanduë, chacun se disposa de retourner à Paris, & qu'ayant appris à Villeloin, où ie m'estois retiré depuis quinze iours que Madame la Princesse Marie estoit partie de Neuers pour le mesme dessein, ie m'y disposai aussi, & i'y vins auec M. le Vicomte de Brigueil.

Prisonniers deliurez.

Il y eut quelques changements à la Cour; mais non pas dans la maniere du gouuernement, excepté que le Roy rendit la liberté à quelques prisonniers d'Estat, tels que les Mareschaux de Vitri & de Bassompierre, & le Comte de Cramail, si digne des premiers emplois du Royaume, & les Abbez de Foix & de S. Ciran, le premier attaché dans les interets de la Maison de Guise, & le dernier vn exemplaire de douceur, de patience & de pieté, dont les Soldats mesmes qui le gardoient dans sa detention, & les autres prisonniers, entre lesquels estoient Iean de Vveerth & Ekenfort, ont rendu des tesmoignages considerables de sa vertu.

1643. Maladie du Roy.

Mais tout cela dura peu. Ces personnes illustres ne suruesquirent pas long-temps leur captiuité : & le Roy mesmes tomba malade de la maladie dont il ne releua pas depuis. Les Medecins y employerent toute leur industrie : & les Prieres se firent dans toutes les Eglises, pour obtenir de Dieu vne santé si precieuse; mais nous ne fusmes pas exaucez : & le Roy se voyant proche de sa fin, ordonna que Monseigneur le Daufin fust baptisé dans la Chapelle de Saint-Germain en Laye, le vingt-&-vniesme iour d'Avril, & qu'on luy donnast le nom de Louys.

Baptesme du Roy Louÿs XIV.

Ie vis cette Ceremonie, qui fut celebrée sans pompe par Monf. le premier Aumônier, Dominique Seguier, Euesque de Meaux, Monf. le Cardinal Mazarin ayant esté choisi pour estre le Parrin; & Madame la Princesse de Condé fut la Marraine, quoy que le dessein estoit de prier le Pape de tenir le Royal Enfant sur les Fons : mais

mais la maladie qui pressoit, ne donna pas loisir de differer plus long temps. Le Roy pourtant vescut encore trois semaines apres: car il mourut le quatorziesme iour de May, qui estoit vn Ieudy, & le iour de l'Ascension en cette année-là.

1643. La mort du Roy Louïs XIII.

Ceux qui le virent passer de cette vie à vne meilleure, ont dit des merueilles de sa fin: & chacun a admiré les tesmoignages qu'il a donnez des ressentiments qu'il auoit pour la pieté. Il deffendit expressément qu'on ne fist point de pompe à ses funerailles, & fit paroistre du regret de n'auoir pû soulager ses peuples, apres auoir esté contraint tant de fois de les charger d'impots, pour la necessité des guerres.

Auant que de mourir, il establit vn Conseil pour le Gouuernement, & crea huict Ducs & Pairs de France. Messieurs les Mareschaux, de Vitry, d'Estrées, de Chastillon, & de la Melleraye, & Mess. les Comtes de Grandmont, de Liancour, de Tresmes, & d'Amuille. Il donna aussi vne Abbaye considerable à vn Gentil-homme de mes Amis; c'est à dire l'Abbaye de S. Maixent en Poictou, à Monf. d'Humieres pour son second fils, le Baron de Prully, depuis le Cheualier d'Humieres, qui a donné tant de marques de son courage & de son esprit.

Humieres.

Ainsi le Roy ayant regné trente trois ans iustes, laissa pour son Successeur le Roy son fils, Prince de si grande esperance, aagé de quatre ans & neuf mois. Et le Lundy dix-huictiesme de May ensuiuant, estant en la cinquiesme année de son aage, & au cinquiesme iour de son regne, il vint tenir son premier Lit de Iustice en son Parlement à Paris, accompagné de la Reine sa Mere, de Son Altesse Royale Monf. le Duc d'Orleans, des Princes de son Sang, & autres Princes, Ducs & Grands de son Royaume, pour faire vne seconde Declaration de la Regence, ou modifier la premiere en certaines clauses derogeantes à la dignité Royale, & contraires au bien general des affaires: & parce que ie vis

La Reine declarée Regente.

1643. commodément toute cette ceremonie, par le moyen du Marquis de Gesvres Capitaine des Gardes, qui estoit lors en quartier, ie la raporterai le plus succinctement qu'il me sera possible.

Ie dirai donc que le Roy vestu de violet, pour son grand deüil, selon la coutume des Roys de France, fut porté par le Duc de Chevreuse, comme Grand-Chambellan, precedé par le Roy-d'armes, & par deux Heraux vestus de leurs cottes de veloux violet à Fleurs de lys d'or, portant leurs Sceptres & Masses à la main.

La premiere Seance du Roy Louys XIV. au Parlement.

Il fut mis dans son Siege éleué sur trois marches, sous vn ancien dais de veloux violet, aux chiffres & deuises du Roy Louys XII. le tout bordé, & semé de Fleurs-de-lys d'or, auec des franges & crepines de mesme; le Grand-Chambellan aux pieds de sa Maiesté, & les Comtes de Tresme & de Charost, & les Marquis de Gesvres & de Chandenier, Capitaines des Gardes, assis vn peu plus bas, & au costé gauche du Grand-Chambellan.

Le Rang pes Grands du Royaume dans le Parlement.

Sur le banc des Pairs & à main droite du Roy, qui est le plus honorable costé, estoit assise la Reine, ayant son grand deüil, & vn crespe noir qui luy descendoit sur le visage, & luy couuroit le front. Aupres de la Reine, Mons. le Duc d'Orleans, puis les Princes de Condé & de Conti, les Ducs de Vendosme, d'Vsez, de Vantadour, de Sulli, de Luines, de Lesdiguieres, de la Rochefoucauld, & de la Force, & les Mareschaux de Vitry, de Bassompierre, de Chastillon, d'Estrées, & de Guische.

Sur le banc des Presidents & des Conseillers Clercs, à la main gauche du Roy, estoit assise proche de sa Majesté la Dame de Lansac sa Gouuernante, sans tenir rang; & plus loin sur le mesme banc estoit l'Euesque de Beauuais Comte & Pair de France Ecclesiastique, reuestu de sa Chappe violette doublée d'Hermines, le seul de ce costé-là qui fust dans le rang de sa dignité, quoy que les autres Prelats qui assisterent à cette Ceremonie, y pouuoient estre assis, selon l'ancien vsage bien entendu, quand le Roy tient son Lit de Iustice.

Dans le bas du Parquet, Monſ. le Chancelier de France, veſtu d'vne robe de veloux violet doublée de ſatin rouge, tenoit le premier rang aſſis ſur vn banc en chaiſe à bras; le Preuoſt de Paris aupres de luy, puis M. Molé premier Preſident, & les autres Preſidents au Mortier en ſuitte, habillez de leurs robes rouges fourrées d'hermines, auec leurs mortiers à la main. 1643.

De l'autre coſté de M. le Chancelier & à main droite, eſtoient M. l'Archeueſque de Paris & M. l'Eueſque de Senlis, en rochet, auec leur camail noir, à cauſe du deüil, quoy que les Prelats ne le deuroient iamais porter que de violet, & le rang de ceux-cy euſt eſté mieux ſur le banc où eſtoit l'Eueſque de Beauuais, M. de Paris au deſſus de ce Prelat, en qualité d'Archeueſque, quoy que l'autre ſoit Pair, comme s'il y euſt eu des Cardinaux, ils euſſent ſans doute eſté au deſſus de luy.

Sur vn banc au milieu du Parquet, eſtoient en deüil la Princeſſe de Condé, la Ducheſſe de Longueuille & Mademoiſelle de Vendoſme.

Sur vn autre banc, le Vicomte de Brigueil, le Marquis de S. Chamont, & le Sieur de Parabere, Cheualiers de l'Ordre.

Sur vn autre banc, les Secretaires d'Eſtat, le Surintendant des Finances, & quatre Maiſtres des Requeſtes, auec leurs robes de ſatin noir, leſquels auoient accompagné M. le Chancelier.

Les autres Maiſtres des Requeſtes, auec leurs robes rouges doublées de veloux noir, eſtoient aſſis confuſément parmi les Conſeillers au Parlement, & les Preſidents aux Enqueſtes dans le reſte des ſieges d'enbas, les Gens du Roy en leurs places tout au bout du Parquet, auſſi veſtus de leurs robes rouges doublées de velours noir, telles que les portent les Docteurs Iuriſconſultes, & les Graduez des Vniuerſitez dans les Facultez des Loix: car c'eſt vn abus de chercher ailleurs l'origine de ce noble veſtement, & qui pour cette conſideration là meſmes, eſt digne de reſpect.

1643. Les deux lanternes estoient occupées, celle du costé de la cheminée, par Madame la Princesse Marie, Mademoiselle de Rohan & autres Dames: & celle du costé des Registres, par M. Grimaldi Nonce du Pape, par l'Ambassadeur de Portugal, & autres Seigneurs. Ie me trouuai au dessous de ces Mess. dans l'estage d'enbas, repondant à l'allée qui conduit le long des bancs.

Puis le silence ayant esté imposé par le Comte de Charost Capitaine des Gardes; le Roy qui auoit l'espée au costé, se leua d'vne contenance asseurée, pour dire qu'il auoit amené la Reine sa Mere pour la declarer Regente, adioutant le mot, PARLEZ, qui est le seul que i'entendis, & qu'il prononça fort dinstinctement: La Reine dit quelque chose en suitte, & n'eut pas plustost acheué de parler, que Monſ. le Chancelier se leuant de son siege, fit vne profonde reuerence au Roy, monta iusques aux pieds du Trosne où il se mit à genoux, & quand il fut retourné en sa place, il prononça vn discours eloquent à la loüange du feu Roy, qui sur le point de recueillir icy bas les fruits de ses Victoires, & de se reposer de ses trauaux soufferts pendant tout le cours de son regne, auoit quitté cette vie mortelle, à cause de nos pechez, pour aller iouïr au Ciel de la felicité des Saints, nous laissant neanmoins, en la personne du Roy son fils, vn illustre rejeton de sa gloire & de nos esperances. Puis venant à parler de la Reine, dit en suitte beaucoup de belles choses sur vn si riche suiet, & conclut à la derogation de la clause des Adioins à la Regence, selon la derniere Declaration du feu Roy du 21. de l'autre mois; sur quoy il adiouta qu'il falloit entendre les raisons & les conclusions des Gens du Roy.

La Reine.

M. le Châcelier.

Lors se leua M. Talon Aduocat General, & ayant mis les genoux en terre, & s'estant releué, il commença son discours par l'heureuse entrée de sa Majesté sur le Trosne de ses Peres, & par la perte que la France auoit faite en la mort du Roy Louys XIII. de glorieuse memoire, lequel comme Dauid, auoit regné trente-trois

M. l'Aduocat General.

ans, & comme Auguste, s'estoit dépoüillé de la pourpre le mesme iour qu'il en auoit esté reuestu. De-là, il passa aux esperances, qu'il estoit facile de conceuoir des graces naturelles, & de la beauté de la personne du Roy, luy souhaitant la Generosité & la Clemence du Grand Henry, son Ayeul, & la Pieté & la Iustice de son Pere. En suitte tournant ses paroles à la Reine, apres plusieurs eloges, il dit que l'authorité de la Regence ne pouuoit, & ne deuoit point estre partagée, sans changer entierement l'esprit de la Monarchie, qui ne peut soufrir d'autre gouuernement que celuy d'vn seul, à cause de quoy, il conclut que Mons. le Duc d'Orleans seroit Lieutenant General des Armées de France, & Chef du Conseil pendant la Regence, & Mons. le Prince de Condé en son absence, sous le bon plaisir de la Reine, laquelle Dame choisiroit qui bon luy sembleroit pour mettre dans le Conseil, sans estre obligée pour le fait de la Regence, de suiure la pluralité des voix, ayant encore auant cela demandé à leurs Maiestez, le genou en terre, le soulagement des peuples, & la paix qu'elles auoient en leurs mains. 1643.

La Reine.

Quand M. l'Aduocat General eut acheué de parler, la Reine dit que pendant la Minorité du Roy, Monsieur son Fils, elle auroit des soins particuliers pour son education, & qu'estant chargée du gouuernement de ses affaires, & de sa Personne, elle n'auroit point d'autres intentions que pour le bien de son Estat, & la gloire de sa Couronne.

M. le Duc d'Orleans.

Mons. le Duc d'Orleans, ayant salüé sa Maiesté de la teste & du chappeau, & s'estant recouuert, dit que franchement il s'estoit departi du droit que le feu Roy luy auoit attribué par sa derniere Declaration, pour le fait de la Regence, pendant la Minorité du Roy son Fils, & que d'abondant il s'en departoit, ne voulant point exercer de puissance, ni tenir aucune authorité en ce Royaume pendant la Minorité, que des mains, & sous le bon plaisir de la Reine Regente.

1643. M. le P. de Condé. Monſ. le Prince de Condé opinant en ſuitte, dit que la beauté du viſage de la Reine, la dignité de ſa preſence, accompagnée de l'excellence de ſon eſprit, & de toutes les Vertus, qui la rendent la plus parfaite Princeſſe du monde, apportoient tant d'eſclat & d'ornement à cette auguſte Aſſemblée, qu'il n'y en auoit aucun qui ne fuſt raui d'admiration, & ne conceuſt de grandes eſperances pour la Regence & pour le gouuernement des affaires ſous ſon authorité; & que puis que Monſ. le Duc d'Orleans, qui auoit par les auantages de ſa naiſſance l'honneur d'eſtre premier Prince du Sang, dont luy Prince de Condé ne portoit le tiltre que par conceſſions & lettres du Souuerain, s'eſtoit departi de ſon adionction à la Regence de la Reine, il ne vouloit pareillement tenir aucune authorité ſous elle, que de ſon conſentement, faiſant gloire de ſuiure & d'imiter en toutes choſes ce grand Prince, quoy qu'il n'y euſt point d'exemples de cela. Qu'il vouloit donc faire comme luy, & qu'il ſe rangeoit de ſon auis.

M. le P. de Conti. Monſ. le Prince de Conti opina du chappeau, eſtant de meſme auis que M. ſon Pere.

l'Eu. de Beauuais. Monſ. l'Eueſque de Beauuais Comte & Pair de France, dit que la Regence ne deuoit point eſtre partagée auec la Reine, eſtant tres-digne de l'exercer ſeule, non tant à cauſe de ſa Naiſſance & de l'honneur qu'elle auoit d'eſtre Veufve & Mere de Roy, que pour ſes vertus perſonelles, & toutes ſes excellentes qualitez, qui ne pouuoient eſtre miſes en comparaiſon de perſonne.

Le Duc de Vendoſme. Monſ. le Duc de Vendoſme ſuiuit les meſmes sentiments, & accompagna ſon diſcours d'autres loüanges à ſa Maieſté, qui furent prononcées de bonne-grace.

Les autres Ducs, Pairs, & Mareſchaux de France, opinerent de meſme du chappeau.

L'Ar. de Paris. L'Archeueſque de Paris & l'Eueſque de Senlis, direnr leur aduis, comme ceux qui auoient deſia parlé, & furent ſuiuis du bonnet par les Secretaires d'Eſtat, les Maiſtres des Requeſtes, & les autres Officiers.

Le President Barillon dit qu'il falloit arracher des Registres du Parlement la derniere Declaration du feu Roy, qui auoit esté verifiée par commandement expres, vû qu'elle estoit preiudiciable à la dignité de cette Couronne, en la forme qu'elle auoit esté presentée, & que pour la rendre certaine au bien & au repos de l'Estat, il en falloit rayer les clauses des adionctions necessaires à la Regence. Puis demanda à leurs Maiestés que les Gens du Parlement fussent écoutez sur plusieurs remonstrances qu'ils auoient à faire touchant le gouuernement des affaires passées. En quoy l'on a remarqué qu'il fit paroistre vn peu d'emotion, & qu'il ne se ressouuenoit que trop des violences du Cardinal de Richelieu. Ce qui obligea Monf. le Prince de Condé de dire que ce n'estoit pas le lieu, où il falloit parler de ces choses-là. Cinquante Conseillers du Parlement suiuirent neanmoins l'auis de celuy-cy. 1643. M. Barillō.

Puis le President Gayan, parla auec non moins d'eloquence que de generosité, & dit. Nous auons eu la bouche fermée pendant quelques années; à present, Dieu l'a voulu ainsi par sa misericorde, elle nous est ouuerte; ce qui nous fait esperer que nous ne serons point repris de dire librement nos sentiments pour le bien de l'Estat & la necessité des affaires presentes. Il adiouta en suitte; que l'esprit de la Monarchie estoit indiuisible, & que par son vnité, elle imitoit celle de Dieu: que le Deüil ne se trouuoit point dans le Temple de la Iustice, puis que chacun y estoit reconnu selon ses merites: que Dieu s'y faisoit reconnoistre par la puissance & par la sainteté de ses Loix: que pour n'ignorer point celles de l'Estat, il falloit connoistre parfaitement celles-cy, & qu'il plust à la Reine par ses soins, d'instituer la ieunesse du Roy son Fils dans tous les nobles sentiments de Pieté, de Iustice & de Vertu, qui seroient capables d'attirer sur sa teste les plus precieuses benedictions du Ciel, & luy gagneroient les cœurs de tout le monde, & que par ce moyen il se rendroit digne petit-fils de ce grand Hen- M. le Pr. Gayan.

ry son Ayeul, de qui la gloire estoit immortelle, & le
1643. nom seroit venerable à tous les siecles: Et comme il eut acheué de parler, le reste des Conseillers opina succinctement: & Monsſ Molé Premier President, fit vn petit discours sur la fin, à la loüange de la Reine, dont l'esprit & la haute vertu faisoient esperer qu'elle trauailleroit heureusement au bien de la Paix entre le Roy son Fils, & le Roy son Frere: que la Iustice & l'Abondance floriroient sous son gouuernement: & que les peuples seroient heureux sous le regne d'vn Prince si bien nay que le Roy son Fils, estant sous la conduitte d'vne Mere si prudente & si pleine de bonnes intentions; C'est pourquoy, il ne faisoit point de doute de conclure à la derogation de la clause des Adioins à la Regence, & qu'au reste l'intention du Roy fust suiuie de tout point. I'eus pourtant de la peine à entendre distinctement toutes les paroles que dit ce grand homme, parce que la vuë de sa personne me fut couuerte par celle de M. de Thoré, qui s'esuanouït aupres de moy.

M. le Pr. President.

Apres toutes ces choses, Monsſ. le Chancelier s'estant leué, s'approcha pour la seconde fois de la personne du Roy & de la Reine, qui luy dirent quelque chose: & s'estant remis dans son siege, il prononça fort distinctement l'Arrest pour la Regence de la Reine, suiuant les Conclusions des Gens du Roy, & les vnanimes opinions de toute l'Assemblée, sans rien dire toutesfois au suiet de la demande du Parlement, portée par la bouche du President Barillon, touchant les Remonstrances à faire sur les choses passées.

M. le Châcelier.

Icy le Roy se leua, & le commandement fut donné de sortir: Et en se leuant M. de Vendosme fit plainte à Monsſ. le Chancelier, de ce que dans l'Arrest qu'il auoit prononcé, il n'auoit point mis de difference entre luy, & les autres Ducs & Pairs de France, qui ne sont ni Princes, ni parents du Roy, comme il auoit l'honneur d'estre tous les deux.

Voilà ce que i'ay pû recueillir des choses que ie vis au

au Palais, quand le Roy y vint tenir son premier Lit de Iustice. Ie ne sçai si i'en aurai beaucoup oublié; mais n'estant redeuable qu'à ma memoire assez mauuaise, de ce qu'elle m'en a pû fournir, i'ay pourtant bien voulu le mettre par escrit, pour le consigner à la Posterité, parce qu'au moins il n'y a rien que de vray, & ma propre conscience m'asseure que ie n'ai rien imposé. 1643.

Dés le lendemain de cette grande action, les Armes du Roy deuinrent victorieuses, sous la charge de M. le Duc d'Anghien en la Iournée de Rocroy. La gloire que ce ieune Prince acquit dans cette belle occasion, estoit capable de n'esleuer que trop son courage, si la fatigue des armes, & les autres grands emplois où il se vit destiné, ne luy eussent donné des bornes: car d'ordinaire la ieunesse & la grande qualité compatissent mal-aisément auec vne si grande valeur, & se contiennent peu auec l'éclat d'vne si haute prosperité.

La Iournée de Rocroy.

VN mois apres, Madame la Princesse Marie, ayant encore besoin d'aller aux eaux de Forges, ie l'y accompagnai pour la seconde fois, & en pris moy-mesme, dont ie me trouuai fort bien. Pendant le seiour que nous fismes en ce lieu là, on nous y montra quelques feüilles du Liure de la Frequente Communion de Monf. Arnaud, lesquelles nous semblerent bien escrites: mais comme il traitte amplement cette matiere; de sorte que cela fait vn volume d'vne assez iuste grosseur, dont le suiet n'est pas le plus agreable du monde; ie croy que si ses Aduersaires ne s'en fussent pas émus si fort qu'ils ont fait, cet Ouurage auroit eu beaucoup moins de debit qu'il n'a eu: parce qu'outre son propre merite, il faut auoüer que la contradiction a bien aidé à le faire connoistre, & à le faire estimer.

Second voyage de Forges.

Liure de la frequente Communion.

De-là, sont nées en partie les grandes animositez pour la doctrine, qui n'ont pas encore cessé: mais, si nous auions vn peu plus de charité, nous serions moins coleres; & au lieu de parler de lassets & de tirer l'espée, cha-

1643. cun se donneroit la main d'assossiation, & nous serions tous freres, parfaitement vnis dans la famille du Pere celeste ,qui par sa seule misericorde nous a éleuez à la dignité de ses Enfants, & d'estre heritiers de son Royaume.

Pere Capucin. Ie me souuiens qu'alors ayant dit quelques choses approchant de cela, vn bon Pere Capucin qui estoit à Forges, me repliqua que le zele de la Maison de Dieu, ne permettoit pas tousiours d'vser d'vne si grande douceur; & qu'il ne falloit rien partager auec les Aduersaires du Pape, en matiere de Religion. Ie luy repartis que nous ne disions rien de sa Sainteté, & qu'il n'estoit pas question de cela; mais que la Charité estoit benigne, & qu'elle enduroit toutes choses patiemment: qu'au reste, c'estoit vne chose étrange, que nous voulions tousiours iuger sans estre informez de l'estat de la question, & qu'il falloit interpreter auec Charité le sens des paroles qui n'ont pas assez de clarté. M. Hersant, de qui le sçauoir estoit assez connu, & qui auoit preché auec tant de reputation dans les plus illustres chaires de France, fut de mon auis, & ne blasma pas entierement celuy du Pere, qui se pouuoit, sans doute, maintenir dans la pensée qu'il auoit.

M. Hersant

Des Images dans l'Eglise. Et venant à parler des Images que nous auons dans nos Eglises, parce qu'vn Seigneur de la Religion pretenduë reformée, s'estoit ioint à nostre entretien, lequel n'estoit pas connû du Pere, ni de Monf Hersant, ie ne feignis point de dire, de peur de le scandaliser, que les Images dans les Eglises, & dans les lieux d Oraison, estoient d'vne plus haute antiquité qu'on ne se l'imaginoit pas; ce que ie iustifiai par les peintures & figures pieuses, qui se sont trouuées dans les criptes sous terre, où les premiers Chrestiens faisoient leurs Synaxes pendant les persecutions; mais que neanmoins il ne les falloit pas adorer, ni seruir, ni beaucoup moins y mettre sa confiance: & comme le Gentil-homme eut demandé pourquoy tous les Catholiques en faisoient donc vn si grand estat: ie luy dis que c'estoit en partie pour nous seruir, afin d'edifier nos sens par la representation des choses saintes, & en partie pour orner les Temples & les lieux destinez à la priere, pour en estre consolez, d'où vient qu'on les cache en Caresme, parce que c'est le temps principalement destiné à la penitence, où tous les ornements sont retranchez, aussi bien que les satisfactions des sens. Mais tout ce discours ne plût pas encore au Religieux, ni mesmes à M. Hersant, qui vouloit quelque chose de plus; pour preuue de quoy l'vn & l'autre mirent en auant les Images miraculeuses, & marquerent mesmes les respects extraordinaires que le S. Pere, les Euesques, & toute l'Eglise rendent à quelques-vnes qui ont parlé, ou qui sont descenduës du Ciel, ou qui ont esté façonnées de la propre main des Apostres & des Anges, ou qui sont consacrées pour quelque vertu particuliere, lesquelles à cause de cela se portent en Procession, & sont reuerées sur les Autels, aussi bien que les saintes Reliques, dont les miracles ne peuuent estre contestez que par les Heretiques opiniastres, qui combattent mesmes le tesmoignage des sens, quand il s'agit de la conuiction de leur erreur. Mais apres que ie leur eus dit mes raisons, & que ie me fus defendu le plus fortement qu'il me fut possible, repondant mesmes aux obiections qu'on me fit du septiesme Concile œcumenique, essayant de l'expliquer aux lieux qui paroissoient les plus contraires aux authoritez des diuines Escritures que le Gentil-homme citoit, & sur tout au passage du 20. de l'Exode, de quelques Pseaumes de Dauid & du Prophete Baruch, ie fus contraint de leur dire que ie pensois qu'il falloit menager son expression dans ces sortes de disputes, de peur d'efaroucher ceux qui ne sont pas entierement de nostre auis pour ce regard. Le Pere Capucin qui auoit esté employé plusieurs années dans les Missions, estima qu'il falloit defendre tout ce que l'Eglise reçoit; & qu'estant toute pure, comme il ne faut pas douter qu'elle ne le soit, aussi ne peut-elle errer en son Chef, ni en ses membres, quand ils sont vnis au 1643.

Chef: que cela ſeul eſtoit la regle de la Foy: & que ce ſe-
1643. roit vne rebellion manifeſte d'y reſiſter; ce qui ne ſeroit digne de rien moins que du dernier chaſtiment. Ie ne crûs pas qu'il y euſt rien à repliquer apres cela: & M. Herſant & moy, ne vouluſmes pas conteſter dauantage: mais ie vis bien que le Gentil-homme ne fut pas fort ſatisfait; & me dit neanmoins que ſi tout le monde eſtoit raiſonnable, comme ie luy auois paru en cette occaſion, il y auroit lieu d'eſperer quelque reünion, dont ie luy auois parlé d'autres fois dans la penſée de Monſ. de la Milletiere. Ie ne ſçai ſi cela ſe deuoit prendre à mon auantage; parce que c'eſtoient des loüanges d'vn Aduerſaire de la pieté des Catholiques: mais ie ne me repentis point de tout ce que i'auois dit.

Contre l'Aſtrologie

Vne autre fois parlant contre l'Aſtrologie Iudiciaire chez Madame la Princeſſe, qui auoit beaucoup d'inclination à l'admettre, à cauſe de l'experience & de la ſatisfaction qu'il y auoit de connoiſtre les choſes futures par ſon moyen, i'eus contre moy non ſeulement ſon Secretaire, qui eſtoit homme d'eſprit, & verſé dans cette ſcience, & ſon premier Medecin, Auguſtin Corade, qui exerce ſon art auec tant de bon-heur; mais encore Monſ. l'Abbé de Belozane, & quelques autres. Toutesfois ayant poſé le Siſteſme de noſtre monde, tel qu'il eſt, ſelon l'opinion des plus ſçauans Aſtronomes: & l'ayant repreſenté comme vn petit Globe dans le vuide immenſe, où il y en pourroit auoir vn ſi grand nombre d'autres, puis que chaque Eſtoile du Firmament en peut conſtituer vn, où elle ſeroit comme ſon Soleil: & que ſi quelque Ange nous portoit au deſſus de ces Eſtoiles entourées de Planettes, comme les noſtres, qui ſeroient autant de corps ſolides & opaques, nous en pourrions découurir d'autres au deſſus de noſtre foible vuë dans des diſtances inegales, leſquelles auec tout noſtre ſçauoir, nous ne ſommes pas capables de meſurer, comme leurs mouuements nous ſont inconnus, & ne le ſçauroient eſtre à l'eſprit humain: que meſmes par le moyen de nos teleſcopes ou lunettes, nous decouurons de temps en temps des Planettes inferieurs autour des plus grands, qui se trouuent dans nostre monde solaire, comme les quatre Satellites autour du Globe de Iupiter, dont les vicissitudes nous sont imperceptibles : que les plus grands Astronomes ne sçauroient predire asseurément en chaque climat la pluye ou le beau-temps, ce qu'il ne faut pas douter, qui ne soit beaucoup plus de leur iurisdiction que la fortune des hommes, ou les autres choses contingentes : que les mouuements celestes, qui sont si diuers, & en si grand nombre, ne se trouuent iamais de mesme façon, par la raison des combinations qui sont presqu'infinies, quoy que nous en connussions quelques-vns separément : que par les principes mesmes des [illegible]logues, qui font ceder le foible au fort, & le particulier au general, il n'y a point de certitude en leur science : & que les plus grands hommes dans tous les siecles n'en ont point fait d'estat, & s'en sont moquez; ie ne vis pas que toutes les repliques que ces Messieurs peurent faire à toutes ces considerations, fussent capables de me faire changer d'auis, ni aussi que ie les eusse pû obliger d'estre du mien.

1643.

C'est ainsi que nous agitions tous les iours quelque belle question, pour le diuertissement de celle qui nous ordonnoit de parler, & qui se plaisoit en cette sorte d'entretien. Ayant fait dessein de voir Dieppe, auant que de s'en retourner à Paris, elle y mena M. de Belozane & moy, auec Mesdemoiselles de Fruges & de Langeron, filles de beaucoup d'esprit. Ce voyage fut agreable & diuertissant; & la ville de Dieppe me parut belle, dans vne situation basse, sur le bord de la Mer, & d'vne petite riuiere qui tombe dedans, où abordent les vaisseaux, quand le flus en grossit le canal. Elle y fut trois iours entiers : la Noblesse du païs luy fit des visites, & le Gouuerneur la traita splendidement dans le Chasteau, qui de la montagne où il est assis, decouure d'vn costé vne plage merueilleuse, & de l'autre vn païsage fort diuersifié.

Dieppe.

Là, ie meditai sur le flus & le reflus de la Mer : i'admirai ce mouuement naturel, dont les causes nous ont esté si

Le flus & le reflus de la Mer.

1643. peu connuës iusques à present : & ie m'informai de quelques-vns, qui auoient voyagé aux Indes occidentales, si au mesme temps que nous auons icy le flus, les costes de ces païs-là n'ont pas le reflus, comme si l'eau se balançoit tantost d'vn costé, & tantost de l'autre ? Mais les vns ne m'en pûrent rien asseurer, & les autres m'affirmerent que le flus & le reflus se faisoient en mesme temps de part & d'autre; De sorte que si cela estoit, ie conclus qu'il falloit de necessité que la Mer s'enflast, ou par vne certaine rarefaction, ou par des vents cachez, qui luy donnent, comme à vn grand corps, vne espece de respiration.

Vaisseaux à la rade.

Nous y vismes de grands vaisseaux à la rade, à vne lieuë de-là, où Madame la Princesse Marie ayant eu la curiosité d'aller, elle se mit dans vne chaloupe de pescheur: mais le vent se leua, & la flotte partit deuant elle, tirant deux coups de canon; de sorte qu'elle ne la pût ioindre, & s'en retourna fort à propos auec la Marée qui finissoit, pour euiter vn grand danger. Cela me fit souuenir d'vn songe que i'auois eu la nuict precedente, pour vn certain debordement d'eaux, que ie m'estois imaginé, comme il arriue assez souuent.

Le feu en deux maisons à Forges.

Elle s'en retourna par Forges, où le feu s'estant mis la nuict à deux maisons proches de la sienne, chacun se leua precipitamment, & nous admirames auec effroy le rauage qu'il y fit en peu de temps: mais son Altesse genereuse, donna de l'argent aux proprietaires pour les rebastir. Elle partit deux iours apres pour s'en reuenir : & pour faire plaisir à Monsf. le Marquis de Vardes, & à Madame la Comtesse de Moret sa femme, qu'elle estimoit beaucoup, elle fut coucher à Vardes, qui n'est qu'à vne petite lieuë de Gournay.

Vardes.

Grand souper.

Ce Seigneur vint au deuant d'elle, la receut magnifiquement, & luy fit le plus long & le plus somptueux souper que ie vis iamais. Il y eut iusques à quatorze seruices: & quoy que ce fust vne chose assez extraordinaire, si est-ce que leur extreme politesse, à laquelle on ne s'attendoit point du tout, ne permit pas qu'on en gust du degoust:

comme il fust peut-estre arriué, si on l'eust premedité, joint que toutes choses d'ailleurs y furent si diuertissantes par le bon entretien du Maistre du logis, que le temps qui y fut employé, ne dura non plus qu'à vn repas ordinaire, où l'on a beaucoup d'appetit. 1643.

Le lendemain Madame la Princesse Marie vint à Trie, maison de Monsf. de Longueuille, où elle auoit esté en allant, passa par Gisors & par Pontoise, où elle visita les Carmelites & vit le Seigneur Montaigu Anglois, dans la maison qu'il auoit si bien appropriée aupres du Chasteau, & se trouua de retour à Paris vers la fin du mois de Septembre.

La mort de M. l'Abbé de S. Ciran.

Bien-tost apres M. Hilerin Curé de S. Merry, qu'elle auoit vû à Forges, & dont elle estimoit l'esprit & la pieté, luy vint dire la nouuelle de la mort assez precipitée de M. du Verger de Haurane Abbé de S. Ciran, qui ne luy estoit connu que de reputation ; mais qu'elle desiroit voir, & luy tesmoigna qu'elle estoit touchée d'vne perte si considerable. I'auouë aussi qu'elle me fut bien sensible, par la grande opinion que i'auois conceuë de ce personnage, quoy que ie n'eusse parlé à luy que cinq ou six fois : mais dés la premiere fois que i'eus le bonheur de son entretien, ie conceus pour luy toute l'estime qui estoit duë à vne personne de son merite & de sa haute erudition. Il me fit aussi vn honneur qui semble peu de chose ; mais que i'ay tousiours fort cheri, qui fut de desirer de moy quelque tableau de deuotion pour gage d'amitié. Ie le priai d'auoir agreable le portrait d'vne Teste de Saint Iean dans vn bassin, que portoit la fille d'Herodias. Il en fit estat, pour l'amour de cela mesmes, & la gardée iusques à sa mort, qui fut l'onziesme iour d'Octobre 1643.

Son Cōuoy funebre.

I'assistai à ses funerailles, qui se firent par les soins de M. de Barkos son Neveu, & de M. d'Andilli son Ami, dans l'Eglise de S. Iaques du Haut-pas sa Parroisse, où il fut inhumé dans vn cercueil de plomb au costé de l'Autel. Six Prelats honorerent son Conuoy de leur presen-

1643. ce, sçauoir Monſ. l'Archeueſque de Bordeaux, & Meſſ. les Eueſques de Belay, de Valence, d'Aire, d'Vtique Coadjuteur de Montauban & de Calcedoine, qui officia.

La Reine Regente donna ſon Abbaye à Monſ. de Barkos ſon Neveu, l'ayant refuſée à quelques perſonnes de condition qui l'auoient demandée, pour l'eſtime qu'elle faiſoit du defunct. Ie fus choiſi auec M. de Marcheuille, Seigneur d'vne vertu exemplaire, pour atteſter de ſes vie & mœurs deuant M. le Nonce: en ſuitte dequoy il obtint ſes Bulles de ſa Sainteté, & a reſtabli dans ſa Maiſon la diſcipline reguliere, en ceux meſmes qui ne portent point d'autre habit que de perſonnes ſeculieres. Noſtre Prouince ſe glorifie du nom de feu Monſ. de Saint Ciran ſon Oncle, le Dioceſe de Baïonne eſt honoré de ſa naiſſance, & Paris garde les cendres de cet illuſtre defunct.

Madame la Princeſſe Marie dans la retraite, pour la pieté.

Depuis ce temps-là, Madame la Princeſſe Marie qui auoit touſiours eu beaucoup d'inclination à la pieté, ſe mit entierement dans la deuotion, & choiſit pour cet effet des Directeurs ſeueres, qui luy conſeillerent la retraite du grand-monde, auec vn retranchement de beaucoup de ſuperfluitez qui accompagnent d'ordinaire les perſonnes de haute condition; c'eſt-pourquoy, elle vit beaucoup moins de compagnies qu'elle n'auoit accoutumé, & ſe renfermoit ſouuent auec de bonnes Religieuſes, pour eſtre moins diſtraite dans ſes Oraiſons, & vaquer aux fonctions d'vne ſolide pieté.

Ma verſion des Pſeaumes & des Heures de Noſtre-Dame.

Cependant pour eſſayer de ſuiure l'exemple d'vne vertu ſi conſommée, toute ſa Maiſon ſe porta au bien, & ie commençai dés-lors ma Verſion des Pſeaumes & des Cantiques, auec celle des Heures de la Sainte Vierge, dont Monſ. le Chancelier octroya le Priuilege du Roy dés le 21. iour de Nouembre 1643. & le Liure des Pſeaumes, que ie dediai à la Reine, fut acheué d'imprimer le premier iour de Mars 1644. Ces Liures, & ſur tout celuy

1644. des Heures de Noſtre-Dame, ſont les premiers de cette qualité,

qualité, apres ma Semaine-Sainte en François, qui ayent esté imprimez & publiez, auec Approbation des Docteurs & Priuilege du Roy; de sorte qu'il y en a eu plusieurs e'ditions, & ils ont fait la planche à d'autres qui sont venus depuis. 1644.

Or comme le naturel doux de cette Princesse a toûjours esté facile à croire les miracles aussi bien que Monseigneur son Pere, qui par vn principe de pieté les admettoit presque tous; vn iour qu'on luy raporta qu'vne enseigne du Pont Nostre-Dame, où il y auoit vne Vierge peinte, auoit versé du sang d'vne blesseure qu'vn Impie, ou vn Heretique luy auoit faite en dechargeant vn pistolet, elle en estoit desia persuadée, quand ie l'asseurai que cela n'estoit point, & qu'il ne pouuoit estre dans les desseins de Dieu, qui ne fait point de miracles que pour authoriser quelque verité importante qui tende à sa gloire; ce qui ne se voyoit point icy, où le miracle ne seruiroit de rien: mais cela ne fut pas capable de l'empescher de croire la deposition de force gens, qui luy en parloient tous comme tesmoins oculaires, adioutant que cinquante mille personnes l'auoient vû comme eux; de sorte que pour la contenter, apres luy auoir dit qu'il falloit tenir pour maxime, qu'en matiere de superstition, le peuple ne voit pas mesme ce qu'il regarde, ie m'en allai sur les lieux pour m'en informer plus exactement, & se trouua bien qu'on auoit tiré vn coup de pistolet dans l'enseigne, sans y penser; mais tout le reste estoit fabuleux, en quoy ie ne fus nullement trompé: toutesfois on ne laissa pas d'en faire vne Image en taille-douce, que i'ay euë entre les miennes; mais enfin on en a supprimé la planche.

Le conte fabuleux d'vne enseigne qui auoit versé du sang.

La superstition s'attacha depuis à vne autre petite Image de la Vierge, qui estoit contre vne muraille dans la ruë S. Honoré, aupres du Conuent des Capucins; de sorte qu'on y venoit de toutes parts, & des gens y faisoient des pelerinages pieds-nuds, & passoient des iournées entieres à genoux deuant elle. Mais enfin les Peres

La superstition du peuple.

Capucins l'osterent de-là, & par ordre de Monf. de Paris, ils la mirent dans vne Chapelle de leur Eglise. Ce ne seroit iamais fait, si l'on vouloit dire toutes les sottises du peuple en ces matieres-là, quand il n'est pas éclairé de la parole de Dieu: & s'il y est tant soit peu secondé, il ne faut pas douter qu'en ce genre-là, il ne se porte bientost à d'étranges excez.

1644.

Images en taille-douce.

DIeu m'a fait la grace que pour aimer les Images, ie n'y ai point mis de superstition, & i'en ai fait vn recueil si prodigieux, qu'elles se montent à plus de soixante & dix mille; mais c'est d'images en tailles-douces sur toute sorte de suiets. Ie commençai à m'adonner en cette sorte de curiosité dés l'année 1644: & ie l'ai si bien cultiuée depuis ce temps-là, & auec si grande depence pour moy qui n'ay pas beaucoup de bien, que ie puis dire sans exaggeration, en auoir de tous les Maistres qui se sont pû trouuer, tant Graueurs que Dessinateurs & Inuenteurs, qui sont en nombre de plus de quatre cents.

I'y ai rangé les Liures de cartes, d'escritures, d'architecture, de fortifications, de sieges, de circonuallations, de batailles, de combats singuliers, de guerres nauales, de pieces maritimes, de païsages, de villes, de chasteaux, de mers, de fleuues, de fontaines, de puits, de vases, de iardinages, de fleurs, de ruïnes, de perspectiues, d'horloges, de cadrans, de machines, d'orphevrie, de menuyserie, de grauures en fer & en cuiure, de broderie, de dentelles, de grotesques, d'animaux, d'habits de Nations, d'anatomies, de portraitures, de cartouches, d'antiques, de bas-reliefs, de statuës, de cataphalques, de tombeaux, d'epitaphes, de pompes funebres, d'entrées de villes, de caualcates, de deuises, d'emblemes, de Nauires, de pieces de cabinet, d'arbres, de fruits, de pierreries, de Dances, de Ballets, de Comedies, de Bacchanales, de Chasses, de faceties, d'Armoiries, de Tournois, de massacres, d'executions, de supplices, de diuers ieux, de fables heroïques & morales, d'histoires diuerses, de vies de Saints, de Martires, de pieces de la Bible, de diuers Ordres Religieux, de Theses grandes & petites, & de plus de dix mille portraits, sans compter plus de six vingt volumes de Maistres, entre lesquels sont, *pour l'Italie*, Augustin Venitien: Augustin Carrache: André Mantegne Mantuan, le plus ancien Graueur d'Italie: André del Sarte, Florentin: Andrea Semino, Geneuois: Andrea Andreatini, Mantoüan pour le clair obscur: Andrea Potesta: Antoine Gentilesque: Antoine de Correge: Antoine Tempeste Florentin, pour l'eau forte: Angelo Bronzino, Florentin: Adam Scoltor, Mantuan: Annibal Carrache: Baptiste del More: Benedette: Estienne de la Belle: Baccio Bandinel: Baltazar Prerrucci, Siennois: Barthelemi Passarote, Bolognese: Bernardino Campi, de Cremone. Bocalini: Camille Porcacin: Caralius: Cherubin Albert: Campagnola: Capitelli: Castiglionus, Genouese: Dominique Barbiere, Florentin: le Dominicain: Il Duche: Eneas Vicus, de Parme: François Mazzolin, Parmesan: François Saluiati, Florentin: François Vannius, de Sienne: François Bologne Florentin, Abbé de S. Martin: François Villamene, Romain: Frederico Zuccharo, & Tadeo son frere: Frederic Barroche, d'Vrbin: Ferrando Fezonio, de Faïance: François Merlini: François Maffei: Hercules Ferrariensis: Sebastiano d'el Piombo, Venitien: Iulio Clouio, de Croacie: Iules Bonasone: Iean Baptiste Franc, Veronese: Iean Baptiste Fontane: Ioannes Baptista Caualerius: Ioannes Majus, Romain: Ierosme Mucian, de Bresse: Guerchin: Gorge Vassari: Giorgione de Castel Franco: Girolamo Porro Paduano: Guy Bolognese: Iosepin: Iean Baptiste Mantuan: Iulles Romain: Iulio Campi, de Cremone: Diana Mantuana: George Mantuan: Iaques Palme, Iaques Tintoret, Iaques Bassan, & Iaques Palmette, tous quatre Venitiens: Iaques Vignole: Leonard d'el Vins, Florentin: Leon d'Auesne: Lombard Lomb: Lobella: L'Hespagnolet:

1644.

Italiens.

1644. Lælio da Nouellare. Laurentius Garbetius: Luc Cangiase, de Gennes: Lucas Penis, Romain: Louys Carrache: Louys Dominicain, Florentin: Martin Basse, Milanois: Michel-Ange Bonarote, Florentin: Martin Rota: Michel-Ange de Carauage: Marc-Antoine: Mazza: Michel-Ange Marolli: Marcellus Venustus; Nicolo Peres: Nicolo Nelli: Nicolas Beatricius: Nicolas Florentin, Odeart Fialetti: Paul Veronese: Paul Farinate: Perrin d'el Vague, Florentin: Pompeïo Aquilano: Pietre Perrugin: Pietre Teste: Pietre de Cortone: Paulus Nardinus, Romain: Pietro Paulo Tozzi: Peregrinus Bononiensis: Paulus Gratiani: Polydore de Carauage: Raphaël d'Vrbin: Raphaël de Regge: Raphaël Guidi: Raphaël Schiaminese: Robetta: Torellus Saraina, de Verone: Rosso Florentino: Sebastiano Serlio: Strada: Suauius: Siluestre de Rauenne: Sophonisba Gentil-dona de Cremone: Titian: Ventura Salimbene: Vincent Scamozzi Venitien: le Valesio: Zacharias Dolendo: *Pour l'Alemagne & les Païs-bas.* Albert Durer: Alde Graue: Abraham & Charles Bloemar, Adrian Colar: Adrian Vriez: Antoine, Iean, & Ierosme Vvirix: Augustin Ostade: Adrian Soulers: Breugle: Barbé: Baliu: Bockland: les Maistre au Caducée: le Maistre aux Chandeliers: Crispin, Crispinian, & Magdelaine Passe: Bauur: Corn Corn, harlem: Corneille Cort: Corneille & Theodore Galle: Claude Danchers: Clock: Crispin Queborne: Dominique Custos: le Delf: Deypenbeck: Does: Ferdinand Franc-flore: Falck: François Pourbuz: George Pens: le Gout: Goltzius: Greutter: Gilles, Iean, Raphaël & Iuste Sadelers. Georges Moestaer: Grebber: Georges Geldorp: Hopfer: Holbeins: Hondius: Hemskerck: Hollar: Herman Muller: Huber Gerard hollandois: Iacob Bens: Iean Bolsuuert: Iordans: Iaques de Ghein: Isachs: Ioannes ab Ach: Iuste d'Egmont: I. Zancha Polonois: Iean Rotenhamer: Iosse de Vinghe: Ioseph Heins: Iean Liuens: Iean Ditmer: Lucas de Leyden: Lucas Cronis. Lucas Vosterman: Lindouen, Ki-

Almans & Flamans.

lian : Mathan : Michel Mireuel : Michel Sniders : Martin de Vos : Matthieu Greutter : Matthias Kager : Michel Coccien : Maubeuse : Merian : Malery : Moncornet : Michel Natalis : Paul Rubens : Paul Pontius : Otho & Gilbert Venius : Pierre Iode : Pierre firens : Pierets : Paul Bril : Nicolas de Brun : Quelinus : Robert Pr. pal. Reinbrand. Stachade : Suinderoph : Schut : Soutman : Spranger : Stradan : Saenredan : Spirinx Teniers : Theodore de Bry : Vandeich : Vanulich : Van veld : Van mol : Vanlochon : Vanmerln : Van Broon : Valdor, & autres. 1644.

Pour la France, & la Loraine : Abraham Bosse : l'Aleman : Augustin Quesnel : Adrian Souler : Belange : Bunel : du Brueil : Blanchar : le Brun : Brebiette : Boucher : Bourdon : Boulanger : Briot : du Bois : Claude Vignon : Claude Melan : Couuai : Champagne : Chapron : Charpignon : Corneille : Caron : Claude la Dame : de Courbes : Charles & Iean Sarasin : Claude le Lorain : Charles Audran : Daniel du Mourier : Daniel & Iean Rabel : Denisot : Estienne de Laune : Estienne Moreau de Rheims : Ecman : Eustache le Sueur : Erar : la Fage : Freminet : François Perier : François Chauueau : François Dellarame : François Peintre de Tours : François & Iean Poilli : Frosne : Gilles Rousselet : Georges Huret : Guillaume Perelle : Ganiere : des Hayes : la Hyre : Herman : Herbin : Hierosme & Claude Dauid : Iacob de Bie : Iaques Calot : Iean Morin : Iaques Stella : Sebastien Vouillemont : Iean Marot : Iaques Toutin : Iaques Grand-homme : Iaques du Cerceau : I. Picart : Iean Trochel : Langot : du Loir : Lenfant : Leonard Gaultier : Michel l'Asne : Michel Dorigni : Matthieu : Mignar : Melchior Tauernier : Nanteuil : Nicolas Cochin : N. Preuost : N. Regnesson : N. de Son : N. Perei : Nocret : Perret : le Poussin : Pierre Daret : Pierre Scalberge : le Paultre : Philippe Thomassin : Remy Vibert : Ragot : Robert Boissart : Simon Vouhet : Siluestre : Tetelin : Thomas de Leu : & plusieurs autres. François.

1644. I'ay aimé cette sorte de curiosité dés les premieres années de ma ieunesse ; mais ie ne l'ai point cultiuée que depuis le temps que i'ay marqué : & de ce que ie l'ai preferée à la passion des tableaux, dont i'ay fait aussi beaucoup d'estime, c'est que ie l'ai trouuée plus proportionnée à mes forces, & qu'elle sert dauantage que celle des tableaux à croistre les Bibliotheques, puis qu'on en fait des liures. Que si nous auions en France vne douzaine de Curieux en ce genre-là, & sur tout entre les gens de condition, à qui les richesses ne manquent point, il ne se trouueroit pas assez de tailles-douces pour les contenter, & les œuures de Lucas, d'Albert Durer, de Marc-Antoine, & des petits Maistres, que nous acheptons des quatre & cinq cents escus chacunes, quand elles sont parfaites, en vaudroient trois fois autant : ce qui à peine seroit croyable à nous mesmes, si l'experience ne nous en auoit conuaincus. Cependant les pieces les plus cheres, sont celles qui trouueroient le plus de debit parmi les Curieux : & ceux qui ont esté vne fois touchez de cette sorte d'affection, ne la sçauroient presque abandonner, tant elle a de charmes par son admirable varieté. Il me semble que les Princes & les Seigneurs qui font des Bibliotheques, n'y deuroient pas negliger ces sortes d'ouurages, qui en valent bien d'autres, & qui contiennent vne partie considerable des belles connoissances sur diuers suiets : mais ie n'en connois aucun qui s'en soit encore auisé ; si ce n'est pour les Medailles, & pour quelques liures de fleurs, d'Architectures, de Geographie, de Machines & de Mathematiques.

Ayant perdu dés l'année precedente vn illustre Amy, personne de condition, que i'honorois beaucoup, M. le Baron de * Neuui, qui depuis qu'il eut quitté la sotane pour prendre l'espée, signala son courage & sa valeur, & fut tué à la bataille de Rocroy ; celle-cy me procura la precieuse connoissance de Monsr. l'Abbé d'Estrées, par le moyen de Messr. ses Oncles de Bethune, &

* C'estoit le Frere puisné de Monsr. le Marquis d'Heruaux.

M. l'Abbé d'Estrées.

M. l'Euesque de Maillezais, quand il soutint auec tant de gloire des Theses en Grec & en Latin, sous le Professeur Duleus, & qu'ayant souffert l'examen de M. le Chancelier de l'Eglise de Paris, qui eut grand suiet d'admirer ses reponses, il receut auec beaucoup de loüanges les enseignes honorables du degré où il aspiroit dans l'Vniuersité. Depuis ce ieune Prelat, orné de toutes les vertus de l'ame, aussi bien que des belles qualitez du corps & de l'esprit, se rendit en peu de temps capable de repondre sur les bancs de Theologie, pour entrer en Licence, où il fit tous ses Actes auec vn succez merueilleux, ayant eu pour tesmoin du premier, son Altesse Royale, bien que les Theses ne luy fussent pas dediées, mais à son Eminence Mons. le Cardinal Mazarin. Depuis, ses merites, autant que sa naissance illustre, & le credit de M. le Mareschal son Pere, l'ont éleué à la dignité Episcopale, ayant esté nommé par le Roy à l'Euesché de Laon, vacant par la mort de M. de Nangis, qui auoit succedé à son frere Philbert Brichanteau, Abbé Regulier de sainte Geneuieue. L'estime qu'il fait de M. de Launoy Docteur en Theologie, l'vn des premiers hommes du siecle en science & en probité, est vne marque de son iugement : Et certes ayant vn tel personnage aupres de luy, il ne le peut conseruer auec trop de soin : c'est vn tresor qui ne se peut assez cherir : & quand le vertueux & sage Ecclesiastique M. Salei, qui a pris tant de soin de ses premieres Estudes, ne luy auroit point rendu d'autres seruices, que de luy auoir donné vne si bonne connoissance, il luy seroit assez obligé d'vn si grand bien qu'il luy a procuré. Ie me ressouuiens auec ioye d'auoir écouté en ma ieunesse les mesmes Professeurs que luy : Nous auons estudié ensemble sous le Regent Pâris, dont i'ay parlé au commencement de ces Memoires ; & comme il estoit tousiours des meilleurs Escoliers de la Classe, ie puis croire qu'il a gardé le mesme auantage entre ses Confreres d'vne Eglise illustre, & que sa capacité le luy conseruera en quelque lieu qu'il se trouue. Pour M.

1644.

M. de Launoy.

1644. de Launoy, outre la reputation qu'il s'est acquise dans les Lettres Saintes, par vne estude assiduë & profonde qu'il a faite iusques icy, ses escrits & sa conuersation, l'ont fait assez connoistre. Il a trouué l'art de decouurir les veritez les plus cachées: & ceux qui les aiment, luy en sçauent autant de gré, que les gens qui sont incapables de les reconnoistre & de les honorer, ont crû auoir de suiets de se plaindre de luy, pour auoir fait de si glorieuses conquestes. Ils ne luy sçauroient pourtant rien reprocher: & il n'a pas esté possible iusques icy à ses Aduersaires de le conuaincre de la moindre fausseté, ni d'auoir fait vne mauuaise induction sur les tesmoignages des Escriuains touchant les points qu'il a examinés. Il est vray que tout ce que nous auons vû de luy, est peu de chose en comparaison de ce que nous en deuons esperer, s'appliquant, comme il fait, à des estudes tres-serieuses sur des suiets importants, mais les plus habiles y trouueront tousiours beaucoup à profiter, soit en sa methode, soit en la connoissance certaine des choses, dont l'Eglise pure ne trouuera pas moins de suiet de se glorifier, que la superstition infame en aura de s'affliger.

M. le Prince Casimir de Pologne.

QVelque temps apres, le Prince Iean Casimir, Frere d Vladislas quatriesme du nom, Roy de Pologne, estant sorti du Bois de Vincennes, où il fut amené des frontieres du Royaume, parce qu'il dissimuloit sa qualité, voulant passer en Espagne, dont l'on pût croire qu'il prenoit les interets contre la France, i'eus l'honneur de l'aller salüer en son logis, qui estoit l'Hostel des Ambassadeurs extraordinaires, & de luy faire compliment de la part de Madame la Princesse Marie. Il receut cette ciuilité à beaucoup de faueur, me tesmoigna l'estime particuliere qu'il faisoit de cette Princesse, dont le merite, & la reputation luy auoient donné tant de passion de la voir: & de fait, sans attendre qu'il eust salüé le Roy, (car il ne l'auoit point encore vû depuis sa sortie du Bois de Vincennes) il la vint visiter le lendemain, *incognito*,

incognito, si l'on peut vser de ce terme, pour éuiter la ceremonie, où ie ne laissai pas de l'aller receuoir au bas du degré, comme vn Seigneur de grande qualité, que trois ou quatre Gentils-hommes suiuoient. Il fut vne bonne heure en conuersation auec elle, & me fit l'honneur de me témoigner en descendant, le rauissement qu'il auoit eu de tant de perfections qu'il auoit vuës en vne seule personne. 1644.

Il y reuint depuis auec toutes les marques de sa dignité, accompagné du Comte Konopaski, l'vn des plus agreables & des plus accomplis Seigneurs, ie ne dirai pas seulement de sa Cour; mais qui eussent paru depuis fort long temps parmi nous : & si la mort ne l'eust point préuenu en la vigueur de son aage, comme il s'en retournoit en son païs, à la suitte de son Prince, il y eust esté honoré des plus grandes charges de l'Estat. Il auoit embrassé la condition Ecclesiastique, dans laquelle il auoit trouué des Abbayes considerables, & pouuoit aspirer aux premiers Eueschez.

Konopaski.

Cependant la Reine de Pologne, Cecile Renée d'Autriche, fille de l'Empereur Ferdinand, vint à deceder, ne laissant qu'vn fils vnique, le Prince Sigismond Casimir, qui mourut depuis en bas aage: & le Roy Vladislas quatriesme du nom, se voyant Veuf, reprit facilement les premieres inclinations qu'il auoit euës quelques années auparauant pour Madame la Princesse Marie, dont la beauté & les grandes qualitez estoient admirées de toute la terre: car il est vray qu'on auoit parlé de ce mariage dés le viuant du Roy Sigismond, & de M. le Duc de Mantouë, quand il n'estoit encore que Duc de Neuers, & qu'Vladislas n'estoit encore que Prince de Pologne. Mais l'aage peu auancé de la Princesse, outre les diuers troubles qui s'esmeurent dans cet Estat, & les recherches qu'en fit Son Altesse Royale, Monsf. le Duc d'Orleans, empescherent alors l'accomplissement de ce dessein.

Cecile Renée, Reine de Pologne.

Vladislas IV. Roy de Pologne.

Le Roy de Pologne en fit donc parler, & la cho-

1644. Traité du Mariage de Pologne. ſe fut menagée auec tant de prudence, & de diſcretion, que la Cour l'eut non ſeulement agreable; mais qu'elle y trouua encore ſes interets, pour la gloire de l'Eſtat.

Palatin de Pomeranie. Le Seigneur Gerard Comte d'Enhof, Palatin de Pomeranie, fut enuoyé Ambaſſadeur expres pour en acheuer la negotiation & le traité de Mariage, qui fut enfin ſigné le 26. iour de Septembre 1645. à Fontainebleau,
1645. par Guenegaut, & de Lomenie Secretaires d'Eſtat, en preſence de leurs Majeſtez, & de pluſieurs Princes & Seigneurs, où aſſiſterent auſſi les Cardinaux Bichi, & Mazarin: & fut dit que la dot de la Princeſſe Marie Louyſe de Gonzagues & de Cleues, mariée comme vne fille de France, ſeroit de ſept cens mille eſcus.

Ie n'en vis pas la ceremonie, parce que ie ne fus point à Fontainebleau; mais i'en ai ſceu toutes les particularitez: & quelque temps apres le Seigneur Opalenski, Palatin de Poſnanie, Ambaſſadeur extraordinaire du Sereniſſime Roy de Pologne, vint en France, accompagné de l'Illuſtriſſime Seigneur Iean de Leſnau Eueſque de Varmie, auec vn mandement ſpecial pour eſpouſer Madame la Princeſſe Marie au nom de ce Roy.

Palatin de Poſnanie.

Ambaſſadeurs. L'entrée de ces Ambaſſadeurs, qui fut magnifique, ſe fit à Paris au mois d'Octobre, & parut d'autant plus éclatante qu'elle ſe vit aux flambeaux, & que les Ambaſſadeurs auec toute leur ſuitte, eſtoient richement veſtus à la mode de leur païs; ce qui embellit merueilleuſement la Caualcate. Ils vinrent loger à l'Hoſtel de Vendoſme: & dés le ſoir meſmes, le Palatin & l'Eueſque, ayant demandé vne audience ſecrette de Madame la Princeſſe Marie, auant meſmes que d'auoir ſalüé le Roy, ie les allai receuoir de ſa part au bas du degré, & leur fis compliment en Latin. Ils me repondirent en la meſme langue, qui leur eſtoit familiere, & furent receus ſans ceremonie, auec cet air maieſtueux & doux, que l'on a toûjours tant admiré en cette Alteſſe, qui commença dés lors à receuoir le tiltre de Majeſté, que ces Seigneurs

Audience ſecrette.

luy donnerent dans le dessein du Roy de Pologne, & dans la vuë de ce qui s'en estoit desia passé à Fontainebleau 1645.

Deux iours apres, ils y reuinrent en ceremonie, & i'eus l'honneur de les complimenter encore à la descente de leur carrosse, leur tesmoignant la ioye qu'auroit Madame la Princesse de voir leurs Excellences qui la « visitoient de la part d'vn si grand Roy, dont elle ne se « tenoit pas moins glorieuse, qu'elle auoit de desseins de « luy plaire, & de le seruir. Qu'au reste, elle sçauoit le me- « rite particulier & la condition de leurs personnes, & « qu'elle m'auoit commandé de leur dire, par auance de « sa part, l'estat qu'elle en faisoit: mais qu'elle en reser- « uoit beaucoup plus de ressentiments en son cœur, qu'el- « le ne se pouuoit promettre elle-mesme de leur en pou- « uoir exprimer. La Replique des Ambassadeurs fut pleine de ciuilité: & la chambre où ils furent receus, parée des meubles de la Couronne, comme tout le reste du logis, se trouua remplie de Dames & de grands Seigneurs, qui peurent tesmoigner de la grace nompareille auec laquelle la Princesse qui se voyoit à la veille d'estre Reine, les vint recüeillir à la porte de sa chambre, où elle estoit venuë de sa place qu'elle occupoit sur vn haut dais, dans la balustrade de son lit.

Visite en ceremonie.

L'entretien en fut agreable, & les personnes de condition qui s'y trouuerent, aiderent fort à faire les honneurs de la maison, qui ne desemplissoit point. Cela dura huict ou dix iours de la mesme sorte: & la veille de la grande ceremonie, Madame la Princesse de Condé, qui depuis quelques années auoit fait vne liaison d'amitié fort estroitte auec Madame la Princesse Marie, la vint visiter, & soupper en familiarité auec elle, luy disant mesmes qu'apres cela, il ne luy resteroit plus que l'honneur de la suiure par tout: mais qu'elle ne vouloit pas laisser échapper le peu de temps qui luy restoit pour prendre encore les auantages que son rang & sa qualité luy donnoient.

Visite de Madame la Princesse de Condé.

1645. Aneau de la part du Roy.

Le lendemain dés les huict heures du matin, vn Pere Iesuite Polonois luy apporta de la part du Roy de Pologne, vn diamant de vingt-cinq mille escus: & luy ayant fait son compliment en Latin, ie l'expliquai à son Altesse, qui remercia le Roy d'vn si noble present, & dit au bon Religieux; qu'elle receuoit auec respect le gage de l'affection d'vn si grand Prince, & qu'elle le garderoit cherement pour l'amour de luy.

Ceremonie des Nopces Royales.

Puis estant habillée, quand elle se fut rangée au Palais Royal, où se deuoit celebrer la ceremonie de son Mariage; l'heure en estant venuë, & toutes choses se trouuant prestes pour cela, dans la Chapelle du Palais, qui ioint la gallerie d'en-haut; le Roy & la Reine l'y amenerent par la main, passerent deuant elle, & le Palatin de Posnanie entra en suitte, accompagné de Son Altesse R. Monseigneur le Duc d'Orleans. Là, donc en presence de Mons. le Cardinal de Lyon, Grand-Aumônier de France, & de M. l'Archeuesque de Tours, premier Aumônier de Mons. le Duc d'Orleans, de M. l'Euesque du Puy premier Aumônier de la Reine, de M. l'Euesque d'Orange, tenant lieu de premier Aumônier de la Reine de Pologne, & de quelques autres Prelats & Grands du Royaume, M. l'Euesque de Varmie destiné pour faire la Ceremonie, ayant la mitre en teste, & le reste des ornements Pôtificaux, delegué pour cet effet, donna la benediction nuptiale, mit la bague benite au doigt de la Royale Espouse, & aussitost, on luy mit sur la teste vne Couronne d'or, enrichie de diamants d'vn prix inestimable, qui auec le reste de ses vestements somptueux, adioutoit vn nouueau lustre à celuy de sa beauté. Puis le Roy & la Reine luy donnerent la main droite, & assista en cet estat à la Messe, qui fut celebrée pontificalement par le Prelat qui auoit receu les promesses sacrées de l'alliance Royale, ayant derriere elle sur le bord du marchepied le Seigneur Opalinski, Palatin de Posnanie, comme derriere le Roy estoient Monsieur, son Altesse Royale Mons. le Duc d'Orleans; & derriere la Reine, Madame la Princesse de Condé, & quelques autres Dames: car ie n'ai pas bien memoire de cette particularité, quoy que ie tafchai d'y obferuer toutes chofes fort exactement, m'y eftant trouué par la permiffion qui m'en fut donnée, auec quelques perfonnes attachées comme moy dans les interets de la Reine de Pologne. 1645.

Au fortir de la Chapelle, leurs Maieftez fe vinrent mettre à table, où la plus honorable place fut donnée à la Princeffe Couronnée, entre le Roy & la Reine: du cofté du Roy, Monfieur, & fon Alteffe Royale: & du cofté de la Reine le Seigneur Opalinski Palatin de Pofnanie, & l'Euefque de Varmie.

Difné Royal.

En fuitte la Reine de Pologne fut amenée à fon Hoftel de Neuers auec vne pareille pompe, honorée de la compagnie du Roy & de la Reine: Et le peuple affemblé dans les ruës, & fur le Pont-neuf pour la voir paffer, admira l'efclat de cette Maiefté, comme vn nouuel Aftre qui brilleroit entre les feux du Ciel.

Depuis cette grande iournée, iufques à celle du depart, la Reine de Pologne fut toufiours feruie par les Officiers du Roy: elle fut vifitée en ceremonie de leurs Maieftez, de la Reine d'Angleterre, de fon Alteffe Royale, de Monf. le Prince de Condé, de Madame la Princeffe, de fon Eminence mefmes, & des Grands de la Cour. Le Parlement la vint falüer en robe rouge, où M. Molé premier Prefident porta la parole, auec fa grauité & fon eloquence acoutumée: La Chambre des Comptes & la Cour des Aides en firent autant: Le Chaftelet, la Ville auec le Gouuerneur, & l'Vniuerfité affiftée de tous fes Supots, dont le Sr. du Moutier, alors Recteur, porta la parole, & harangua en François fort eloquemment. L'Eglife de Paris, & les principales Communautez Ecclefiaftiques, fuiuirent cet exemple: & tout le Clergé de France, qui eftoit lors affemblé par fes Deputez, luy fit vn compliment fort refpectueux, par la bouche de Monf. l'Archeuefque d'Auch: & M. l'Euefque d'Orange fe tenant derriere la chaife de la Reine vn peu à cofté, à caufe de la Prelature, & de fa charge d'Orateur, luy aidoit à faire fes re-

Vifites & cõpliments en ceremonie.

1645. merciments quand il en estoit besoin, par l'ordre qu'il en auoit receu de Monſ. le Cardinal Mazarin, premier Miniſtre de France:

Elle rendit ſes viſites à leurs Maieſtez, & reconnut auec beaucoup de ſincerité les obligations qu'elle auoit à ſon Eminence, pour tous les bons offices qu'elle en auoit receus. Elle fut chez la Reine d'Angleterre, & au Palais d'Orleans, où comme l'Abbé de la Riuiere luy eut dit qu'il auoit ſouhaité paſſionnément de la voir femme de Monſieur, elle luy repartit en riant, que Monſieur n'eſtoit pas Roy, & qu'elle eſtoit deſtinée pour eſtre Reine.

La Reine de Pologne rend ſes viſites.

Au bout de quelques iours, afin de ſe repoſer vn peu de la fatigue de toutes ſes grandeurs, & vaquer à ſa pieté ordinaire, elle ſe retira au Monaſtere du Port-royal, où elle acheua de faire ſa maiſon, & de donner ordre pour l'equipage de ſon voyage, à quoy elle auoit deſia trauaillé. Premierement elle receut de la main du Roy & de la Reine Madame la Mareſchale de Guebrian, perſonne de condition, & d'vn merite extraordinaire, pour honorer ſa conduitte: Monſ. l'Eueſque d'Orange pour haranguer & parler en ſon nom en pluſieurs occaſions, qui ſe deuoient offrir ſur le chemin: & Madame d'Aubigni pour demeurer aupres d'elle, en qualité de ſa Dame d'honneur.

Madame de Guebrian.

Si le Roy de Pologne euſt trouué bon qu'elle euſt mené vn Pere Ieſuite pour ſon Confeſſeur, elle euſt infailliblement choiſi le R. Pere Haineuue, que ſes liures & ſa deuotion ont rendu celebre dans ſa Compagnie. Mais cela n'eſtant plus en ſon choix; Pour ne faire aucune choſe qui puſt deplaire au Roy ſon Eſpoux, elle eut agreable Monſ. de Fleuri, Docteur de Sorbonne, que ie luy nommai, à la recommandation de M. Hennequin & de quelques autres de mes Amis, outre que ſa pieté & ſon erudition m'eſtoient aſſez connuës pour le conſiderer de moy-meſme en cette occaſion.

Pere Haineuue.

M. de Fleuri.

Elle voulut bien auſſi que ie luy preſentaſſe vne vertueuſe femme, appellée Madame de Rançay, pour eſtre gouuernante de ses filles, dont quelques autres luy a-uoient desia parlé. Au reste, elle ne se defit d'aucuns de ses domestiques ordinaires, & les emmena tous, excepté sa vieille Dame d'honneur, autresfois sa gouuernante, appellée Madame de Breüilbaud, qui estoit malade au lit de la maladie dont elle mourut quinze iours aprés.

1645.

Elle eut la bonté d'oublier, à ma tres-humble priere, le suiet d'vne plainte qu'elle faisoit contre vn Gentil-homme qu'elle auoit mis dans l'vn de ses Chasteaux, pour n'auoir peut-estre pas conserué tout le respect qu'il deuoit à ses volontez. Elle mit en consideration l'estime que ie luy auois tousiours faite des vers de Mons. de S. Amant, qu'elle auoit ouïs quelquefois de ses Poëmes serieux auec beaucoup de plaisir, & le retint au nombre des Gentils-hommes de sa Maison, auec vne pension de trois mille liures, qu'elle luy octroya par breuet qu'elle en fit expedier expres. Elle trouua bonne aussi la recommendation que ie luy fis pour M. de Voiture, qui eut l'honneur de la seruir en qualité de Maistre-d'Hostel chez le Roy, luy ayant esté libre d'en prendre vn autre, si elle eust voulu, par le choix que luy en auoit donné M. le Prince de Condé, en qualité de Grand-Maistre; quelqu'vn ayant essayé de nuire à M. de Voiture, dans l'esprit de cette Royale Princesse, & sur tout par le iugement peu auantageux qu'on luy fit d'vne petite Poësie qu'il auoit composée cette année-là, quoy qu'elle fust tres-iolie, & digne de l'esprit de son Autheur. Elle vid auec vne douceur nompareille toutes les personnes que ie luy presentai, pour auoir l'honneur de luy faire la reuerence: me donna mesmes quelques petits emplois pour son seruice, dont ie m'aquitai auec grande ioye, & auec tout le soin qui me fut possible: me permit de faire grauer son portrait par le burin de Melan, que la Posterité aura de la peine d'egaler en le voulant imiter; & le recompença royalement de sa peine, comme elle fit ceux qui eurent le bon-heur de la seruir; & estendit ses liberalitez à plusieurs qu'elle estima en auoir besoin.

S. Amant.

Voiture.

Melan.

Cependant Madame la Princesse Anne sa sœur, se
1645. maria auec Monſ. le Prince Edoüard Palatin, qui se fit
M. le Prince Palatin. Catholique, de Protestant qu'il estoit auparauant. Ce qui ne se fit pas auec grand esclat, quoy que le parti fust sortable, & qu'il eust esté dificile de faire choix d'vne plus haute alliance pour la dignité de l'extraction. Il fut mesmes accompli si secretement à l'esgard de quelques-vns, que plusieurs de la maison ne s'en apperceurent pas; mais quand il fut connu, il fut loüé de tout le monde, & enfin aprouué de la Cour, qui n'ignoroit pas les auantages de cette Princesse, & qui sçauoit le merite & les grandes qualitez de Monſ. le Prince Palatin.

Depart de la Reine de Pologne. Quand l'equipage royal de la Reine de Pologne, fut acheué, & que le iour de son depart fut arriué, chacun prit congé d'elle: & parce que la iournée se trouua fort pluuieuse, on eust dit que le Ciel de Paris ioignoit ses larmes à celles du peuple, qui la vid partir en pleurant elle-mesme, quoy qu'elle ne sortist de son païs que pour aller monter sur le Trosne d'vn Empire florissant. Cela se fit encore auec magnificence, & le Roy la voulut accompagner luy-mesme iusques à la moitié du chemin de S. Denys, où elle fut coucher, & y seiourna mesmes deux ou trois iours, attendant que le reste de ses gens fussent prets. Nous auons sceu par la relation de son voyage, qu'a escrit auec tant de soin & de diligence M. le Laboureur, Gentil-homme de la suitte de Madame la Mareschale de Guebrian, quels en furent le succez & la magnificence; c'est-pourquoy comme ie n'y ai point eu de part, si ce n'est par les souhaits que i'ay tousiours faits pour la gloire, & pour les prosperitez d'vne si grande Princesse, ie m'abstiendrai d'en parler, n'ayant pas icy dessein d'escrire l'histoire de sa belle vie; mais seulement quelques particularitez des choses que i'ay vuës, ou qui me peuuent concerner dans vne condition priuée.

M. le Laboureur.

Depuis

1645.

Douceurs de la condition priuée.

DEpuis que la Reine de Pologne s'en fut allée, & qu'il me fut aisé de connoistre qu'elle n'auoit pas iugé à propos de me procurer des charges ou des emplois par son credit, ou par sa recommendation, ie n'eus pas de peine à oster de mon esprit la pensée de tout ce qui s'appelle *Fortune*, dans le monde, & à faire choix d'vne vie assez retirée; De sorte que ie puis dire auec beaucoup de verité, que ie ne me suis pas fort impatienté depuis ce temps-là de faire des visites de Cour, ou d'y chercher de la faueur, & mesmes de la reputation par des complaisances seruiles, ou du moins fort assiduës: car m'estant appliqué plus que iamais au souci de l'estude, il me semble que ie n'ai pas fort tesmoigné qu'il me fust resté beaucoup de passion pour tout le reste.

Reflexions sur la condition de la vie priuée.

Il fallut donc commencer à se purger des teintures que me pouuoient auoir laissées dans l'esprit les fumées de la Cour; ce qui ne me fut pas fort dificile; puis ie me priuai volontiers de tout ce qu'on appelle diuertissement du grand monde & douceurs de la vie: mais qui, pour en parler sainement, ne sont ni diuertissements solides, ni douceurs de la vie si pures, qu'il ne s'y trouue parmi beaucoup d'amertumes. La vraye Philosophie se contente de peu de chose, & celle des belles ames se passionne dauantage pour le bien public, que pour l'interest particulier. Il faut auouër neanmoins qu'il y en a peu qui soient aujourd'huy touchez de ce sentiment, & l'experience nous fait voir tous les iours, que la cause commune n'est pas tousiours la mieux deffenduë. I'ay connu des personnes de condition qui appellent pedanterie ou sotise ce qui faisoit autresfois les bons Citoyens, ou les bons François. Ces illustres Romains, à qui l'Antiquité a donné de si grandes loüanges, pour s'estre deuoüez pour le salut de la Patrie, n'auoient pas le sens-commun, si tout le monde estoit de leur auis: & plusieurs de nos Politiques aimeroient mieux que tout l'Estat perist, que d'auoir perdu le moindre de leurs plaisirs. Si quelqu'vn pouuoit

1645. auoir toutes les charges & tous les Benefices du Royaume, il y a tel homme qui ne s'en tiendroit pas trop chargé, & n'en voudroit pas faire la moindre part à quelqu'vn. Il n'y a rien pour les gens de mauuaise fortune, que les fardeaux pesants, & ceux qui sont en authorité, accablent les foibles, ou n'ont pas grand souci des choses qui les concernent. Ils ne veulent rien auoir de commun auec eux, ou du moins si peu, que cela ne paroisse point du tout.

De l'habit de Prelat.

Comme ie disois quelque chose de semblable à vn Prelat parfaitement éclairé, & qui ioint la modestie & vne extreme douceur, à sa haute qualité. Au moins, me repliqua-t-il, ne presumera-t-on rien de semblable de ceux de nostre condition, & nous sommes tous si conformes en toutes choses, qu'osté la iurisdiction que nous auons iugé à propos de marquer par la Croix pectorale, & par le camail que nous portons sur le rochet, & quelquesfois le violet dans l'habit ordinaire, à peine connoistroit-on quelque diference entre les Euesques & ceux du second Ordre. Ie luy repondis que c'estoit peu de chose que l'habit, & que neanmoins l'vsage y auoit mis assez de diference, quand Mess. de l'Assemblée Generale du Clergé de France n'auroient point fait vn article expres pour reseruer aux Euesques seuls la Croix pectorale, & le camail sur le rochet, à l'exclusion des Abbez qu'on appelle Commendataires, & autres Prelats inferieurs; mais que ni les vns ni les autres, ayant le pouuoir d'officier en habits Pontificaux, ne deuroient iamais porter cette Croix pectorale, selon le Ceremonial Romain, que lors qu'ils sont reuestus pour celebrer: Qu'au reste, les Abbez qu'on appelle benis, la pretendent porter egalement de droit, & que le pouuoir d'estre benis, & d'officier en habit Pontifical n'est point interdit aux Abbez, par les Concessions des Papes, ni mesmes à beaucoup de Doyens, ou de Tresoriers d'Eglises Collegiales, & que des simples Religieuses, comme celles de Monf. de Geneue, portent bien des Croix pectorales, sans pretendre de iurisdiction. Que pour le camail sur le rochet, ce n'est autre chose, que ce chaperon noir que tous les Prestres habituez dans les Parroisses de Paris portent en Hyuer sur leurs surplis: & qu'il y a lieu de s'estonner qu'on ait voulu faire vne constitution expresse de ces choses-là, qui d'elles mesmes ont tant d'indiference: & sur tout sans auoir ouï les raisons de ceux qui sans estre Euesques, y pourroient pretendre quelque droit: mais que le principal consiste à chasser les abus qui engendrent la corruption des mœurs & de la doctrine: que la superstition est vne dangereuse peste, qui met les consciences en repos au milieu des orages que suscitent les delices, l'auarice & l'ambition: qu'il y faudroit apporter vn prompt remede; mais qu'on en a peu de souci: qu'on ne s'arreste bien souuent qu'à des choses superficielles, & qu'on neglige les solides: qu'on tient mesmes pour maxime, qu'il ne faut pas tousiours détromper les peuples, & qu'il seroit dangereux de leur apprendre les grandes veritez, d'où vient que plusieurs ne veulent pas qu'ils ayent l'intelligence des prieres de l'Eglise: mais qu'il est bon qu'ils soient persuadez de tout ce qu'ils disent des Images miraculeuses, & des saintes Reliques, qu'ils ont en si grande veneration, quoy qu'on y eust mélé parmi vne infinité de fables. Ce vertueux Prelat en leua les yeux au Ciel, & dît que Dieu auroit tousiours soin de son Eglise, que cette diuine Espouse estoit sans tache, & que sa conduitte estoit infaillible; mais que cela n'empeschoit pas que les vices & l'ignorance n'y fissent des rauages prodigieux parmi le peuple, sous pretexte mesmes de pieté, sans qu'il en falust blasmer les Conducteurs, qui n'y peuuent pas toûjours remedier: & ce qu'ils pourroient auoir eux-mesmes de part en ces defauts, ne vient point de l'esprit principal qui en a le supreme gouuernement; mais de l'infirmité humaine, dont ie me sentis pleinement satisfait: Et ce que i'en auois dit, n'estoit pas tant pour former des dificultez & pour en estre instruit, que pour l'edifica-

1645. Du camail.

tion d'vne perſonne de qualité, qui attendoit ſur ce ſu-
1645. iet les reponſes de ce iudicieux Prelat; mais qui ne voulut rien prononcer ſur ce qui auoit eſté dit touchant le vingt-neufieſme article de la declaration de l'Aſſemblée, où il auoit ſouſcrit.

1646. Grande maladie.

Estant tombé malade ſur la fin du Careſme de l'année 1646. les Medecins qui me traitterent, me iugerent en tres-grand danger, ce qui fit courir le bruit de ma mort; de ſorte que quelques-vns demanderent mes Benefices: & les ayant obtenus, i'ay ouï dire, qu'ils prirent grand ſoin de s'informer de l'eſtat de ma ſanté. Mais enfin, il plut à Dieu de benir les remedes qui me furent

La Vigne.

adminiſtrez par le Sieur de la Vigne, l'vn des premiers hommes du monde en ſon art, & l'vn de mes chers amis,

Guenaud Vaultier.

ſur les ordonnances de M. Guenaud, celebre Medecin de la Faculté de Paris, & de M. Vaultier, qui deuint alors premier Medecin du Roy.

Ie fus donc remis ſur pied incontinent apres Paſques, dont ie rendis graces à Dieu, auſſi bien que de la reſignation entiere qu'il m'auoit donnée à ſa volonté, pendant le plus violent accez de mon mal, ayant eſté viſité en cet eſtat par Monſ. le Prince Palatin, bien qu'il fuſt luy-meſme indiſpoſé, par la genereuſe Madame de Choiſi de Caën, par Meſſ. les Comtes de Betune & de Charoſt, qui m'ont touſiours teſmoigné tant de bien-

M. de la Victoire.

veillance, & par M. l'Abbé de la Victoire, que toutes ſes bonnes qualitez m'ont fait connoiſtre auec tant d'eſtime, & que i'honore parfaitement.

Ie delogeai de l'Hoſtel de Neuers, pour venir de-

Mademoiſelle de Belleuille.

meurer au Faux-bourg S. Germain, où ie ſuis encore à preſent, dans le meſme logis que tient la Veuue de deux excellents hommes en leur profeſſion, les Sieurs Rabel, & de Belleuille, aſſez connus de la Cour & de toute la France, comme cette Demoiſelle ennemie des artifices & de la diſſimulation, a l'humeur ſi agreable, la conduitte ſi vertueuſe, & l'eſprit ſi bien fait, que i'auouë franchement, que i'aurois regret de la quitter, pour occuper autre-part vne plus belle maison. 1646.

Là, dans le dessein de me donner quelque honneste occupation, dans vne vie assez retirée, ie m'appliquai à faire des liures, & à composer quelques traductions des Poëtes Latins. Ie commençai par la correction de celle de Lucain, que i'auois publiée il y auoit plus de vingt ans: Lucain. ie la fis mesmes imprimer pour la seconde fois, & ie la dediai à la Serenissime Reine de Pologne, l'ayant accompagnée d'vne Epistre que ie fis sur le mesme suiet à Monf. le Duc d'Anghien, où ie pris occasion de loüer la M. le Duc d'Anghien. valeur extraordinaire de ce Prince, & de parler de ses grandes Victoires. Mais ie n'osai luy presenter cet Ouurage, quoy qu'il fust assez proportionné à son humeur guerriere. Il le receut pourtant par les mains de Monf. le Marquis de la Moussaye, qui luy en dît du bien, parce qu'il m'honoroit de son amitié; de sorte qu'il le leut tout du long, & m'en fit mesmes depuis quelque ciuilité, l'ayant vû dans vne conference sur vn point d'Histoire chez M. du Puy, où i'auois esté inuité.

M'estant vne autre fois trouué chez Monf. le Coadjuteur de Paris; comme on y vint à parler des Traductions des Poëtes, & que ce Prelat eut au`ncé qu'il ne se pouuoit persuader qu'il fust au pouuoir de quelqu'vn d'en faire vne de Virgile qui fust agreable & iuste, parce Virgile. que la beauté de ce Poëte consistoit principalement en l'elegance de l'expression, & qu'il n'y en auoit point d'autre qui en pust approcher, dont il se trouua là peu de personnes qui ne fussent de mesme aduis, ie luy dis pourtant qu'il faudroit essayer, & ne se laisser point imposer par les mauuaises versions qui auoient esté faites iusques-là de cet admirable Autheur, excepté les parcelles que nous auions du Cardinal du Perron, de Bertaud Euesque de Sees, & de quelques autres. Là-dessus, on contesta quelque temps sur le merite de ces Ouurages, puis on dît que c'estoient plustost des Paraphrases que des Versions, & que de quelque façon qu'on les voudroit nom-

mer, elles seroient tousiours infiniment au dessous de
1646. Virgile.

C'estoit bien pour mes décourager du dessein que
Ma traduction de ce Poëte. i'en auois desia conceu : toutesfois en ayant voulu faire l'experience, comme i'eus commencé par le sixiesme Liure de l'Eneïde, qui est l'vn des plus eloquents, & le plus rempli de belles choses, i'auouë que ce coup d'essay ne me deplut pas, & que i'en eus mesmes quelque sorte de complaisance par vn Amy intelligent, c'estoit Mons. Cotin, à qui ie fus bien-aise de le communiquer ; de sorte que ie m'y engageai insensiblement, & i'en acheuai l'entreprise en moins d'vn an, auec autant de ioye, par la bonne opinion que i'en auois conceuë, qu'il est dangereux d'en faire iuge le public. Ie le fis neanmoins, & peut estre auec vn peu trop de hardiesse, quoy que plusieurs personnes fort habiles, qui en auoient leu des cahiers, & entre autres M. Conrad & M. Chapelain, dont la reputation est si bien establie, m'en eussent dit tout le bien que i'eusse pû desirer.

On trauailla donc à son edition dés l'année 1648. &
1648. le Libraire qui en fit les frais, l'enrichit de figures du des-
François Chauueau. sein de François Chauueau, l'vn des excellents hommes de sa profession. Ie l'accompagnai de remarques, d'annotations, & de quelques Abbregez de l'ancienne Histoire
Abbregez de l'Histoire Romaine. des Latins, depuis le sac de Troye iusques à la fondation de Rome, & depuis les Aborigenes & le regne de Saturne en Italie, iusques aux Roys d'Albe la longue, dont Romulus estoit descendu par la Vestale Rhea Syluia, qui fut violée dans vn bois, auec vn autre Abbregé des vies des illustres Romains, tiré d'vn Liure de Cornelius Nepos, ou d'Aurelius Victor, pour l'intelligence des Histoires que le Poëte touche auec tant d'art dans son Poëme illustre. Ie n'y oubliai pas mesmes vne Carte Geographique du voyage d'Enée, & de plusieurs anciennes Villes & Prouinces, qui sont nommées dans les escrits du Poëte, auec vne explication exacte de tous les noms qui s'y trouuent : & pour luy donner plus de cre-

dit, i'en dediai l'Eneïde au Roy, à cause de l'idée naïue qui s'y trouue d'vn Prince parfait : mais les troubles qui suruinrent alors, & qui nous ietterent dans vne confusion horrible, m'empescherent de luy presenter cet Ouurage, qui fut acheué dans ce temps calamiteux, & depuis, quelque bonne opinion que i'en eusse pû conceuoir du commencement, ie ne l'ai pas iugé digne d'vn si grand Prince ; de sorte que ie puis bien croire qu'il n'en a pas seulement ouï parler. Si i'ay le bon-heur d'en faire vne seconde edition, elle sera beaucoup meilleure & plus correcte que la premiere, outre qu'il y faudra mettre le Latin, & y adiouter les Catalectes que i'ay aussi traduits : ce qui, sans doute rendra le Liure plus vtile & plus considerable qu'il n'est à present. 1648. L'Eneïde dediée au Roy.

Au reste il m'a procuré des connoissances que ie tiendrai tousiours fort cheres, puis qu'elles sont de personnes excellentes en doctrine, en douceur de conuersation, & en generosité. Ie pense en auoir nommé vne bonne partie auec honneur dans les Liures que i'ay depuis donnez au public : & ie me sens obligé par des ciuilitez pareilles à Monf. de Marka President au Parlement de Pau, depuis Euesque de Conzerans, & maintenant Archeuesque de Tholose, dans son Liure de la Concorde entre la dignité Sacerdotale & la puissance Imperiale, où il parle de moy trop honorablement touchant l'illustration d'vn passage de Glaber, qui n'a pas esté entendu par le Cardinal Baronius. C'est dans la page 646. où il traite de la fondation de l'Abbaye de Beaulieu au Diocese de Tours, par Foulques Nerra Comte d'Anjou, en l'année 996. M. Marka.

A Monf Gaudeau Euesque de Grace, & depuis Euesque de Vence, Prelat d'vn merite si rare & si connu par ses belles Poësies, dans sa Preface du Liure des Pseaumes, & dans son Histoire de l'Eglise.

A M. Menage, dans son Liure des Origines de la langue Françoise, sur le mot de *Loin*, qui signifie *Loup* en vieux-Gaulois, d'où vient que la riuiere de Loin, qui passe à Montargis, s'appelle en Latin *Lupa*.

1648. A M. de Launoy Docteur en Theologie, pour m'auoir dedié vne Dissertation du veritable Autheur de la profession de foy de Pelagius.

A M. de S. Amant, dans son Epistre diuersifiée, & dans vne autre Epistre qu'il m'a depuis addressée.

M. de Scudery, si recommendable par tant d'illustres marques qu'il a données de son esprit & de sa valeur guerriere, pour ce qu'il a escrit de moy, dans la Preface de son noble Poëme d'Alaric.

A M. Colletet, par les ciuilitez qu'il m'a faites dans le recueil de ses Epigrammes.

A M. Halley, Poëte royal en la langue Latine, Professeur en Eloquence, & depuis en Droict-Canon, si versé en toute sorte de literature, pour vn eloge tres-honorable qu'il me donne dans le recueil de ses Poësies.

A M. de Furetiere, dont l'ame est si genereuse, & l'esprit si éclairé, pour la seconde de ses Satyres qu'il luy a plu de m'addresser.

A M. Cassandre, qui n'a pas moins d'erudition que de modestie, pour la loüange qu'il m'a donnée au commencement de la Preface de son excellente traduction des trois Liures de la Rhetorique d'Aristote.

A M. de Chambret, l'vn des plus grands ornements de nostre Prouince de Touraine, pour l'admirable Sonnet qu'il a composé en ma faueur, & qui se voit dans mon Liure des Tableaux.

A M. Boileau, dont la ieunesse est deuancée par vn grand nombre de belles connoissances, pour son Liure du Tableau de Cebes, où il a voulu marquer mon nom auec beaucoup de ciuilité.

A M. Cotin, personnage qui ioint ensemble la science & la politesse, pour le souuenir qu'il a eu de moy dans son Theoclée, qui est vn sçauant dialogue touchant la vraye Philosophie des Principes du monde.

A feu M. du Chesne, Historiographe du Roy, pour ce qu'il a dit de moy sur la fin de son Histoire de Chastaigners.

A feu

A feu Monſ. de Vulſon de la Colombiere, dans la ſeconde partie de ſon vray Theatre d'Honneur & de Cheualerie, où il raporte meſmes quelques authoritez de Virgile de la verſion que i'en ai faite. 1648.

A Meſſ. de Sainte-Marthe, ſi dignes de la reputation que toute la terre a donnée à leur merite, pour les teſmoignages qu'ils ont rendus de moy dans la Preface de leur Liure de la France Chreſtienne.

A M. Sorel Hiſtoriographe de France, ſi celebre par ſa probité & par tous les beaux Liures qu'il a compoſez, pour le iugement ſi fauorable qu'il fait des miens dans ſon traité des Autheurs modernes.

A M. Charpentier, qui eſcrit ſi elegamment, pour vne Epigramme tres-heureuſe, dont il luy a plu de m'honorer.

A M. des Marais l'ainé, qui eſcriuoit auſſi purement en Latin, comme ſon frere s'eſt acquis de reputation par les beaux Ouurages qu'il nous a donnez en noſtre langue, en proſe & en vers, pour la 29. de ſes nobles Epiſtres Latines qu'il m'a fait l'honneur de m'addreſſer, touchant la traduction des Poëtes.

A M. du Pelletier, dont la facilité n'eſt pas commune, pour des Sonnets de loüanges, & des Epigrammes obligeantes qu'il a faites de moy dans vn recueil de Poëſies.

A M. Borel, homme tres-ſtudieux, pour m'auoir nommé auec honneur dans la Preface de ſon Liure du Treſor des Antiquitez Gauloiſes & Françoiſes.

A M. d'Eſplas, pour ce qu'il a dit de moy au commencement de ſon Miſſel en François.

A M. Martin, pour la meſme choſe dans les remarques d'vne verſion qu'il a faite de quelques declamations de Quintilien.

A Meſſieurs Otth Hottinghen & Vvitz, perſonnages celebres à Zurich, pour les mentions honorables qu'ils ont fait de la Preface que i'ay miſe au deuant de ma verſion du Nouueau Teſtament, dont la premiere

1648. edition fut publiée en l'année mil six cents quarante-neuf.

A M. Audin Prieur de Termes, dont nous auons quelques Liures d'Histoires & de Morale, pour les excellentes Poësies Latines qu'il a composées à mon suiet.

Enfin à Mademoiselle Anne de Rohan, pour des vers obligeants qu'il luy plût de composer quand elle eut pris la peine de lire ma version des Pseaumes.

Ie pourrois mettre aussi en pareil rang feu M. de Balzac, si les ciuilitez qu'il me fit sur ce suiet, peu de mois auant sa mort, par vne lettre fort obligeante qu'il m'escriuit, s'estant trouué citté auec eloge dans quelques-vnes de mes remarques, estoient deuenuës publiques: Ie me pourrois vanter des belles choses que M. Costar m'en a escrites plusieurs fois; des compliments qui m'en sont venus de Pologne, d'Italie, d'Alemagne & des Païs-bas: mais tout cela n'est que trop glorieux pour moy, & mon dessein n'est pas tant de publier les loüanges qu'on m'a données sans les meriter, que de parler de celles de mes Amis.

1649. Le Nouueau Testament. MA version de Virgile parut au commencement de l'année 1649. & incontinent apres ie publiai celle du Nouueau Testament, que ie fis pendant les troubles: mais non pas sans auoir soufert quelque disgrace, quoy que des personnes de beaucoup de merite l'eussent honorée de leur estime & de leur approbation. Ie me soûmis à y corriger quelque expression dans le 20. verset du 22. chap. de S. Luc, par l'auis du R. Pere Delingendes, (Le P. Delingendes.) alors Prouincial des Iesuites, qui se donna la peine de la voir: mais cet excellent homme ayant oüi mes raisons, & connu que i'auois fait ce labeur sur la version d'Erasme, trouua bon que ie remisse cette correction à vne seconde edition; à quoy ie me soûmis de tres-bon cœur, & ce Liure fut recueilli assez fauorablement du public. Toutesfois vn Licentié en Theologie, entreprit la doctrine de sa Preface, par laquelle i'exhortois les ames fidelles à s'appliquer auec respect à la lecture des saintes Escritures, & composa vn traité, qu'il appelloit *Le Sanctuaire fermé aux profanes*, pour maintenir des sentiments contraires à ceux que ie deffendois: Mais M. l'Abbé d'Estrées les soutint admirablement dans son Acte de Sorbonique, qu'il fit incontinent apres, où il acquit la gloire qui estoit duë à son merite & à son sçauoir. 1649.

Maladie de mon Frere.

Ce fut en ce mesme temps que mon Frere s'estant senti attaqué d'vne maladie de poulmon depuis quelques années: & s'estant persuadé bien-aisément que sa vie ne seroit plus gueres longue, se resolut de faire encore vn voyage à Paris auec sa famille pour me voir, & pour consulter les Medecins touchant son infirmité. Ils luy ordonnerent quelque regime, & ne luy osterent pas l'esperance de conualescence, dont il conceut quelque ioye, & reprit mesmes ses forces : mais ce bien ne luy dura pas long-temps, comme nous dirons tantost: & apres auoir icy seiourné deux mois, il s'en retourna chez luy, fort satisfait de son voyage, auec sa femme & sa fille ainée qu'il aimoit cherement: & ie ne l'ai pas vû depuis.

Present de la Reine de Pologne, remariée en secondes Nopces.

1650.

Cependant la Serenissime Reine de Pologne estant deuenuë Veufue, par la mort d'Vladislas quatriesme du nom, son premier Mari, l'vn des grands Princes de son temps, & qui auoit acquis le plus de reputation par sa prudence & par sa valeur, espousa en secondes Nopces sur la fin de cette année, le Prince Iean Casimir son beau-Frere, qui fut en mesme temps éleu & couronné Roy de Pologne; ce qui ne doit point estre trouué étrange, puis qu'il n'y auoit point eu d'Enfants du premier lit : & l'année suiuante cette grande Princesse, pour me donner des marques de sa gratitude & de sa magnificence, me fit present d'vn buffet de vermeil doré ciselé, par les mains de M. des Noyers Secretaire de ses commandements, qu'elle auoit enuoyé en France. Elle l'auoit aussi accompagné d'vne medaille d'or de grand prix, que ie garde cherement, & que ie desire conseruer, pour memoire des faueurs d'vne si grande Princesse.

1650. Enfin la nouuelle nous estant venuë de la grossesse de la Reine de Pologne, & m'ayant mandé elle-mesme, qu'elle desiroit se faire peindre dans vn grand tableau auec le Roy son Espoux, & le feu Roy son premier Mary, representant quelque suiet tiré de l'Histoire; ie luy mandai que i'en auois dit mes pensées au Peintre Iuste d'Egmont, & qu'il y auoit si heureusement rencontré, que ie ne pensois pas qu'il eust iamais rien fait de si beau, & qu'il s'estoit enfin resolu de suiure vne inuention que i'auois tirée des fables heroïques des Anciens, puis qu'il ne s'en estoit point presenté à mon souuenir dans l'Histoire sainte ou profane, qui fust digne de leurs Majestez.

Le Peintre Iuste.

Dessein d'vn portrait.

Voicy donc comme i'en composai le suiet. Vne Iunon representée assise entre deux Iupiters, l'vn Celeste, & l'autre Terrestre. Cette Deesse plus belle qu'elle ne fut iamais sous le visage de la Reine: le Iupiter Celeste sous le visage du feu Roy Vladislas quatriesme: & le Terrestre sous celuy du Roy Iean Casimir. Ces figures qui sont les symboles de la dignité Royale, quand elle est accompagnée de iustice & de bonté, portent les mesmes enseignes qui les font reconnoistre dans les statuës & les medailles antiques, auec des deuises tirées de Virgile, que i'auois appropriées au suiet. Celle du Iupiter Celeste, estoit vne Aigle blanche, comme l'Aigle éployée de Pologne qui se soutient en l'air, auec ces mots, *Supereminet omnes*, il excelle sur tous. Pour dire que comme l'Aigle s'éleue au dessus de tous les autres Oyseaux, aussi Iupiter, & le feu Roy Vladislas, excellent entre les Dieux & les Roys.

Deuises.

Iupiter celeste.

Iupiter terrestre.

Celle du Iupiter Terrestre, estoit vne Aigle noire qui tenoit la foudre en sa main, & qui auoit du raport à l'Aigle qui soutient les Armes de Mantouë, auec ces mots, *Quo non præstantior alter*, l'autre n'est point plus grand. Pour dire que ni l'autre Aigle n'est point plus considerable que celle-cy, ni aucun Prince ne surmonte point en merite, ny en generosité le Serenissime Roy Casimir.

Iunon.

La deuise de la Iunon estoit le Paon, attribué à cette Deesse, auec ces mots, *Et Soror & Conjux*; elle est Espouse

& Sœur. Pour dire qu'elle est féme & sœur de l'vn & de l'autre Iupiter, ce qui n'appartenoit qu'à elle seule, & à la Reine de Pologne, comme à la plus grande des Deesses, & à la premiere des Reines du Nort, puis qu'en effet sa Maiesté estoit deuenuë Espouse du Roy dont elle estoit sœur ; ce qui ne s'estoit gueres vû dans la Royauté, & ce qui par consequent, ne se pouuoit appliquer à d'autres qu'à elle. 1650.

On deuoit aussi representer vn petit Enfant sur vn Cigne, entre la Iunon & le Iupiter Terrestre, ayant egard au petit Prince qu'on attendoit des couches Royales, & aux Cygnes du Mince, qui passe à Mantouë, & à ceux de la Maison de Cleues auec ces mots, *Candore patrio*, pour designer la pureté & la grandeur de son extraction.

Enfant Royal.

Aux pieds de la Reine on deuoit aussi escrire ce demi-vers du 2. de l'Eneïde, *Toro ab alto*, pour marquer le lieu où elle deuoit estre assise, qui est vn haut dais : & pour dire aussi que d'vn lit Royal, sa Maiesté auoit passé à vn autre lit Royal.

Ie donnai encore vne deuise sur le mesme suiet, pour mettre au reuers d'vne Medaille que M. des Noyers faisoit faire pour sa Maiesté, ayant egard à son Royal enfantement. Elle estoit telle. Vne Aigle qui fait son aire sur vn chesne, l'Aigle & le chesne consacrez à Iupiter, auec ces mots de Silius Italicus.

Deuise pour vne Medaille.

Dignos nutrit gestanda ad fulmina fœtus.

Pour dire que les Enfants de sa Maiesté seroient dignes de porter vn iour le Sceptre, comme les Aiglons bien éleuez peuuent estre dignes de porter les foudres de Iupiter.

Tout cela luy fut assez agreable : & ie me souuiens touchant vne des meilleures plumes de nostre temps, que ie luy mandai, que sa Maiesté qui estoit en admiration par toute la terre, auoit obligé M. de Mezerai, assez connu par ses nobles ouurages, de luy dedier celuy de son Histoire des Turcs, qui est vne suitte de celle de Calcondille, autresfois traduitte par Vigenere, & que ie souhaitois que son merite fust assez considerable aupres d'elle, pour luy don-

M. de Mezerai.

1650. ner quelque marque de ses faueurs, en quoy elle feroit beaucoup plus pour sa propre gloire, que pour l'vtilité d'vn si excellent homme, qui d'ailleurs, estoit capable de publier par tout les loüanges qui luy estoient duës, ayant mesmes dessein d'escrire beaucoup de belles choses qu'il meditoit pour sa reputation. Sur quoy cette auguste Princesse me voulut bien tesmoigner que cette petite recommendation ne luy auoit pas esté desagreable: Et le Liure de M. de Mezerai luy ayant plû; comme il ne vient rien d'vne si bonne main qui ne soit parfaitement acheué, sa Maiesté luy donna des marques honorables & magnifiques de l'estime qu'elle fit de son illustre present.

Enfans de la R. de Pologne.

Nous eusmes nouuelles en suitte que la Reine de Pologne estoit accouchée d'vne fille. Sur quoy M. de S. Amant fit des vers, qui nous furent enuoyez de Varsouie, où il estoit alors. Mais l'augure qu'il y fit pour la naissance de la Royale Princesse, ne fut pas accompli, selon ses souhaits & les nostres; parce qu'elle mourut bien-tost apres, aussi bien qu'vn frere que le Ciel luy auoit donné: mais il se contenta de montrer l'vn & l'autre comme deux Astres qui disparoissent en mesme temps qu'ils découurent leur splendeur.

Regret pour la mort d'vne petite fille.

SAns mentir la mort est bien imperieuse: & quoy qu'icy bas, elle ne soit pas moins naturelle que la vie, si est-ce que sa deformité, qui blesse tous les sens, nous en fait auoir de l'horreur, & nous contraint bien souuent, malgré que nous en ayons, de ietter des larmes. Helas! ie ne m'en suis apperceu que trop depuis que ie suis au monde, par la perte que i'ay faite de mes Proches, & de quelques illustres Amis: mais ie ne celerai point encore que cette année-là, ie me sentis viuement touché de la mort d'vne petite fille qui estoit née dans mon logis, des gens qui me seruent, ayant à peine commencé la sixiesme année de son aage. Ie n'ay gueres vû d'Enfant plus aimable, ni plus spirituelle, & il me sembloit qu'elle auoit de la grace en tout ce qu'elle faisoit, outre ses petites caresses qui auoient pour moy des douceurs toutes particulieres; de sorte que i'eusse eu l'ame bien dure si ie n'y eusse pas mis beaucoup d'affection. Ie la regretai au de là de ce que ie me le fusse pu imaginer: & m'estant souuenu de ce que i'auois leu dans Martial, au suiet de la petite Erotion, qu'il auoit aimée de la mesme sorte, ie composai sur le champ ce Sonnet sur la mort de l'Enfant, arriué l'onziesme iour d'Aoust de l'année 1650. qui fut le mesme iour que mourut ma Mere, vingt années auparauant; ce qui m'en renouuella le souuenir auec beaucoup d'amertume & de douleur. 1650.

Sonnet sur la mort d'vne * petite fille, aagée de cinq ans.

* *Elle auoit nom Marie le Beau.*

De quel étrange deüil fut mon ame saisie,
Lors que pour éuiter les trauerses du sort,
Loin des vents de la Cour, en faisant peu d'effort,
Ie passois doucement les restes de la vie.
De quels traits, de quels coups, fut-elle poursuiuie,
Au point que ie goustois les delices du port,
Echappé des ecueils, de l'orage, & du bort,
Quand à mes yeux ie vis Amaranthe rauie!
L'inexorable mort n'en eut point de pitié:
Elle rompit les nœuds de la sainte amitié,
Et n'épargna donc point vne douceur si tendre!
Vn lustre de l'Enfant acheua le fuseau:
On la mit au sepulchre, en sortant du berceau;
Mais son ame est au Ciel, si le corps est en cendre.

Or pour n'obmettre pas ce que Martial a escrit sur vn pareil suiet, voicy ce qu'il dit de la petite Erotion dans le cinquiesme Liure de ses Epigrammes, où il fait cette Epitaphe.

Ie recommande cette petite fille à qui ie donnois « des baisers si tendres, & qui fut mes delices, à toy « Fronto mon cher Pere, & à toy Flaccilla, ma Mere. Ie «

1650. » vous recommande la petite Erotion, afin qu'elle ne
» soit point effrayée des ombres noires, ni de la gueule
» prodigieuse du chien infernal. Elle s'en alloit acheuer
» le sixiesme Hyuer de son aage, si elle eust vescu encore
» six iours. Qu'elle se recree auec vne humeur enjoüée
» entre ses anciens Protecteurs, & qu'elle profere mon
» nom en faisant de petits contes d'vne langue begayan-
» te. Qu'vn rude gazon ne couure point ses os: & ne luy
» sois point pesante, ô terre, puis que sa charge te fut
» tousiours legere.

Epitaphium Eroti, ad Frontonem, & Flaccillam parentes, Epig. 35.

Hanc tibi Fronto Pater, genitrix Flaccilla, puellam
Oscula commendo, deliciasque meas:
Paruula ne nigras horrescat Erotion vmbras,
Oraque tartarei prodigiosa canis.
Impletura fuit sextæ modo frigora brumæ,
Vixisset totidem ni minus illa dies.
Inter tam veteres ludat lasciua Patronos,
Et nomen blæso garriat ore meum.
Mollia nec rigidus cespes tegat ossa, nec illi
Terra grauis fueris, non fuit illa tibi.

Et dans la trente-huictiesme Epigramme du mesme Liure, il deplore ainsi la mort de cette petite fille, & se moque de Petus.

» Ma petite mignonne, plus douce que la voix des Ci-
» gnes quand ils sont prets de mourir; plus tendre qu'vne
» ieune Brebis des pascages de Tarente, arrosez par les
» eaux de Galeze; plus delicate qu'vne coquille du lac de
» Lucrin, à qui pour la blancheur tu n'eusses iamais vou-
» lu preferer les perles de la mer Erythrée, ni la dent po-
» lie de la beste des Indes, ni les premieres neiges de l'Hy-
» uer, ni les lys qui n'ont point esté maniez. Elle surmon-
» toit en ses cheueux les toisons deliées de l'Espagne Be-
» tique, les nœuds que portent sur la teste les peuples du
» Rhin, & la poudre d'or qui leur donne tant d'esclat. Sa
» bouche auoit l'odeur des roses de Pesth, du premier
miel

miel des ruches d'Athenes, & d'vne masse d'ambre « quand elle est froissée de la main: Vn Paon auec toute « la richesse de son plumage, mis en comparaison auec « elle, eust esté de mauuaise grace: Vn Escurieu n'e- « stoit point si aimable qu'elle: & pour tout dire, el- « le estoit plus rare que le Phenix. La petite Erotion, « mes amours, ma ioye, & mes delices, que la loy ine- « xorable des cruelles destinées, nous a rauie dés son si- « xiesme Hyuer, sans estre entierement accompli, est « encore fumante sur le buscher funebre. Sur cela, mon « cher Petus me deffend d'estre triste: & comme ie me « frappe le sein, & que ie m'arrache les cheueux; n'as-tu « point de honte, me dit-il, de pleurer vne Enfant de tes « domestiques? I'ay enterré ma femme, connuë, *comme* « *tu sçais*, pleine de maiesté, d'vne maison illustre, riche, « & toutesfois ie vis encore. Qui peut auoir l'ame plus « forte que nostre Petus? Il a herité de deux cents mille « sesterces par la mort de sa femme, & toutesfois il vit « encore.

1650.

Luget Erotium, & ridet Pætum. Epig 38.

Puella senibus dulcior mihi Cycnis,
Agna Galesi mollior Phalantini,
Concha Lucrini delicatior stagni,
Cui nec lapillos præferas Erythræos,
Nec modo politum pecudis indicæ dentem,
Niuesque primas, liliumque non tactum:
Quæ vicit Bætici gregis vellus
Rhenique Nodos, aureamque miscellam:
Fragrauit ore, quod rosarium Pesthi;
Quod Atticarum prima mella cerarum;
Quod succinorum rapta de manu gleba:
Cui comparatus indecens erat Pauo,
Inamabilis Sciurus, & frequens Phœnix:
Adhuc recenti tepet Erotion busto,
Quem pessimorum lex auara fatorum,
Sexta peregit hieme, nec tamen tota,
Nostros Amores, gaudiumque, lususque

1650.

Et esse tristem me meus vetat Pætus,
Pectusque pulsans, pariter & comam vellens,
Deflere non te Vernulæ pudet mortem?
Ego coniugem, inquit, extuli, & tamen viuo,
Notam, superbam, nobilem, locupletem.
Quid esse nostro fortius potest Pæto?
Ducenties accepit, & tamen viuit.

Ie ne pense pas qu'il se puisse rien voir de plus semblable: & quoy que Martial ait depeint son deplaisir plus elegamment que ie n'ai fait le mien; si est-ce que i'aurois de la peine à croire qu'il en eust esté plus touché. Cela fait bien voir ce que peut quelquesfois la tendresse de l'innocence sur le cœur d'vn Philosophe, quand il ne s'est pas depoüillé de toute humanité.

M. de Brulō Deagean.

CE fut enuiron le mesme temps, que ie perdis auec beaucoup de deplaisir, M. de Brulon Deagean, homme de sçauoir & d'agreable conuersation, qui mourut aagé de trente-cinq ans, laissant deux freres, qui ne l'ont pas suruescu long-temps depuis. Il auoit vn grand goust pour les lettres que i'affectionne le plus, & se reioüissoit fort de voir la version de Lucrece que ie faisois imprimer, parce qu'il y a bien de la Philosophie dans ce Poëte, que tout le monde n'entend pas: mais la mort nous le rauît, comme ie n'estois qu'à la moitié de cet ouurage: & quand l'edition en fut acheuée, le braue M. du Morhier, pour qui i'ay tousiours eu tant d'estime, trouua bon que i'en fisse vn present à la Reine Christine de Suede: toutesfois cela ne seruit de rien, & ie ne sçay pas mesmes, si elle receut le Liure que M. Herauld qui faisoit icy ses affaires auec tant de soin & de fidelité, m'asseura de luy auoir enuoyé. Du moins n'en ai-ie point receu de reponse, contre la coutume de cette Princesse qui estoit alors assez liberale de ses compliments aux gens de lettres. Quoy qu'il en soit, le Liure n'a pas laissé d'estre assez bien accueilli du public: & i'ay vû quelques sçauants hommes, M. le Comte de Pagan, feu M. le Pailleur, le

Lucrece.

docte M. d'Auiſſon, Monſ. de la Couruée Medecin de la Reine de Polongne, & quelques autres, qui m'en ont remercié pour l'intereſt du public, apres auoir ſatisfait en quelque façon aux dificultez, qu'on y pouuoit former à cauſe de la doctrine de ce Poëte dans ſon troiſieſme Volume, où il traite de la Nature de l'Ame. Ie l'ai depuis fort corrigé, & mis en bien meilleur eſtat pour en faire vne ſeconde edition. 1650.

Heures de Noſtre-Dame.

Cependant on en imprimoit vne troiſieſme de mes Heures de Noſtre Dame, & vne douzieſme de ma verſion de l'Office de la Semaine-Sainte, ayant reuſſi l'vn & l'autre ouurage; mais non pas auec toute la diligence & l'exactitude qu'ils ſe pourront reuoir quelque iour, ſi i'en ai le loiſir, bien que pour les Heures, il n'y ait rien à adiouter à celles qui nous furent données preſqu'en meſme temps par des Eccleſiaſtiques qui eſcriuent heureuſement en proſe & en vers.

1651.

Horace.

Mais comme vn labeur n'eſtoit pas pluſtoſt fini, que ie formois le deſſein d'vn autre, i'entrepris ſur le commencement de l'année 1651. vne traduction de toutes les Poëſies d'Horace, que peu de perſonnes croyoient qui peuſſent reüſſir en proſe, & ſur tout les Odes. Vn des plus excellents hommes du Parlement de Paris, Monſ. Rougeaut qui les entend ſi bien, & de qui la litterature eſt ſi parfaite, eſtoit de ce ſentiment. Cependant on m'a dit depuis qu'il en a fait quelque eſtat: & certes ie me perſuadai moy-meſme que ie n'auois gueres fait de choſe plus agreable: mais comme i'eſtois occupé à cet Ouurage, dont il eſt vray que i'auois quelque ſatisfaction, on m'eſcriuit vne nouuelle du païs qui me ſurprit extremement, & qui me fit tomber la plume de la main.

Mort de mon Frere & de mon beau-Frere.

Ce fut de la mort aſſez prompte de Louys de Marolles mon Frere, & d'Emon de Menou mon beau-Frere, qui eſtoit auſſi le ſien, & ſon beau-Pere en meſme temps, parce qu'il en auoit eſpouſe la fille d'vn premier lit, comme ie l'ai dit au commencement de ces Memoires. Ils moururent tous deux à ſix heures l'vn de l'autre, dans vn

1651. mesme logis, M. de Menou le premier aagé de soixante & dix ans, apres auoir mené vne vie de vray Gentil-homme, & mon Frere le second, aagé de quarante-neuf ans & demi, l'estant allé visiter auec sa femme, sur la nouuelle qu'il auoit euë de son extremité: mais luy-mesme fort indisposé de son poulmon.

Louys de Marolles. C'estoit vn homme de bien, soigneux de se faire des Amis, & qui suppleoit au defaut de la science par le courage & par vne vertu militaire, qui luy auoit acquis de la reputation. I'ay sceu qu'il acheua ses iours dans vne grande resignation aux volontez de Dieu, ayant receu ses Sacrements, & recommandé sa famille assez nombreuse aux soins de Ieanne de Menou son Espouse, qui luy auoit tousiours donné beaucoup de marques de sa prudence, de son affection, & de sa solide vertu: Il ne faut pas douter que la douleur d'vne si vertueuse femme ne fust extreme pour vne perte si considerable, voyant son Mari d'vn costé, & son Pere de l'autre dans le cercueil, vne famille éplorée autour d'elle, auec beaucoup d'affaires, & peu de bien, parce que les Defuncts estant parfaitement honorables, en auoient beaucoup plus depencé qu'ils n'en auoient amassé.

Ieanne de Menou.

Cela se passa de la sorte la nuict du premier iour de Mars, qui fut vn Mercredy en cette année-là; & i'en sceus la nouuelle funeste quatre iours apres, dont ie fus si viuement touché, qu'il m'en vint quelque accez de fiévre: Et quand ie me trouuai en estat de sortir, ie m'en allai au païs pour y visiter ma belle-Sœur, & sa famille desolée: mais cela renouuella ses larmes & les miennes: & apres auoir essayé de prendre quelque consolation, nous donnasmes ordre à ses affaires le mieux qu'il nous fut possible, premierement à l'acquit des debtes, puis en la conseruation de tout le reste, & au partage des biens de Mons. de Menou Pere de ma belle-Sœur, qui n'auoit laissé que des filles d'vn second lit, cõme elle estoit vnique du premier.

Charlote de Menou. Entre ces filles du second lit, l'ainée appellée Charlote de Menou, s'estoit remariée en troisiesmes Nopces dés le 15. de Septembre 1647. auec Antoine de Montbel, Seigneur de Champeron, dont elle auoit desia deux fils, comme il luy en estoit resté trois de son second mariage auec Eustache de Graleul Seigneur de la Rochebreteau: mais elle n'en auoit point du tout de son premier Mary, appellé Charles le Bloy, qui mourut en portant les armes pour le seruice du Roy, sous la charge de Monsieur d'Happlincour l'an 1636. tous trois de familles Nobles & connuës dans la Prouince: les deux premieres originaires de Touraine & de Blaisois, & la derniere de Sauoye. 1651.

Ce ne fut pas le seul changement que ie trouuai dans la famille, M. du Claueau, Gabriel de Bridieux, chef du nom & des Armes de sa maison, qui auoit espousé Polixene de Marolles, ma Sœur, dont il auoit six Enfants, trois fils & trois filles, s'estoit remarié en secondes Nopces depuis la mort de sa premiere femme, qui arriua le Mercredy sixiesme iour de May 1647. Son fils ainé appellé Dieudonné, s'estant mis dans la profession Ecclesiastique, & les autres portant les armes pour le seruice du Roy, tandis que ses filles Marie, Polixene, & Ieanne de Bridieux mes Niepces, gouuernent auec beaucoup de sagesse la maison de leur Pere en la compagnie de leur Belle-mere, de qui la fecondité n'a pas manqué de leur donner encore des Freres & des Sœurs.

Bridieux

Estant de retour à Paris, on me dît la mort de Monsieur l'Abbé de Crosilles, que i'auois tant aimé, & i'assistai à son enterrement qui se fit dans l'Eglise de S. Sulpice. Il n'auoit pas laissé du bien pour payer ses Creanciers, ni mesmes les frais de ceux qui vendirent ses Liures, & le peu de meubles qu'il auoit: ses Escrits qui furent saisis, sont demeurez entre les mains d'vn Commissaire, où ils sont en grand danger d'estre perdus, & nous ne verrons peut-estre iamais ce qu'il nous auoit tant fait esperer de la demonstration de la Diuinité & de l'Immortalité de l'Ame, dont il auoit fait quelques traitez. Les Ouurages que nous auons de luy, ne sont pas dignes de la reputation

La mort de l'Abbé de Crosilles.

1651. qu'il auoit acquise à son auenement à la Cour, aussi faut-il auoüer que ses principaux auantages estoient dans la conuersation, & sur tout parmi les gens de qualité, où il debitoit ses connoissances fort agreablement. Il ne suruesquit que de six mois sa prison de dix années, & sa iustification du crime de s'estre marié estant Prestre, dont il fut accusé.

La mort de M. du Puy. Sur la fin de l'année 1651. la litterature fit vne perte tres-considerable par la mort de Monſ. du Puy, decedé le seiziesme iour de Decembre en la soixante & neufiesme année de son aage. Il fut inhumé dans l'Eglise de S. Cosme sa Parroisse, & i'assistai auec beaucoup de deüil à ses funerailles, où se trouuerent force personnes de qualité, tant de sa famille, que de ses Alliez & bons Amis, qui estoient en grand nombre. Iamais il ne fut vn plus homme de bien, ni plus sincere : & de quelques Eloges que les Poëtes & les Orateurs ayent essayé d'honorer sa memoire, on peut dire neanmoins que ce n'a point esté au dessus de son merite, & de l'estime qu'il s'estoit acquise dans l'esprit des plus honnestes gens. Ce grand homme qui auoit le soin de la Biblioteque du Roy, auec Monſ. de S. Sauueur son Frere, l'a laissé pour occuper dignement sa place, & tenir vn des premiers rangs apres luy entre les Amateurs des Sciences & de la Vertu. Le docte Nicolas Rigault, qui nous a donné sa vie escrite auec tant d'elegance, nous y a laissé vn catalogue de ses nobles Ouurages, dont plusieurs ont desia vû le iour depuis sa mort, par les soins de M. son Frere. Mais ce personnage, l'vn des excellents hommes de son temps, mourut aussi luy-mesme bien-tost apres qu'il eut escrit la vie de son illustre Ami : & entre ceux qui composerent ses Eloges, Charles Oger, & Charles Feramus, qui faisoient si bien des vers Latins, ne le suruesquirent pas long-temps, non plus que Iean de Guez, Sieur de Balzac, & Gabriel Naudé, qui mourut en retournant de son voyage de Suede.

M. Rigault. Sa mort. Mess. Oger Feramus, Balzac, Naudé.

Ce fut aussi enuiron le mesme temps que passerent de cette vie à vne meilleure, les deux sçauants Iesuites, Iaques Sirmond & Denys Petau, qui ont laissé à la Posterité tant de marques de leurs nobles veilles, & de leur haute erudition. 1651. P. Sirmond. P. Petau.

Sceuole de Sainte-Marthe, Autheur de cette immortelle Histoire Genealogique de la Maison de France, auec Louys son Frere, mourut vn peu auparauant: mais en mourant, il nous a laissé deux fils dignes de marcher sur les pas de sa gloire. Sainte-Marthe.

Puis nous perdismes le docte Saulmaise, & Christofle Iustel, qui auoit des lectures si profondes dans l'antiquité: mais les fils de l'vn & de l'autre les feront reuiure aussi bien que leurs immortels escrits. Saulmaise, Iustel.

La Republique des lettres fit aussi vne perte considerable en la personne de Daniel Blondel, qu'on peut dire auoir esté, pendant sa vie, vne Biblioteque animée en matiere d'Histoire: Elle en a fait en la personne de M. Florent Iurisconsulte, de M. le Pailleur Mathematicien, & de l'Abbé Guyet Grammairien, tous personnages admirables dans les choses dont ils faisoient profession, lesquels i'ay connus, & qui ont rendu funestes par leur mort toutes ces dernieres années. Blondel. Florent, Le Pailleur. Guyet.

Voila comme la mort d'vn seul homme m'a donné suiet de parler de plusieurs autres. Cependant ie faisois imprimer ma version d'Horace, dont ie dediai le Tome des Odes à son Altesse Royale Monseigneur le Duc d'Orleans, & celuy des Discours & des Epistres à Monsr. le Duc de Valois, bien qu'il ne fust qu'vn Enfant, pour auoir occasion d'honorer encore le Pere en la personne du fils, de qui la belle naissance faisoit esperer de si grandes choses. Ie presentai cet Ouurage à son Altesse Royale, le iour de l'Eclypse du Soleil de l'année 1652. quoy que ie n'eusse le dessein que de le porter dans son illustre Biblioteque, & le mettre entre les mains de M. l'Abbé Bruneau, qui en a la direction: mais cet excellent homme me fit faire tout ce qu'il voulut: & son Altesse Royale retournant de dessus sa terrasse auec ses Mathematiciens, Horace. Son Altesse Royale. 1652.

1652. d'où elle auoit fait les obseruations de l'Eclypse, receut mon present, comme tous les grands Princes ont accoustumé, quand ceux qui font des Liures, leur rendent les honneurs qui leur sont deubs.

Il est vray que cela ne sert de rien : mais quelque experience que i'en aye euë, ie n'ay pourtant pas iugé à propos iusques icy de m'en corriger ; parce que ie m'imagine qu'il y a tousiours de la gloire à parler aux Grands. Ie m'estois rendu ingenieux dans les remarques de ce Liure, de dire quelque chose en l'honneur de plusieurs qui ont escrit de nostre temps : mais cela est encore également inutile, & ne produit pas mesmes vn bon effet ; de sorte que ie ne conseillerois à personne d'en vser comme i'ay fait : & si i'escris encore, ie suis bien resolu de m'en abstenir ; parce qu'il y a des gens qui se persuadent que c'est par interest, ou qui ne prennent pas tousiours de bon biais cette sorte de ciuilité.

Alors nous estions encore dans la confusion des desordres de Paris, à cause de l'absence du Roy, qui se rendoit redoutable à ses peuples par sa colere, & par vne puissante Armée : & comme par vn Arrest du Parlement rendu le huictiesme de Mars contre le premier Ministre, on auoit dissipé sa grande Biblioteque, ie ne pus m'empescher d'en tesmoigner mon ressentiment, faisant quelques remarques sur mon Liure : mais il falut supprimer, à mon grand regret, ce que i'en auois escrit, pour la violence du temps. Cela ne m'empescha pas neanmoins d'escrire dans l'vne des Epistres Dedicatoires, à M. le Duc de » Valois ; que i'osois esperer que son Altesse estant vn « iour touchée de cet esprit delicat des Muses, qui ap- » porte dans l'ame tant de douceur & d'agreement, elle » aimeroit nos Ouurages, ausquels, elle destineroit de » grandes Biblioteques en la place de celles qui venoient » d'estre destruites. Et certes, les Vandales & les Goths n'ont rien fait autresfois de plus barbare, ni de plus rude que cela : ce qui deuoit porter quelque rougeur sur le front de ceux qui donnerent leurs suffrages pour vne chose si extraordinaire.

Bibliote-que de M. le C. Mazarin.

Mon

Mon Ouurage fut assez heureux pour ne deplaire pas à beaucoup de personnes d'esprit & de condition, & entre autres à M. le Comte de Mouchi, de l'illustre maison des Boutillers de Senlis, Seigneur de grand merite, qui s'en voulut bien seruir pour faire vne traduction en vers des Odes d'Horace, que i'estime n'estre pas moins agreable, qu'elle a de fidelité, & qu'il l'a composée auec vne facilité incroyable.

1652.
M le Cõte de Mouchi.

Mais icy, ie ne puis oublier que le dix-neufiesme iour de Decembre de l'année mil six cents cinquante-deux, Mons. le Cardinal de Retz ayant esté arresté prisonnier au Louure, d'où il fut mené au Bois de Vincennes par les ordres du Roy; & sa Maison se trouuant dans la dispersion, M. de Salmonet qui en estoit l'vne des plus considerables personnes, pour son sçauoir & pour sa pieté, fut recueilli dans mon Abbaye de Baugerais en Touraine, où ie l'ai gardé quinze mois, sans luy tenir compagnie, parce que les occupations que i'auois à Paris, m'en osterent le moyen: mais l'ayant rendu Maistre de ma Maison, pendant ce temps là, il en a vsé aussi librement que moymesme, & il y a receu plusieurs visites de mes Proches, & de la principale Noblesse du païs, qui en a fait vne estime toute particuliere, sans y oublier les Peres Chartreux du Liget, qui n'en sont qu'à deux lieuës, dont il auoit beaucoup de consolation.

M. de Salmonet.

Cependant ie faisois imprimer vne version des Epistres & Euangiles, où se trouuent aussi les Oraisons du Breuiaire & la sainte Messe en François, que ie dediai à la Reine de la Grand'Bretagne: & l'année suiuante, ie publiai la seconde edition de ma traduction du Nouueau-Testament, où ie corrigeai plusieurs choses, tant pour la naïueté de l'expression que pour la fidelité du sens, par l'auis de plusieurs personnages illustres en doctrine & en pieté, & particulierement de M. de la Milletiere, qui a fort medité les Saintes Escritures, & qui en a puisé les lumieres qui l'ont fait rentrer en la Communion de l'Eglise, dont ses Peres estoient sortis; ce qui l'a obligé d'es-

Epistres & Euangiles.

1653.

Monf. de la Milletiere.

1653. crire ſi ſouuent pour la reünion; en quoy iuſques icy, il n'a pourtant pas eſté ſecondé comme ſon pieux deſſein le merite. I'en ai parlé comme i'ay dû dans vne lettre que i'eſcriuis expres en ſuitte d'vne autre aux Prelats de l'Egliſe Gallicane, touchant les obligations de leur ſacré Miniſtere.

Ie donnai auſſi vers le commencement de l'année 1653. vne traduction de Perſe & de Iuuenal, auec des remarques ſur chaque Satyre de ces deux Poëtes illuſtres: & ie dediai cet Ouurage à Monſieur, qui le receut par les mains de M. de la Mothe le Vayer ſon Precepteur, & eut la bonté de me faire ſçauoir par vn Gentil-homme de ſa Maiſon, qu'il m'en ſçauoit gré. Ie le fus remercier d'vne ſi grande grace, & ie puis bien croire que les bons offices de M. de la Mothe me l'auoit procurée, luy qui auec tant de generoſité, a touſiours fait profeſſion d'obliger ſes Amis, & ſur tout ceux qui s'appliquent aux lettres. Ce grand perſonnage à qui ſa haute vertu & ſon ſçauoir tres-exquis, ont merité les emplois qu'il a ſi dignement exercez, eſt heureux, par la ioye qu'il ſe peut promettre d'vn fils vnique, qui a tant d'amour pour les belles lettres, & tant de capacité de faire bien toutes choſes, pour acquerir vne reputation digne de ſon courage & de la gloire de ſon nom.

Perſe & Iuuenal.

Monſieur.

Monſ. de la Mothe le Vayer.

Meſſ. Pajot.

Ce Liure m'a procuré la connoiſſance de M. Pajot, qui me vit de la part de Monſieur, & m'a donné celle de M. de Linieres ſon frere, que i'eſtime pour ſon bel eſprit, & pour la douceur de ſon naturel, qui le portera touſiours au bien, pouruû que ſon extreme facilité, dans la ieuneſſe où il eſt encore, ne ſoit point capable de ſuborner ſes bons ſentiments. Ie ſuis redeuable à cet Ouurage de l'amitié de quelques-vns qui s'en ſont ſeruis pour faire des Poëſies agreables; mais il ne m'a pas exempté de l'enuie de quelques autres, & a fait conceuoir de l'étonnement à pluſieurs, de ce qu'il ſembloit que i'euſſe entrepris de traduire les plus dificiles Poëtes de l'antiquité, ſans que rien fuſt capable de m'empeſcher d'en venir à bout. Il s'en est mesmes trouué quelques-vns qui n'ont pas esté contents, de ce que i'ay donné à tout le monde vne intelligence assez facile de cés nobles Autheurs: & M. Magdelenet qui a beaucoup d'esprit, & qui fait de beaux vers Latins, iugea dés-lors, que ie pourrois aussi traduire Martial, si ie voulois, quand il eut vû les expressions dont i'auois vsé sur la seconde Satyre de Iuuenal: & quoy que ce qu'il en dit, se pouuoit prendre en vn autre sens; si est-ce qu'en me souuenant de luy, ie voulus bien en faire l'essai, comme s'il en eust parlé tout de bon: & pour repődre en quelque sorte aux souhaits d'vn illustre Amy, qui eust bien voulu connoistre en quoy pouuoit consister la delicatesse des pensées de Catulle, & des deux autres Poëtes qui l'accompagnent d'ordinaire; parce qu'il ne s'en est point encore vû de traduction iusques icy qui luy en pust donner la connoissance, ne l'ayant pas de la langue Latine, bien qu'il soit fort habile en toutes autres choses; ie m'y appliquai dés cette mesme année, ie fis imprimer le Catulle auec des remarques, & ie dediai cet Ouurage à Mons. le Prince Palatin, qui l'honora de quelque estime: i'essayai aussi de iustifier dans ma Preface, celle que meritent les bonnes versions: ie donnai en suitte le Tibulle auec des Annotations: & l'année d'apres, ie fis imprimer le Properce, le plus dificile de tous les Poëtes que i'ay traduits: à quoy i'adioutai la troisiesme edition de ma traduction de Lucain, augmentée d'vn Panegyrique à Pison, & du Poëme de Petrone de la Guerre Ciuile; le Properce dedié à Monf. le Duc de Mantouë, & la troisiesme edition de Lucain presentée à Monf. Molé Garde des Sceaux de France, qui n'a point denié sa glorieuse protection à mes petits Ouurages, & qui par vn surcroist de faueurs toutes particulieres, voulut bien m'octroyer en mesme temps le Priuilege du Roy, pour vne version entiere de la Sainte Bible & du Breuiaire Romain, qui verra le iour, quand les préoccupations d'vne mauuaise acoutumance seront leuées de l'opinion de ceux, qui s'y opposent de tout leur pou-

[Marginal notes: 1653. — Catulle. — Tibulle. — 1654. Properce. 3. edit. de Lucain — Petrone. — M. Molé le Garde des Sceaux. — Breuiaire.]

uoir. Ce fut auec la mesme debonnaireté que ce grand
1654. homme receut le petit present que ie luy fis d'vne vingtiesme edition de mon Office de la Semaine-Sainte.

Martial. Les quatorze Liures de Martial parurent en suitte, & ie puis dire y auoir apporté vn tel temperament, qu'il ne s'y trouuera rien qui blesse l'honnesteté, quoyque i'aye tout gardé, à la reserue de trente-six Epigrammes qui sont insupportables: & si cet Ouurage est connu, ie ne doute point qu'il ne soit pour le moins aussi bien receu qu'aucun autre de cette qualité que i'aye donné au public; parce qu'il y a falu employer encore plus d'artifice, pour y reüssir. Ce qu'a bien reconnu M. Pelisson Fontanier, de qui l'esprit est si éclairé, qui escrit luy-mesme auec tant d'elegance, & qui iuge si bien de toutes choses. Il a pris garde aux tours qu'il y a fallu obseruer: & quelques autres se sont étonnez, comme i'y ay pû conseruer les Equiuoques qui se rencontrent dans le Latin; parce que chaque langue ayant les siennes propres, elles passent dificilement de l'vne à l'autre. Il ne faut que voir neanmoins sur cela cinq ou six Epigrammes, & entre-autres la 7. du 2. liu. la 34. du 3. liu. la 22. du 9. liu. la 19. de l'onziesme liure, & la 39. du douziesme liure.

M. Pelisson.

1655. Enfin dans la mesme année que i'ay mis la main à la plume pour escrire ces Memoires, i'ay fait vne troisiesme edition de mon Nouueau-Testament auec le Latin: & i'ay composé des Discours & des Annotations sur diuerses figures en taille-douce, que feu M. Fauereau Conseiller du Roy en sa Cour des Aides à Paris, fit dessiner & grauer par les meilleurs Maistres de son temps, où sont representées quelques-vnes des plus illustres Fables de l'Antiquité, à l'imitation des plattes-peintures de Philostrate; ce qui ne fait que de paroistre au iour: & i'ay intitulé ce Liure, Tableaux du Temple des Muses, pour representer les vertus & les vices.

Liure de Tableaux.

1655.

VOila bien des Liures imprimez, & ie ſuis étonné moy-meſme d'en auoir tant eſcrit en ſi peu de temps, ce que ie ne me fuſſe iamais perſuadé dans ma ieuneſſe, quelque amour que i'euſſe pour ces choſes-là. Cependant ce ne ſont pas les ſeuls que i'aye composés depuis dix ans, i'en ai encore pour faire deux Volumes aſſez conſiderables, contenant les Vies des Hommes illuſtres pour les lettres, à commencer dés le premier homme; de ſorte que i'en ai bien cinq cents toutes preſtes; mais pour en dire la verité, les plus longues ne paſſent gueres deux feüillets, & il y en a pluſieurs qui ne vont pas à vne page entiere; toutesfois c'eſt encore beaucoup, & ſi c'eſt bien peu pour le grand deſſein que i'en auois formé, quoy que ie me vouluſſe reſtraindre à ceux de France depuis mille ans.

Cela fait bien voir iuſques où peut aller vn eſprit laborieux, quand il ſe veut ſeruir de tout ſon loiſir, & ſur tout quand il y trouue ſes delices. Il ne ſeroit pourtant pas neceſſaire qu'il y en euſt beaucoup de la ſorte: car outre que nous auons deſia tant de Liures que les plus amples Biblioteques ne les ſçauroient contenir; il faut auoüer que le grand nombre pourroit preiudicier, ou ne ſeruiroit de rien; Mais ſi ce doit eſtre le metier de quelqu'vn, c'eſt principalement d'vn Eccleſiaſtique, qui n'a point de charge qui l'oblige à quelque ſollicitude publique, ou fonction particuliere, afin qu'il ſe puiſſe occuper agreablement, ſans deshonorer ſa condition: car s'il a beſoin de compagnie pour ſe diuertir, il eſt quelquesfois en grand danger de mal paſſer ſon temps, ou de tomber dans la faineantiſe, & de-là, dans les vices infames, qui ſcandaliſent tout le monde; c'eſt-pourquoy auec le peu de bien que Dieu m'a donné dans vne condition priuée, ie me ſuis donné cette ſorte d'exercice, ſelon l'auis de l'illuſtre Pierre Gaſſendi, dont la ſcience eſt ſi profonde & la douceur ſi charmante. I'ay ſuiui en cela les ſentiments de cet excellent homme, qui a troué l'art de ioindre l'humilité Chreſtienne auec la hauteur de la Philoſophie: & ces qualitez ſi oppoſées entre elles,

M. Gaſſendi.

compatissent heureusement en sa personne.

1655. Ie sçay bien qu'il y a de grands personnages qui ne demandent pas tant de connoissances ou d'estudes à des Ecclesiastiques; mais c'est dans les matieres de Theologie, où ils voudroient qu'ils n'en sceussent pas dauantage qu'il est necessaire d'en enseigner au peuple, pour son salut. Telle estoit la pensée de l'vn des premiers hommes de la robe, & de tout le Royaume, soit pour l'esprit, soit pour la doctrine, ou pour les genereux sentiments; ce qu'il soutenoit auec des raisons si puissantes, qu'il eust esté bien mal-aisé de les vaincre par de meilleures. I'ose croire pourtant, que beaucoup d'autres ne seroient pas en cela de son auis; parce qu'il faut bien plus de connoissances pour auoir la science des Mysteres que les Docteurs sont obligez d'enseigner, & de maintenir contre les obiections des Heretiques & des Impies, qu'il n'en faut pour les croire simplement: outre qu'il faut beaucoup estudier pour en sçauoir les diuers motifs, ou connoistre tous les moyens vtiles ou necessaires pour les persuader: & quoy que le symbole soit assez court, si est-ce qu'on n'en peut pas dire autant de toutes les saintes Escritures, qui en sont le fondement, & personne n'ignore qu'il n'y ait en plusieurs endroits de saintes obscurités, où l'on ne sçauroit penetrer, sans la lumiere de la science & de la pieté.

De l'estude des Ecclesiastiques.

Tandis que ie m'occupois à ces choses, ie receuois des visites de mes chers Amis, ie conuersois auec eux, & ie profitois infiniment de leur entretien; de sorte que ie n'auois garde de m'en plaindre, & ie ne me suis iamais plaint aussi de la distraction que quelques-vns d'eux craignoient de m'apporter. Ainsi ie passois aisément de l'estude à la conuersation: & quand l'vne estoit finie, ie reprenois l'autre sans peine, & ie ne trouuois point étrange que chacunes d'elles s'interrompissent quelquesfois, les trouuant également douces & pleines de charmes.

Visites obligeãtes.

Ie ne parle point icy des Princes & des Seigneurs que i'ay vûs: ie les honore, & ie respecte leur qualité: mais comme ie ne familiarise pas trop auec eux: (car il seroit

Connoissances de gens de lettres.

mesmes dangereux) ie reçois plus volontiers leurs visites que ie ne leur rens les miennes. Ie suis bien glorieux des marques qu'ils me donnent de leur souuenir; mais ie me contente des autres, & ie celebre comme vne conqueste l'amitié d'vn homme docte; C'est pourquoy i'eus tant de ioye quand celle de M. de Sorbieres me fut procurée par M. l'Abbé de Verdus, celuy-cy de Guienne & l'autre de Prouence, & tous deux si sçauans dans les connoissances de la Philosophie & des Lettres humaines. Ce fut encore M. du Verdus qui me donna la chere connoissance de Mess. de Martel & du Prat, de la Prouince de Languedoc, deux esprits qui sont egalement éclairez dans les belles choses: mais non pas celle de M. d'Ouurier de la mesme Prouince, que i'aime & que i'honore de longue main, auec toute l'estime qui est deuë à son merite, à son courage, & à toutes les excellentes qualitez de son esprit.

1655.

AV mois de Iuillet dernier, le mesme iour que i'acheuois la cinquante-cinquiesme année de mon aage, Monsʳ des Noyers Secretaire des commandements de la Serenissime Louyse-Marie Reine de Pologne, m'estant venu trouuer de la part de sa Maiesté, pour auoir mon auis sur le dessein d'vne Epitaphe qu'elle vouloit mettre sur le tombeau de feuë Madame la Duchesse de Neuers sa Mere, qu'elle faisoit éleuer en marbre dans la grande Eglise de Neuers, ie luy donnai celle-cy dés le lendemain, comprenant dans vne seule periode les qualitez, les alliances, & les autres vertus de cette grande Princesse, auec la durée de sa vie, & le temps de sa mort.

Epitaphe en Latin, de tres-haute, & tres-excellente Princesse Catherine de Loraine, Duchesse de Neuers.

Catharinæ Caroli Meduanensis à Lotharingia filiæ: Francisci Guisiæ Ducis Nepti: Estensium Ducum, nec non Ludouici

1655. *Regis Francorum duodecimi Pronepti : Caroli Ducis Mantuanorum, Montisferatensium ; Niuernensium, & Retelensium vxori : alterius Caroli Principis Matri : Itidemque Caroli secundi Mantuanorum Ducis Auiæ : Illustrium fœminarum Antistiti, si fœmina dici potest quæ pietate Diuos æquauit, quæ viros sapientissimos prudentia superauit : annis* XXXIII. *natæ :* VIII. *Id. Mart. anni sal.* MDCXVIII. *Parisiis inter optimi viri, ac præstantissimi fratris amplexus defunctæ ; Ludouica Maria Mantuana Polonorum & Suecorum Regina, filia non immemor virtutum tantæ parentis quas imitandas sibi proposuit, hoc monumentum erexit : Anno Incarn. Dom.* MDCLV.

Deuises pour la Reine de Pologne.

Et pour mettre vne deuise sur le reuers d'vne Medaille qu'on faisoit faire icy pour cette grande Reine, ie donnai à choisir des trois suiuantes.

La premiere estoit vne guirlande de roses & de lys dans vn Cercle de lumiere, auec ce vers tout entier de Properce.

Hanc duo sectati fratres Aquilonia proles.

Pour dire que la Reine de Pologne, dont les vertus & la beauté font vne admirable guirlande pour la couronner de gloire, a esté recherchée par deux Freres du sang des Dieux du Septentrion. Le Poëte l'auoit escrit au suiet de Calaïs & de Zethes, Enfans de Borée, Dieu du Septentrion.

La seconde. Vn Chesne antique, où sont appenduës des Couronnes Royales & Ducales, auec vne Colombe à la cime de l'arbre, auec ces mots,

Regna loquuntur auos.

Faisant allusion aux Chesnes de Dodone, qui rendoient des Oracles, & qui marquent vne haute antiquité, pour dire que les Royaumes & les Duchez que possede la Reine de Pologne en la compagnie du Roy son Espoux, iustifie la grandeur de son extraction, qui vient des Roys de Lombardie en ligne directe, & du costé des femmes, de toutes les anciennes Maisons couronnées de l'Europe.

La troisiesme. Vn cœur couronné au pied de la Croix, auec

auec ce mot d'Horace, *Latius regnet*, pour dire que son regne, assuieti à celuy de Iesus Christ, s'estendra bien au de-là des bornes du monde. 1655.

Rauages dans la Pologne.

I'auois donc essayé de faire en cela quelque chose qui pust n'estre pas desagreable à vne si grande Princesse, quand on nous apprit * la mauuaise nouuelle des incursions des Moscouites & des Suedois, dans l'vne & l'autre Pologne, où ils ont fait des rauages prodigieux, par le moyen de la reuolte de quelques Palatins, qui ont trahi leurs propres interets, pensant accroistre leur fortune, ou se rendre redoutables, quand ils ont fait la guerre à leur Prince legitime, & ruïné leur Patrie, en dechirant ses entrailles; De sorte que le Roy dans vne si grande extremité, ayant recueilli le reste des forces de son Royaume, i'apprens en escriuant cecy, qu'il s'est mis à la teste de son Armée pour s'opposer à vne si étrange furie, & que la Reine son Espouse s'est retirée à Cracouie, où elle attend auec vne resolution digne de son grand courage, le succez d'vne resistance si iuste, sans rien negliger de tous les secours qu'elle y peut apporter par ses propres richesses, par son credit vers les peuples, & les Grands du Royaume, & par son illustre pieté vers Dieu, pour flechir sa colere.

* *C'estoit vers le 16. du mois d'Aoust 1655.*

Arriuée de M. de Mantouë en France.

CEpendant Monsieur le Duc de Mantouë son Neveu, estant venu en France pour tesmoigner au Roy les affections qu'il a tousiours euës pour cette Couronne, arriua le septiesme du mois d'Aoust à Paris, où attendant le retour de sa Maiesté, qui estoit en personne à la teste de son Armée sur les frontieres de Picardie; Madame la Princesse Palatine sa Tante, le traita splendidement, par les ordres du Roy, dans l'Hostel de Longueville, où il fut logé: & Monsr. le Prince Palatin, à qui la courtoisie & les ciuilitez sont si naturelles, eut soin de luy faire les honneurs du logis, & de luy donner tous les honnestes diuertissements qu'il luy fut possible, en l'absence du Roy.

1655. Descriptiō de sa personne.

Huict iours apres son arriuée, ie luy fis la reuerence, & ie fus raui de voir vn Prince si bien fait, dont ie puis croire que le Pere & l'Ayeul m'auoient honoré de leur bienueillance. Il en tient sans doute l'esprit & la bonne-mine, quoy qu'à mon auis, il leur ressemble peu de visage. Sa presence est graue, & son air affable. Il parle facilement, & de ce beau ton de voix, qui est tout particulier à ceux de sa Maison, pour persuader toutes choses. De-là vient que Monsieur le Prince Palatin luy ayant dit à mon suiet, que i'estois fils de celuy qui auoit conduit la ieunesse de feu Monsieur son Pere, & qui s'estoit signalé en plusieurs occasions pendant sa vie, & sur tout en son combat contre l'Isle-Mariuaut; l'vn des plus celebres qui se soient iamais faits, entre deux puissantes Armées, celle du Roy deuant Paris, & celle de la Ligue, le propre iour que mourut Henry III. à Saint Clou, il n'eut pas la peine de m'ordonner deux fois que ie luy en fisse le recit; de sorte que pendant son disné, m'ayant fait donner vn siege à sa table, assez proche de sa personne, ie luy dis;

L'Histoire du combat de M de Marolles.

Monseigneur, vostre Altesse rend glorieuse la memoire de feu mon Pere, de vouloir ouïr quelque chose des particularitez de son Combat, qui se fit deuant les tranchées de Paris, le premier iour du regne de Henry quatriesme: c'est pourquoy l'vn * de nos plus celebres Historiens en a commencé la description par ce duel qu'il appelle *fameux, entre Iean de l'Isle-Mariuaut du parti du Roy, & Claude de Marolles de celuy de la Ligue, lequel se fit dans la plus glorieuse lice du monde, à la vuë de Paris, & au milieu de toutes les forces du Royaume, où se vid le plus beau coup de lance dont l'on ait iamais parlé, & le dernier qui merite que l'on en parle*. Et certes, Monseigneur, ie ne puis nier que cette action ne soit assez signalée: mais en voicy le suiet & tout le detail. La veille du Combat, qui fut le premier iour d'Aoust de l'année mil cinq cens quatre-vingt neuf, mon Pere armé de toutes pieces, à la mode de ce temps-là, s'estant approché du bord des tranchées, il y fit ren-

* *Fr. de Mezerai.*

contre de l'Isle-Mariuaut, l'vn des plus braues Gentils-hommes de l'Armée du Roy: la reputation de sa valeur, & de son addresse ne l'estonna pourtant pas beaucoup: & quoy qu'il n'eust que vingt-trois ans, au lieu que Mariuaut estoit dans la vigueur de son aage; si est-ce que comme il estoit beau gendarme, & plein de courage & d'ambition, outre qu'il s'estoit non seulement acquis de l'estime dans les Tournois, & les Courses de Bagues, où il auoit souuent remporté le prix; mais encore en des occasions perilleuses, & sur tout dans vn combat singulier qu'il auoit heureusement entrepris en l'aage de vingt & vn an contre S. Seuer, dont il estoit retourné victorieux, il ne crut pas que rien fust capable de luy faire peur. Il fut mesmes raui que Mariuaut s'addressant à luy, comme au plus apparent Ligueur de la troupe, luy demanda s'il n'y en auoit pas vn d'eux qui voulust rompre vne lance pour l'amour des Dames. Il y en a mille, luy dit Marolles: mais il n'en faut point d'autres que moy seul, qui serai bien-aise d'eprouuer vostre valeur, & qui tiens à gloire de seruir les Dames. Vous estes donc vaillant & amoureux, luy dit Mariuaut, ie vous en estime dauantage, & cela suffit: mais à demain la partie, si vous me dittes vostre nom · & afin que vous sçachiez qui ie suis, ie m'appelle Mariuaut: & moy ie me nomme Marolles, luy dit mon Pere, & i'obtiendrai la permission de me trouuer demain en ce mesme lieu pour faire tout ce que vous voudrez. Souuenez-vous en donc bien, luy repartit Mariuaut, & si vous y manquez, ie vous en ferai reproche. 1655.

Ils se separerent de la sorte: Mais le soir Monsieur du Maine, vostre bis-Ayeul, essaya par deux fois de l'en diuertir, craignant l'euenement de cette entreprise par la foiblesse du peuple, qui tire des consequences generales des auantures particulieres, outre que le parti de la Ligue estoit desia si affoibli, que le moindre mal-heur estoit capable de l'abbatre entierement. Il n'y eut pourtant pas moyen de le faire rendre à toutes ces persua-

1655. sions. Il faillit mesmes à naistre de-là d'autres querelles particulieres, sur ce qu'il y en eut qui essayerent de porter l'esprit de Monsieur du Maine à s'y opposer de tout son pouuoir, soit qu'ils fussent amis de Mariuaut, ou qu'ils fussent ialoux de la gloire que mon Pere se promettoit de son courage & de son addresse, iusques-là qu'il dit qu'on ne s'en deuoit point mettre si fort en peine, & que si l'Isle-Mariuaut portoit le mesme habillement de teste qu'il luy auoit vû, il le tuëroit par la grille de sa visiere; de sorte que Monsieur du Maine luy permit, ce qui ne luy eust pas esté facile de luy refuser: & le lendemain, qui fut le deuxiesme iour d'Aoust, il luy fit bailler le plus beau cheual de son escurie; mais qui se trouua si rude, qu'il ne s'en pût seruir, & fut contraint d'en prendre vn autre, qui tomba sous luy en sortant des tranchées, comme ie diray tantost, dont plusieurs conceurent vn mauuais presage. Cependant il fut armé par le Cheualier d'Aumale, & conduit aux tranchées par le Baron de la Chastre, depuis Mareschal de France, qu'il auoit choisi pour son Parrin, comme Mariuaut, qui auoit pris Chastillon pour le sien (c'estoit le Pere du dernier Mareschal de ce nom) brûloit d'impatience de voir son Ennemi, & se trouua au lieu qui auoit esté conuenu le iour d'auparauant, long-temps auant l'heure assignée, accompagné de Chastillon, & de cinq cents Maistres, pour la seureté du Camp. Il l'enuoya mesmes sommer par vn Trompette de luy tenir sa parole, & y adiouta vn billet en forme de cartel, que ie dirai à vostre Altesse, si ie m'en puis souuenir, l'ayant lû plusieurs fois dans l'original. Il me semble, Monseigneur, qu'il contenoit à peu prés ces mots, & ie croy que ie ne me trompe pas. *Monsieur, pour m'acquiter de la promesse que nous nous fismes hier au soir, ie suis en ce lieu, où ie vous attens auec vne lance. Vostre foy y estant engagée, ie veux croire que n'y manquerez: ne me faites donc perdre cette bonne opinion que vous m'auez donnée de vous, & n'oubliez rien au logis: car il vous fera besoin. L'Isle Mariuaut.* Il y auoit en la suscription, *A Monsieur de Ma-*

Billet de Mariuaut.

rolles. A quoy mon Pere ne fit point d'autre reponse, sinon, qu'il la luy porteroit au bout de sa lance, & *qu'apres tout, Mariuaut auoit grand haste de mourir.* 1655.

Auant neanmoins que les parties s'entreuissent, le Baron de la Chastre voulant parler à Mariuaut, tant pour arrester les conditions du Combat, que pour s'informer de la mort du Roy, dont la nouuelle estoit encore incertaine, luy demanda s'il luy pourroit dire vn mot en asseurance, à quoy Mariuaut repondit qu'il en pourroit dire quatre: & voyant la Chastre sans lance, il ietta la sienne par terre. Alors la Chastre luy dit; Mon cher Gentil-homme, il n'est plus temps de combatre, il faut s'embrasser l'vn l'autre, & se reconcilier comme Catholiques que nous sommes. Monsieur, luy dit Mariuaut, i'aimerois mieux mourir, que de manquer à cette partie, aussi bien mon Maistre est mort. Si Marolles ne me tient point sa promesse, ie luy en ferai reproche. Vous ne luy en ferez point, repondit la Chastre: car il est icy prest à la tenir. Alors ayant conuenu du Camp, ils demeurerent d'accord entre-eux, que le Vainqueur feroit ce qu'il luy plairoit du Vaincu. Puis les seuretez ayant esté données & receuës de part & d'autre, les publications se firent auec les formes & les solemnitez accoutumées.

Quelques Princesses & Dames se parerent ce iour-là d'Echarpes vertes, & furent placées en vn certain lieu, d'où comme de dessus vn Echafaut dressé expres, elles pouuoient découurir de la vuë l'espace qui auoit esté marqué, pour leur donner le spectacle du fameux Combat, qui se deuoit faire en leur honneur. La Belle de S.S. dont le Ligueur estoit deuenu passionnément amoureux, y estoit aupres de Madame d'Aumale: & quand son Cheualier (c'est ainsi qu'elle appelloit le ieune guerrier) voulant sortir de la tranchée, se fut releué auec vne addresse merueilleuse du fossé, où son cheual s'estoit abbatu sous luy, la Chastre ayant fait apporter deux lances, comme l'escriuent tous les Historiens (ie pense neanmoins auoir ouï dire qu'il y en eut quatre,

& ce fut Bellefons, Gentil-homme de beaucoup de va-
1655. leur, & intime Ami de feu mon Pere, qui eut la charge de les porter) il en enuoya le choix à Mariuaut, qui les trouuant trop foibles, les renuoya toutes quatre, auec cette reponse, que c'estoient plustost des quenoüilles pour des femmes que des lances pour des hommes, & qu'il le prioit de trouuer bon qu'il se seruist de celle qu'il auoit gagnée quelques iours auparauant dans vn combat, sur les Parisiens. Ce qui luy fut accordé, & Marolles se contenta d'vne lance aussi legere que celles dont on couroit la Bague. Il estoit armé de noir, auec vne escharpe & des plumes noires, sur vn cheual blanc, au lieu que Mariuaut qui montoit vn cheual noir, portoit l'escharpe blanche sur des armes argentées, auec la panache de la mesme couleur, au dessus de l'armet.

Enfin les deux Combatans passerent chacun du costé des Ennemis, Mariuaut vers les tranchées, & Marolles vers la campagne, afin qu'ayant rompu, ils se trouuassent du costé de leurs gens. Alors les Trompettes donnerent le signal : & les Guerriers partirent en mesme temps l'vn contre l'autre de toute la force de leurs cheuaux, vn sillon entre deux, & se choquerent de telle roideur, qu'apres s'estre arraché les esperons, en passant, ils rompirent leurs lances, Mariuaut dans la cuirasse de son Aduersaire, qui en fut faucée, croyant l'abbatre, ou le percer en le prenant au defaut : & celuy qu'il auoit defié, dans la grille de sa salade, où le fer auec le tronçon fut enfoncé dans l'œil iusques au derriere de la teste, s'estant tenu si ferme sur les arçons, qu'il n'en fut point ébranlé de la selle.

De ce coup Mariuaut tomba mort à terre, les Trompettes Ligueuses en menerent vn grand bruit : on redemanda le corps du Vaincu, qui fut donné à Chastillon, & le Vainqueur qui se contenta des armes & du cheual, fut ramené dans Paris parmi les fanfares des Trompettes, & les acclamations publiques. Les Dames couronnerent sa Victoire de leurs faueurs, & le peuple qui ſe preſſoit dans les ruës pour le voir paſſer, en fit le ſoir des feux de ioye. On diſoit qu'il auoit vaincu par adreſſe & non par hazard; & quelques iours apres les Predicateurs qui celebroient cette Victoire comme vn coup du Ciel, diſoient *que le ieune Dauid auoit tué le Philiſtin Goliat.* Il ſe trouua auſſi de beaux eſprits qui compoſerent des vers en ſon honneur: & cette Anagramme Latine ſur ſon nom *Claudius de Marolles*, fut trouuée aſſez heureuſe auec vne ſeule lettre changée *adſum in duello clarus*, qui reuient admirablement bien au ſuiet. 1655.

Voylà, Monſeigneur, toute l'hiſtoire du Combat, que voſtre Alteſſe m'a commandé de luy raconter, & ie l'ai fait dans le moins de paroles qu'il m'a eſté poſſible, pour luy en dire toutes les particularitez. Ce Prince qui auoit écouté ce recit fort patiemment, eut la bonté de me teſmoigner qu'il y auoit pris plaiſir, & qu'il faiſoit eſtat de cette action.

Quelques iours apres le Roy reuint à Paris, ayant conduit luy-meſme ſon Armée Victorieuſe autour de Valenciennes & de Mons-en-Hainaut; & fit à Monſ. le Duc de Mantoüe des honneurs & des careſſes dignes de ſa bonté & de ſa magnificence Royale; à quoy il ne faut pas douter que ſon premier Miniſtre, qui ne luy ſuggere iamais que de belles penſées, n'ait beaucoup contribué, ſans qu'il ſe relaſche tant ſoit peu des ſoins d'accroiſtre ſon pouuoir, & de contenir les peuples dans vne obeïſſance profonde, donnant de l'étonnement aux Alliez par ſa rare conduitte, & rendant les Armes Françoiſes redoutables à ſes Ennemis.

I'eſcriuois ces choſes le 15. du mois d'Octobre de l'année mil ſix cents cinquante-cinq, qui eſt la treizieſme du Regne de noſtre glorieux Roy Louys quatorzieſme, & la premiere de l'heureux Pontificat d'Alexandre ſeptieſme, la vingt-&-vnieſme de la guerre declarée contre l'Eſpagne, & la quarantieſme des peſantes charges, que ſouffre cette Couronne, depuis les premiers troubles que des factions inteſtines ont cauſées dans l'Eſtat: mais non

1655. pas sans l'esperance de iouïr enfin bien-tost des douceurs de la Paix tant desirée, par tous les soins qu'en veut prendre sa Sainteté, dans la sollicitude Pastorale, qui luy a mis en l'ame le desir du repos de la Chrestienté; par la genereuse bonté du Roy, qui n'a pas moins de sagesse que de valeur; par la pieté de la Reine sa Mere; par les bonnes intentions de son premier Ministre, & par les souhaits de tous les peuples, qui gemissent depuis si long-temps.

MAis voicy vne chose horrible: on m'apprend la deroute des Armées de Pologne, & la prosperité de celles de Suede. Les nuages des troubles s'estant formez dans toutes les parties du Nort, sont enfin venu fondre sur ce Royaume desolé. Les Cosaques, les Tartares, & les Moscouites, y auoient fait des rauages depuis quelques années: mais les Suedois s'estant trouuez armez, peut-estre pour d'autres entreprises, qu'il n'estoit pas encore temps de faire éclater, se sont seruis de cette occasion, à quoy ont beaucoup aidé quelques Palatins reuoltez, qui ont violé les serments de fidelité qu'ils deuoient au Roy, à la Patrie, & à la Religion. Ainsi sous le regne d'vn Prince tres-vaillant & tres-pieux, & de cette admirable Reine son Espouse, dont i'ay parlé en tant de lieux de ces Memoires, nous voyons encore cette Couronne illustre en grand danger d'estre mise en pieces, & la Chrestienté menacée d'vn scandale qui me fait fremir. Mais il est fort à craindre que la mauuaise intelligence des Catholiques n'y contribuë pour le moins autant, que l'vnion des Protestants, que l'on empeschera mal-aisément.

On imprima cecy le 25. iour d'Octobre de l'année 1655. qui est le 1. iour de l'Assemblée generale du Clergé de France, où il est croyable qu'il se presentera beaucoup de questions à examiner: & de 15. Prouinces qu'il y a dans le Royaume, celle de Paris, qui fut diuisée de celle de Sens dés l'année 1622. est en contestation auec son ancien Metropolitain, & se voit d'vn autre costé en grande perplexité de sçauoir, si pour son premier Prelat, elle est en estat de Veuue, ou si elle ne l'est pas.

Fin de la Premiere Partie.

LA

LA SECONDE PARTIE DES MEMOIRES DE MICHEL DE MAROLLES, ABBE' DE VILLELOIN.

MAINTENANT ie dirai quels sont mes sentiments sur plusieurs points de doctrine, en parlant de ceux qui m'ont visité dans ma retraite, ou que i'ay vûs chez eux depuis l'année 1645.

Vn iour que i'estois aupres de Monsf. de la Feüillade Archeuesque d'Embrun, Prelat qui ioint la vertu & l'erudition à vne naissance illustre, l'occasion s'estant offerte de luy dirè que beaucoup de ceremonies du Paganisme auoient esté sanctifiées par la pieté de nostre Religion, ce qui ne s'estoit point fait sans Mystere, ie m'apperceus qu'il s'en étonna vn peu; sur quoy ie luy demandai audience: & quand il me l'eut accordée, ie luy dis. Il ne faut point, Monsieur, que nos Aduersaires en prennent auantage pour cela contre nous. Les premiers Chrestiens ont bien reconnu la mesme chose & ne s'en sont pas scandalisez: car il est vray que les

M. l'Ar. d'Embrun.

Ceremonies Payēnes sanctifiées par la pieté Chrestienne.

Gentils ont tiré beaucoup de choses des Iuifs, & que la Loy de Dieu ne s'est point mesmes abstenuë d'en sanctifier quelques-vnes, qui estoient, ou pouuoient estre en vsage parmi les Infidelles : mais quoy qu'il en soit, Monsieur, à commencer par les dignitez Sacerdotales, n'est-il pas vray que les anciens Romains ont eu leur grand Pontife, & les Prestres inferieurs, tels que les Flamines, les Archiflamines, les Saliens, les Luperques, & tant d'autres, sans y oublier les Vestales qui faisant vœu de chasteté perpetuelle, auoient vn grand raport à nos Religieuses? Et mesmes le mot de Pontife ne vient-il pas de ce que suiuant les anciennes Ceremonies, il falloit passer sur le pont Sublicius? Le Cardinal Baronius sous l'année 44. de nostre Seigneur, a remarqué que les anciens Payens auoient le surplis, qu'ils portoient le baston Pastoral, appellé *Lituus*, & qu'ils se seruoient de l'Aneau & de la Mitre. Le Flamine, ou le Prestre qui faisoit le Sacrifice, estoit vestu d'vne veste de fin lin appellée *Alba vestis* par les Latins. Et Iuuenal dans la sixiesme Satyre, dit que le Grand-Prestre d'Anubis, enuironné d'vne foule d'autres Prestres vestus de fin lin, auec la teste rase, merite le premier rang, & le supreme honneur entre tous les autres,

Ergo hic præcipuum, summumque meretur honorem,
Qui grege linigero circumdatus, & grege caluo
Plangentis populi, currit derisor Anubis.

Ils auoient l'vsage de l'encens pour les Sacrifices.

Da pia thura Ioui.

Nous aprenons d'Herodote & de Pline, que les Prestres auoient la teste rase à la maniere des Egyptiens : & l'Empereur Commodus se fit couper les cheueux pour porter le simulacre d'Anubis, s'il en faut croire Lampridius.

Leurs Processions ne sont point ignorées,

Flectitur iratus voce rogante Deus. Ouid. Fast. 5.

Ils appandoient des vœux dans leurs Temples : & ceux qui estoient échappez de quelque naufrage, en offroient des peintures à Neptune. La sacrée paroy, dit Horace,

qui soutient le tableau de mon vœu, tesmoigne que i'y «
ai appandu mes vestemens humides, en l'honneur du «
puissant Dieu de la Mer. C'est en l'Ode 5. du 1. liu. «

——Me tabula sacer
Votiua paries indicat humida
Suspendisse potenti
Vestimenta maris Deo.

Ce qui a fait dire à Tibulle dans la 3. Elegie de son premier liure, parlant à vne Deesse. Vien à mon secours: « car les peintures de ton Temple font assez connoistre « que tu as le pouuoir de nous garentir d'vne infinité de « maux. «

Nunc Dea, nunc succurre mihi, nam posse mederi
Picta docet templis multa tabella tuis.

Et Iuuenal sur le mesme propos, dans la douziesme Satyre. Cecy à la verité, dit-il, en est vne partie bien fascheuse; mais pourtant éprouuée de plusieurs, comme le témoignent assez les tableaux voüez en beaucoup de Temples. Qui ne sçait pas que les Peintres sont nourris par la Deesse Isis?

Eiusdem pars dira quidem, sed cognita multis,
Et quam votiua testatur fama tabella.
Plurima pictores quis nescit ab Iside pasci?

Ils purifioient les champs & les maisons, en faisant des Processions tout autour. Tibulle l. 2. eleg. 1.

——Fruges lustramus & agros
Ritus vt à prisco traditus extat æuo.

Les femmes n'osoient filer les iours de festes.

——Non audeat vlla
Lanificam pensis imposuisse manum.

Tib. liure second Eleg. 1.

Les Sacrificateurs auant que de commencer la Ceremonie sacrée, estoient obligez de se lauer les mains, & mesmes ils puisoient de l'eau pour l'aualler: ce qui a fait dire à Virgile au huictiesme liure de l'Eneïde. *Vndam de flumine palmis sustulit*: & cela s'obseruoit, dit Seruius, quand on sacrifioit aux Dieux ſupremes pour effacer les taches que le ſommeil pouuoit auoir cauſées.

Ac primum pura ſomnum diſcutere lympha.

Comme dit Properce: & par ce moyen, ils eſtoient auſſi perſuadez que les pechez eſtoient effacez, & quelquesfois meſmes, ils n'employoient que la ſimple aſperſion. Prenez de l'eau de fontaine auec des mains pures, diſoit Tibulle, & venez auec vne robe ſans tache: car la chaſteté plaiſt aux Dieux.

Sans mentir cela eſt bien digne de remarque: mais toutes ces choſes ne ſont pas plus mauuaiſes pour auoir eſté pratiquées par les Gentils, qui les pouuoient auoir empruntées des Iuifs: & quand cela ne ſeroit pas, Dieu ſanctifie, quand il luy plaiſt, les choſes indiferentes, & ſur tout quand elles peuuent auoir eu & qu'elles ont eu en effet vn vſage pieux.

Quant aux lauements de purification, & à la maniere de prier en ſe tournant du coſté de l'Orient; Virgile a dit au 8. de l'Eneïde; Enée regardant les rayons naiſſants du Soleil, puiſa de l'eau du fleuue dans le creux de ſes mains, comme c'eſtoit la coutume, & adreſſa ſes prieres vers le Ciel.

—& ætherii ſpectans orientia Solis
Lumina, rite cauis vndam de flumine palmis
Suſtulit, ac effudit ad æthera voces.—

Et plus bas.

Tuque ô Tibri, tu ô genitor cum flumine ſancto
Accipe Æneam.

Au reſte, Enée qui retourne fraiſchement du combat, ne veut pas toucher de ſes mains qui degoutent encore le ſang, les ſaintes reliques, & les Dieux de la Patrie, auant que de s'eſtre purifié des eaux viues de quelque fleuue. Eneid. liure 2.

Les Anciens faiſoient auſſi des Neufuaines, & appelloient ces Neufuaines ſacrées, ſelon le teſmoignage de Virgile, Eneid. 5. Ils faiſoient des aſperſions par trois fois.

Idem ter socios pura circumtulit vnda
Spargens rore leui, & ramo fœlicis oliuæ,
Lustrauitque viros, dixitque nouissima verba.

Et quand ils portoient les corps en terre, ils auoient des torches.

Funereas rapuere faces, &c. Eneïd. 2.

Ils auoient dans ces ceremonies des Licteurs vestus de noir, qui tenoient lieu de nos Pleureurs, comme dit Horace.

——— calorque
Designatorem decorat lictoribus atris.

Quand on auoit enterré quelqu'vn, on faisoit le festin des funerailles, selon ce tesmoignage de Perse. Sat. 6.

——— Sed cænam funeris hæres
Negliget ———

Il semble qu'ils faisoient des prieres pour les morts, tesmoins ces vers d'Ouide.

Ossa quieta precor tuta requiescite in vrna

Et celuy-cy de Tibulle.

Illius ad tumulum fugiam, supplexque sedebo.

Et touchant la coutume de ietter par trois fois de la terre sur vn mort; Horace le dit en la personne d'Architas.

Quanquam festinas (non est mora longa) licebit
Iniecto ter puluere, curras.

Au reste, ils ieunoient pour appaiser les Dieux courroucez; tesmoin ce vers d'Horace.

Mane die quo tu indicis ieiunia.

Et nous lisons de Numa, quand il vint à prier pour les bleds, qu'il s'abstint de manger de la chair, & fut ordonné par commandement du Senat, au raport de Tite-Liue dans son 35. liure, qu'il estoit necessaire d'instituer vn ieûne en l'honneur de la Deesse Ceres.

Il semble mesmes qu'ils admettoient la Penitence pour la remission des pechez; ce qui se peut iustifier par ce vers de Seneque dans sa Tragedie de Thyeste.

Quem pœnitet peccasse, pæne est innocens.

Cependant peut-on nier que le Ieûne, la Penitence, &

tout le reste, ne soient de tres-bonnes choses en elles-mesmes, quoy que la superstition s'y puisse méler, comme sans doute elle s'y méloit parmi les Gentils?

Cela ne preiudicie donc point du tout à la sainteté de la Religion Chrestienne, qui se sert quelquesfois des choses establies dans l'opinion des peuples, pour les conuertir à vne bonne fin, quand elle le iuge à propos. Si Monsi.l'Archeuesque d'Embrun ne fut pas pleinement satisfait de tout ce discours, à quoy i'adioutai beaucoup d'autres choses, ie ne vis pas aussi qu'il y eust de la repugnance: Et l'vn des plus sçauants hommes, & des plus pieux que i'aye connus de ma vie, à qui ie faisois vn iour vn pareil raisonnement, apres vne longue induction, ne s'éloigna pas beaucoup de mon sentiment: & certes, me dit vn iour le feu Pere Viger Iesuite, personnage docte & iudicieux, l'on ne sçauroit nier que le Diable ne se fasse bien souuent le Singe des Ouurages de Dieu; soit imitant les Ceremonies de l'ancienne Loy, ou contrefaisant les institutions sacrées de la seconde Alliance. Mais quoy qu'il en soit, ie ne m'éloignerois pas fort de cette pensée d'vn autre, que l'esprit de Dieu, qui vray-semblablement n'a point reuelé la connoissance de ses Mysteres à l'Ange des tenebres, a mieux aimé sanctifier quelques coutumes religieuses des Gentils, sans y oublier mesmes celles que nous lisons de leurs oblations, & des libations qu'ils faisoient en l'honneur des Dieux, qu'ils inuoquoient les iours de Festes, à la fin de certains repas, quand les viandes estoient desseruies. Sur quoy il me semble que nous trouuons des passages bien dignes de remarque dans les Liures des Anciens, & que ceux qui reprochent à l'Eglise Romaine qu'elle est bastie sur les ruïnes du Paganisme, ne s'y connoissent gueres bien, ou n'ont pas fort consulté les Escritures, qui nous enseignent au contraire, que le Paganisme ne s'est aneanti que par ces saintes institutions, ayant substitué la solidité de la Foy & des Mysteres sacrez, à la vanité des Idoles, & à la fausseté de la superstition. Toutes choses sont pures à ceux qui sont purs, & toutes choses sont soüillées à ceux qui sont encore dans

Le P. Viger Iesuite.

les ordures du peché. Le mensonge se reuest bien quelquesfois des apparences de la verité : mais la verité ne se couure point des habits du mensonge, bien qu'elle ne soit pas connuë de tout le monde.

Pour dire donc quelque chose des Oblations des Anciens, Pytagore au raport de Diogene de Laërce, asseuroit que le pain est le symbole des Amis, & Diogene adioute que les Anciens auoient accoutumé de s'assembler pour communier ensemble, en mangeant d'vn mesme pain. Pline au dix-septiesme liure de son histoire naturelle, ne nous enseigne-t-il pas que Numa institua les Ceremonies pour adorer les Dieux, auec vne sorte de galette appellée *Mola-salsa*? Cecy semble auoir esté imité des Hebreux. Tibulle en parle dans la quatriesme Elegie de son troisiesme Liure, quand il dit qu'on se sert d'vne galette que la pieté SANCTIFIE, auec le sel qui saulte & qui petille dans le feu. Oblations.

Fare pio placant, & saliente sale:

Dont aussi Plaute a escrit dans son Amphitrion.

Ioui aut mola salsa hodie, aut thure comprecatum opportuit.

Car ils y méloient aussi de l'encens. Et Virgile dans son 5. Liure de l'Eneïde, dit de cette galette de froment, auec laquelle on rendoit ses honneurs à Vesta,

——— & canæ penetralia Vestæ
Farre pio, & plena supplex veneratur acerra.

Ce qu'en dit Horace, reuient au mesme propos.

Faire pio, & saliente mica.

Et Tibulle dans le Panegyrique à Messala, escrit qu'vne petite galette, ou vn petit morceau de pain, appaise les Diuinitez.

Paruaque Cælestes pacauit mica.

Nous disons encore auiourd'huy *miette de pain*. Le mesme Autheur parlant à Iunon Natale, vse de ces mots qui sont bien dignes de remarque : Apres que par trois fois nous auons presenté des offrandes de pain & de vin.

Ter tibi fit libo, ter dea casta mero.

Libations des Anciēs.

Quant aux Libations, voicy vne partie de ce que i'en ai trouué dans les Poëtes. Virgile dans son premier de l'Eneïde, escrit au suiet de Didon, que cette Reine sur la fin du somptueux festin qu'elle fit à Enée, demāda vne pesante coupe d'or, enrichie de pierreries, où le Roy Belus & tous ses Descendans depuis luy, auoient accoutumé de boire: & que l'ayant fait emplir de vin, quād tout le monde eut fait silence, elle fit vne priere à Iupiter Hospitalier, pour les Tyriens & pour les Troyens. Puis ayant acheué de parler, le Poëte adioute qu'elle offrit le vin, la gloire de toutes les liqueurs, & qu'apres en auoir gousté la premiere de l'extremité des lévres, elle presenta la coupe à Bitias, & l'encouragea de boire: que luy sans se montrer paresseux, la vuida d'vne haleine, bien qu'elle fust remplie iusques aux bords, & cacha tout son visage dans l'or, en quoy il fut suiui de tous les autres Seigneurs.

Dixit, & in mensa laticum libauit honorem:
Primaque libato summo tenus attigit ore.
Tum Bitiæ dedit increpitans. Ille impiger hausit
Spumantem pateram, & pleno se proluit auro:
Pòst alij proceres.—

Et dans le 8. Liure de l'Eneïde, descriuant les honneurs qu'Euandre fit chez luy au Prince Troyen, ne dit-il pas que le Prestre, & l'elite des ieunes gens, apporterent sur l'Autel des entrailles rosties des Taureaux: qu'ils chargerent les panniers des presents de Ceres, & qu'ils verserent le vin?

Tum lecti iuuenes certatim, aræque Sacerdos
Viscera tosta ferunt taurorum, onerantque canistris
Dona laboratæ Cereris, Bacchumque ministrant.

Et plus bas, ces choses estoient propres à purifier les soüilleures du cœur, *Lustralibus extis.* Mais escoutons la suitte. Il introduit Euandre parlant en cette sorte. Pour honorer vne si glorieuse memoire, entourez vos testes de feüillages. Prenez la couppe de main en main: Inuoquez le Dieu commun, & épanchez sans crainte le vin en son honneur. C'est à dire, n'épargnez point le vin en l'honneur d'Hercule.

Cingite

Cingite fronde comas, & pocula porgite dextris,
Communemque vocate Deum, & date vina volentes.

Puis, il adioute, vne coupe ſacrée luy emplit la main, dont gouterent auec allegreſſe tous ceux qui eſtoient aſſis à table, faiſant leurs prieres aux Dieux.

Et ſacer impleuit dextram ſcyphus. Ocyus omnes
In menſam læti libant, Diuoſque precantur.

Or touchant vne coutume des Anciens, qui apres la premiere table, en mettoient vne ſeconde, qu'ils chargeoient de fruits, ſur laquelle ils faiſoient les Libations en l'honneur des Dieux, dont il eſt parlé dans le 1. Chapitre du 12. Liure de Pline, Horace addreſſant ſa parole à Ceſar, luy dit, chacun vous ſollicite par beaucoup de vœux, & par le vin repandu des taſſes profondes, ioignant voſtre Diuinité aux Dieux domeſtiques, à l'exemple de la Grece, qui celebre ainſi la memoire de Caſtor & du grand Hercule.

Hinc ad vina redit lætus, & alteris
Te menſis adhibet Deum
Te multa prece, te proſequitur mero
Defuſo pateris: & laribus tuum
Miſcet Numen, vti Græcia Caſtoris,
Et magni memor Herculis.

Sans mentir cela eſt bien conſiderable, & ce que Virgile eſcrit au ſecond Liure des Georgiques.

Non ego te menſis, & Dijs accepta ſecundis
Tranſierim Rhodia,

Se doit referer à cet honneur qui ſe rendoit aux Dieux dans les Libations du vin, ſelon la coutume des Grecs, laquelle auoit paſſé dans l'Italie, & ſe pratiquoit entre les Romains.

Mais voicy encore vn lieu du premier Liure de la Thebaide de Stace ſur ce meſme ſuiet, que ie ne ſçaurois oublier: Ce Poëte illuſtre, ayant deſcrit l'accueil & le feſtin qu'Adraſte Roy de Lariſſe, fit à Polinice & à Tidée, qui s'eſtoient refugiez chez luy, ſans le connoiſtre, il adioute: Apres le repas, Adraſte petit fils d'Iaſus, ſe fit «

» apporter, ſelon l'ancien vſage, la meſme coupe d'or
» d'vn ouurage tres-exquis, dont le Roy Danaus, & le
» vieux Phoronée auoient accoutumé de ſe ſeruir pour
» ſacrifier aux Dieux.

——Poſtquam ordine menſæ
Victa fames, ſignis perfectam, auroque nitentem
Iaſides pateram famulos ex more popoſcit,
Qua Danaus libare Deis, ſeniorque Phoroneus
Aſſueti.

» Et plus bas. Or en verſant cette coupe qu'il auoit em-
» plie de vin, il inuoqua par ordre tous les Dieux: mais
» Apollon entre tous les autres, &c.

Hanc vndante mero fundens, vocat ordine cunctos
Cælicolas, Phœbum ante alios, &c.

Ils repandoient auſſi le vin dans les feux ſacrez.

Fundite vina focis.

Ils le repandoient ſur la terre, Eneïde liu. 5.

———Duo ritè mero libans carcheſia Baccho
Fundit humi.

Et quelquesfois dans la mer, pour l'auoir fauorable.

Iſque Deos pelagi vino ſuper æquore fuſo
Et pecoris fibris & fumo thuris adorat.

Ouid. Metamor. xi.

M. l'Ar. de Bordeaux. De la methode de precher.

VNe autre fois eſtant allé feliciter Monſ. de Bethune Archeueſque de Bordeaux, pour vne predication qu'il fit deuant la Reine dans l'Egliſe des Peres de l'Oratoire de la ruë de ſaint Honoré, le Dimanche qui precede immediatement le Mercredy des Cendres, il receut mon compliment auec beaucoup de ciuilité, & me demanda ſi i'aprouuois la metode qu'il auoit ſuiuie, qui eſtoit celle que pratiquent d'ordinaire nos meilleurs Predicateurs. Ie luy dis franchement que ie l'admirois dauantage en ceux qui s'en ſeruoient heureuſement, comme luy, que ie ne l'approuuois, parce que ce n'eſtoit pas celle des Anciens, qui entreprenoient d'expliquer le ſens litteral de l'Euangile, d'où ils tiroient en ſuitte des inſtructions pour la doctrine & pour les mœurs, au lieu qu'auiourd'huy on n'en prend qu'vn mot ou deux, pour y rapporter force lieux communs auec toute l'eloquence dont chacun peut estre capable. Il me repondit à cela, qu'il auoit suiui l'vsage receu, & que l'autre maniere estoit trop simple.

Puis estant venus à parler de son courage à deffendre les immunitez Ecclesiastiques, & sur tout celles qui regardent les supremes dignitez, ie connus que la reputation qu'il y auoit acquise, estoit bien fondée, & qu'il ne falloit pas entreprendre de luy contester le rang ou la presceance, si l'on n'en auoit des droits bien établis par le tiltre des Eglises. Il me magnifia la grandeur & la dignité de sa Prouince; & me donna suiet de luy dire que plus on estoit eleué en puissance, & sur tout en sa condition, & plus on auoit suiet de s'humilier deuant Dieu & deuant les hommes, non pas de bouche seulement, comme si tous les Euesques prenoient encore le tiltre de Seruiteurs des Seruiteurs de Dieu, comme ils faisoient autresfois à l'exemple du Pape S. Gregoire; mais de cœur & d'affection, sans chercher sa propre gloire, ou la pompe mondaine, comme quelqu'vn que nous auions tous connu, qui arriuant à vne si haute dignité, s'estoit persuadé que c'estoit le vray moyen de se concilier du respect, & de maintenir l'éclat de sa grandeur. Mais sans mentir toutes ces superfluitez sont d'autant plus dangereuses qu'elles engagent dans la derniere corruption, outre que les grands reuenus en sont épuisez, les debtes en sont augmentées, & plusieurs familles en sont ruïnées; en quoy ie sçauois bien que ce vertueux Prelat n'auoit point du tout de part, & qu'il estoit bien éloigné de loüer la conduitte de celuy dont ie voulois parler.

De la dignité des Eglises & de l'humilité des Euesques.

VOyant aussi de temps en temps Monf. de Marka Archeuesque de Tolose, l'vn des plus sçauants Prelats de l'Eglise, & de qui la conuersation a des charmes si doux; ie n'ay iamais eu des sentiments contraires

M. l'Ar. de Tolose.

aux siens, & i'ay tousiours beaucoup appris de luy. Ie dirai neanmoins que luy parlant vn iour de la seance des Grands au Parlement, ie maintenois deux choses; la premiere que Mess. les Presidents, qui sont assis sur le banc du costé gauche, ne sont pas assis au plus honorable costé, si le Roy estoit en sa place. La seconde que les anciens Pairs Laïques precedoient les Pairs Ecclesiastiques, & que la seance des autres Prelats Conseillers honoraires, est au dessous des Pairs; mais non pas au dessous de Mess. les Presidents; quoy que ceux-cy s'estant leuez, marchent les premiers; d'où vient qu'ils ne se rangent iamais de leur costé, pour estre au dessus des simples Conseillers-Clercs, & que le Roy tenant son Lit de Iustice, la Reine sa Mere, en qualité de Regente, & les Princes de son Sang, auec les Ducs & Pairs de France Laïques, sont du costé droit; & les Cardinaux & Pairs Ecclesiastiques, sont du costé gauche, où deuroient estre aussi rangez les autres Prelats, ayant l'honneur d'y accompagner sa Maiesté, suiuant l'ancienne coutume. Qu'au reste, si le banc de Messieurs les Presidents estoit le plus honorable, & si ces Messieurs auoient vne seance au dessus des Pairs, laquelle ne fust point mise en doute, il y a grande apparence que quelques-vns de ces Pairs, & sur tout les Ecclesiastiques, se rangeroient de leur costé apres eux, quand ce ne seroit que pour euiter d'estre au dessous des Laïques. Car il faut remarquer que les Prelats qui ont seance au Parlement, ne s'asseient iamais sur le banc du costé gauche, si ce n'est quand le Roy s'y trouue en personne. Ie croy que ce raisonnement ne souffre pas beaucoup de replique. Cependant il ne fut pas assez heureux pour persuader ce grand homme, non plus que ce que ie pris vne autre fois la hardiesse de luy dire auec beaucoup de respect, touchant vn point de doctrine, cōcernant les cinq propositions censurées par le Pape Innocent X. dans la matiere de la Grace, selon l'exposition qui luy en fut faite par des Docteurs de Paris, au nom de quelques Euesques de France. Ie luy dis donc, qu'il ne falloit pas douter que cette question

De la Seāce des Pairs au Parlement.

Des cinq propositiōs censurées & condamnées par le Pape Innoc. X n'eust esté bien examinée par le S. Pere, puis qu'il en parloit si clairement : mais ie luy demandai si les propositions, qu'on ne deffendoit point du tout, estoient veritablement contenuës dans le Liure de Iansenius, comme on disoit : & s'il les y auoit trouuées auec les autres Prelats deputez pour les y chercher, apres la quinzaine qu'ils y auoient employée. Il me repondit qu'elles y estoient en plus forts termes qu'on ne les auoit exprimées ; mais qu'à la verité, elles n'y estoient pas toutes en mots exprés : que neanmoins il n'y auoit pas lieu d'en douter. Ie pris la liberté de luy dire, qu'il eust esté bon de les cotter, & que mesmes, pour auoir plustost fait, il n'eust falu que prier Messieurs les Docteurs, qui les auoient extraites, de marquer l'endroit où elles estoient : que si elles n'y estoient pas en propres termes ; mais en termes equiualents, ou mesmes plus forts, il eust esté à propos de prendre ces termes equiualents, ou mesmes plus forts, parce que la gloire en eust esté beaucoup plus grande, & la victoire plus asseurée. Que toutesfois, il estoit dangereux de condamner la doctrine de quelqu'vn par des propositions equiualentes aux siennes, parce qu'elles ne sont pas toûjours les mesmes. Qu'au reste, la qualification de la censure meritoit bien d'estre pesée : mais qu'il falloit demeurer dans le respect du S. Siege, & obeïr au Decret, à quoy ie voyois que tout le monde estoit entierement soûmis. Puis ie demandai par forme de deuis, s'il seroit libre de suiure dans cette doctrine les sentiments de S. Augustin, qui s'en estoit expliqué si clairement dans ses derniers Liures ? Il me dit, que non seulement il estoit libre ; mais qu'il y auroit de la temerité de ne les pas suiure. Ie fus étonné de cette reponse, & i'en fus raui en mesme temps : & pour en estre plus éclairci, ie luy demandai encore ; Ces cinq propositions-là, ne sont-elles donc point de saint Augustin, en quelque sens qu'on les puisse prendre, & sont-elles toutes de Iansenius ? Il me dit qu'elles n'estoient point du tout de saint Augustin, au sens qu'elles estoient raportées, & qu'elles estoient de Iansenius. Là-dessus, ie luy dis qu'il auroit encore esté à souhaiter qu'on eust marqué cela dans la lettre escritte au Pape, & que ie le priois au moins d'en rendre quelque tesmoignage au public: mais que i'estois fort asseuré qu'il y auoit des Docteurs fort sçauants, qui s'estant appliquez à lire auec soin le Liure de l'Euesque d'Ypre, n'y auoient point trouué de difference de son opinion dans la matiere dont il s'agissoit, d'auec celle de saint Augustin: & que bien qu'ils ne fussent pas en cela de l'opinion de ce Saint, ils estoient pourtant persuadez que parce qu'elle auoit esté receuë dans l'Eglise, depuis douze cents ans, & que des Papes & des Conciles l'auoient authorisée, il n'y auoit pas moyen de la condamner. Il vid bien de qui ie voulois parler: & comme luy-mesme faisoit grand estat de ces personnes-là, il se contenta de me dire qu'il n'estoit pas de leur auis, & qu'il escriroit, que ni les Prelats, ni le saint Pere, n'auoient point entendu condamner la doctrine tres-sainte & tres-orthodoxe de S. Augustin; mais celle de l'Euesque d'Ypre, d'où ie conclus qu'il falloit croire que selon la pensée de ce Prelat; l'opinion de Iansenius en ce point là, estoit l'opposite, ou la contradictoire de celle de S. Augustin, & cependant, qu'il se faut tenir à la decision de l'Eglise.

M. l'Ar. de Sens.

Du bonheur de la condition priuée.

MOnf. l'Archeuesque de Sens m'ayant fait l'honneur de me visiter vn iour auec Mess. les Euesques de Mascon & de Cominges, me dit apres quelques heures de conuersation, qu'il me iugeoit l'vn des plus heureux hommes du monde. Ie ne resistai point à sa pensée, parce qu'en effet ie n'auois pas si peu de Philosophie, que ie ne fusse content de ma mediocrité: & comme par la grace de Dieu, ie suis gueri de l'auarice & de l'ambition, & que d'ailleurs i'aime assez l'estude, qui est vn plaisir charmant & facile à trouuer, il ne faut pas douter que ma condition ne soit en cela beaucoup plus heureuse que celle de tant d'autres qui ne mettent point de bornes à leurs desirs pour les biens de la fortune: mais ie luy dis qu'il ne tenoit qu'à luy de iouïr du mesme bien, lequel il gousteroit cent fois mieux & plus long-temps que moy, parce qu'il auoit beaucoup plus d'esprit, & qu'il estoit plus ieune. A quoy i'adioutai qu'il estoit facile de descendre; mais qu'il n'en estoit pas de mesme de monter: & que si mon bon-heur dependoit d'estre dans le monde, autant que luy, ie ne voyois pas qu'il me fust bien-aisé de l'obtenir. Il me dit qu'il falloit donc que chacun se contentast du sort qui luy estoit échu. I'en demeurai d'accord; mais ie luy protestai franchement, que ie ne changerois pas le mien pour vn beaucoup plus éclatant, s'il ne me donnoit autant de douceur. Ie vis bien que Monf. de Mascon, & Monf. de Cominges approuuerent mon sentiment; & l'vn de ceux-là fit pour moy des souhaits trop obligeans.

M. de Mascon. M. de Cominges.

Puis venant à parler de la vraye tranquilité de l'Ame, ces excellents hommes demeurerent d'accord qu'elle ne consistoit que dans la bonne conscience, & dans la volonté, quand elle est maistresse des passions vicieuses. On dit là-dessus beaucoup de bonnes choses touchant la Grace victorieuse qui forme la volonté, sans quoy il nous est impossible de faire le bien ni d'aimer Dieu: *Et certes*, comme dit S. Iean, *nous l'aimons, dautant qu'il est le premier qui nous a aimez*: Et si nous en deuons croire S. Augustin. *C'est tout à fait vn don de Dieu que d'aimer Dieu; parce qu'il nous a donné de l'aimer, luy qui n'estant point aimé, nous a aimez*. Ce qui se dit de l'amour, s'entend aussi de toutes les œuures de Charité, & se doit dire également de la foy, qui est vn don de Dieu, puis qu'il est escrit, *Qu'il nous a esté donné gratuitement, non seulement pour croire*, dit l'Apostre, *mais encore pour souffrir en son nom*. C'est dans la 1. aux Philippiens.

De la bône volonté.

De ces trois Prelats, Monf. de Sens estoit le seul qui eust vn cordon d'or à son chappeau. Cet ornement n'y auoit esté mis que depuis peu, & pour en dire l'origine en peu de mots; voicy ce que i'en ai pû découurir. Les Cardinaux François que i'ay vûs, portoient au commence-

Le cordon d'or.

ment vn cordon à leur chappeau, tissu d'or & de soye rouge en platte bande, auec de petittes houpes melangées de la mesme sorte. Depuis que Monſ. le Cardinal de Richelieu se vit éleué à la puissance du Ministere, il en prit vn de pur or, en quoy il fut suiui par quelques-vns qui auoient la mesme dignité que luy dans l'Eglise. Or peu d'années auant nos derniers troubles, Monſ. le Coadjuteur de Paris, ayant l'ame grande, & le courage éleué, sans regarder encore de si pres la dignité qu'il possede aujourd'huy, se para de cet ornement, & personne n'y ayant trouué à redire, Monſ. de Sens le suiuit bien-tost en cela, comme l'ancien Metropolitain de Paris. Puis le bon-homme M. de Valençay Archeuesque de Rheims, comme le premier Pair de France, puis Meſſ. les Euesques du Mans, d'Eureux, de Coutances, & plusieurs autres: mais non pas tous, parce qu'il ne s'en est point encore fait de constitution. Et Monſ. l'Archeuesque de Tours, à qui ie dois vn respect tout particulier, estant nai comme ie suis dans son Diocese, & mon Abbaye de Villeloin estant sous sa iurisdiction, m'a dit qu'il ne se vouloit point haster de le prendre, ayant assez d'autres marques de sa dignité.

M. l'Ar. de Tours.

De la Iurisdiction Episcopale.

Ce Prelat soigneux de conseruer tout ce qui depend de sa puissance, ne se soucie point du fast: il aime le repos & la paix, & se trouue dans vne agitation perpetuelle: il est heureux dans sa famille; mais il n'est pas exempt de soucis & d'inquietudes. Son temperament est delicat, & se donne beaucoup de peine: & l'exemption de quelques Eglises de son Diocese, accroist ses sollicitudes. Cependant il est tres-certain que moins vn Euesque a de peuple, & moins sa charge est onereuse: & quand il n'auroit qu'vne seule Ville, il n'en auroit quelquesfois que trop. Ce qui se iuge aisément par vne seule Eglise seculiere ou reguliere, qui ne se vante point de priuileges ni d'exemptions, d'où neanmoins il est assez dificile à vn Prelat pieux & sçauant comme luy, de deraciner les vices, quand les mauuaises habitudes les y ont vne fois plantez

plantez. Saint Gregoire de Neocesarée n'eut du commencement de son Episcopat, que dix-sept personnes soûmises à sa direction, & ne s'en plaignit pas: mais Dieu benit ses soins & sa vigilance Pastorale: & celuy qui dans vne grande Ville n'auoit du commencement que dix-sept personnes reduites sous son obeïssance, n'y en trouua que 17. sur la fin de sa vie & de son Pontificat, qui n'y fussent pas rangées.

M. l'E. de Mascon.

MOnsf. Delingendes Euesque de Mascon, dont i'ay tantost parlé, approuuant vne fois les versions que ie faisois des Liures sacrez, ie luy dis que i'estois raui de l'estime qu'il en faisoit, & que cela m'encourageoit merueilleusement à continuer le dessein que i'auois pris de m'y occuper, pour l'vtilité qui en pouuoit reuenir au public: mais que tous les Prelats n'estoient pas de son auis, & qu'il n'y auoit pas long-temps que i'en auois vû vn fort sçauant, c'estoit Monsf. Habert Euesque de Vabres, qui eust souhaité qu'on n'en eust iamais fait aucune, sans excepter peut-estre la Latine; de sorte que pour estre Docteur en Theologie, il eust fallu de necessité entendre l'Hebreu & le Grec, pour lire l'Ancien & le Nouueau-Testament, & la Liturgie Romaine ne seroit point en vsage, puis qu'elle n'est composée que de diuers endrois de la Bible. I'adioutois à cela, que ie m'estois pourtant bien apperceu, qu'il ne iugeoit pas que sa proposition se pust soutenir dans toute son étenduë: mais qu'à la reserue de la version, que nous appellons vulgate, il n'en exceptoit aucune: & que comme ie luy en eus demandé la raison auec tout le respect qui me fut possible, il ne m'en dit point d'autre, que la dificulté de l'intelligence des Escritures, & que la liberté de leur lecture, auoit engendré toutes les heresies, qui sont la peste de l'Eglise. A quoy ie repondis que ceux qui faisoient des heresies, n'estoient pas communément les plus ignorans des hommes, bien qu'ils ne fussent pas tousiours les plus éclairez, & que ie n'en sçauois gueres qui ne fussent for-

De la traduction des Liures Saints.

M. l'E. de Vabres.

tis du nombre des Docteurs; de sorte qu'il n'y auoit rien à craindre à cet egard du costé du simple peuple; mais seulement du costé des Philosophes, & de ceux mesmes qui sont les plus versez dans la connoissance des langues, qui ne sont plus en vsage que dans les Liures, outre que l'Esprit de Dieu dans les saintes Escritures, nous obligeoit à les lire souuent & à les mediter. Ce que i'ay assez prouué dans vne Preface que i'ay mise au commencement de ma version du Nouueau-Testament, laquelle des Theologiens celebres n'ont point iugé indigne de leur estime, & de l'auoir mesmes traduite en Latin & en Aleman, pour la rendre intelligible à ceux de leur Nation. Ie dis à Mons. de Mascon, que nous auions beaucoup d'autres Docteurs qui faisoient dificulté d'aprouuer des versions de la Bible, & mesmes des Offices de l'Eglise, parce que ce n'est pas la coutume d'instruire les peuples de cette maniere: qu'il seroit dangereux, disent-ils, de lire la Genese & les Cantiques des Cantiques: qu'il y a mesmes bien des choses impures dans les Liures de Samuel, qui ne se peuuent traduire honnestement en François: que les histoires de Thamar & d'Onan, pourroient blesser la pudeur des Vierges & des Religieuses: qu'il y a des contradictions apparentes dans les Escritures, quoy qu'il n'y en ait point de vrayes: qu'il y en a d'autres qui ne se peuuent concilier auec l'Histoire profane, ni auec la Geographie: Et puis, qu'il ne faut pas que les femmes & les Artisans en sçachent autant que les Docteurs, de qui seulement ils doiuent apprendre les choses qui leur sont necessaires pour le salut: & qu'enfin, *le Sanctuaire doit estre fermé aux profanes, & la Bible deffenduë au vulgaire*; de là vient qu'on a tant fait de dificultez de permettre les Editions du Nouueau-Testament en François, & qu'on s'oppose encore à celles du Breuiaire Romain dans la mesme langue, auec le Latin à costé, en faueur de plusieurs personnes saintes qui l'ont demandé tres-instamment. Le sçauant & iudicieux Prelat à qui ie disois ces choses, me fit bien connoistre qu'il estoit fort perſuadé que les plus prudents & les plus éclairez n'eſtoient pas de ce ſentiment, qui fait beaucoup plus de preiudice à la ſolide pieté, qu'on ne ſçauroit ſe l'imaginer.

MOnſ. Godeau Eueſque de Grace, depuis Eueſque de Vance, qui a fait tant de belles Paraphraſes en proſe & en vers, de quelques Liures des ſaintes Eſcritures, & qui ſe propoſe auec tant de raiſon d'en faire des verſions fidelles, voudroit bien ſans doute, qu'il ne ſe trouuaſt perſonne qualifiée dans l'Egliſe qui maintinſt vne ſi dangereuſe opinion: mais quoy qu'il en ſoit, ce Prelat parfaitement éclairé n'abandonnera pas vne œuure de cette importance, pour vn deſſein ſi mal fondé, luy qui pour eſcrire ſon Hiſtoire Eccleſiaſtique, a pû ſi bien remarquer en toutes choſes l'vſage de l'Egliſe dés les premiers ſiecles, & qui en effet n'a pas ignoré celuy-cy. M. Godeau E. de Grace.

Cet ouurage eſt plein de doctrine; mais quoy que ſon Autheur ſoit tres-ſçauant & tres-iudicieux, il ſemble neanmoins qu'il ne ſe ſoit pas diſpenſé non plus que le celebre Cardinal Baronius, d'y employer quelques pieces des Anciens qui paroiſſent vn peu ſuſpectes, comme celles qui nous apprennent que Simeon le Stylite fut quatre-vingts ans debout ſur vne colomne de ſix, de douze, de vingt-quatre, de trente-ſix, & de quarante coudées de haut, où il paſſa vingt-huict Careſmes de ſuitte ſans boire & ſans manger, & qu'au reſte du temps, il ne mangeoit qu'vne fois la ſemaine, & qu'il y faiſoit par iour plus de douze cents reuerences, donnant de la teſte au bout des pieds, & que depuis qu'il faillit à y eſtre trompé par le Diable, quand cet Ange de tenebres ſe preſenta à luy en forme d'Ange de lumiere, pour l'enleuer au Ciel dans vn chariot de feu, il fit vœu de ne poſer iamais en terre le pied qu'il auoit leué pour entrer, comme vn autre Elie, dans ce chariot de feu, ſans parler de la corde de puits, qui eſtoit entrée dans ſa chair: des Simeon le Stylite.

punaiſes & des vers qui luy rongeoient les iambes, & qui eſtant ramaſſez par vn certain Roy d'Armenie appellé Baſiliſque, furent conuertis en pierres precieuſes : du Dragon qui fut gueri miraculeuſement par vne goute de ſon pus qui tomba ſur ſon œil, d'où ſortit vn chicot de bois de la longueur d'vne coudée, ſelon quelques-vns, & de trois coudées ſelon d'autres, c'eſt à dire pour le moins d'vne toiſe de long, d'où l'on peut iuger de la grandeur enorme de cet Animal : des predications continuelles que le Saint faiſoit aux peuples, qui accouroient de toutes parts pour l'ouïr, iuſques aux Italiens, aux François, aux Eſpagnols, & aux Anglois, comme le porte ſon hiſtoire, quoy qu'il n'y ait eu perſonne de ces Nations Occidentales ou Septentrionales qui en ait eſcrit en ce temps-là, ſans dire que ces peuples entendoient peut-eſtre mal-aiſément le langage de ce Solitaire éleué ſi haut en l'air, qu'il euſt dub crier bien-haut pour ſe faire ouïr : des lettres qu'il eſcriuoit à diuers Princes, quoy qu'il eût mal-aiſémẽt tout ce qui luy eſtoit neceſſaire pour cela : & de ſa mort tout à fait extraordinaire demeurant debout ſur ſa colomne, comme vne ſtatuë, où ſon Diſciple alla recueillir ſes derniers ſoupirs. Toutes choſes ſi peu vray-ſemblables, qu'il faudroit vn peu plus de credulité que pluſieurs perſonnes fort ſenſées n'en peuuent admettre pour y adiouter foy, nonobſtant l'hiſtoire qu'en ont eſcrit Theodoret, & vn Diſciple de ce Symeon, appellé Antoine, qui en parlent comme teſmoins oculaires. Toutesfois ces deux Autheurs, qui ſont les ſeuls contemporains qui nous aſſeurent d'vne choſe ſi rare, ſont encore ſi peu d'accord entre-eux touchant les circonſtances du fait, qu'il y a grand ſuiet de s'en defier. Antoine dit que le Pere de Symeon s'appelloit Suſoc : Theodoret eſcrit qu'il auoit nom Heſichius. L'Abbé du Monaſtere où Symeon ſe ceignit de la corde de puits, s'appelloit S. Timothée, ſelon Antoine : & Theodoret eſcrit qu'il auoit nom Heliodore, & ainſi du reſte. Il faut auoüer neanmoins qu'Euagrius, Glycas, Cedrenus, Gregoire de Tours, Suidas, Nicephore, & pluſieurs autres en ont fait mention : mais tous ces

Autheurs fort éloignez, n'en parlent que sur le raport des premiers. Au reste, l'histoire en a paru si agreable, que des Grecs, comme quelques-vns de ceux que nous venons de nommer, ont fait mention de deux autres Symeons Stilites en diuers temps, l'vn sous le regne de l'Empereur Iustinien, duquel Euagrius a parlé au cinquiesme Liure de son Histoire au chapitre 22. & l'autre qui vescut en Cilicie & qui fut tué d'vn coup de tonnerre, dont parle Sophronius dans son Pré Spirituel au chap. 57. Mais le premier surnommé le Vieux & le plus illustre de tous, dont font mention Theodoret & Antoine, monta sur la colomne, lors que Meletius Euesque d'Antioche deceda, qui fut l'an trois cents vingt-&-vn, & mourut le cinquiesme iour de Ianuier, en la quatriesme année de l'Empire de Leon premier, qui fut l'an quatre cents soixante; de sorte que, selon la supputation de Baronius, il vescut plus de quatre-vingts ans sur la colomne, comme nous auons dit tantost: ce qui n'est pas vray-semblable, quoy qu'il fust vray, quand toutes les circonstances que i'ay dites, seront bien examinées.

Comme ie faisois vn iour ces reflexions historiques à Mons. l'Euesque du Mans, qui lisoit le Liure de Mons. de Grace auec beaucoup de satisfaction, il me dit que c'estoit auec vn grand iugement qu'il auoit obmis toutes les circonstances que i'ay marquées, lesquelles sont à la verité bien etranges: mais estant venu à propos de me demander comme i'entendois ce passage de son premier Liure de l'Histoire de l'Eglise, où parlant de la Sainte Vierge, qui dans la huictiesme année de l'Empire de Claudius quitta la terre pour aller iouïr dans le Ciel de la presence de son Fils, il escrit, *la creance commune de l'Eglise en ce siecle, est qu'elle fut éleuée en corps & en ame dans les Cieux.* Y a-t-il de l'apparence, adiouta-t-il, que ce n'eut pas esté tousiours la creance commune de l'Eglise? Ie luy dis, qu'apres les tesmoignages que les Euangelistes nous ont donnez de la Vie de la Vierge, tout le reste nous est incõnû, & que ce qui s'en trouue autre part, est incertain ou suspect: & plusieurs Autheurs qui en

M. l'E. du Mans.

De l'Assomption de la Vierge.

ont escrit de gros Volumes, ne les ont remplis que de coniectures ou de pures imaginations, qu'ils ont essayé de proportiõner à la dignité & au merite du suiet. Le temps mesmes de sa mort n'est pas bien asseuré, quoy qu'il semble que saint Epiphane, Cedrenus, & quelques autres le raportent à la douziesme année de l'Empire de Claudius, qui fut vingt-deux ans apres la Passion de Nostre Seigneur Iesus-Christ, selon la remarque de Baronius. Toutesfois le docte Iesuitte Denys Petau, ne luy a point trouué de place dans son troisiesme Liure de la doctrine des Temps, où il auoit occasion d'en parler, s'il eust voulu: & l'Histoire mesmes des Actes n'en dit pas vn mot, quoy que S. Luc l'ait portée à quatorze années au de-là de sa mort.

Le Pape Gelase reiette entre les Escritures apocryphes le Liure du Trespas de la Vierge Marie, que Iaques Archeuesque de Gennes dans son Liure de Festes annuelles, dit qu'on attribuë faussement à saint Iean l'Euangeliste, & qu'il y a leu que la Vierge Marie deceda vingt-quatre ans apres l'Ascension de nostre Seigneur: que tous les Apostres transportez en vn moment de diuers endroits du monde, où ils estoient, se trouuerent à son trespas: qu'ils mirent son corps dans vn sepulchre de pierre; mais que trois iours apres, il resuscita, & qu'il fut porté au Ciel par les Anges: que toutesfois saint Thomas ne s'y estant pas trouué, & ne pouuant croire vne chose si extraordinaire, il receut la ceinture dont la Vierge estoit ceinte, laquelle luy tomba du Ciel; ce qui luy seruit d'vne conuiction entiere, & ne douta non plus depuis de la Resurrection de la Vierge, que de sa glorieuse Assomption. Mais saint Augustin dans son trente-cinquiesme Sermon des Saints, si toutesfois il est de luy, reiette ce Liure comme plein de fables. *Aussi n'y a-t-il point d'Histoire Catholique*, dit-il, *qui nous donne asseurance de quelle sorte la Vierge Marie est montée au Ciel: & saint Iean l'Euangeliste, au soin duquel la Mere de Iesus auoit esté commise par le Seigneur, n'en a rien laissé par escrit. Il seroit donc fort à souhaiter*, adioute ce Pere, *que l'homme ne donnast pas faussement, pour vne chose toute euidente*, ce que Dieu a voulu tenir caché: *mais la vraye creance que nous deuons auoir de l'Assomption de la Vierge, est qu'on ne peut douter qu'elle ne soit au dessus des Anges: mais si c'est en corps, ou hors du corps, comme parle l'Apostre, nous n'en pouuons rien sçauoir.*

Saint Hierosme, ou Sophronius, Amy de saint Hierosme, dans vn Sermon de l'Assomption de la Vierge, ou quelqu'Autheur que ce puisse estre de cet Ouurage, appelle apocryphe le Liure du Trespas de la Vierge, & defend de le receuoir. Il dit aussi que de son temps, on montroit son sepulchre dans la Valée de Iosaphat, & que plusieurs sont en doute si l'Assomption de la Vierge a esté auec son corps, ou si l'ame seule est montée au Ciel, le corps ayant esté separé. *Mais*, adioute-t-il, *on ne sçait pas comment, ni en quel temps, ni par quelles personnes le corps tres-saint de la Vierge a esté osté de-là, ni où il a esté transporté, ni mesmes s'il a esté ressuscité, quoy que plusieurs maintiennent que la Vierge est ressuscitée, & qu'elle iouït en cet estat auec Iesus-Christ dans le Ciel de la bien-heureuse immortalité.* Et plus bas il adioute, *Qu'il s'en faut rapporter à Dieu, à qui rien n'est impossible.* Tout cela de S. Hierosme: & le Venerable Bede exposant cet endroit des Actes, *Ils furent tous dispersez par les Regions de Iudée & de Samarie, horsmis les Apostres*, est dans le mesme sentiment, & prouue par diuers Arguments que les choses qui sont raportées dans le Liure du Trespas de la Vierge, contrarient à l'authorité du Liure des Actes, & sont entierement fausses.

IE me souuiendrai tousiours d'vne rencontre que i'eus de M. le Marquis de Pompignan, vn vingt-deuxiesme iour de Iuillet, comme ie retournois de l'Eglise des Grands Augustins, & ie la compterai au rang des plus heureuses qui me soient arriuées en ma vie, puis qu'elle m'a procuré le bien de sa connoissance & de son amitié. Ce Gentil'homme, de qui la courtoisie & l'affabilité égalent la valeur & la bonne mine, aussi bien que la naissance illustre, me demanda ce que ie pensois de la grande Sainte dont ce iour-là on celebroit la Feste, & si la Pecheresse

M. de Pompignan.

De la Magdelaine.

dont il eſt parlé dans ſaint Luc 7. laquelle verſa ſes parfums ſur les pieds du Seigneur, eſtoit la meſme que Marie ſœur de Lazare, & Magdelaine, de laquelle Ieſus auoit chaſſé ſept diables: parce qu'ayant medité les textes de l'Euangile, ce qui n'eſt pas ordinaire aux perſonnes de ſa condition, il ne voyoit pas qu'il y euſt de neceſſité, ni meſmes de l'apparence, de croire que ces trois femmes ne fuſſent qu'vne ſeule: ie luy demandai vn iour pour y penſer, & le lendemain ie luy enuoyai ce diſcours.

Il nous eſt facile de connoiſtre des paroles de S. Luc, la penitence & la iuſtification de la femme Pechereſſe, que pluſieurs confondent auec Marie Magdelaine, de laquelle ſept Demons eſtoient ſortis, & meſmes auec Marie ſœur de Marthe & de Lazare: mais Origene, & apres luy Theophilacte & Euthymius, dans leurs Commentaires, maintiennent que la Femme Pechereſſe, n'eſt ni Marie Magdelaine, ni Marie ſœur de Lazare: car, s'ils en ſont croyables, celle-cy & les deux autres ſont trois perſonnes diferentes, & non pas deux ſeulement, ſçauoir la Pechereſſe, qu'ils ne ſeparent point de celle qui verſa des parfums ſur la teſte de Ieſus dans la maiſon du Lepreux en Bethanie, & la ſœur de Lazare, comme l'eſtiment ſaint Iean Chriſoſtome dans ſes Homelies 81. ſur S. Matthieu, & 61. ſur S. Iean, & S. Bernard, dans ſon Sermon de la Magdelaine. Toutesfois, il ſemble que celle qui repandit le parfum de grand prix dans la maiſon de Simon le Lepreux, deux iours auant la Paſque, eſt celle-là meſme dont Ieſus dit, *Qu'en iettant ce parfum ſur ſon Corps*, * *elle le faiſoit pour l'enſeuelir*, ou comme dit ſaint Marc, * *Qu'elle anticipoit d'oindre ſon Corps pour la ſepulture*. Il ſemble auſſi qu'elle ſoit encore la meſme que celle qui eſt appellée Marie ſœur de Lazare, de laquelle Ieſus dit ſur le meſme ſuiet à Iudas Iſcariot; * *Elle a gardé ce parfum pour le iour de ma ſepulture*. Or celle qui employa ce parfum, ou pluſtoſt qui le deſtinoit auec les autres Maries pour le Corps de Ieſus qu'elle penſoit trouuer dans le ſepulcre, eſt appellée * *Marie Magdelaine*, Marc. 16. 1. & de celle-là meſme qui

* Matth 26. 12
* Marc 14 8.
*Iean 12.7.
* Marc 16. 1.

qui estoit sœur de Lazare. S. Iean 11. 2. dit encore, *Qu'elle auoit embaumé le Seigneur d'vn onguent aromatique, & qu'elle auoit essuyé ses pieds de ses cheueux*, ce qui ne nous paroist point auoir esté fait autre-part qu'en la maison de Simon le Pharisien, comme il se lit dans S. Luc 7. 36. De sorte qu'il y a grande apparence que de ces trois ou de ces deux, il n'en faut faire qu'vne seule, selon la pensée de S. Augustin, au second Liure du Consentement des Euangelistes, de saint Gregoire en l'Homelie de la Magdelaine, de Bede au troisiesme Liure de ses Controuerses sur saint Luc, de Chrestien Druthmarus au 26. Chap. sur S. Matthieu, de Rabanus Maurus sur le 7. Chap. de S. Luc, & de plusieurs autres, qui sont secondez de la creance commune, & de l'vsage receu par toute l'Eglise dans les solemnitez de la Feste de cette Sainte. Mais pour en faire mieux connoistre la verité, par la conciliation des passages, il ne les faudroit que voir tout du long dans les saints Euangiles, dont plusieurs sont persuadez, selon le sentiment de toute l'Eglise Catholique, qu'il n'y a point de necessité d'admettre plus d'vne Magdeleine; & que celle-là est la sœur de Marthe & de Lazare, au commencement pechéresse, disent-ils, de laquelle Iesus auoit chassé sept Diables, qui repandit ses parfums sur les pieds de Iesus en Galilée dans la maison de Simon le Pharisien, qui en fit autant six iours auant la Feste de Pasque dans la maison de Lazare, & finalement qui repandit ses onguents aromatiques sur la teste du Seigneur en Bethanie, deux iours auant la Pasque chez Simon le Lepreux. Mais quoy qu'il en soit, on peut dire raisonnablement que cette Dame, ou que ces Dames estoient riches, parce que leurs vases d'albastre remplis d'vn precieux parfum d'huile de Nard, estoient de grand prix: ce qui donna mesmes suiet à Iudas Iscariot, & aux autres Disciples d'en plaindre la grande depense qu'ils estimoient inutiles.

Le reste de la vie de ces Saintes nous est inconnu: & nous n'auons point d'Autheurs de l'Antiquité qui nous asseurent du genre & du lieu de leur mort, auant le quatriesme siecle. Nous lisons neanmoins dans S. Gregoire de Tours, qui viuoit il y a plus de mille ans, que le corps de Marie Magdeleine repose en la ville d'Ephese, où selon Modestus Euesque de Ierusalem, elle estoit allée pour acheuer ses iours aupres de saint Iean l'Euangeliste. Et quelques anciens Martyrologes, comme celuy de Rabanus Maurus Euesque de Majance, qui viuoit du temps de Charles le Chauue, celuy du Moine de saint Gal, & plusieurs autres, cittez par le celebre Docteur Iean de Lausnoy, dans vn Liure qu'il a fait de la Magdeleine de Prouence, nous apprennent que Marie sœur de Lazare, que les Grecs, & plusieurs Latins distinguoient de Marie Magdeleine, de laquelle sept Diables estoient sortis, & qui auoit tousiours tres-saintement vescu estant demeurée Vierge, auoit sa sepulture en Ierusalem aupres de sainte Marthe sa sœur, sans qu'en toutes ces choses, il nous paroisse rien des traditions de Prouence, & de l'Abbaye de Vezelai.

Six iours apres, qui estoit la Feste de sainte Anne, M. de Pompignan de la Maison de Beaumont de Crosle en Daufiné, assez connuë par ses anciens seruices, me voulut honorer de sa visite, pour me tesmoigner la satisfaction qu'il auoit de mon petit escrit, l'ayant estimé conforme à ses sentiments. Il se trouua cette iournée là dans mon cabinet fort bonne compagnie, Mons. de Montmaur Conseiller d'Estat, & Maistre des Requestes, de qui les gens de lettres reçoiuent si souuent des marques de sa generosité, Monf. de Charle-val, qui a le goust si delicat pour toutes les belles choses, Monf. de Beruille de Normandie, qui debite vn grand sçauoir auec tant de facilité, Monf. de Gombaud si connu de toute la France pour sa rare modestie, & par ses nobles poësies, & quelques autres, qui apres s'estre entretenus au suiet de l'escrit de la Magdeleine, du progrés de l'Euangile, & de la naissance & de l'accroissement du Christianisme, sur quoy on dit de fort bonnes choses; enfin venant à parler des femmes illustres du Nouueau-Testament, Monf. de

M. de Môtmaur.

M. de Charle-val.

M. d. Beruille.

M. de Gombaud.

Gombaud, ayant demandé d'où l'on auoit appris que la Mere de la Vierge auoit nom *Anne*, & son Pere *Ioachim*, parce que les saintes Escritures ne les nomment point; voicy à peu pres ce que i'en dis.

Il ne se trouue rien dans les saintes Escritures de sainte Anne Mere de la Vierge: mais puis que l'Eglise Catholique en celebre la memoire auec tant de veneration qu'elle en fait tous les ans vne feste solemnelle; il y a lieu de croire que la tradition ne nous a pas imposé. Voicy à mon auis ce qui s'en peut apprendre de plus asseuré des tesmoignages des saints Peres. Le Martir Hyppolite Euesque de Port, citté par Nicephore au troisiesme Chapitre de son second Liure, auoit escrit vers le commencement du troisiesme siecle, c'est à dire enuiron l'an deux cents vingt de nostre salut, que du Prestre Mathan & de sa femme Marie, de la Tribu de Iuda, sortirent quatre Enfants, Iacob Pere de Ioseph & de Cleophas, & trois filles, sçauoir Marie, qui engendra Salome femme de Zebedée, Sobé qui eut vne fille nommée Elisabeth femme de Zacharie & Mere de saint Iean Baptiste, & Anne, de qui sortit Marie Mére de Iesus; de sorte que Salome, Elisabeth, & Marie Mere de Iesus estoient cousines germaines, filles des trois sœurs, & Iesus Christ & S. Iean Baptiste estoient cousins issus de germain. Au reste, il ne faut point estre de l'opinion de ceux qui disent que sainte Anne fut mariée trois fois, & que de chacun de ses Maris, elle eut autant de filles, ni croire aussi que de son Mari Ioachim, elle eut trois filles, sans en auoir d'autres preuues que l'apparence qu'ils tirent des saintes Escritures, que Marie Cleophé est appellée sœur de la Vierge, comme si par le nom de frere & de sœur, il ne falloit pas souuent entendre cousin, ou quelque autre parent fort proche, selon les façons de parler assez ordinaires dans les Liures sacrez. S. Iean Damascene & tous les Docteurs Catholiques modernes maintiennēt que sainte Anne n'a esté mariée qu'à vn seul homme, duquel apres vne sterilité opiniastre, elle eut par vn vœu qu'elle fit, vne seule fille,

De Sainte Anne.

qui fut la sainte Vierge: mais sur tout saint Epiphane tres-versé dans les connoissances des Antiquitez Iudaïques est de cet auis dans les disputes qu'il fait contre les Collirydiens, qui estoient certains Heretiques qui reueroient la Mere de Dieu comme vne Deesse, & qui luy rendoient des honneurs diuins. Germain Euesque de Constantinople, qui viuoit enuiron l'an sept cents vingt de nostre Salut, a obserué que sainte Anne estoit de famille Sacerdotale, de la Tribu d'Aaron, de race de Prophetes, & de la souche de Dauid & de Salomon. Quant à Ioachim son Mari, qui n'est point aussi nommé dans les saintes Escritures, il en est parlé dans la Vie de la Bienheureuse Vierge: & nous ne trouuons rien dauantage dans les Liures des anciens Peres, de la vie & des actions de sainte Anne, dont nous ignorons le temps & les particularitez de la mort, comme de tout le reste: mais ce qui ne peut estre reuoqué en doute, est la gloire immortelle qu'elle a euë d'estre Mere de celle qui apres les paroles de l'Ange, conceut du S. Esprit le salut de toutes les Nations, & d'auoir esté Ayeule du Fils du Tres-haut, & de son diuin Redempteur.

A Quelque temps de-là, vn autre Seigneur qui auoit beaucoup d'esprit & de pieté, m'ayant demandé pourquoy on se mettoit si fort en peine de sçauoir si le saint Denys de Paris estoit l'Areopagite, dont il est parlé à la fin du dix-septiesme Chapitre des Actes, & s'il estoit encore ce celebre Escriuain dont nous auons les Liures; Ie luy dis qu'il estoit loüable de s'en informer, & toûjours bon de connoistre la verité. Sur quoy il falloit entendre les tesmoignages des Anciens. Qu'au reste, la verité de quelque nature qu'elle fust, ne se manifestoit iamais, sans se faire aimer de ceux qui la cherchent, & qui sont ennemis du mensonge: mais qu'il n'en est pas ainsi des Ames vulgaires qui se plaisent d'estre trompées, & qui ne sont que trop credules à tout ce qui fauorise leur ignorance ou leur superstition. Là-dessus voulant donc sçauoir ce que ie pensois de S. Denys, ou de plusieurs Saints qui portent le mesme nom, ie luy enuoyai deux iours apres ce petit escrit. Saint Denys Areopagite, le Disciple de l'Apostre saint Paul, comme il se iustifie par le 9. Chapitre du Liure des Actes, fut Euesque d'Athenes, & endura le Martire du temps de Diocletien. Quelques-vns qui ont escrit sa vie, ou qui ont parlé de luy, comme Methodius, Hincmar Archeuesque de Rheims, Simeon Metaphraste, Nicephore Caliste, Michel Syngellus Prestre de Ierusalem, & Suidas entre les Anciens, maintiennent bien qu'il est le mesme que ce celebre Martir qui fut le premier Euesque de Paris; en quoy ils ont esté suiuis par le Cardinal Bellarmin, Pierre Lanselius, Baltazar Corderius, Lassius, Martin Delrio, & Pierre de Halloix Iesuites, & par le Docteur André du Val, par M. de Chaumont Conseiller d'Estat, si recommandable à cause de son sçauoir & de sa pieté, & quelques autres. Mais l'Autheur de la vie de S. Saturnin, cité par S. Gregoire de Tours, & S. Gregoire de Tours luy-mesme, qui viuoit il y a plus de mille ans, Fortunatus en son premier Liure des Poësies, le Martyrologe d'Vsuard entre les Anciens, & le docte vieillard Iaques Sirmond Prestre de la Compagnie de Iesus, Iean de Launoy celebre Docteur de la Faculté de Paris, & plusieurs autres, sont de contraire auis: & asseurent que le premier Euesque de Paris fut enuoyé dans les Gaules du temps de l'Empereur Decius, & qu'il y remporta la Couronne du Martire sous Sisinnius, qui sans doute estoit celuy-là mesmes dont il est parlé dans les Actes de Cantian & de Cantianilla, du temps de l'Empereur Diocletien. Et de fait, les raisons sur lesquelles le Pere Sirmond & M. de Launoy se fondent pour authoriser leur sentiment, sont bien considerables: Ils les tirent en partie d'vn passage de Sulpice Seuere au deuxiesme Liure de son Histoire Sacrée, où il est dit, *Que deuant la cinquiesme persecution des Chrestiens, qui fut sous Marc-Aurelle, fils d'Antonin, on n'auoit point vû de Martires dans les Gaules, parce que la Religion Chrestienne auoit esté receuë plus tard au de-là des*

De S. Denis.

Alpes (car il parle en cet endroit à l'egard de l'Italie) & d'vn autre costé, ils l'appuyent d'vne ancienne tradition de l'Eglise des Gaules, qui a tousiours reconnu deux Denys dans ses Martyrologes. 2. De la nouueauté de l'opinion d'Hilduuin & de ses Sectateurs, touchant le Denis de Paris confondu auec l'Areopagite. 3. Du passage de l'Euesché d'Athenes à celuy de Paris, inconnu à tous les Grecs & à tous les Latins, deuant Hilduuin. 4. De la distinction que Rome faisoit autresfois du Denis Areopagite d'auec le Denis de Paris. 5. Des absurditez où s'enueloppent ceux qui les confondent ensemble. 6. Du temps du Martire de l'Areopagite qui fut sous Domitien, & non pas sous Trajan ou sous Adrien. 7. De l'authorité de Gregoire de Tours, qui marque le Denis de Paris Apostre des Parisiens & non pas des Gaulois, sous Decius comme Gatian le fut à Tours, Saturnin à Toulouse, Austremoine en Auuergne, Martial à Limoges, Trophime en Arles, Paul à Narbonne. 8. De la petitesse de la ville de Paris du temps de l'Areopagite, ayant esté ruïnée dés le temps de Iules Cesar. 9. De son peu de nom en comparaison des autres lieux plus considerables dans la Gaule, où le Disciple de S. Paul pouuoit s'arrester pour precher l'Euangile. 10. Des anciens Offices à l'vsage de Rome & de Paris; & enfin de beaucoup d'autres coniectures tres-fortes, dont ils ont fait des Liures entiers.

Plusieurs attribuent à l'vn & à l'autre Denis, comme à vn seul, & à vn mesme, les Liures que nous auons sous le nom de saint Denis de la Hierarchie Celeste, de la Hierarchie Ecclesiastique, des noms Diuins, de la Theologie Mystique, & quelques Epistres à Caius, à Dorotheus, à Sosipater, à Policarpe, à Demophile, à Tite, à Apollophanes, à l'Apostre saint Iean, & à saint Paul. Mais il y a grande raison d'en douter, non tant à cause de quelques histoires vn peu suspectes, comme celle du transport miraculeux des Apostres en Ierusalem, pour se trouuer au trespas de la sainte Vierge, dont il n'est point parlé dans l'histoire des Actes, que pource que l'Autheur de ces liures y citte vne Epistre de saint Ignace, escrite l'onziesme année du regne de Trajan, c'est à dire plus de douze années apres la mort de saint Denis Areopagite, qui fut martirisé sous Domitien, & qu'il y employe plusieurs passages des Oeuures de saint Iustin Martyr, de Clement Alexandrin, d'Origene, & de saint Gregoire de Nazianze, qui n'auroient pas manqué de le nommer luymesme, comme ils ont fait S. Ignace & S. Policarpe, s'ils eussent emprunté quelque chose de luy, sans parler de son obseruation, auec le Sophiste Apollophanes, quand la lumiere du Soleil soufrit vne si étrange Eclypse à la Passion de nostre Seigneur, quoy qu'il n'y ait point lieu de douter de cette Eclypse, dont il est parlé dans les Euangiles de S. Matthieu, de S. Marc, & de S. Luc: & de laquelle Phlegon Afranchi de l'Empereur Adrien a mesmes escrit, aussi bien que depuis luy Tertullien dans son Apologetique, Eusebe, Maximus, Singellus, & autres, ni de ce que S. Ierosme & Gennadius ne font point mention de cet Autheur dans leurs Liures des Escriuains Ecclesiastiques. Toutesfois le Cardinal Bellarmin qui maintient que S. Denis Areopagite est Autheur de tous ces Ouurages, excepté de l'Epistre à saint Paul, dit, *Que les doctes Catholiques n'en doutent nullement, & qu'il n'y a que les seuls Heretiques Lutheriens, & quelques menus sçauans, comme Erasme & Laurent-Valle, qui nient qu'ils doiuent appartenir à S. Denis Areopagite*: Car c'est ainsi qu'il plaist à cet illustre Escriuain de traiter en cet endroit le merite & la reputation d'Erasme & de Laurent-Valle, outre ceux qu'il ne nomme point, & que ie viens de marquer.

Il est vray neanmoins que les mesmes Ouurages semblent auoir esté receus sous le nom de S. Denis Areopagite, par les Papes S. Gregoire en l'Homelie 34. sur les Euangiles, Martin I. au Concile Romain, Agathon dans son Epistre à l'Empereur Constantin IV. & Nicolas I. en l'Epistre à l'Empereur Michel, aussi bien que par les sixiesme & septiesme Conciles œcumeniques, & finalement par plusieurs Docteurs qui ont escrit des Commentaires sur ces mesmes Liures, comme le Moine saint Maxime, saint Thomas d'Aquin, & plusieurs autres. Cependant il faut remarquer que deuant le Pape S. Gregoire, qui viuoit à la fin du sixiesme siecle, il n'y a point eu de Pere qui ait citté les Liures de S. Denis: car de ce qu'il y en a qui pensent qu'Origene en a fait mention, en vne certaine Homelie sur la premiere de S. Iean, aussi bien que S. Athanase en la huictiesme des Questions à Antiochus, il n'en faut point tirer d'auantage, puis que les Arriens venus long-temps depuis Origene, & des Autheurs qui n'ont esté connus que depuis Athanase, lesquels sont alleguez dans l'Homelie sur S. Iean, & dans les Questions à Antiochus, en preuuent assez la fausseté, & font voir clairement que ni l'vne ni l'autre ne sont point d'Origene, ni de S. Athanase; mais de quelque Escriuain plus recent. Vn certain Liberatus Athée, & Anastase Bibliotecaire, dans vne Epistre à l'Empereur Charles le Chauue, ont bien escrit que S. Iean Chrisostome, & S, Cyrille d'Alexandrie, ont citté S. Denis Areopagite; mais il ne se trouue rien des choses qu'ils cittent aux lieux que i'ay alleguez, & il y a grande apparence qu'on a corrompu l'edition de Liberatus: Et quand en la Conference qui fut tenuë à Constantinople l'an 532. entre les Euesques Catholiques, & certains Heretiques qu'on apelloit Seueriens & Acephales, les Prelats Catholiques reietterent les escrits de Denis Areopagite comme apocriphes, ils dirent aux Seueriens, *D'où nous pouuez-vous monstrer que les tesmoignages que vous alleguez de Denis Areopagite soient veritables, comme vous le pensez: car s'ils estoient de luy, saint Cyrille ne les auroit pas ignorez: mais que dis ie de saint Cyrille? Si S. Athanase les eust tenus pour asseurez, ne vous les auroit-il pas cittez entre tous les autres au Concile de Nicée, en traitant de la consubstantialité des Personnes de la Trinité? & n'en eust-il pas produit l'authorité contre les blasphemes d'Arrius, touchant son opinion de la diuersité des substances? Or s'il n'y a pas vn des Anciens qui les ait obseruez, ie ne sçai pas d'où vous pouuez maintenant monstrer qu'ils soient de luy.* C'est de M. de Launoy que nous auons cette belle

belle obseruation, en son traitté de l'authorité de l'argument negatif. Le liure de la Hierarchie Celeste, a esté traduit en nostre langue par François Marillac, & imprimé à Tholose l'an mil cinq cents cinquante-cinq, & les autres Ouurages par le Pere Goulu de l'Ordre des Feüillans.

IE pourrois raporter beaucoup d'autres conferences sur ces sortes de matieres; mais de peur d'estre trop long, ie me restraindrai à fort peu de semblables que ie ne sçaurois oublier; encore sera-ce auec le discours le plus concis qu'il me sera possible. La premiere qui s'offre, est du dessein de Mons. de la Milletiere, pour la reünion des Eglises separées. Ce vertueux homme tient facile le retour des Protestants à l'Eglise Catholique: Et comme ie luy ai demandé plusieurs fois le fondement de sa persuasion, veu les grandes diferences d'opinions qui se rencontrent en certains points mal-aisez à concilier, il m'a repondu auec vn esprit de charité, qui ne l'eschauffe pas moins qu'il luy donne de lumieres, qu'elle ne depend que d'vne bonne reformation de nostre costé, & de connoistre les motifs de la separation de ceux qui nous ont quittez; ce qu'il a fait voir dans plusieurs Liures qu'il a escrits expres, & qu'il ne faut que lire son Flambeau de l'Eglise, & celuy de la vraye Foy, ausquels on n'a point fait de reponse, & il est impossible d'y en faire de bonne; de sorte que ce sont autant de Demonstrations inuincibles, & que si les Aduersaires n'en demeurent pas d'accord, il ne faut plus que voir à quoy il tient, & essayer d'obtenir la permission d'en venir à vne conference reglée. Cependant Mons. de la Milletiere est fort persuadé qu'il a demonstré, ou qu'il ne luy est pas impossible de demonstrer l'infaillibilité de l'Eglise Catholique, dont l'authorité primitiue & absoluë reside au S. Siege, & en la personne du Pape, sans attendre vn Concile general, composé non pas de ses Collegues, car il est singulier en sa puissance; mais de ceux qu'il honore du nom de ses

M. de la Milletiere. De la Reünion des Protestãts.

Freres, quoy qu'il soit le Pere commun de tous, quand il parle, comme on dit, *Ex Cathedra:* que tous les Chrestiens sont obligez de rendre à ce Chef visible de l'Eglise vniuerselle toutes les obeïssances qu'il demande de nous, & qui luy sont duës en choses purement spirituelles: que tout le monde est tenu de receuoir ses Decrets, comme regles infaillibles & inuiolables, & qu'il suffit de le consulter en toute sorte de doutes qui se pourroient former en matieres de foy. Il est, dis-ie, persuadé que dans son Liure de l'Eucharistie & de la Transubstantiation, il a demonstré clairement la veritable doctrine que nous auons tousiours professée, selon les decisions des saints Conciles, & la pure parole de Dieu, qui est si expresse sur ce suiet, auec la tradition; de sorte qu'il ne faut plus exiger de nous le tesmoignage des sens, & celuy de la raison, pour prouuer qu'il n'y a point d'autre transubstantiation que celle de passer de la connoissance d'vne substance sensible à la connoissance d'vne substance intelligible: qu'on doit admettre l'aneantissement des substances quant à la matiere, & quant à la forme, quoy que les apparences sensibles demeurent, selon la doctrine sainte de l'Eglise, dont nul de ceux qui en sont bien instruits, ne font aucune dificulté. Ainsi ie ne doute point que la necessité de la transubstantiation, ne puisse estre également bien prouuée, comme ie la viens de representer, & que nous ne faisons pas seulement vne memoire du Sacrifice de la Croix: mais que nous sacrifions effectiuement le vray Corps, & le vray Sang de nostre Seigneur Iesus-Christ au Pere Eternel, soit en continuant le mesme Sacrifice de la Croix; de sorte que ce n'est que le mesme Sacrifice, soit que l'Eglise le reïtere en Mystere, par les mains des Prestres, comme plusieurs Scholastiques l'ont maintenu. Enfin il y a grande apparence qu'il prouuera de la mesme sorte la doctrine decidée contre les Heretiques, que nostre iustification depend de la grace qui nous est donnée gratuitement, pour faire les bonnes œuures & pour estre sanctifiez, laquelle selon plusieurs

Theologiens n'est refusée à personne, du moins suffisante pour le salut de tous, parce que Dieu veut sauuer tous les hommes, & que Iesus-Christ est mort pour tous, sans qu'il faille vser de subtilitez pour expliquer ces passages, qui sont plus clairs que le Soleil, ou pour en eluder la force, à laquelle rien ne sçauroit resister. Il me repondit qu'à la verité, il pensoit auoir demonstré contre les principes de la doctrine des Aduersaires: mais qu'il y auoit bien des choses à dire sur toutes les inductions que ie luy venois de faire, quoy qu'elles fussent maintenuës par des Docteurs Catholiques. Qu'au reste, il s'en falloit tenir au consentement vniuersel de l'Eglise, aux tesmoignages des saints Peres, & à la decision des Conciles, dont ie demeurai d'accord: & s'il y a des repliques à faire en celà, elles se pourront agiter autre part.

Du premier Homme.

TOuchant la question s'il y a eu des hommes au monde auant la Creation d'Adam, on m'a dit qu'vn bel esprit en a fait vn Liure expres, par forme d'exercitation, & qu'il maintient par les saintes Escritures qu'il n'y a pas lieu d'en douter, ou du moins que les saintes Escritures ne sont pas contraires à cette opinion; qu'il fonde sur l'aage apparent du monde, en considerant son sisteme & les diuerses generations, sur les connoissances de l'Astronomie & de l'Astrologie, & sur le tesmoignage de quelques Autheurs: car il sçait bien qu'vn certain Hermodore Platonicien disoit en son Liure de la doctrine des Philosophes, au raport de Diogene de Laërce, que cinq mille ans se sont écoulez depuis Zoroaste le premier des Mages de Perse, iusques à la ruïne de Troye. Qu'Herodote dans son Euterpe fait mention d'onze mille trois cents ans, que Diodore Sicilien parle en vn endroit de plus de vingt trois mille ans, en vn autre de quatre cents septante mille, & dans le premier Liure de la seconde partie de sa Bibliotheque, que des Roys étrangers ont gouuerné l'Egypte pendant l'espace de quatre mille sept cents ans; que Platon dans le Timée dit qu'vn Prestre d'Egypte apprit à Solon que les Atheniens auoient eu des Princes, dix mille ans auant le Deluge, ce qu'Arnobe mesmes citte de Platon. Que Ciceron n'a pas marqué vne moindre durée dans son Liure des Loix: que les Annalles de la Chine s'induisent de quarante mille ans: & que les Egypriens, au rapott de Diogene, alloient iusques à quarante-huict mille huict cents soixante-trois ans depuis Vulcain fils de Nilus, iusques à Alexandre, selon ce qu'ils ont remarqué, en supputant le nombre des Eclypses, sans parler d'Eusebe, qui admet dans sa Chronique seize Dynasties ou Puissances de suitte dans le Royaume des Assyriens ou des Babiloniens, au dessus de Ninus, & des Anciens Aborigenes d'Italie, qui estoient persuadez que la Sicile auoit esté separée de la Terre-ferme, il y auoit plusieurs siecles; ce qui a fait dire à Virgile dans son troisiesme Liure de l'Eneïde; Ces terres de continuës qu'elles estoient, » comme on le raconte, furent autresfois arrachées de » leur fonds par vne grande ruïne: & s'estant écartées auec » vne extreme violence (tant la longueur des siecles est ca- » pable d'apporter du changement) les eaux qui donne- » rent de force au trauers, retrancherent la coste d'Hespe- » rie de celle de la Sicile, & la Mer baigna les champs & les » villes separées d'vn riuage fort étroit.

Mais à propos de Virgile, Seruius a remarqué sur ce vers,

Vrbs antiqua ruit multos dominata per annos.

Que Troye est appellée ville ancienne, parce que qu'on dit que sa domination a duré deux mille huict cents ans, *Quia duobus millibus octingentis annis regnauisse dicitur.* Or Troye fut ruinée 408. ans auant la premiere Olympiade, qui selon Scaliger échut l'an du monde 3074. ce qui monte bien, non seulement au dessus du Deluge de Noé; mais encore de la formation d'Adam, selon nostre supputation.

Strabon dans le troisiesme liure de sa Geographie, escrit que les Turdetans, peuples de l'Espagne Betique, auoient des monuments escrits, & des loix depuis six mille ans, ce qui excede egalement les Epoques que nous auons marquées de Noé & d'Adam, aussi bien que ce que Solin escrit au cinquante-deuxiesme Chapitre; que depuis la conqueste de Liber ou de Bacchus, dans les Indes, iusques à Alexandre le Grand, les Anciens comptoient 6451. an, & quelque chose de plus, selon la durée des regnes de cent cinquante-trois Roys: & si Scaliger en est croyable, Semiramis a deuancé de mille ans l'embrasement de Troye; ce qui excederoit le temps du Deluge.

Or l'Autheur qui a formé cette question, s'est aussi fondé sur diuers passages des saintes Escritures, & entre-autres sur celuy-cy de l'Apostre dans son Epistre aux Romains, où il dit: *Car iusques au temps de la Loy, le peché estoit au monde: or le peché n'est point mis en compte, lors qu'il n'y a point de Loy. 5. 13.* D'où il infere que le temps de ce peché, qui estoit au monde, lequel n'estoit point mis en compte, ou imputé, ne pouuoit estre qu'auant Adam; parce qu'Adam ayant commis vn peché contre la Loy, ce peché luy fut imputé: comme celuy de Caïn, ayant tué son frere Abel, luy fut également imputé: & se sert de toutes les reflexions qu'on se peut imaginer sur le texte des quatre premiers Chapitres de la Genese, obseruant qu'Adam fut vn homme extraordinaire & mysterieux, fait de la main de Dieu, pour estre Type de Iesus Christ, & que comme la mort estoit entrée dans le monde par son peché, qu'aussi la vie y auoit esté apportée par vn seul Iesus-Christ. C'est donc pourquoy, comme ce qui est aduenu par vne seule chute, regarde tous les hommes pour la condamnation, aussi ce qui est venu par vn seul acte de iustice, regarde tous les hommes pour la iustification de la vie. Mais quoy qu'il semble d'abord qu'il soit dificile de repondre à ces raisons, & qu'il y ait mesmes lieu de s'étonner de voir qu'il soit escrit, que les fils de Dieu s'allierent auec les filles des hommes: qu'auant le Deluge, il y auoit des Geants sur la terre: que Caïn ayant peché, eut peur d'estre tué: que s'estant retiré vers l'Orient, il engendra de sa femme vn fils appellé Enos, au nom duquel il bastit vne ville: qu'auant mesmes son peché, Dieu le voyant triste, luy dit, *Si tu as bien fait*, *ne feras-tu pas exalté? mais si tu ne fais pas bien, ton peché sera connu aux portes*, comme s'il faisoit allusion à la coutume des Iuifs, qui auoient des Tribunaux, & qui rendoient la iustice aux portes des Villes; ioint que ces termes, *Si tu as bien fait, & si tu ne fais pas bien*, supposent des loix qui se puissent violer: qu'Adam, voyant sa femme tirée de son costé, parle de quitter son pere & sa mere, & d'adherer à sa femme, comme s'il auoit connoissance de peres & de meres, & de diuerses generations, si toutesfois ces paroles du second de la Genese 24. sont du premier homme: car il semble que nostre Seigneur les attribuë à Dieu, qui crea l'homme du commencement masle & femelle, Matth. 19. 4. 5. quoy qu'il y ait de l'aparence, à son iugement, que Moyse fasse mention des hommes d'vne premiere creation dans le premier Chapitre de la Genese, & du premier homme de la seconde Creation dans le second Chapitre, vers. 7. Si est-ce que l'Eglise n'aprouue point l'affirmatiue dans la dispute, sur vne question de cette qualité, quoy qu'elle ne reiette pas la recherche de la verité, dans les dificultez qui s'y presentent, & dans les doutes qu'on en pourroit former, s'il y en a aucun, apres que ce qui est escrit au septiesme verset du second Chapitre de la Genese, où il semble que se trouue le detail de ce que Moyse auoit dit au vingt-septiesme verset du Chapitre precedent, & que le terme, *Formauit igitur hominem de limo terræ*, & non pas, *& formauit hominem*, explique clairement, outre que ie ne voy pas qu'il soit facile de repliquer à ce passage des Actes, *Et d'vn seul sang il a fait tout le Genre-humain*. Act. 17. 26. & que Moyse auant que de parler distinctement de la Creation d'Adam, au second Liure de la Genese, dit ces paroles qui sont bien dignes de remarque. *Telles sont les generations du Ciel & de la Terre, quand ils furent creez, & que le Seigneur Dieu fit le Ciel & la Terre, & toutes les plantes des champs: car le Seigneur Dieu n'auoit point fait pleuuoir sur la terre, & il n'y auoit point d'homme pour labourer la Terre:* Et en suitte. *Le Seigneur Dieu forma donc l'homme*, non pas, *& Dieu forma l'homme*, qui seroit comme le commencement d'vne autre histoire: ce qui fait bien voir que Moyse n'en suppose point d'autre auant Adam. Quant aux tesmoignages des Autheurs profanes, ils sont sans preuue & sans fondement : & ceux qui sont alleguez par Diogene, sont refutez par luy-mesme, quand il dit que les Egyptiens prouuoient leur durée de quarante-huict mille trois cents soixante-trois années, par trois cents soixante-trois Eclypses du Soleil, & huict cents trente-deux de la Lune, lesquelles pourroient auenir en six cents cinquante ans : & il en faudroit trente-huict mille trois cents quatre-vingts, pour quarante-huict mille huict cents soixante & trois années. Ciceron, & Arnobe refutent aussi les tesmoignages de Platon & de Diodore. Au reste, les passages de la Genese, & de saint Paul, n'ont apparence de dificulté que dans les manieres de parler, & les frases Hebraïques & Greques Heleniques, dont Moyse & l'Apostre se sont seruis. Cependant il pourroit bien estre que la pensée de l'Autheur du Liure, dont nous auons parlé, n'a esté que pour sauuer la dignité & la reuerence des saintes Escritures, contre le raisonnement des Philosophes, & le tesmoignage suspect de quelques Peuples & Historiens, ne pouuant tirer de preuues considerables du costé de l'aage apparent du monde, ou de son sisteme, parce que les eaux du Deluge vniuersel, pourroient y auoir découuert les vieilles roches qui paroissent à découuert à la cime des montagnes, & separé quelques Isles de la Terre-ferme.

I'en entretenois ainsi Mons. de Laon, qui a l'esprit si agreable & si serieux en mesme temps, au suiet du Liure qu'on en auoit escrit, en la presence de deux Docteurs de grand merite, que ie ne iugeai pas qu'ils blasmassent ce raisonnement, bien qu'ils fussent persuadez qu'on y pouuoit adiouter beaucoup d'autres reponses, que celles qui s'estoient presentées à mon souuenir.

QVelques iours apres m'estant trouué auec Monſ. le Comte de Baraut, que i'honorois beaucoup, dans la Cellule d'vn bon Pere Chartreux, appellé Dom Carrouge, où il y auoit ſur la couuerture de ſon lit, vne teste de mort; Ie la regardai, ſi ie ne me trompe, dans la penſée du bon Religieux, comme vne marque funeste du peché qui regne dans le monde: car la mort a ſaiſi tous les hommes, parce que nous auons tous peché. Neantmoins il me vint en l'eſprit, que ſi nous n'euſſions point eſté ſuiets à la mort, nous n'aurions point peché: & voicy comme i'en faiſois le raiſonnement, recherchant les cauſes naturelles & morales de tous les pechez que nous commettons. Si nous n'euſſions point eſté ſuiets à la mort, qui nous auroit obligez de pecher, ſelon nostre nature? Ce n'auroit eſté ni l'ambition, ni l'auarice, ni la vehemence de cette paſſion, qui nous fait violer toutes ſortes de loix, pour auoir la iouïſſance de ce que nous aimons. Toutes ces choſes-là, qui ne ſeruent qu'au beſoin de la vie, pour la poſſeder long-temps auec ſeureté, & qui ſelon l'Apostre ſaint Iean, ſont les principes de tous les maux, ne ſe ſeroient point emparées de nostre fantaiſie, & ne nous auroient point gourmandez comme elles font. Ainſi nous n'aurions, ni raui le bien d'autruy, ni intenté de procez, ni declaré de guerres, ni conſpiré la ruïne de nostre prochain, ni rendu de faux teſmoignages; ce qui ſemble tellement vray, que ie ne voy pas qu'il y ait ſeulement lieu d'en douter; de ſorte qu'il ne reſte plus que le peché de Lucifer, qui a peu de proportion auec la Nature humaine, qui ne s'éleue au deſſus de ſa portée, que pour la conſeruation de ſa propre foibleſſe.

De-là, nous paſſaſmes à d'autres conſiderations de la mort, & à celles de la brieueté de la vie, principalement pour les gens qui meditent les grandes veritez: car au meſme temps qu'ils commencent d'en découurir quelqu'vne, ils meurent comme tous les autres hommes, & ne ſçauroient laiſſer de memoire à la Posterité de leurs belles

Dom Carrouge.

De la mort, cauſe du peché.

De la brieueté de la vie pour les ſciences.

belles notions. Que si au lieu d'vn siecle imparfait, vn homme d'esprit en pouuoit viure sept ou huict, il ne faut pas douter que dans vn si grand aage, il auroit des sentiments bien diferents de ceux qu'il a maintenant: Et si à l'égard des autres, il a fait tant de progrez en trente ou quarante années, que seroit-ce, s'il auoit obserué & medité pendant plusieurs siecles? Nous sommes tousiours ieunes, & nostre petite science ne fait que de naistre, quand nous mourons; de sorte que le plus habile ne sçait presque rien du tout: & s'il sçait quelque chose, c'est d'estre asseuré d'ignorer beaucoup. Ce qui ne tombe pas seulement dans la pensée des demi-sçauants, qui connoissent rarement leur imperfection, ce qui les rauale, à mon auis, au dessous des plus idiots.

Là-dessus, on demanda si les ames estoient d'ordres diferents. Monf. le Comte de Baraut dit par galanterie qu'il n'en faisoit point de doute: car seroit-il possible autrement qu'il y eust des gens si stupides, & d'autres qui sont si polis? Et comme on luy eut dit serieusement, que cela dependoit des organes & du temperament, aussi bien que des habitudes diferentes: il s'ensuiuroit donc aussi de-là, dit-il, que l'ame n'agiroit iamais sans le secours des organes & du temperament; ce qui seroit tres-dangereux contre la doctrine de son Immortalité. Mais on luy repondit que quand l'ame de l'homme ne seroit pas immortelle par sa nature, comme celle des bestes, qu'elle le seroit par grace, & qu'il suffit de dire que c'est vn point de foy: car d'en raisonner par les maximes & par les principes de la Philosophie, soit d'Aristote ou de Platon, comme a fait encore depuis peu de iours vn de nos Amis, il est impossible de le démontrer. La Nature de l'ame est imperceptible, & ses principes sont ignorez, on ne sçait point si elle s'engendre comme le corps, en se communiquant comme la lumiere d'vn flambeau à vn autre flambeau etaint, ou si elle est creée au moment que l'organe est preparé pour la receuoir, ou si elle estoit dés le commencement du monde, ou si elle n'est qu'vne partie

De l'Ame.

d'vne ame vniuerselle, ou si elle est mesmes corporelle, & par consequent suiette à la corruption, ou bien autre chose qu'vne certaine harmonie qui donne aux choses composées le mouuement que nous aperceuons, ou si c'est vn feu celeste, ou quelque chose de diuin (ie ne parle point en tout cecy selon les reuelations de la Foy:) mais quoy qu'il en soit, nul Philosophe iusques icy n'a encore sceu affirmer comme cela se fait; aussi n'est-il pas necessaire, & il suffit que par la Foy, nous ne pouuons douter de son immortalité, capable d'vne felicité perdurable, quand elle fera de bonnes œuures dans cette vie, & de tourments infinis, si elle est chargée de crimes.

M. l'Abbé de Rançay.

PArlant vne fois à Monſ. l'Abbé de Rançay, de qui l'humeur est si douce & l'esprit si éclairé; apres luy auoir souhaité pour son merite, qu'il plust au Roy de le nommer Coadjuteur de Monſ. l'Archeuesque de Tours son Oncle, qui en seroit raui, autant pour les auantages de son Diocese que pour l'honneur de sa famille; il crût d'abord que ce n'estoient que pures ciuilitez: Mais comme il connut que i'y prenois quelque sorte d'interest pour les grandes esperances que ie conceuois de sa capacité dans le restablissement de la discipline, il m'en remercia: & i'oserai bien dire qu'il me fit des souhaits reciproques, sur ce que ie luy auois marqué mon indignation touchant les brigues honteuses qui se font bien souuent pour les Deputations du Clergé, à quoy i'estimois qu'vn Prelat genereux & sçauant comme luy, pourroit remedier dans les lieux de sa Iurisdiction; mais qu'il en falloit bannir l'interest pecuniaire, s'il y auoit moyen; parce que c'est l'origine d'vne infinité d'iniustices, & de cette vilaine auarice qui attire tant de mépris sur les testes sacrées. Là-dessus ie luy repliquai que ie n'auois ni assez de fortune pour y pretendre, ni assez de grandes qualitez pour le meriter: que neanmoins ie m'estimois heureux dans ma condition priuée, de la façon que ie la conceuois, où pour le moins les vents de l'ambition n'apportoient

Des deputations du Clergé.

point de trouble, si la compassion des miseres du prochain ne l'en pouuoient exempter : qu'au reste, ie n'auois jamais esté de rien, que ie n'estois de rien encore, & que ie voyois bien sans regret, que ce seroit tousiours la mesme chose, parce que ie ne meritois rien, que ie ne voulois importuner personne, & que ie ne voulois aussi rien demander.

IL sera facile de connoistre ma franchise & mon ingenuité par toutes ces conuersations. I'ay tousiours porté mon cœur sur mes lévres : & autant que i'ay esté ennemi du mensonge & de l'hypocrisie, autant me suis-ie rendu soigneux d'honorer la verité. I'ay parlé librement : mais ie pense auoir menagé mes paroles de telle sorte, n'ayant point voulu dissimuler les choses que i'ay cruës importantes, que personne ne s'en tiendra offencé. Ie regarde la verité comme Dieu mesme, puis qu'il s'est bien voulu appeller de la sorte : & quoy que la verité engendre la haine, selon le dire du Poëte, si est-ce qu'elle se fait tousiours aimer des gens de bien. Il faut auoüer pourtant que les veritez desobligeantes se doiuent taire, quand il ne sert de rien de les dire : mais aussi ne faut-il pas detenir dans le silence celles qui sont obligeantes ou vtiles. Ceux qui en vsent de la sorte, sont pour l'ordinaire bien malicieux, & ne sont pas moins iniustes que les Receleurs du bien d'autruy. Cependant il n'est rien auiourd'huy de si commun : & i'ay vû en cela des affectations qui egalent la plus outrageuse calomnie. Mais quoy qu'il en soit, puis qu'il ne tient qu'à nous d'en vser autrement, ie suis d'auis d'estimer le bié en quelque suiet qu'il se trouue, & de ne mettre point ma ioye à voir le mal d'autruy, ou à tirer de l'auantage de ses foiblesses : Ie ne sçaurois m'empescher de dire du bien de ceux que i'estime, & ie ne voy pas qu'il soit necessaire d'en publier les defauts, parce que l'exemple en est pernicieux. Ie regarde en quelque façon au dessus de moy, tous ceux qui auec vn peu de genie & de beau naturel, font profession des let-

L'amour de la verité.

tres & de la vertu. C'eſt pourquoy i'ay tant d'inclination à les eſtimer : & ie ne pretens point, que tout ce que i'ay dit des vns, faſſe excluſion des autres. Ie n'ay parlé que de ce qui eſt venu à ma connoiſſance, & il pourroit bien eſtre encore, qu'il en ſeroit échappé pluſieurs à ma memoire, qui n'eſt pas la plus heureuſe du monde. I'ay parlé des viuans & des morts, & ie proteſte que ce que i'ay dit des vns & des autres, eſt ſans intereſt.

Si i'en ai des loüanges, ce ſera contre mon eſperance: & pouruû que ie me puiſſe perſuader de n'en eſtre pas tout à fait indigne, quand elles me ſeront deniées, ie m'en conſolerai facilement : Mais ie ne me pardonnerois iamais d'auoir eſcrit ces Memoires, où ie me ſuis propoſé de parler des honneſtes gens que i'ay connus, & n'auoir rien dit de M. le Comte de Ionzac, pour qui i'ay tant de veneration.

Meſſire Leon de Sainte-Maure C de Ionzac

Ce Seigneur de l'ancienne & illuſtre maiſon de Sainte-Maure, originaire de noſtre Prouince de Touraine, & maintenant tranſplantée en Saintonge, m'ayant vn iour honoré de ſa viſite, auec Monſ. le Comte d'Aubeterre ſon beau-frere, dont la valeur & la probité ſont ſi connuës, nous vinſmes à parler des anciennes familles du Royaume, & de celles qui y tiennent rang de plus longue-main, apres celles des Princes.

M. le Comte d'Aubeterre.

Il fut remarqué qu'il n'y auoit point de Prouince en France, qui n'en euſt quelques-vnes d'éclatãtes, & que la noſtre ſe pouuoit glorifier de la ſienne, qui eſtoit de plus de ſix cents ans, auſſi bien que celles d'Amboiſe, de Maillé, de Bueil, de Pruilly, de Sauari, & de la Tour-Iſoré : qu'il y en auoit beaucoup d'autres tres-illuſtres, quoy qu'elles ne ſe peuſſent vanter d'vne ſi haute antiquité : que d'autres eſtoient entierement etaintes, ou fonduës en des maiſons plus nouuelles, leſquelles auoient eu de la ſplendeur & du credit en leur temps, comme celles de Precigni, de Montbaſon, de Thais, de Bouciquaut, de Montreſor, de Paluau, de la Guerche, de Maiſieres, de Loches, de Chaſtillon-ſur-l'Indre, de Mello, de l'Iſle-Bouchard, de Chaſteaurenaud, de Rochecorbon, & de Buſencois, qui

La Touraine.

auoient eu des Mareschaux de France, des Colonels d'Infanterie, des Grands-Maistres, & des Connestables : que d'autres nous auoient donné des Abbez celebres, des Euesques, des Cardinaux, & des Saints, comme les maisons de Turpin, de Crauan, de Marrafin, de Brillac, de Fumée, de Brissonnet, de Beaune, de la Bourdaisiere, de Pontcher, du Bois, de Boyer, de Ruzé, de Cotereau, outre celles que i'ay desia nommées, & les autres que ie dirai : que plusieurs ont fourni de temps immemorial à l'Estat de braues Gentils-hommes, de sages Capitaines, & des Guerriers valeureux, comme celles d'Ancelon, d'Argi, d'Azai, d'Augustin, de Baignan, de Baillou, de Bear, de Betz, de Berruyer, de Bauuilliers, de Boisuilliers, du Bois-Fontaine, de Brossin, de le Bloy, de Baraudin, de Brachet, de le Breton, de Bridieux, de Bellefontaine, de Bourgaut, de Bonafaux, de Beauuolier, de le Begue, de Chamborant, de Chadieu, de Chaugi, de Chauueron, de Chergé, de Cholé, de Chasteauchalon, de Chezelles, de Coagne, de Coüé, de Coral, de Comacre, de Crenille, de Cigongné, de Chertier, de Douault, d'Erian, d'Eschelles, du Fau, de Fourilles, de Fortier, de Fromont, de Gastineau, de Guenand, de Graleul, du Genest, de Guiet, de Gebers, de Gigaud, de Ieu, de Iussac, de Loubes, de Menou, de Maussabrai, de Mareuil, du Menil, de Moreau, de Martin, de Mons, de Meausse, de Mauçon, de Nau-Marrasin, de Naillac, de Negron, de Norroy, de la Noraye, d'Oudar, de Preaux, de Preuille, de du Pont, de Pons-Rancé, de Persi, de Pont-Boissimont, de Pont-long, de Puygiraut, de Paulmar, de Petion, de Pean, de Papillon, de Quinemont, de Quineuf, de Razilli, de Rance, de Rez, de Rabeau, de Roüy, de Rouxellei, de Sauari, de Sorbiers, de Tranchelion, de la Tour-Renier, de Voyer, de Vonnes, de Valoges, de Voisines, de Valori, de Varie, & la Nostre de MAROLLES, auec bien d'autres qui ne se presentent pas à mon souuenir, où ie ne comprens point les familles transplantées d'ailleurs, comme celles de Bastarnay, de Bourdeilles, de Buade, de Baruille, de Barjot, de le Blanc, de Chambret, d'Escoubleau, de Faucrolles, du Gast, de la Hilliere, de Konigan, d'Odespunck, de Montbel, de Prie, de Rochefort, de Thianges, de Thienne, de Villequier: quoy que ces Maisons illustres soient d'vne grande antiquité.

Au reste, cette Prouince n'a point esté si mal-heureuse en gens de lettres, qu'elle n'en ait produit quelques-vns qui luy ont aquis de la reputation, tels qu'Odo premier Abbé de Cluny, Simon de Brioné Tresorier de saint Martin de Tours, depuis Martin Pape, quatriesme du nom, Hildebertus Euesque du Mans, & depuis Archeuesque de Tours, Baldricus Euesque de Dol, Berenger Archidiacre d'Angers, Thomas Pascius Prieur de Loches, Ioachim Perion Moine de Cormery, Renaud de Beaune Archeuesque de Bauges, Guillaume Brissonnet Cardinal, Robert Brissonnet Archeuesque de Rheims & Chancelier de France, trois Euesques de la mesme maison, l'vn de Nismes, l'autre de Toulon, & le troisiesme de Lodeue, Estienne Poncher Euesque de Paris, Adam Fumée Garde des Sceaux de France, Martin Fumée Seigneur de Genillé, qui a traduit en François Procope & Agathias, Claude & Gabriel Chappuis, & plusieurs autres, sans parler de l'incomparable François Rabelais, qui n'a point esté iugé indigne d'estre mis au nombre des Hommes Illustres, ni des Eloges de ce celebre Escriuain. Sceuole de Sainte-Marthe, & de Papirius Masso: & entre les Modernes, pour la Theologie, les deux derniers Euesques de Marseille Eustache, & Iean Baptiste Gaults, le Pere des Landes de l'Ordre des Iacobins Euesque de Triguier, Monsf. l'Euesque d'Alet, M. Boutaut Euesque d'Eureux, M. Bedacier Euesque d'Auguste, & plusieurs Religieux de diuers Ordres, & des Docteurs de Paris, M. Forget Chancelier de l'Eglise de Tours. Pour la Iurisprudence, Brodeau, Mornac, Boulay, Galand, & à present M. Nublé, & Mess. Palu, Patris, Mamineau, Bonnet, Oger. Pour la Medecine, Falaiseau, Mandat, Palu.

Pour les Mathematiques, René des Cartes, puis qu'il naquit dans vne ville de Touraine, appellée la Haye, & qu'il y a esté éleué dans son bas aage, & M. de Nuré, tres-sçauant dans cette profession. Pour l'Histoire, André du Chesne, dont les recherches estoient si curieuses, & le sçauoir si profond. Pour la Poësie Françoise, M. Forget de la Picardiere, M. de Racan, & M. de Chambret : Et pour la Latine & la Françoise, M. l'Abbé Quillet : Et pour la Latine seule, M. Marteau, qui est vn fort bel esprit. Pour l'ancienne Poësie, & pour des pieces enioüées, Guy de Tours, & Beroalde de Veruille. Pour la Peinture, Ianet, Bunel, Claude Vignon, François, & Abraham Bosse. Pour l'Imprimerie, Christofle Plantin, qui estoit de Mont-Louys.

De l'amour de la patrie.

Apres ce grand denombrement, Monf. le Comte de Ionzac me fit quelques ciuilitez, & dit par galanterie que ie n'aimois pas mon païs. I'auouai que ie conseruois toujours vne affection pour la Patrie ; ce qui est assez naturel à toute sorte de personnes ; mais qui n'est pourtant pas vniuersel, & sur tout en nostre Prouince : car i'y ai connu des gens qui voulant faire les capables, ou n'ont pas l'esprit d'en connoistre les beautez, ou font vanité d'en faire perdre la bonne opinion qu'on en a conceuë ; quoy que sans preoccupation l'on puisse dire qu'elle soit l'vne des plus agreables & des plus diuersifiées pour ce qu'elle contient, qui soit dans le Royaume. Et cherchant quelques raisons de cette affection, que les gens de bon sens portent naturellement à leurs païs, ie dis qu'à mon auis l'vne des principales estoit celle de la premiere inspection des richesses de la Nature, qu'elle mesme qui est si belle, auoit offerte à tous nos sens, & que d'ailleurs c'est à la Patrie à qui nous deuons, comme à vne bonne mere, nostre education, & nos premieres habitudes. C'est elle qui a delié nostre langue, & qui nous a donné les paroles & l'accent, que nous preferons si volontiers aux paroles & aux accents des autres païs ; outre que c'est chez elle que nous auons conceu nos premiers affections, que nous voyons nos proches, ceux qui ont conuersé auec nous dés la naissance, & sur tout ceux qui nous ont mis au monde, soit qu'ils viuent encore, ou que leurs cendres soient enfermées dans le sepulchre.

M. le C. de Bereins. M. le C. de la Chapelle.

Nous estions dans vn tel entretien, quand Monf. le Comte de Bereins, & M. le Comte de la Chapelle, qui entrerent auec Monf. le Cheualier de l'Escale, & le nompareil genealogiste Pierre d'Hosier, dont nous auons desia parlé, donnerent suiet à vne autre conuersation, qui ne fut pourtant pas fort diferente de la premiere, touchant la vraye Noblesse & les Genealogies des anciennes Maisons, dont la connoissance est si particuliere à Monf. d'Hosier, qui nous en dit beaucoup de choses, & sur tout des familles de Sainte-Maure, à cause de M. le Comte de Ionzac, d'Esparbez de Lussan, à cause de M. le Marquis d'Aubeterre, de Corsant en Bresse, à cause de M. le Comte de Bereins, & de Cardaillac, à cause de M. de la Chapelle, qui tirent tous leurs descentes d'vne haute antiquité, auec de grandes alliances.

M. le Cheualier de l'Escale.

Pour Monf. le Cheualier Scipion de l'Escale, dont ie fis voir la genealogie qu'il m'auoit autresfois donnée, par laquelle, il iustifie sa descente des Seigneurs de l'Escale, Princes de Verone, il nous dit sur la question qui luy en fut faite, que ces deux admirables Escriuains, Iules Cesar, & Ioseph Scaliger, n'estoient pas venus de la mesme origine, & se deffendoit fort d'estre dans leur alliance, quoy que Ioseph Scaliger eust essayé de le prouuer contre Schioppius. Ie ne pûs m'empescher neantmoins de luy dire, que ie ne tiendrois pas moins glorieux d'estre du sang de ces deux personnages illustres, que de celuy des Princes de Verone, si ie n'en auois herité la souueraineté. Qu'au reste, le nom des deux Escriuains dureroit dauantage que celuy des Princes; mais quoy qu'il en soit, qu'il estoit assez bien partagé, puis qu'il auoit l'esprit des vns & la noblesse des autres, s'il n'en auoit pas les richesses & les grandes Seigneuries.

Touchant

Touchant l'abus qui se glisse dans l'ordre de la Noblesse, on dit qu'il seroit à souhaiter qu'il y eust des Officiers dans les Prouinces qui tinssent registre de ceux qui ont l'honneur d'en estre veritablement, & qu'ils prissent garde à tant de gens qui en vsurpent le tiltre iniustement: que c'est vne chose pitoïable que des charges mediocres, ou des lettres du Prince, obtenuës pour de l'argent, la constituent à la Posterité, sans l'auoir meritée par des seruices signalez: que chacun se fait des Armoiries, & qu'il prend telle qualité qu'il luy plaist, sans qu'on y trouue rien à redire: que les erections des Terres n'aquierent rien de nouueau aux Seigneurs qui les possedent, puis que d'autres sans les mesmes droits s'en attribuent bien autant: que la qualité de Cheualier est tellement auilie, qu'on ne la demande plus, & que celle d'Escuyer est prostituée de telle sorte, que les gens de fortune n'en font plus d'estat, & l'abandonnent à leurs valets & à leurs Cuisiniers, parce que ceux qui auoient anciennement l'intendance de la Cuisine du Roy, estant veritablement Gentils-hommes, portoient le titre d'Escuyers: que les femmes des vns & des autres, sont egalement appellées *Madame*, au lieu qu'il n'y auoit autresfois que les femmes des Cheualiers, & si vn Prince n'eust pas encore obtenu cette qualité auec toutes les ceremonies, sa femme n'eust esté appellée que Mademoiselle, de quelque naissance qu'elle eust esté, sinon qu'elle eust esté fille de France, & que c'est ainsi que Charlotte de Bourgongne, femme de Iean Sire d'Albret, & qu'Isabeau de la Tour Veuue du Comte Guillaume de Bretagne, ne furent appellées que *Mademoiselle* de leur viuant: que presque tous les priuileges de la Noblesse s'abolissent tous les iours: que depuis qu'on a vendu les Charges & les Offices, ils ne sont plus entre les mains des Nobles, que par vn grand hazard: & que le soin des alliances s'est perdu; ce qui a fait dechoir merueilleusement la dignité de cet ordre: que neantmoins c'eust esté vne bonne politique

Abus dās la Noblesse.

d'en vser d'autre sorte, pour encourager les ieunes gens à la vertu par vne loüable emulation, & que la recompence de quelque piece dans vn Escusson d'Armoyrie par concession du Souuerain, apres quelque genereuse action, estoit de peu de frais: que cela tenoit lieu au temps passé de couronnes ciuiques, ou murales, ou obsidionales, ou rostrates des Anciens, qui n'alloient pas fort à la foule du peuple, & qui par ce moyen n'épuisoient point les deniers du fisq, ni les coffres publics. Qu'au reste, plusieurs Seigneurs corrompent auiourd'huy leurs Escussons par le grand nombre de quartiers qu'ils y mettent: qu'il y auoit encore en cela vne vanité insupportable, & que les femmes auoient pris auiourd'huy vne mauuaise coutume, en separant leur Escusson, qui n'estoit anciennement qu'vne Lozange, de celuy de leurs Maris, sous des couronnes de Ducs, de Marquis, ou de Comtes (car on ne descend plus gueres au dessous) comme si c'estoient des Estats distincts sur le modelle des Escussons de France & de Nauarre, sous la Courone Royale, comme s'il y auoit de la proportion.

M. de Vassé. M. de Rouuille.

Monſ. le Marquis de Vassé, & Monſ. le Comte de Rouuille, qui arriuerent comme les autres se leuoient pour s'en aller: mais qui apprirent le suiet de nostre entretien, tesmoignerent en cela qu'ils estoient de nostre auis; & que neantmoins, quelque abus qui se pust commettre dans les familles, il y en auoit tousiours quelques-vnes qui s'estoient conseruées dans leur pureté, à cause des grands biens ou des grandes charges qui les auoient fait subsister: mais qu'à la verité, il estoit fort à craindre que du biais qu'on s'y prenoit, cela ne dureroit pas tousiours. Ces Meſſ. sont personnes de condition, que i'estime & que i'honore infiniment pour leur esprit & leur courage, qui egalent leur naissance illustre, l'vn qui est venu demeurer dans nostre Prouince de Touraine, ayant espousé la fille de feu Monſ. de Lansac, qui luy a porté la Seigneurie d'Azai-le-Rideau, sur la riuiere d'Indre, aupres de son emboucheure dans la Loire, & l'autre qui en est sorti en vendant sa belle terre de Chauigni, à feu Mons. Boutiller Tresorier de l'Ordre du S. Esprit, & Surintendant des Finances.

MAis auant que de finir ce Chapitre de la Noblesse, ie veux dire que Mons. de Courtenai-Bleneau, Seigneur de grand merite, m'a fait voir les tiltres de la sienne, qui sans mentir la releuent tout à fait au dessus de la commune. Il me semble qu'il n'y a rien de mieux iustifié: & si ses preuues ne sont pas bonnes, ie ne sçai où il en faut chercher de meilleures, si ce n'est de la ratification d'vne main toute-puissante, & d'vne verification au Parlement. M. de Courtenay.

Ie veux dire aussi que touchant la maison de Mons. le Mareschal d'Albret, Marquis de Miossens, descendu en droite ligne de Gilles d'Albret, Seigneur de Chasteau-moron, & d'Anne d'Aguillon; ce Gilles estoit fils de Charles Seigneur d'Albret, & d'Anne d'Armagnac sa femme, comme il se iustifie par vn Contract d'apointement, que Charles Seigneur d'Albret fit entre ses Enfants, estant à Limoges, l'an mil quatre cents cinquante-deux: & encore par le Contract de Mariage de Gilles auec Anne d'Aguillon, en datte du dixiesme de Decembre mil quatre cents soixante-trois: & par la minutte de son Testament, en datte du huictiesme d'Aoust mil quatre cents septante-neuf, où il se dit fils de Charles d'Albret & d'Anne d'Armagnac. Il laissa deux fils de son Mariage, Estienne-Arnaud d'Albret, & Amenion, qui fut Ecclesiastique. Ce que i'escris contre la presomption de ceux qui ont crû que Charles d'Albret & Anne d'Armagnac n'auoient laissé que quatre Enfants masles, Iean, Louys, Amenion, & Charles, parce que dans le partage que Charles fit à ses Enfants, le dix-septiesme de Nouembre mil quatre cents cinquante-six, il ne parle point de Gilles, comme il ne s'en trouue rien d'escrit dans le Testament, qui se voit encore d'Anne d'Armagnac, passé à Nerac, dans le Chasteau de cette Dame, le sixiesme iour M. le Mareschal d'Albret.

d'Avril mil quatre cents ſeptante-deux. Mais ces preuues ne ſont pas conuaincantes, n'eſtant que negatiues; outre qu'il pourroit bien eſtre que Gilles d'Albret ne conſerua pas les bonnes-graces de Charles ſon Pere, & d'Anne d'Armagnac ſa Mere; d'où vient que l'on ne le nomme point dans le partage fait l'an mil quatre cents cinquante-ſix, apres l'apointement de l'an mil quatre cents cinquante-deux, où il auoit parlé de luy, comme nous l'auons dit; & ſa Mere n'en fait point de mention dans ſon Teſtament de mil quatre cents ſeptante-deux, qui fut ſept années auant le ſien, du huictieſme d'Aouſt mil quatre cents ſeptante-neuf. Monſ. de Marka, dont les connoiſſances ſont ſi vaſtes, & ſi bien ordonnées dans ſa memoire, qui eſt tres-heureuſe, a parlé de cecy dans ſon Hiſtoire de Bearn.

M. de Marka.

Eſtienne-Arnaud d'Albret, eſpouſa Françoiſe de Bearn, heritiere de la Maiſon de Mioſſens, l'an mil cinq cents dix, d'où ſortit Iean d'Albret, Seigneur de Mioſſens, qui de Suſanne de Bourbon engendra Henry d'Albret, Mari d'Antoinette de Pons, & Pere d'vn autre Henry d'Albret, Seigneur de Mioſſens & de Pons, qui m'a quelquesfois honoré de ſa viſite, & qui d'Anne de Gondrin a laiſſé M. le Mareſchal d'Albret d'apreſent. Les Anciens, au lieu d'Albret, diſoient de Lebrit, ou de Lebret, en Latin *de Leporeto*, nom deriué des Liévres ou Lapins, qui multiplioient prodigieuſement dans les Landes, où cette Maiſon eſt ſituée, comme l'a remarqué Monſ. le Preſident de Marka, depuis Archeueſque de Toloſe.

Albret.

Les Alliances de cette race, connuë tout au moins depuis cinq cents ans, ont eſté hautes & puiſſantes: & celle de Bourgongne Royale, luy acquit la Comté de Neuers par le moyen de Charlotte de Bourgongne, ſeconde fille & heritiere de Iean de Bourgongne Comte de Neuers, & Duc de Brabant, laquelle fut mariée à Iean d'Albret Sire d'Orual, & luy porta la Comté de Neuers, qui échut à Marie d'Albret, femme de Charles de Cleues, petit-fils d'Eliſabeth de Bourgongne, ſœur ainée de Charlotte ſa Mere.

Ses alliances.

Ainsi la Maison d'Albret est la neufuiesme famille qui ait possedé la Comté de Neuers : car la premiere qui commence à Bernard de Poictiers, Marquis & Comte de Neuers, qui fut tué dans vne bataille contre Boson Roy de Prouence, qui vouloit vsurper le Royaume de France l'an huict cents quatre-vingts six, dura iusques à Agnes, fille vnique & heritiere de Guy Comte de Neuers, en l'an mil cent quatre-vingts deux. La seconde fut celle de Courtenay, parce qu'Agnes Comtesse de Neuers, espousa Pierre de Courtenai, fils de Pierre de France & d'Elisabeth, heritiere de Courtenai. La troisiesme fut celle de Donzy, parce que Mathilde ou Mahaut de Courtenai heritiere de Neuers, espousa Herué de Donzi, Seigneur de Saint-Aignan. La quatriesme fut de Chastillon, parce qu'Agnes de Donzi heritiere de Neuers, espousa Guy de Chastillon, Comte de saint Paul. La cinquiesme fut de Bourbon, parce qu'Ioland de Chastillon, heritiere de Neuers, espousa Archambaud de Bourbon neufuiesme du nom. La sixiesme fut de Bourgongne ancienne, parce que Mahaud de Bourbon espousa Eudes de Bourgongne, comme sa sœur Agnes espousa Iean de Bourgongne, à qui elle porta la Comté de Bourbonnois. La septiesme fut de Flandres, parçe qu'Ioland de Bourgongne heritiere de Neuers, espousa en secondes nopces Robert, dit Bethune, Comte de Flandres. La huictiesme fut de Bourgongne Nouuelle, parce que Marguerite de Flandres heritiere de Neuers, fut mariée à Philippe de France, Duc de Bourgongne; La neufuiesme fut d'Albret, parce que Charlotte de Bourgongne heritiere de Neuers, fut mariée à Iean d'Albret, Sire d'Orual. La dixiesme, fut de Cleues, parce que Marie d'Albret heritiere de Neuers, fut mariée à Charles de Cleues, petit-fils d'Elisabeth de Bourgongne, Duchesse de Brabant, sœur ainée de Charlotte. La derniere est la Maison de Gonzagues, parce qu'Henriette de Cleues heritiere de Neuers, espousa Ludouic Gonzagues, Prince de Mantouë, Pere de Charles Duc de Mantouë & de Neuers, Ayeul du Duc Charles, II du nom, à present Duc de Mantouë.

Descentes de la maison de Neuers.

Lõgue possession de la maison de Neuers.

VOilà en abregé, par occasion, la descente de la Maison de Neuers, dont i'ay des memoires pour faire vn iuste volume: & ie croy qu'il seroit mal-aisé de trouuer vne Seigneurie en France de cette importance, auoir passé depuis huict cents ans, comme celle-cy par tant de familles diferentes. Ce qui est arriué, pour estre tombée souuent en quenoüille: Mais ce qu'il y a de bien rare en cela, est qu'vne Terre si considerable ait esté conseruée iusques icy en ligne directe, sans auoir esté venduë ou conquise depuis vne si grande reuolution d'années. Ie ne croy pas qu'il y ait Maison Souueraine au monde, excepté celle de France, qui se puisse glorifier d'vne chose semblable,

Ie dirai sur ce propos qu'il n'y a rien où la calomnie se reçoiue si facilement que dans les matieres genealogiques, & qu'il y a peu de Maisons qui ne soient soupçonnées de quelque defaut; mais que ie ne voy pas qu'on en puisse admettre aucun en celle-cy, attendu la longue possession d'vne Terre si noble & si heureusement conseruée dans vn mesme sang, puis que pour venir au monde, nous ne sommes pas moins redeuables au sang de nos Meres qu'à celuy de nos Peres.

Quant au nom de Gonzagues, nous sçauons tous comme il est hereditaire à la Souueraineté de Mantoüë, depuis trois cents cinquante ans, & comme cette illustre Maison, qui tiroit son origine des anciens Marquis de Mantoüë, depuis l'année neuf cents soixante-deux, estoit aussi descenduë des anciens Roys de Lombardie, dont elle porte les marques dans vn quartier de ses Armes; de sorte qu'elle est non seulement vne des plus nobles races de l'Italie; mais encore de tout le monde.

Que le nõbre de ceux dõt chacun est descendu, est vne chose prodigieuse.

I'ay obserué, en trauaillant sur les branches genealogiques de cette Maison illustre, pour l'amour de Madame la Princesse Marie, depuis Reine de Pologne, que si on pouuoit fournir tous les quartiers d'vne race, iusques au quinziesme degré, il se trouueroit que trente-deux mille personnes ont contribué à la naissance d'vne seule, ce qui se prouue aiſément par la regle des multiplications redoublées, le premier degré eſtant de deux, le ſecond de quatre, le troiſieſme de huict, le quatrieſme de ſeize, & ainſi du reſte: car il n'y a perſonne qui n'ait vn Pere & vne Mere; mais on rencontre ſouuent les meſmes en tirant les deſcentes de diuers coſtez; comme i'ay iuſtifié dans l'exemple de la Sereniſſime Reine de Pologne, ou de M. le Prince de Mantoüe, ſon Frere ainé, Pere de ſon Alteſſe, Monſ. le Duc de Mantoüe, qu'en montant ſeulement iuſques au douzieſme degré, il ſe trouue qu'ils deſcendent de ſaint Louys par cinquante-deux endroits diferents: & la Maiſon dont ils ſont le moins de fois deſcendus, eſt celle de leur propre nom, ce qui ne ſeroit pas croyable, ſi la preuue n'en eſtoit facile.

Cependant qui doute qu'il ne ſe trouue des lacunes dans les plus belles genealogies? Il n'y a peut-eſtre point de Roy qui n'ayt des Bergers dans ſa race, ni point de pauure mal-heureux qui n'ayt des Princes dans la ſienne, s'il y auoit moyen d'en faire l'induction. C'eſt pourquoy ni les vns ne ſe doiuent pas trop enorgueillir de ce coſté-là, ni les autres ſe trop abbaiſſer, quoy qu'il y ait ſans doute de la gloire à ſortir de parents illuſtres, pouruû que la vanité n'en faſſe point enfler le cœur.

Mais puis que l'occaſion s'offre de dire quelque choſe de l'origine de la maiſon de Mantoüe, le reſpect que i'ay touſiours eu pour les glorieuſes perſonnes que i'en ai connuës, m'oblige de faire vn abbregé de ce que i'en ai pu recueillir de plus remarquable pour le mettre à la fin de ces Memoires, ne l'ayant oſé inſerer dans le corps qui les compoſe, de peur d'en embarraſſer la ſuite par vne trop longue digreſſion.

Origine de la Maiſon de Mãtouë.

COmme i'eſcriuois cecy, on me vint debiter des loüanges exceſſiues d'vn homme qui faiſoit auſſi des Liures. On me dit qu'il ne s'eſtoit iamais rien vû de ſi beau en noſtre langue, ni meſmes ſi rempli de ſcience, qu'vne reponſe qu'il faiſoit à vn certain eſcrit. Qu'au

On deſoblige en donnant des loüanges exceſſiues.

reste, sa raillerie estoit si fine & si agreable, quand il defendoit contre son Aduersaire vne mauuaise cause, qu'il ne s'estoit iamais rien vû de pareil: mais qu'il portoit la raison au plus haut point où elle pouuoit monter; quand elle estoit de son costé; de sorte que c'estoit le plus sçauant, & le plus bel escrit du siecle. Ie pensai d'abord que c'estoit vne raillerie: mais comme ie vis qu'on en parloit serieusement, ie crûs qu'on y prenoit quelque interest, & que pour glorifier vn seul homme, on se reiouïssoit aux depens de tout le reste. Certes, il sufit de loüer positiuement ce qui le merite, sans faire des exclamations tragiques, ni donner l'exclusion à personne, qui est vne dangereuse & vilaine figure d'Orateur, parce qu'elle persuade rarement ce qu'on pretend, & qu'elle desoblige mesmes le plus souuent. Pour moy ie ne celerai point que i'ay de la peine à la soufrir, parce qu'elle est iniuste; c'est-pourquoy ie ne pûs m'empescher d'y repartir, & i'eus peur en suitte, que ce fust auec vn peu plus de chaleur qu'il n'estoit necessaire, de crainte que l'inciuilité d'autruy ne m'eust obligé d'en commettre vne autre. Cependant ie m'apperceus bien que mon sentiment fut conforme à celuy d'vn Gentil-homme tres-accompli, qui me visite quelquesfois & qui estoit venu en la compagnie de personnes que i'honore extremement. Ie veux dire Monf. Polier, qui a si bien serui le Roy dans les Armées, & si bien estudié en mesme temps, & sur tout en nostre langue, aussi bien que dans les belles lettres, qu'on ne le prendroit iamais pour vn Etranger du Canton de Berne, quoy qu'il y ait de fort habiles gens, tant il a l'air François, & l'esprit de ceux de la Cour.

M. Polier.

D'autres au contraire blasment quelquesfois sans suiet des Ouurages de grand-merite, pour acquerir euxmesmes la reputation d'estre fort habiles, ou pour eleuer leur petite gloire sur le debris de celle d'autruy: mais l'inuention n'en est pas heureuse, & l'on est fort suiet à s'y tromper: parce que comme il n'est rien de si facile que de prononcer hardiment son opinion, aussi n'est il rien

rien de si dificile que de bien iuger en matiere de Liures. Et ceux qui veulent que tous les vers d'vn Poëme heroïque soient égaux en beauté, n'ont pas pris garde que dans Homere, & Virgile, sans parler de tant d'autres dont la reputation est si bien establie, il y en a plusieurs que nous pouuons appeller vers de passage, dans lesquels non seulement ne se trouuent pas tous les charmes de la Poësie; mais ceux qui les composent se doiuent mesmes bien empescher de les y employer. Ce qui a esté iudicieusement obserué par ces excellents hommes, qui nous ont donné depuis peu de si nobles Ouurages en ce genre-là, dont neantmoins quelques-vns s'efforcent de ternir l'éclat, pour celebrer odieusement les loüanges d'vn seul, qui n'a rien fait de son inuention, quoy que ie tienne qu'il ne luy faille rien oster de celles qu'il merite. M. Perrin de Lion, Introducteur des Ambassadeurs chez son Altesse Royale Monseigneur le Duc d'Orleans, que i'estime pour la beauté de son esprit & pour la facilité de son naturel, ayant composé en vers vne traduction entiere de l'Eneïde de Virgile, n'est pas celuy dont quelqu'vn vouloit parler, quoy que ie tienne, pour beaucoup de raisons, qu'il ne luy est point inferieur. Dieu nous deliure d'ouïr prononcer souuent des sentences iniustes.

M. Clemẽt. Des Deuises.

¶Il y a quelque temps que m'estant trouué dans la Bibliotheque de M. Clement Conseiller d'Estat & Intendant de la Maison de Monſ. le Duc de Nemours; comme i'y regardois plusieurs Liures de Deuises, dont il a fait vn recueil considerable de toutes les Nations, & entre-autres des Italiens; Ie luy demandai s'il y en auoit beaucoup de fort excellentes, selon les regles qui en ont esté prescriptes? Il me repondit qu'il y en auoit des vnes & des autres; mais à la verité beaucoup plus de mauuaises que de bonnes: & m'en ayant fait voir quelques-vnes des siennes, pour la galanterie, & pour des suiets serieux, il me fut aisé de connoistre qu'il s'y entendoit parfaitement, & qu'en cela, comme en tout le reste, il auoit le goust delicat. Là-dessus, ie luy en debitai aussi quelques-vnes que i'auois faites sur diuerses rencontres, & entre-autres celle que ie donnai à Madame la Mareschale de Guebrian, qui portoit vn grand deüil de la mort de feu Monſ. le Mareschal de Guebrian son Mari, qui fut tué à la bataille de Rotueil, qu'il auoit gagnée le vingt-quatriesme iour de Nouembre mil six cents quarante-trois. Le Corps de cette deuise estoit tel. Les mesmes fusées que cette Dame porte en ses Armes, qui sont celles de l'illustre Maison du Bec en Normandie, dont Monſ. le Marquis de Vardes, son Frere, est maintenant le Chef, quoy que le Prince de Monaco, & les Seigneurs de la Maison des Grimaldi de Genes, se disent venus des aînez, auec ces mots d'vn Poëme de Catulle, *Currite fusi*, faisant allusion aux fuseaux des Parques, qui deuuident nos iours, selon la pensée des Poëtes; comme si cette Dame vouloit dire qu'elle souhaite la fin des siens, pour aller ioindre son Espoux, qui a terminé sa vie dans le lit d'honneur.

Ie luy dis aussi ce mot que i'auois donné à Monſ. le Comte de Bethune, pour mettre sous vn portrait de feu Monſ. le Comte de Soissons, tué à la bataille de Sedan par vn coup inopiné, *Cæsus, sed non victus obit*, parce qu'en effet, ce Prince se trouua frappé apres le combat qu'il auoit gagné.

Mais en voicy encore vn autre qui ne luy deplut pas pour vne admirable Teste de Christ, grauée d'vn seul trait par Claude Melan, *Formaturque vnicus vna*, faisant allusion à la beauté du Fils vnique du Pere Eternel, nai d'vne Vierge, & à la seule ligne spirale, dont le Peintre artiste a si bien dessiné le portrait, auec cet autre mot escrit encore au dessous, *Non alter*; parce qu'il n'y a personne qui ressemble à ce Premier des Predestinez, & que le Graueur de cette image en a tellement fait vn chef-d'œuure, qu'vn autre auroit de la peine à l'imiter pour en faire autant.

Et parce qu'vn Seigneur de la Cour m'auoit demandé le iour precedent quelques inscriptions pour mettre sur des Cadrans, ie priai encore Monſ. Clement de me donner son auis sur celles-cy, qui s'estoient offertes le matin à mon esprit. 1. *Duplicat vmbras*, ayant égard au Soleil, qui fait croistre les Ombres à proportion qu'il s'éloigne de nous, & aux ombres de la mort, qui auancent, au prix que les heures sont marquées par celle de l'esguille. 2. *Et spe & metu*; parce que selon les heures bonnes ou mauuaises qui doiuent arriuer, on espere & on craint. 3. *Passibus æquis*, ce mot de Virgile repond à l'egalité du mouuement de l'ombre & de la clarté du Soleil. 4. *Omnibus idem*, parce que le Soleil produit vn mesme effet en toutes les heures, comme Dieu tout Bon & tout-Puissant, est le mesme à toutes ses creatures. 5. *Stilo cuncta premit*, parce qu'en effet, l'esguille porte son ombre à toutes les parties du Cadran, & qu'il n'y a rien au monde que le temps figuré par le Soleil, ne perce de ses traits. 6. *Num vltima? qui scit?* celle-cy est morale & Chrestienne tout ensemble, ayant égard à cette parole de l'Euangile, *Nescitis diem neque horam*. 7. *quæ sit: qui scit?* parce qu'en effet, tous les hommes ignorent quelle sera l'heure en laquelle ils mourront. 8. *Vltimæ memor*, c'est à dire qu'il faut tousiours penser à la derniere heure. 9 *Giro breui*, regarde la brieueté de la vie, qui s'eschappe comme le Soleil par vne course qui s'acheue promptement. 10. *Sic ad metam currimus omnes*, voulant dire que nous courons tous vers le bout de la course, cõme l'ombre du Cadran qui paruient à la derniere heure du iour en bien peu de temps. 11. *Trita via, sed non peracta*: car la route du Soleil, où il passe si souuent, n'est pas encore acheuée. 12. *Sol Solus, Solo, Salo*, celle-cy est vn ieu dans les paroles, pour dire que le Soleil & celuy dont le Soleil est vne illustre figure, est le seul qui exerce son empire absolu sur la Terre & sur la Mer. 13. *Ex illis vna*, parce que de toutes les heures du iour, il y en aura vne seule qui sera proprement la nostre, & pour dire aussi que l'esguille n'en marque qu'vne seule à la fois. 14. *E fulgore cadit*, car l'ombre se forme par le corps interposé à la lumiere, & cela regarde aussi l'éclat de la fortune de quelques-vns qui les expose au danger de la cheute. 15. *Obscurata signat*, vou-

Pour des Cadrans.

lant dire que l'heure, qui ne se marque que par l'obscurité, nous donne vn auertissement de la mort. 16. *Aspicit & despicit*, parce que comme le Soleil regarde l'éguille, & abbaisse son image sur la table du Cadran, aussi le vray Soleil de Iustice qui nous regarde, nous abbaisse vers la terre pour nous humilier, quand nous conceuons des pensées d'orgueil. 17. *Deficit aliquando*, parce que le Soleil n'éclaire pas tousiours. 18. *Momentaneo cursu, sed perenni*, parce que le cours du Soleil, Roy des iours & des heures, s'acheue en peu de temps, & ne finit iamais. 19. *Nec sine luce viget*: car le Cadran ne marqueroit point les ombres, si le Soleil n'éclairoit iamais, comme nous serions bien-tost aneantis, si nous n'estions soutenus par la vraye lumiere, qui nous prette la vie. 20. *Absente perit*, reuient presqu'au mesme sens. 21. *Vtrumque monet*, c'est à dire la fin du iour, & la fin de la vie. 22. *Omnibus non semper*, parce qu'il y a des interualles que le Soleil ne communique point sa lumiere, comme il y a des temps que Dieu retire ses graces des pecheurs. 23. *Ignota, certa tamen*, faisant allusion à ce que l'heure de la mort est inconnuë, bien qu'elle soit certaine. 24. *Non vni tantum*, parce que le Soleil n'éclaire pas moins pour les vnes que pour les autres, & qu'il se communique à toutes les heures successiuement. 25. *Non aufert, sed difert*, faisant allusion à l'esguille du Cadran, qui n'empesche pas tout à fait la clarté du Soleil; mais qui en difere pour vn moment la viue splendeur, ayant aussi egard aux rayons du vray Soleil de Iustice, qui ne se communiquent pas tousiours egalement. 26. *Aspice & aspiciar*, comme si le Cadran disoit au Soleil, si vous ne me regardez point, on n'aura point de souci de me regarder: ce qui s'applique aussi aisément à plusieurs, qui ne seroient point considerables, sans la faueur du Roy, ou plustost à ceux qui éleuent leurs pensées iusques à Dieu. 27. *Splendori obstet, sic Phœbi fratri*, voulant dire que l'ombre de l'esguille fait obstacle à la lumiere du Soleil, comme la Lune quand elle eclypse sa clarté, ce qui ne dure que bien peu de temps, sans que l'vn porte plus de preiudice à la terre, que l'autre aux lignes qui sont marquées sur le Cadran. 28. *E defectu Quadrat*, parce que le petit eclypse du Soleil, qui tombe sur la ligne du Cadran, qui marque l'heure, a son iuste raport au grand Astre, qui éclaire le monde, & qui nous fait connoistre en quelque façon les moments de nostre vie. 29. *In conspectu suo*: car l'heure ne peut subsister que par les regards du Soleil, non plus que la vie, sans les regards de la Misericorde infinie. 30. *Nescitis diem neque horam*, a esté expliqué cy-dessus.

Monſ. Clement les trouua supportables, & ie les ai bien voulu raporter icy les vnes apres les autres, parce qu'elles ne seront peut-estre pas inutiles à quelques-vns qui s'en voudront seruir. De là, estant ver[s] parler du Prince, que ce vertueux homme a l'honneur d'approcher si souuent; que ne me dit-il point de ses rares qualitez? & que n'en apprend on point aussi du bruit de la Renommée? Henry de Sauoye, qui porte le mesme nom que feu Monſ. son Pere, est le quatriesme fils de cet excellent Prince, & le digne Successeur de ses biens & de ses Duchez, depuis la mort de Mess. ses Freres, comme il est heritier de sa generosité, & de toutes ses vertus. S'il fust demeuré dans la condition Ecclesiastique, où il est entré par l'vne des premieres Prelatures du Royaume, il ne faut pas douter qu'il n'y eust porté vn grand lustre, auec celuy de sa haute naissance, & d'vn naturel merueilleux: mais la grandeur de sa Maison l'ayant engagé dans vn autre estat, ie suis fort persuadé qu'il y conseruera comme en toutes choses vne egale reputation. M. de Nemours.

Mais auant que ie finisse l'entretien de nos Deuises, je dirai que le iour qu'on mit le feu à la Maison-de-Ville de Paris, allumé par celuy d'vne sedition qui ne se peut assez deplorer, nous sceusmes aussi-tost que c'estoit pour bruler les principaux Habitants qui s'y estoient assemblez auec Monſ. le Gouuerneur, pour deliberer sur la necessité des affaires d'alors, où M. Piétre Procureur du Roy, deuoit haranguer, selon sa coutume, auec cette eloquence genereuse & iuste, qui ne l'abandonne point M. Piétre.

dans les grandes occasions: mais qu'il y estoit en grand danger de perir, comme tous les autres. Ce qui ne me donna pas seulement de la crainte pour l'interest public; mais encore de l'effroy pour la fortune que couroit vne personne qui m'estoit fort chere, & que son merite & sa vertu m'auoient rendu tres-recommendable, depuis le premier iour que i'eus le bien de le connoistre: toutesfois comme ie sceus que la valeur de Monf. le Mareschal de l'Hospital y estoit engagée auec la fortune de tant de gens-de-bien, ie me souuins de ce demy-vers de Virgile,

Fata viam inuenient.

Et ie dis au nom de toutes ces personnes illustres ce que i'auois escrit autresfois des heures qui sont marquées sur vn Cadran au Soleil, qui est dans la place où ce grand Hostel est situé,

Si nous allons mourir, nous esperons reuiure.

Parce que comme les heures meurent, ou qu'elles passent au mesme temps qu'elles naissent, ainsi les hommes vertueux estant prets de mourir, esperent de reuiure, non seulement dans ce monde par la bouche de la Renommée, mais encore pour la gloire dans l'Eternité.

M. le Laboureur.

Si Monf. le Laboureur Prieur de Beaufort, que i'honore parfaitement, trouua cette pensée à son goust aussi bien que Monf. son Frere, si digne de l'estime des plus honnestes gens, pour son esprit, & pour la generosité de ses sentiments, ie puis bien dire que ie trouuai beaucoup meilleures quelques pieces serieuses & de galanterie que ie vis de ce temps-là de l'vn de ces Messieurs, ou de tous les deux ensemble, qui escriuent tres-heureusement, l'vn en vers, & l'autre en prose, comme les Liures qu'ils ont donnez au public, ne nous permettent pas d'en douter.

M. du Buisson

Enfin voicy encore vne deuise, ou plustost l'application d'vn vers sur le portrait d'vne Natiuité de nostre Seigneur, qu'il faut que ie die, parce qu'elle ne deplut pas à feu Monf. du Buisson d'Aubenai, qui s'y connoissoit parfaitement, comme en beaucoup d'autres choses.

Non tibi digna puer, generis cunabula tanti.

C'est vn vers de la Thebaïde de Stace, qu'on diroit qui fasse allusion à la Creiche où estoit couché le petit Iesus Fils de Dauid, selon la chair, & Fils de Dieu viuant, selon sa Generation Eternelle, n'estant pas vn lieu digne d'vne si grande majesté.

Monf. du Buisson estoit le premier homme de son temps pour les connoissances de l'ancienne Geographie, où il auoit fait vne estude toute particuliere, comme M. Sanson d'Abbeuille, qui est encore viuant, excelloit dans la Geographie moderne, sans ignorer la premiere; ce qu'il a bien iustifié par tant de belles Cartes generales & particulieres, qu'il a faites par vn soin tres-laborieux. M. Samson.

VNe autre fois m'estant trouué chez M. de Montmor, dans la chambre de M. Gassendi, où estoit M. le Febvre Chantereau, le premier homme de nostre temps, pour les connoissances de la Chronologie, nous parlasmes sur cette matiere, où il est admirablement versé. Il maintient que la commune façon de compter les années de nostre Seigneur, est la meilleure & preferable à toutes les autres, contre les sentiments de Scaliger, du Pere Petau, & des autres, qui admettent quelques années de plus, ou qui en retranchent quelques-vnes: & comme ie vis qu'en cela, il donnoit des loüanges à feu M. de la Peyre Iaques d'Auzoles, que i'ay aussi fort connu, ie m'en étonnai vn peu, parce que ce bon-homme, quoy qu'il s'y fust extremement appliqué, n'y auoit pas vn genie merueilleux; ce qui me fut aisé de connoistre de l'opinion qu'il auoit conceuë qu'on pourroit ne donner à l'année que trois cents soixante-quatre iours, au lieu de trois cents soixante-cinq, & de quelque chose de plus, afin qu'elle commençast tousiours par vn Dimanche, & qu'elle finist tousiours par vn Samedy. Sans mentir, il falloit bien qu'il n'entendist pas admirablement sa scien-

M. le Febvre Châtereau.

M. de la Peyre.

De l'Année & de la Chronologie.

ce: car si en cela on vouloit suiure son sentiment, il se trouueroit que bien-tost le mois de Ianuier se trouueroit en la saison du mois d'Aoust, parce que l'année auroit tousiours vn iour & quelques heures de moins : ce qui estant perdu sur les mois, il faudroit infailliblement qu'ils changeassent de saison: mais il ne pût iamais comprendre cela, & s'en mit en d'etranges coleres, d'où i'inferois que M. de la Peyre n'estoit donc pas si merueilleux qu'il pensoit l'estre dans la science dont il faisoit profession. A quoy Monf. le Febvre, qui sans doute est bien éclairé d'autre sorte, n'eut rien à repliquer, & mesmes acquiesça, quand ie luy eus dit que le Soleil se leuoit & se couchoit dans vne année, trois cents soixante & cinq fois. Ce n'est pas que Monf. de la Peyre ne sceust beaucoup dans la Chronologie: toutesfois ses Antagonistes, qui estoient fort sçauants, & entre-autres le Pere Petau, ne se le peurent iamais persuader.

De l'Astrologie.

Il y auoit tous les Mardys vne espece d'Academie chez Monf. le Febvre, pour conferer principalement de ces choses-là, comme chez feu Monf. le Pailleur, il y en auoit vne autre tous les Samedys, pour parler des Mathematiques, où i'ay vû Mess. Gassendi, Boüillaud, Pascal, Roberual, Desargues, Carcaui, & autres illustres en cette science, qui maintenoient tous que la Sphere de Copernic, qui met le Soleil au centre de nostre Monde, est beaucoup plus iuste, & plus aisée à soustenir, que non pas l'ancienne; de sorte qu'il n'y a plus gueres d'Astronomes de reputation qui ne soient de leur auis, pour des raisons qui certainement paroissent inuincibles, outre qu'on ne peut nier qu'elles ne soient fort considerables pour trouuer les causes du flus & du reflus de la Mer, qui iusques icy ont esté si dificiles à découurir.

Mort de M. Gassendi.

MAis attendons les Liures immortels qui se preparent sur ce suiet: Et puis qu'on nous vient de dire la mort de ce celebre Philosophe Chrestien, Pierre Gassendi, arriuée le Dimanche vingt-quatriesme iour d'Octobre

ctobre de l'année mil six cents cinquante-cinq, arrestons-nous vn peu sur son suiet. Ie n'en fus auerti que trois iours apres son enterrement, qui fut à Saint Nicolas des Champs, par l'inaduertance de ceux qui portent les billets, parce que le lieu où ie demeure encore à present dans le Faux-bourg S. Germain, est fort éloigné de l'Hostel de Monsf. de Montmor Maistre des Requestes, où il estoit logé. Ce genereux Seigneur, apres luy auoir donné tous les tesmoignages d'estime & d'amitié qu'on sçauroit desirer, en eut encore des soins extraordinaires pendant sa maladie, qui dura deux mois entiers, & receut de la main de son hoste infirme, tous ses nobles escrits de Philosophie pour les donner quelque iour au public. Il y en aura plusieurs volumes, & nous pouuons bien iuger par ceux que nous auons leus auec tant de satisfaction, du merite & de l'excellence de ceux qui nous restent à voir. Là, se trouueront toutes les obseruations qu'il a faites pendant sa vie, & vn raisonnement admirable sur les tesmoignages des Anciens.

Ce personnage sçauant entre les doctes, estoit Preuost de l'Eglise Cathedrale de Digne en Prouence, dont il a escrit vne petite Histoire. Il auoit l'esprit agreable & doux: sa conuersation estoit aisée, & rendoit claires les choses les plus obscures, non tant par la netteté de l'expression qu'il auoit fort belle, que par la force & la solidité de ses raisons, qu'il accompagnoit d'ordinaire de similitudes tres-propres, qui expliquoient naïfuement sa conception.

Il disoit d'ordinaire que dans le monde, la part des gens de lettres estoit la meilleure, parce qu'ils n'auoient pas le loisir de s'ennuyer, ni mesmes de se plaindre de tout ce qui afflige les autres, iusques au fond de l'ame. Comme ie luy demandois vn iour si nous pouuions connoistre l'auenir par les regles de l'Astrologie, ou par celles de quelqu'autre science, il me repondit qu'à la verité on pouuoit preuoir bien des choses par la comparaison des passées & des presentes; mais qu'il n'estoit nullement persuadé qu'on en pust rien connoistre par les regles imaginaires de l'Astrologie, dont il ne faisoit aucun estat: & disoit aussi bien que feu M. le Pailleur, M. Boüillaud, M. Pasqual, & tous les sçauants Astronomes, que ceux qui s'y appliquent, pour acquerir la reputation d'estre Mathematiciens, font connoistre dés-là qu'ils ne le sont point du tout, & qu'ils ont peu de genie pour la science des Principes des choses: en quoy il faisoit bien paroistre qu'il estoit du sentiment du Philosophe Phauorin, qui les meprisoit extremement, au raport d'Aulugelle, dans le quatorziesme Chapitre de son premiet Liure. Ainsi le Poëte Actius disoit qu'il ne falloit point adiouter de foy à ces sortes de Diuinateurs, qui peuuent bien tromper les autres; mais qu'ils ne se trompent point eux-mesmes, parce qu'ils sont rarement persuadez de ce qu'ils auancent auec beaucoup de temerité.

Il disoit que le temps & l'espace estoient infinis, & que quand le monde ne seroit point, ou qu'il n'auroit iamais esté, l'espace où il est, & la durée, ne laisseroient pas d'estre pour cela, comme l'vn & l'autre estoient sans doute auant la Creation; puis qu'on ne sçauroit douter que Dieu ne soit de toute eternité. Il tenoit aussi, que rien ne se fait par hazard: mais qu'à le bien prendre, toutes choses sont necessaires, & dependantes en quelque façon les vnes des autres, par vn ordre immuable de la Prouidence. Il estoit persuadé du mouuement de la Terre, comme de tous les autres Planettes, & tenoit que les Cometes estoient des Mondes, qui auoient leurs cours hors de la Sphere de celuy que nous habitons, c'est à dire de nostre Monde Solaire, où il renfermoit le Soleil, la Terre, la Lune, & les Planettes de Mercure, de Venus, de Mars, de Iupiter, & de Saturne, auec leurs Satellites, qui peuuent estre autant de Lunes autour de ces grands corps.

Il estimoit aussi que si tout ce Monde Solaire estoit porté au lieu où sont les Estoiles fixes du Firmament, il ne nous paroistroit pas plus grand que l'vne de ces Estoiles ; tant elles ſont éloignées de nous : que de toutes ces Eſtoiles qui ſont là-haut, nous n'en voyons qu'vne bien petite partie : & que ſi nous eſtions eleuez au lieu où ſont celles que nous découurons de nos yeux, nous en pourrions encore apperceuoir bien d'autres au deſſus : & de celles-là encore d'autres : car rien n'eſt impoſſible à la Toute-puiſſance de Dieu : & c'eſt vn defaut de prudence & de pieté, de luy preſcrire des bornes. Qu'au reſte, tout cela ne fait point de preiudice à la Religion ; parce qu'elle ſubſiſte toute entiere, quand bien vne infinité de Mondes ſeroient habitez, n'eſtant pas impoſſible que les peuples n'en fuſſent d'autre nature que nous ne ſommes pas ; ioint que les vns pourroient auoir peché ſans que Dieu leur euſt fait miſericorde, comme aux demons : que d'autres qui auroient peché, n'auroient peut-eſtre pas eſté exclus de la Miſericorde infinie, par des moyens que nous ne ſçaurions comprendre : & que d'autres encore ſeroient demeurez dans l'innocence de leur creation, comme les bons Anges : car ce ſont choſes, dont nul homme ne ſçauroit eſtablir de dogme aſſeuré.

Il a eu entre-autres Aduerſaires pour la doctrine, le ſçauant Profeſſeur Iean Morin, qui a fait quelques Liures contre luy, & contre René des Cartes : mais ils ne ſont pas demeurez ſans replique. Et Monſ. de Pagan, de qui la vuë de l'eſprit n'eſt pas moins éclairée, que celle du corps eſt obſcurcie, eſt bien de ſon auis pour la Phiſique, & peut-eſtre pour l'Aſtronomie, où il eſtoit l'vn des premiers hommes du monde ; mais non pas pour l'Aſtrologie, qu'on appelle Iudiciaire, laquelle il reiettoit comme vne ſcience vaine & ſuperſtitieuſe.

Il eut ſoin en mourant de recommander ſa chaire de Profeſſeur du Roy aux Mathematiques, pour M. de Roberual Geometre, qui enſeigne cette belle ſcience auec tant de ſuccez, & qui n'a rien à craindre contre luy pour en obtenir les lettres, qu'vne plus grande faueur que la ſienne.

Enfin Monſ. Gaſſendi eſt mort ſaintement, en la 63.

année de son aage: & apres les eloges que luy ont desia
donnez M. de Launoy, & M. Quillet, ie puis esperer que
sa belle vie sera escrite par quelqu'vn qui l'aura connu encore plus particulierement que nous.

Retournons maintenant dans nostre cabinet, où dans
vne compagnie de gens doctes, se trouuerent vn iour M.
M. Baltazar. M. de Sorbieres. Baltasar, qui est si versé dans les connoissances de l'histoire,
& M. de Sorbieres, dont la douceur & le sçauoir sont aussi
dignes de beaucoup de recommendation, l'vn qui de Catholique s'estoit fait de la Religion pretenduë reformée, &
l'autre qui de Protestant estoit rentré dans l'Eglise Catholique; sur quoy le premier ayant esté entrepris, parce qu'on
ne pouuoit comprendre les motifs de son changement, attendu les excellentes lumieres de son esprit, dit qu'il s'y
estoit porté par la persuasion qu'il auoit conceuë, que dans
l'autre Communion il y auoit plus de pureté & de simplicité, que dans la nostre: qu'on y auoit restabli la sainte liberté
de l'Euangile, sous le doux ioug de la Foy des promesses de
nostre Seigneur; & qu'on en auoit osté les abus & la super-
Superstitiõ. stition, pour y mettre le culte, selon l'vsage de la primitiue
Eglise. On luy disputa bien toutes les parties de sa reponse: mais cela n'ayant de rien serui, on passa à d'autres choses; & du propos des Miracles, on vint à celuy d'vne infinité de contes qui se font des Sorciers, & de diuerses apparitions, qui à peine sont cruës des enfants, par où l'on connut que celuy qui auoit tesmoigné d'estre si ennemi de la
superstition, l'admettoit en quelque sorte par vne credulité assez grande qu'il auoit à ces choses-là; outre que s'estant
Predictiõs vaines. expliqué, sur les vaines diuinations des Astrologues, il fit
bien cõnoistre qu'il n'y adheroit que trop, aussi bien qu'aux
predictions de Nostradamus dans ses Centuries, où il n'y
eut iamais de barbarie au monde, qu'on puisse mettre en
comparaison de la sienne. Cela fut ainsi jugé de toute la
compagnie où estoit M. l'Abbé Talman, qui a l'esprit si
bien fait, M. Baudelot Abbé de Massai, & M. l'Abbé du
Verdus, qui sont si desabusez des erreurs populaires, auec
M. de la Herpiniere de Blois, si raisonnable en tous ses sen-

timents, M. de Marsay le Bossu, Gouuerneur de Gien, qui sçait tant de bonnes choses, & qui les debite si noblement, & quelques autres, dont vn seul essaya de maintenir l'opinion qui auoit esté reiettée, & dit, que si on pouuoit iuger de la fortune des gens par les regles de la Phisionomie, on le pouuoit bien encore mieux par celle de la Geomance & de l'Astrologie; mais il ne fut pas écouté en cela, & quelque experience qu'il en pust alleguer, on n'y voulut point adiouter de foy.

De mes Ouurages.

SVr ce qu'on m'a demandé plusieurs fois, pourquoy i'ay escrit si peu de choses de mon inuention, ayant donné tant de Liures au Public? I'ay repondu, que ie n'ai pas voulu multiplier les Liures, & que ceux, que i'ay donnez, estoient desia entre les mains de tout le monde: car ie pretens que les traductions que i'en ai faites, n'en ont point augmenté ni diminué les pensées, ayant essayé de les faire iustes, & qu'ainsi ce n'est rien de nouueau, & que bien que les volumes en ayent esté multipliez, le nombre des Ouurages n'en a pas esté augmenté: que toutesfois ie n'en voudrois pas dire autant de ceux qui s'y donnent plus de licence que moy, parce qu'en effet, ils sont plus soigneux de faire de beaux Liures, sous le nom de quelques Autheurs, que des traductions fidelles.

Les meilleures Traductions de nostre temps.

Entre ceux, à mon auis, qui de nostre temps ont excellé en ce genre d'escrire, outre Mons. de Chanualon, & M. d'Ablancour dans le Tacite, M. du Rier dans Ciceron, Tite-Liue, Herodote, & Polybe, M. de Vaugelas dans son Quinte-Curse, M. de la Menardiere dans son Panegyrique de Pline le Ieune, M. Pelisson dans ses Institutes, M. Charpentier dans Xenophon, M. Boileau dans ses Vies des Philosophes, M. Cassandre dans ses Liures d'Aristote, & quelques autres excellents hommes, comme Mons. Chureau dans quelques traitez de Theodoret & de saint Iean Chrysostome, estant d'ailleurs si recommendable par tant de beaux vers qu'il a composez si dignes de voir le iour; nous auons Mons. de Giry, de qui l'eloquence n'est pas

moins pure que sa morale, dans l'Apologetique de Tertullien, dans l'Histoire sacrée de Sulpice Seuere, & dans
plusieurs Epistres choisies de S. Augustin. Nous auons,
dis-ie, Monsf.d'Andilli pour les Confessions du mesme Autheur, & les Illustres Disciples de ce grand Saint, qui escriuent pour l'Immortalité, en defendant sa doctrine sainte,
auec tant de science, de modestie, & de generosité.

Disciples de S. Augustin.

Certainement ie puis croire que ceux qui les persecutent
par des accusations vehementes, auront vn iour regret de
tant d'animosité, qui n'a peut-estre point d'autre fondement que la preocupation. De-là vient, que pour ne vouloir point adiouster de foy à leurs paroles, qu'ils enoncent
auec tant de clarté, sans que leurs actions les dementent
tant soit peu, demeurant dans tous les respects qui sont
dubs au S. Siege, on veut penetrer dans leur interieur, &
faire croire au peuple qu'ils ont des sentiments contraires à
la Religion Catholique, & à la solide pieté: Et comme si
des raisons particulieres de quelques sçauants hommes,
que ie croy qui defendent de bonne foy vne opinion mi-
toyenne dans des questions qui depuis quelques années
ont esté agitées auec tant de chaleur, n'y suffisoit pas, il a
fallu que des gens d'vne autre profession, & de fort mediocre erudition, s'en soient mélez pour leur dire des iniures
atroces, & leur attribuer des crimes abominables contre
Dieu, contre l'Eglise, & contre l'Estat, que les gens de
bien n'ont pû lire dans leurs escrits, sans quelque sorte
d'horreur. Ce n'est pas qu'il soit tousiours necessaire d'empescher les disputes, & sur tout en matiere de doctrine (car
elles sont bien souuent vtiles pour trouuer la verité) mais
sans mentir, elles se doiuent contenir dans de certaines
bornes: & si les Loix ciuiles ne permettent pas vne si grande licence, la charité Chrestienne le souffre encore beaucoup moins, elle qui est si patiente & si benigne, & qui ne
cherche point d'autres forces que dans la verité, qui n'est
iamais plus armée que lors qu'elle ne l'est point du tout,
c'est à dire quand elle est nuë, & qu'elle se peut manifester
auec toute sa simplicité, sans l'artifice des paroles, ni les

argumentations captieuses. Il y a de vieilles erreurs, il y en a de nouuelles, & les vnes & les autres se dissipent par la clarté de la parole de Dieu, contenuë dans les saintes Escritures, & la Tradition que l'Eglise a conseruée de main en main depuis les Apostres.

Or puis que ie suis venu insensiblement à parler de ce suiet, ie ne sçaurois m'empescher de tesmoigner ma ioye, de ce que toute l'Eglise reiette sincerement, auec le Pape Innocent X. les cinq propositions que sa Sainteté a censurées par son Decret de l'année mil six cents cinquante-trois, que ceux à qui leurs dogmes estoient imputez, selon la dureté des termes, les condamnent en quelques Liures qu'elles se trouuent sans exception, & mesmes dans celuy de l'Euesque d'Ypre, intitulé *Augustinus*, si elles y sont, & qu'ils prononcent Anatheme contre ceux qui les ont fabriquées, qui sont les dernieres marques qui se puissent donner d'vne vraye detestation. Dieu vueille que la pieté Chrestienne, qui deffend au fidelle de iuger de son prochain, ne permette plus qu'il le dechire auec tant d'inhumanité: craignons de pecher contre le precepte, qui nous defend de rendre de faux tesmoignages: écoutons la voix du Grand Pasteur, & de l'Eglise: embrassons-nous cordialement, comme Chrestiens & Catholiques que nous sommes: que nos langues ne prononcent plus que des benedictions: & que nos plumes ne soient plus trempées dans le fiel de la colere & de la medisance. Celle de M. de Marandé, qui s'est fait connoistre en tant de lieux, est à mon auis du nombre de celles qui merite des loüanges pour les traductions de beaucoup d'Ouurages de doctrine & de pieté. Ie voudrois que celle du Pere Canaye Iesuite eust continué à s'exercer dans les traductions des saints Peres, comme il y auoit si bien commencé, par quelques Epistres touchant les loüanges de la Vie Solitaire, & que celles de quelques autres Escriuains se contentassent de reüssir dans des pieces de pure inuention, parce qu'il me semble qu'ils sont vn peu moins heureux à traduire les Ouurages des Anciens.

Traductiõs des Poëtes en prose.

AV reste, pour les traductions en prose des escrits des Poëtes, ie sçai bien qu'il y a peu de gens doctes qui s'y soient appliquez auec succez, & ie n'en connois point de viuants que Monſ. Colletet, pour le Poëme des couches de la Vierge de Sanazare, & vn autre Escriuain qui a pris le nom de Saint-Aubin pour trois Comedies de Terence, & pour les Fables de Phedrus. Il est vray qu'elles sont plus dificiles que celles des autres Liures; mais elles n'en sont pas moins recommendables, quand on y peut reüssir : & pouruû que la matiere en soit belle, & que l'on y conserue la grace sans corrompre le sens, ni la force des termes, qu'importe que l'original soit en prose ou en vers? De quoy se met-on en peine si l'on n'a pas mesuré ses paroles, ni rimé ses periodes, pouruû que la pensée soit agreable & iuste, & que l'expression soit noble? Tout le monde n'a pas cette prodigieuse facilité de faire des vers, & ceux qui les font sans peine, ne se la voudroient pas tousiours donner d'interpreter des Autheurs fort dificiles. Mais ie veux qu'ils s'y appliquent, feront-ils en vers des traductions iustes? Et toute cette merueilleuse harmonie qui regne dans nostre Poësie, se pourra-elle souffrir à la longue, sans causer le plus grand ennuy du monde? Il n'en faut que consulter l'experience: & sans recourir aux longues traductions en vers, comme celles d'Homere, de Virgile, d'Ouide, & peut-estre encore de quelques autres; qu'on s'engage vn peu à lire des Poëmes de dix ou douze mille vers, quand la premiere ardeur en est passée: qu'on se reiouïsse auec des chançons de trente ou quarante couplets: qu'on recite des Odes, ou des Hymnes de soixante-&-dix Stances, chaque Stance de huict ou dix vers: qu'on entreprenne vn peu la lecture d'vn Liure de Sonnets, tels que ceux de Ronsard, de Belleau, de du Bellay, & de des Portes, sans vouloir rien dire de ceux de nostre temps, quoy qu'ils paroissent plus acheuez, & qu'ils le soient en effet. Ce n'est pas qu'en tous ces genres-là, il ne se trouue de fort belles choses: mais

nais sans mentir la quantité en cause bien souuent vn
:ertain dédain, qu'il est presqu'impossible de surmonter:
& ie crains mesmes qu'auec le temps, elle ne produise vn
i mauuais effet, qu'on n'en perde, sinon toute l'estime,
u moins vne bonne partie de celle qui est duë à ceux, qui
oour ces choses-là, n'ont l'esprit que trop fecond. Il n'en
:st pas de mesme de la prose, quand elle est bien faite,
oarce qu'elle est plus naturelle, & que ses nombres & ses
:erminaisons ont plus de varieté. Toutes les graces de la
Poësie, y peuuent aussi entrer selon les suiets, pour les
oensées, aussi bien que pour les figures d'Orateur, & pour
la noblesse de l'expression; de sorte que c'est assez mal iuger, en vn sens, de dire qu'vn stile est poëtique, quand il
a tous ces ornements, au lieu de l'appeller sublime & figuré, comme il le doit estre quelquesfois, & sur tout au genre demonstratif, dans les matieres sublimes; ioint que pour bien escrire, il me semble qu'il ne faut pas mesmes que ce soit bassement, pour vn petit suiet: car le stile bas, ie ne dis pas humble ou mediocre, deuroit estre entierement banni des Liures qui s'impriment pour le public. D'ailleurs, si l'on a bien voulu traduire en vers des pieces d'Autheurs tres serieux, qui n'ont peut-estre iamais essayé d'en faire vn seul; pourquoy ne rendra-t-on pas bien en prose des Poësies, mesmes enioüées, dont la principale beauté consiste en la pensée? Et quand cela ne seroit pas; qui prend tant de part à la gloire d'vn Autheur, qui ne vit plus depuis tant de siecles, & qu'on lit fort rarement, à cause des dificultez qui s'y rencontrent bien souuent à l'entendre, qu'il aprehende qu'on luy fasse tort, ou qu'on s'abstienne desormais de le lire en sa langue? Nous n'auons garde d'auoir si bonne opinion de nos Ouurages; mais ie ne desespere pas qu'ils ne puissent mesmes seruir à des gens qui font tant les scrupuleux. Enfin il faut auoüer que quelque ingrat que soit nostre labeur, il n'est pourtant pas ennuyeux ni tout à fait inutile: & ie ne celerai point, que s'il m'a donné de la peine par les grandes assiduitez que i'y ai renduës, il ne m'a pas denié toute

sorte de satisfaction, tant par les belles choses qu'il m'a fait connoistre, que par l'opinion que i'ay conceuë que la Posterité, plus equitable que le siecle present, en fera quelque iugement auantageux.

Ie ne puis finir ces entretiens, que ie ne die au suiet des langues qui nous rendent si barbares les vns aux autres, qu'elles se sont formées selon les habitudes & les connoissances diuerses des Nations: que tous les mots dont elles vsent auec tant de varieté sont arbitraires, engendrez en chaque païs par vne longue suitte de temps: que toutes celles qui sont viuantes, ne sont pas fort anciénes, & qu'elles ne viuront pas tousiours: que plusieurs sont peries, & que celles dont nous auons connoissance par les Liures, n'estans plus dans l'vsage d'aucune Nation, cõme la Grecque & la Latine, ne sont pas d'vne si haute antiquité que plusieurs se l'imaginent: que la Grecque n'a commencé qu'enuiron le tẽps de Cadmus, qui vint de Phenicie, pour fonder la ville de Thebes, peu de temps apres le deluge de Deucalion, & plus de mille ans apres celuy de Noé, de sorte que les Grecs, qui depuis ont escrit tant de choses, ne sçauoient presque rien de leurs propres Ancestres, non plus que de ceux des autres Nations, parce qu'ils en ignoroient le langage: & que pour la Latine, qui s'est faite insensiblement de la corruption de celle-cy, & de l'ancienne Latiale, & des langues Toscane & Oscienne, dont nous n'auons presque plus de memoires, elle a eu sa naissance, son progrez, & sa perfection depuis la fondation de la ville, iusques à l'Empire des Cesars: & comme du temps de Numa, elle n'estoit que dans sa premiere enfance, ce qui s'en voyoit encore sous l'Empire d'Auguste, par les Loix des douze Tables, les vers des Saliens, & les vieilles inscriptions, estoit à peine entendu. C'est ainsi qu'il en a esté de toutes les autres langues qui ne sont plus, & qu'il en arriuera de toutes celles qui sont encore. Au reste, l'origine des vnes & des autres, est en quelque façon semblable, & la seule Philosophie est celle qui y met de la difference, pour rendre celle-cy plus elegante, ou plus riche que celle-là, selon les gousts & les temperaments des Nations diferentes.

On en pourroit dire autant, à mon auis, des habits qui sont si diuers dans le monde, & du changement des modes: Il en est de mesme des Gouuernemēts Politiques, des Loix & des Coutumes, en quelque genre que ce soit. Ce qui m'a quelques fois donné la pensée, que bien que la Posterité ne sera peut-estre gueres plus sçauante que nous sommes, elle aura dans les siecles reculez des sentiments fort diferents des nostres, quoy qu'ils ne doiuent pas estre meilleurs. A peine sçaura-t-elle que nous aurons vescu: & tout ce qu'vn esprit plus éclairé que les autres luy en pourra dire par de sages coniectures, luy passera pour chimeres & pour extrauagances. Alors nos villes seront peut estre ruïnées de fond en comble, nos collines seront abbaissées: les lits de nos fleuues seront changez: nos costes maritimes seront reculées en quelques endroits, & aprochées en d'autres, & tous nos monuments seront renuersez; De sorte qu'on pourra s'imaginer en reflechissant sur les choses passées, qu'on ne verra pas de fort loin, que le monde a beaucoup de nouueauté, & que la Nature est ieune, parce qu'on n'en connoistra rien au dessus de peu de siecles.

Verum (vt opinor) habet nouitatem summa, recensque
Natura est mundi, neque pridem exordia cœpit.

Et de fait, dira-on, ne voyez-vous pas que les pierres mesmes sont vaincuës par le temps? Que les hautes tours tombent par terre, & que les cailloux se consument? Les Images & les Temples ne sont-ils pas accablez de vieillesse? La puissance venerable du Destin peut-elle prolonger les bornes de la vie, & forcer les alliances de la Nature? Ne voyons-nous pas les monuments des Hommes Illustres abbatus? Les rochers arrachez, tomber des hautes montagnes, & ne pouuoir soutenir l'effort du temps? Car ils ne se detacheroient pas, & ne tomberoient point en vn moment, si de tout temps exempts d'vn tel fracas, ils auoient enduré tous les tourments de l'aage. C'est ainsi que pourront raisonner les hommes d'alors. Cependant ils ne laisseront pas de se méprendre, & la portée de leur esprit n'ira pas plus loin que le nostre.

VOilà, si ie me trompe, vne bonne partie de mes sentiments, des habitudes que ie me suis données, & des connoissances que i'ay euës. Il ne me reste plus qu'à parler de mon temperament, de ma constitution, & de mes inclinations naturelles, bonnes ou mauuaises, puis que ie ne veux rien obmettre pour me depeindre entierement.

Mon temperament & mes inclinations.

Ie ne suis ni d'vne santé fort vigoureuse, ni suiet à de longues maladies: mais ie suis d'vn temperament assez delicat, entre le bilieux & le sanguin, & suiet à des fluxions, qui m'ont causé dans ma ieunesse de grandes douleurs de dents, & depuis des migraines tres-fascheuses. I'ay eu aussi l'estomac assez debile; mais cette partie s'est fortifiée au pris que i'ay auancé en aage. Ie suis d'vne taille assez auantageuse, & d'vne grosseur mediocre: mais si ie n'eusse fait vn peu d'abstinence, quand i'estois en la fleur de ma ieunesse, ie n'en serois peut-estre pas demeuré là. I'auois les cheueux d'vn chastain brun; mais ils sont deuenus blancs de bonne heure, & le premier poil de barbe que i'ay eu, a esté blanc. Quand ie ne me serois point serui de rasoir, ie n'aurois iamais eu la barbe fort longue ni fort espaisse, & ie suis d'vn teint entre le blanc & le brun, ayant esté marqué sur le visage par le venin de la petite verole, qui s'y repandit en l'année 1635. mais non pas desfiguré.

I'ay peu aimé les exercices du corps, horsmis la promenade; c'est-pourquoy ie ne mange pas beaucoup: & comme ie suis d'vn temperament assez humide, ie ne boy gueres aussi, excepté quand ie suis malade; car d'ordinaire, l'ardeur de la fiévre me cause vne alteration nompareille, auec de grands maux de teste & de reins: mais rarement, elle m'a fait rêuer, & ie ne me souuiens point qu'elle m'ait fait perdre le iugement.

Ie ne me vante point d'auoir esté fort hardi, quoy que ie sois sorti de l'vn des plus vaillans hommes du monde, & i'ay aprehendé toute sorte de perils, sinon quand ie m'y suis vû engagé: car alors ie m'y suis abandonné sans étonnement. Quand i'estois ieune toutes choses me faisoient peur, & ie n'eusse iamais marché de nuict, ni couché seul dans vne chambre de peur des esprits, dont i'estime que les contes de Sorciers qu'on me faisoit, estoient cause en partie, les tenants tous veritables, puis qu'on prenoit la peine de m'en entretenir, & ne croyant pas aussi que des personnes que i'estimois si prudentes & si habiles, m'eussent voulu imposer: mais auançant en aage, i'ay esté gueri de ces foiblesses par la force du raisonnement, & ie puis dire que i'ay conceu en quelque façon vne pensée toute contraire. Mais ie ne suis pas encore deliuré de la crainte des animaux, & des rencontres fortuites d'vn mauuais pas.

I'ay tousiours eu beaucoup de pudeur sur les lévres; de sorte que ie n'ay iamais eu la hardiesse de prononcer vne parole deshonneste, & i'ay eu quelque honte naturelle de les ouïr prononcer à d'autres. Ie ne me suis iamais mis dans le baing pour la mesme raison. I'ay eu pour les blasphemes vne pareille repugnance, & ie n'ay pas eu beaucoup de peine à m'abstenir des iurements, & des imprecations execrables. I'ay esté tout de mesme incapable de parler aux Animaux, & sur tout aux chiens, aux cheuaux, & aux oyseaux. De-là vient en partie que i'ay esté si peu affectionné à la Chasse. Pour la Paulme dans le Tripot, ie n'ay iamais tenu qu'vne seule fois la raquette dans le Ieu-de-Paulme du Metayer au Faux-bourg saint Germain, où apres auoir ietté vne bale dans les toiles, ie ne m'en suis plus voulu méler depuis. I'en ai encore moins fait dans les Ieux de longue Paulme & du Mail: mais si ie me fusse occupé aux Cartes, i'y auois le genie & l'esprit assez porté. I'ay aussi aimé les Ieux des Echecs, & des Tarots; mais nullement celuy des Dez & du Triquetrac, que ie n'ai iamais sceus.

La promenade ne m'estoit pas desagreable; mais ie la demandois en compagnie, & sur tout auec des personnes d'esprit & de bon entretien. Si mon Pere m'eust fait voyager, estant ieune, i'y eusse pris grand plaisir: & la varieté de la nature, qui est si belle, m'a tousiours charmé. La bonne chere ne m'a gueres touché, & i'ay tousiours eu de la repugnance à boire auec excez, & le vin pur ne m'a iamais flatté. Comme i'ay esté d'vn naturel facile, ie me suis accommodé aux sentiments de ceux auec qui i'ay conuersé: & quoy que i'eusse esté d'aduis contraire à mes Amis, ie leur ai neantmoins tousiours cedé volontiers, excepté dans les connoissances certaines que i'auois de la verité: car alors, ie ne me rendois pas facilement: ce qui m'a quelquesfois attiré le blasme d'estre vn peu contentieux.

I'ay aussi fort aimé la gloire, & il n'y auoit aucune chose possible au monde que ie n'eusse entrepris pour la meriter, & pour l'obtenir. Que si ie trahissois pour cela le dessein que i'en auois par ma propre faute, ie m'en consolois dificilement: & comme ie me suis tousiours defié de moy-mesme, i'ay manqué souuent de cette belle hardiesse, qui est si necessaire pour faire les choses de bonne-grace. Ie ne me suis gueres flatté de l'opinion d'autruy, & ie n'ay tousiours esté que trop ingenieux à m'inquieter du iugement qu'on pouuoit faire de moy.

I'ay esté d'autant plus sensible aux offences, que iamais homme ne fut plus soigneux que ie l ai esté de menager ses paroles & ses actions de telle sorte, que personne n'eust suiet de s'en plaindre & de s'en fascher. La colere a eu quelquesfois beaucoup de puissance sur mon esprit assez impatient: mais i'ay essayé de vaincre cette passion que ie tenois du naturel de fuë ma Mere, par la force de la raison: & ie puis dire que i'en suis venu aucunement à bout.

Ie n'ay iamais esté touché d'auarice, ni d'humeur à demander chose quelconque, quoy que les presents des personnes riches & desinteressées m'eussent esté agreables, parce qu'ils n'obligent qu'à de pures ciuilitez qui n'incommodent point, au lieu que les presents des pauures, ou mesmes des egaux, en exigent de plus grands de nous: & comme ie n'ay iamais eu que peu de bien, aussi n'a-t-il iamais esté en mon pouuoir de faire des largesses, & ie n'y aurois peut-estre gueres pris de plaisir dans vne plus grande abondance, (ie parle selon la chair & non pas selon la charité) que pour en aquerir de la gloire & de la loüange. De là vient que si la fortune m'eust esté plus fauorable, & plus flateuse qu'elle ne m'a paru, ie me serois peut-estre laissé emporter au torrent de l'ambition: mais ne l'ayant point vuë de la sorte, ie m'en suis trouué, graces à Dieu, heureusement deliuré: car sans cela, i'aurois esté en grand danger de faire comme les autres, & de ne m'estre iamais donné le loisir de faire les moindres reflexions sur les accidents de la vie, & les foiblesses de la condition humaine.

Si i'eusse esté riche, i'aurois aimé les visites, les promenades, les beaux Palais, les peintures, les riches ameublements, & peut-estre les suittes de toutes ces choses-là; c'est-pourquoy, ie me tiens heureux, de n'auoir point eu d'autres richesses que celles que souhaitoit le Sage, sans auoir merité vn si grand bien, ni sans l'auoir mesmes demandé. En quoy ie me sens d'autant plus obligé à reconnoistre l'abondance des misericordes de Dieu sur moy, & de l'en remercier tous les iours de ma vie.

Ie n'ay iamais eu grand nombre de valets, & ie ne les ai point changez, que quand ils m'ont voulu quitter; de sorte que pour ma chambre ie n'en eus iamais que trois l'vn apres l'autre, depuis le temps que ie fus mis au College iusques à present, & sont encore tous trois viuants, le premier appellé du Four, qui s'est fait Religieux de l'Ordre de Cisteaux dans l'vne de mes Abbayes. Le second appellé la Chapelle, qui m'a quitté pour se marier, & pour exercer l'Office de Procureur Fiscal de mon Abbaye de Villeloin, ayant gagné quelques commoditez aupres de moy: & le dernier aussi marié, nommé le

Beau, qui me sert encore auec affection, & beaucoup de fidelité: & qui a plusieurs Enfants de sa femme, demeurants tous chez moy, dont ie ne me tiens point incommodé, parce que i'aime les Enfants, & que ceux-là sont fort iolis, & qu'ils meritent d'estre aimez. Le reste de mes gens a tousiours consisté en peu de personnes.

L'Impieté m'a tousiours fait horreur, & quoy qu'il faille auoüer auec deplaisir que ie n'ay pas esté si deuot que la condition d'Ecclesiastique & de Chrestien m'y oblige, si est-ce que i'ay au moins esté soigneux de ne manquer pas vne seule fois à dire le Breuiaire, excepté pendant la plus grande rigueur des maladies que i'ay euës de temps en temps, dont pourtant ie ne pretens nullement me glorifier, parce qu'il m'est assez facile de m'acquiter de ce deuoir, par le grand vsage que i'en ai, & que i'aurois mesmes de la peine à m'en abstenir, quoy que ie n'aye que trop souuent manqué à l'attention qu'on y doit apporter. I'ay gardé le mesme soin pour les autres obligations d'vne personne de ma condition: mais si deuant les hommes, il n'y a rien qui me reproche de ce costé-là, ie n'ai garde de me persuader d'en estre iustifié deuant Dieu.

I'ay employé beaucoup de temps à l'estude, & i'ay traduit plusieurs Liures, ce que ie considere plustost comme vn honneste amusement que ie me suis donné dans la retraite d'vne condition priuée, que comme des choses fort necessaires, bien qu'elles ne soient pas entierement inutiles. Quelques-vns en ont fait estat, & d'autres ne s'en sont pas souciez: mais quoy qu'il en soit, ie ne voy rien qui m'oblige de croire qu'il n'y ait pour le moins autant de bien que de mal, & du costé de la matiere, & du costé de la forme que i'y ai donnée.

Apres tout cela, ie reconnois sincerement que i'ay esté fort inutile dans le monde, & que i'ay mal-vsé du petit talent qui m'auoit esté donné. Dieu veille qu'il ne me soit point reproché de l'auoir enueloppé dans le mouchoir, & qu'apres auoir pleuré mes pechez, ie meure dans la paix de l'Eglise en N.S.I.C.

Fin.

LA

LA TROISIESME PARTIE DES MEMOIRES DE MICHEL DE MAROLLES, ABBE DE VILLELOIN.

CONTENANT DIVERSES GENEALOGIES.

GENEALOGIE DE LA MAISON de Marolles en Touraine.

I.

AFIN de iustifier ce que i'ay auancé au commencement de ces Memoires, touchant l'origine & l'antiquité de la Maison de mes Peres; Ie dirai sans faire vne plus longue Preface, qu'il y a en France plusieurs familles & Maisons nobles, qui portent le nom de Marolles. Il y en a en Beauce, en Bourgongne, en Champagne, en Picardie, aupres de Paris, & en beaucoup d'autres lieux, & que celle dont ie parle, est l'vne des anciennes de la Prouince de Touraine, possedée depuis fort longues

MAROLLES, porte d'azur à l'épée d'argẽt, & la garde d'or posée en pal entre deux pẽnes adossées d'argent.

années par des Gentils-hommes du mesme nom; comme en fait foy vn tiltre de l'Abbaye de Cormery de l'Ordre de S. Benoist, dans la mesme Prouince, où il est dit, que Raoul de Marolles Cheualier, estant inspiré du saint Esprit, & suiuant les exhortations d'vn certain Moine appellé Renaud, donna à Dieu & à saint Paul de Cormery, son domaine de Trian, sous le regne du Roy Louys [*c'est Louys le Gros*] auec Philippe son fils, l'an de l'Incarnation de nostre Seigneur 1130. Voicy les propres paroles du Tiltre.
1130. *Radulphus de Marollis Castro exortus miles, qui vt creditur afflatu Spiritus-Sancti preuente exhortatione cuiusdam Monachi nomine Rainaldi, obedientiam de Triagno Deo & sancto Paulo de Cormeriaco donauit. Actum anno* M. C. XXX. *ab Incarnatione Domini, regnante Ludouico Rege, cum Philippo filio suo, anno Philippi secundo.* On voit par ce tiltre, qu'il faudroit mettre au nombre des Roys Philippe fils de Louys le Gros, quoy qu'il mourut auant son Pere, puis que l'on comptoit les années de son regne.

II.

Le plus ancien que ie trouue auoir possedé cette Seigneurie de Marolles, apres Raoul, est vn Cheualier ap-

pellé Helias, qui donna en perpetuelle aumosne à l'Abbaye de Baugerais de l'Ordre de Cisteaux, au Diocese de Tours, ses dixmes de Marolles, de Montaigu, de Peutanges, & de Loigné, auec vn demy-arpent de pré dans la prairie du Breüil, en la Parroisse de Genillé, à la charge d'entretenir à perpetuité dans l'Eglise de cette Abbaye, vne lampe ardente entre deux Autels, & cela du consentement de Radulphus son fils, aux années mil deux 1212.
cents douze & mil deux cents seize. Ce qui fut encore confirmé par Iean Archeuesque de Tours, en l'année mil deux cents quarante-&-vn, le tiltre de l'Archeuesque scélé d'vn sceau de cire, où d'vn costé est representé vn Euesque assis reuestu d'habits Pontificaux, donnant sa benediction, auec ces mots, *Sigillum Ioannis Turonensis Archiepiscopi*, & de l'autre, qui est en petit volume, paroist vn homme à cheual, qui foule vn serpent, & ces mots à l'entour, *Gratia Dei sum id quod sum.* Deux autres lettres, l'vne d'Archambaud Archiprestre de Tours, & de Iean Archiprestre de Loches, conioinctement: & l'autre de Iean Archiprestre de Loches separément, font mention de la mesme donation faite en l'année mil deux cents douze.

III.

Radulphus ou Raoul, fils d'Helias, dont nous venons de parler, approuua la donation de son Pere, & du temps de celuy-cy viuoit vn Iean de Marolles, qui reconnut deuoir à la Chartreuse de S. Iean du Liget vne partie d'vne certaine censiue à Murceins, dans la Parroisse de Genillé, en mil deux cents quarante-&-vn: c'estoit peut- 1241.
estre celuy qui suit. Tiltres de Chartreux.

IV.

Ie trouue donc vn IEAN DE MAROLLES Seigneur du mesme lieu, dans vn Liure manuscript que i'ay vû dans l'estude de ce sçauant & diligent Historiographe du Roy André du Chesne, lequel Liure manuscrit porte pour tiltre, *Descriptio victoriæ quam habuit Ecclesia Romana anno Dominicæ Incarnationis 1266. quarto Martij, sub sanctissi-*

mo Patre Domino Clemente Papa IV. per Brachium magnifici viri Karoli victoriosissimi Regis Siciliæ, &c. Et parle ainsi de ce Iean de Marolles. *Vt autem audientes delectabilius audiant, & quantorum virorum personis nostra quælibet acies rutilabat: in prima siquidem acie nostra, Prouinciales egregij milites parti nostræ, imo Ecclesiæ Dei ad habendam victoriam laudabiliter ministrantes, quibusdam etiam associatis sibi dominus de Vera Sylua Marescallus Siciliæ, Dominus Guido Marescalus Metapij, Dominus Philippus de Monteforti, Dominus Guillielmus Prunelecius, Dominus* IOANNES DE MAROLLIS, *& Dominus Grauasius de Magduno milites refulgentes, Sole iustitiæ in eorum clypeos aureos. Hi omnes pariter ac vnanimiter spectabilia obsequia præbuerunt gratissima Deo & Ecclesiæ sanctæ suæ.* C'est à dire. Or afin » que ceux qui entendent parler de cecy, en entendent » parler agreablement; & qu'ils sçachent de quelles per- » sonnes nostre Armée receuoit de l'éclat, nous auions » dans le premier escadron les braues de nostre Prouince, » qui s'employoient courageusement pour nous rendre » victorieux, ou plustost pour acquerir la victoire à l'Eglise » de Dieu, ayant associé auec eux dans les interets du mes- » me parti, le Seigneur *de Vera Sylua*, Mareschal de Sicile, » le Seigneur Guy Mareschal de Metape, le Seigneur Phi- » lippe de Montfort, le Seigneur Guillaume de Prunelei, » le Seigneur IEAN DE MAROLLES, & le Seigneur » Grauasius de Mehun, tous Cheualiers d'elite, le Soleil » de Iustice faisant briller son esclat sur leurs boucliers » dorez. Tous ceux-là rendirent conjointement leurs ser- » uices à Dieu & à la sainte Eglise.

V.

Iean de Marolles troisiesme du nom, Seigneur du mesme lieu, comme en fait foy vn vieux tiltre en parchemin de cette Maison, où il est parlé des bornes & limites de diuers fiefs, & entre autres de celuy de Marolles: tiltre datté le iour *de saint Mahé Apoustre*, l'an mil trois cents vingt-
1327. sept. Mais les alliances de celuy-cy sont demeurées inconnuës, aussi bien que celles de ses Ayeuls. Seulement on sçait qu'il laissa vn fils appellé Guillaume de Marolles, qui continua la Posterité.

VI.

Guillaume, Seigneur de Marolles, viuoit en l'année mil trois cents quatre-vingts-deux, au temps du Roy Charles sixiesme; comme en fait foy vn aueu rendu à vn Abbé de Villeloin, par ce mesme Guillaume de Marolles, pour le fief de Mereaux, où il parle en cette sorte. *Ie Guillaume de Marolles, confesse tenir de vous, Monseignor l'Abbé de Villeloen, les choses susdites que sou Monseignor de Pere souloit tenir.* Ces mots se trouuent dans vn vieux manuscrit de la mesme Abbaye. *Guillaume de Marolles pour l'hebergement de Mereaux presents Renaut du Pont, Gauuin de Couè en mil trois cents quatre-vingts.* 1382.

VII.

Guillaume de Marolles second du nom, Varlet, (c'est à dire Escuyer) est denommé par vn tiltre de l'année mil quatre cents trente-deux, pour certaine contention qu'il 1432. auoit, à cause de quelques dependances de sa Seigneurie qui releue de Montresor, comme il se voit par diuers aueus rendus en mil quatre cents quarante-quatre, & en mil quatre cents quarante-cinq. Il se connoist aussi par vn tiltre en Boutet. datte de mil quatre cents quarante-sept, comme il espousa Guillemine Boutet, fille de noble homme Perrotin Boutet, & de Roberde, dont le surnom est ignoré. Il est fait mention dans les registres du Chapitre de Loches de Iean Boutet, qui fut receu Chanoine l'an mil quatre cents trente-cinq, & de Pierre Boutet. qui fut aussi receu Chanoine de la mesme Eglise l'an mil quatre cents trente-six: & le dernier iour du mois de Decembre de l'année mil quatre cents cinquante-six, Iean Boutet, dit le Ieune, fut institué Prieur de l'Eglise Collegiale de Loches, & resigna sa dignité à Gille d'Irey, en l'an mil quatre cents soixante-&-vn. Dans l'Histoire de Charles huictiesme, il est aussi parlé en la vingt-&-vniesme page sur la mil quatre cents quatre-vingts sixiesme année, d'vn domestique de Monseigneur le Duc d'Orleans, appellé le Borgne Boutet, Controoleur de ses Finances. Au reste, il ne faut pas s'estonner de la qualité de Varlet que porte celuy dont ie viens de parler. Varlet, c'est

à dire Escuyer, ou mesmes Cheualier : de-là vient qu'au ieu de Cartes, apres les Roys & les Reines, on met les Valets, c'est à dire les Escuyers, & en quelques-vnes on les nomme la Hyre, Lancelot du Lac, Hector de Troye, ou autres semblables. Guillaume de Marolles a vescu iusques en l'année
1457. mil quatre cents cinquante-sept, & laissa deux Enfants, Iean, & Robert, Seigneur de Breüillard, le premier d'vne autre branche, qui s'est encore diuisée en deux ou trois autres, dont la Posterité sera descrite apres celle de son Frere. p. 301

VIII.

Iean Seigneur de Marolles, apres la mort de Guillaume son Pere, espousa Guionne de Thoret, fille de noble hom-
Thoret. me Iean de Thoret, Escuyer Seigneur de la Touche-voisin, & de Prichaut & de Marguerite Marthe sa femme, en l'année mil quatre cents cinquante-neuf, il signa au Con-
1459. tract de Mariage de son Frere Robert, qui espousa Renée de Thoret Sœur de sa femme, en l'année mil quatre cents septante-&-vn, rendit par aueu sa Seigneurie de Marolles à Antoine de Villequier Seigneur de Montresor, de Saint Sauueur le Vicomte, des Isles d'Oleron, de Marans, de Piarnet, de Brone, de Chassoux, & de Montou-salon, entre les mains de Robert Euesque de Nysmes, l'an mil qua-
1476. tre cents septante-six, recueillit la succession de Iean de Thoret & de Marguerite Marthe, à cause de Guionne de Thoret sa femme, laquelle succession il partagea auec son Neveu François de Marolles Escuyer, fils de Robert de Marolles, mari de Renée de Thoret, en l'an mil quatre
1487. cents quatre vingts sept. Demeura d'accord pour certain diferent qu'il eut à cause de Perrine de Marolles sa Niepce,
1491. femme de Pierre de Thais, Seigneur de Brees, en l'an mil quatre cents nonante-&-vn : acquit vne Seigneurie dans la Parroisse de Polus, appellée la Cailletiere de François Bresilles, Escuyer Sieur de la Salaye, en l'an mil quatre
1494. cents nonante-quatre : approuua le Contract de Mariage de son fils ainé Estienne de Marolles, auec Catherine Grasleul, fille de noble & puissant Iean Grasleul Seigneur de

la Rochebreteau, & de Catherine de Guenand, en mil
quatre cents nonante huict. Donna sa fille ainée, Marie 1498.
de Marolles, pour femme, à Messire Pierre de la Croix
Cheualier, en la mesme année mil quatre cents nonante-
huict, & est croyable qu'il vescut iusques en l'année mil
cinq cents dix: car il se voit vn acte en datte de cet- 1510.
te mesme année, par lequel il appert comme Estienne
de Marolles son fils, est content des seruices que l'Abbé
& les Religieux de Nostre-Dame de Baugerais de l'Ordre
de Cisteaux, ont rendu à la memoire de feu M. son Pere,
dont ils ont porté le corps en terre, comme ils y sont tenus. Ainsi ce Iean a esté Seigneur de Marolles apres le deceds de Guillaume son Pere, l'espace de 55. ans. Ses Enfants furent,

9. Estienne de Marolles, qui suit
9. Marie de Marolles, qui fut mariée à Messire Pierre de la Croix Cheualier, & estoit Dame de Bourdin, en 1491. La Croix.
9. Iaquette de Marolles, mariée à Iean de Roigemont Escuyer Seigneur de Marne. Roigemōt.
9. Danie de Marolles, Religieuse à sainte Croix de Poitiers.

IX.

Estienne de Marolles, Seigneur du mesme lieu, Gentil-
homme ordinaire de la Maison du Roy, Grand-Verdier
de la forest de Loches, & autres forests situées entre les
riuieres d'Indre & d'Indrois, espousa en premieres Nopces
Catherine Grasleul, fille de noble & puissant Iean Gras- Grasleul.
leul, Seigneur de la Rochebreteau, & de Damoiselle Catherine Guenand, fille de Louys Guenand, Seigneur de
S. Sirang du Iambot, le vingt cinquiesme iour de Mars 1498.
mil quatre cents nonante-huict, presents nobles hommes Louys Guenand, Escuyer Seigneur de S. Sirang du
Iambot, Pierre Voyer Seigneur de Paulmy, Pierre de Ma-
ray Seigneur de la Roche-Chargé, & plusieurs autres. Il
est dit de cet Estienne de Marolles, dans l'Histoire du
Roy Louys XII. au feüillet deux cents trente-&-vn, qu'en

l'année mil cinq cents vii, le Cardinal d'Amboise fit bailler au Sieur de Marolles dix hommes d'armes François, lesquels s'en allerent renforcer la garnison du Chasteau de Sonnoic, & que là, ils firent plusieurs saillies sur les Ennemis. Les Enfants de son premier Mariage, furent,

10. François de Marolles qui suit.

10. Iean de Marolles Seigneur de Rançay, qui s'alla marier en Flandres.

Menou. 10. Françoise de Marolles, mariée à Philippe de Menou Seigneur de Poiriers, auant l'an mil cinq cents

1519. dix-neuf.

10. Roberde de Marolles * Religieuse de Fonteuraut, depuis nommée Claire, l'vne des dix Religieuses choisies par Madame Charlotte de Bourbon, Veuue d'Engilbert de Cleues Comte de Neuers, pour fonder le Monastere de l'Annontiade à Bourges, le

1516. 14. de May 1516.

Puis Estienne de Marolles en mariant son fils ainé à Philippe de Boisuilliers, espousa en secondes nopces Catherine de Souuain, veuue d'Aubert de Boisuilliers Sei-

Souuain. gneur du Marchais, & Mere de Philippe de Boisuilliers, de laquelle il n'eut point d'Enfants. Cet Estienne de Marolles fonda vne Chapelle dans sa maison, en l'honneur de la Bien-heureuse Vierge & de S. Iaques, & fut dediée le quatriesme iour d'Avril mil cinq cents treize, par Oli-

1513. uier Euesque de Sidon, auec la licence & permission de Mess. les Vicaires Generaux de Reuerend Pere Messire Charles, Prestre Cardinal du tiltre de S. Nicolas, *Inter imagines*, & Archeuesque de Tours, presents Iean Chauueau Vicaire de la Parroisse de Genillé, Iean Goury, & Martin Texier Prestres, & nobles hommes François d'Argi, Antoine de Pons, François de Marolles, & Iacob Tourneton, & encore Mademoiselle de Marolles, auec les femmes de ceux que i'ay nommez, & plusieurs autres. Il y obtint des Indulgences de sa Sainteté, l'an mil

1515. cinq cents quinze. Catherine Grasleul, sa premiere fem-

1527. me, mourut l'an 1519. & luy vescut iusques en 1527.

X.

François Seigneur de Marolles, Gentil-homme ordinaire de la Vennerie & Fauconnerie du Roy, fut tué d'vne branche d'arbre, dans la forest de Loches, estant à la Chasse auec sa Majesté. Il auoit espousé Phelippe de Boisuilliers, fille d'Aubert de Boisuilliers, Escuyer, Seigneur du Marchais, & de Catherine de Souuain, fille de Phelippon de Souuain & de Ieanne Dreux, & sœur de Phelippe de Souuain, femme de Iean du Mesnil Seigneur de la Pignoliere. Cet Aubert de Boisuilliers, fils de Laurent de Boisuilliers & de Marie le Bloy, de laquelle Phelippe François de Marolles laissa deux fils. Boisuilliers.

11. Claude de Marolles qui suit,

11. Antoine de Marolles.

Puis Phelippe de Boisuilliers estant veuue, se remaria en secondes nopces à noble homme Iean Oliuier, Escuyer Seigneur de la Gondelaine en Blaisois, dont elle eut plusieurs Enfants, entre-autres Antoine & Pierre Oliuier, qui viuoient en mil cinq cents quarante-huict, & mil cinq cents cinquante-sept. Cependant furent élus pour Tuteurs de Claude & d'Antoine de Marolles mineurs, Ieã de Marolles Seigneur de Rançai, & Claude de Preuille Seigneur de Chasteaulandon, dont l'acte de Curatelle fut passé l'an mil cinq cents trente-quatre, & se trouuerent au nombre des parents assemblez pour élire vn Curateur, auec ceux qui furent éleus, Pierre Grasleul Seigneur de la Rochebreteau, Philippe Grasleul, René Gaudoin, Iaques du Menil, Antoine Augustin, & Charles de Boisuilliers, tous Escuyers: & Claude de Marolles mineur fut nourri page du Roy François premier. Oliuier. 1534.

XI.

Claude de Marolles, espousa Françoise d'Erian, fille vnique & heritiere de Pierre d'Erian, Escuyer Seigneur de la Rochere & de Noysai, & d'Anne de Guiet, dont le contract fut passé l'an mil cinq cents cinquante-huict, en presence de Demoiselle Antoinette de Vouhet, ayeule paternelle de Françoise d'Erian, & fille de Messire Iaques Erian. 1558.

de Vouhet Seigneur de Villeneufue, & de Marie du Puy, fille de Messire Louys du Puy, Seigneur du Couldrai-Monin & de Catherine de Prie. Il deceda le troisiesme iour de Decembre mil cinq cents soixante-neuf: & les Religieux de Baugerais assisterent à son enterrement, dont il y a acte, signé Poiteuin Prieur Claustral de Baugerais. Il laissa de son Mariage,

12. Claude de Marolles, qui suit,

12. Louys de Marolles Seigneur de la Rochere, qui espousa Marie du Fautreit, veufue du Sieur de Lau-

Fautreit. riere, Conseiller du Roy en sa Cour de Parlement, & sœur de Marc du Fautreit, aussi Conseiller du Roy dans la mesme Cour, & n'eut point d'Enfants. Il mourut auant sa femme, qui se remaria à Eme d'Argy Seigneur de Mesures.

12. Gabrielle de Marolles, morte fille.

12. Charlotte de Marolles, dont i'ay parlé dans ces Memoires, mourut aagée de soixante-cinq ans en l'année 1627.

Puis Françoise d'Erian se remaria en secondes nopces à

Papillon. Nicolas Papillon Cheualier Seigneur de Vauberault, dont elle eut trois filles, Polixene, Françoise, & Tertia Papillon, dont l'ainée seule, qui fut mariée, n'a point laissé d'Enfants.

XII.

Claude de Marolles, second du nom, Cheualier, Seigneur de Marolles, de la Rochere, du Breüil, de Noisay, Gentil-homme ordinaire de la Maison du Roy, Lieutenant Colonel François des Cent Suisses de la Garde-du-Corps, Capitaine de Gens d'armes, & de Cheuaux-legers entretenus, & Mareschal dans les Armées de sa Majesté en Champagne, Picardie, & Piemond, duquel nous auons parlé dans nos Memoires, & dont ie raporterai en suitte quelques tesmoignages des Historiens qui ont escrit de luy, espousa en l'année mil cinq cents nonante-

1594. Chastillon quatre, Agathe de Chastillon, fille de Noël de Chastillõ, Cheualier, Seigneur du Soleillã, au païs de forest, & de

Ieanne de la Vuë, fille de Baltasar de la Vuë & de Magdelaine du Puy. Et de ce Mariage sortirent les Enfants cypres.

13. Claude de Marolles, qui naquit à Vienne, l'an mil cinq cents nonante-cinq, & mourut en Piedmont, apres sa sortie de Page, aagé de dix-sept ans.

13. Magdelaine de Marolles, tenuë sur les Fons par Gaillard de saint Pastour, Seigneur de Salern, Gouuerneur de Loches, & par Madame de Bourdeilles Magdelaine de la Chastre, qui luy donna son nom. Elle espousa Emon de Menou, Cheualier, Seigneur du Rabrys, dont elle a eu plusieurs Enfants, & mourut le premier iour de l'an mil six cents trente-trois, aagée de trente-six ans. Menou.

13. Gilles de Marolles, qui mourut en bas aage.

13. MICHEL DE MAROLLES, Abbé de Villeloin & de Baugerais.

13. Louys de Marolles, qui a continué la Posterité.

13. Polixene de Marolles, tenuë sur les Fons par Eme d'Argi, Seigneur de Mesure, & par Polixene Papillon sa Tante, qui luy donna son nom. Elle fut mariée à Gabriel de Bridieux, Cheualier, Seigneur du Claueau, dont elle a laissé plusieurs Enfants, & mourut le huictiesme de May, mil six cents quarante-sept.

13. Charles de Marolles, qui deceda en bas aage.

Puis Agathe de Chastillon estant decedée l'onziesme iour d'Aoust mil six cents trente. Monsf. de Marolles espousa en secondes nopces Lucrece du Hamel, fille de Louys du Hamel, Conseiller du Roy & Maistre de la Chambre des Comptes à Paris, Seigneur de Gutbeuille, & de Nicole Hotman: Louys du Hamel, fils de Pierre du Hamel & d'Anne de Quatre-liure, fille de Iean de Quatre-liure, & de Marie Lhuilier: ce Iean fils de Pierre de Quatre-liure, Conseiller au Parlement, fils d'vn autre Iean, Capitaine de Chasteau-Thierri: & le susdit Pierre du Hamel, fils de Louys du Hamel & de Ieanne Perdrier. Du Hamel.

Ce Louys fils de Charles du Hamel, Secretaire du Roy. Claude de Marolles n'ayant point laissé d'Enfants de Lucrece du Hamel, mourut en la soixante-&-neufuiesme année de son aage, le huictiesme iour de Decembre mil six cents trente-trois.

1633.

XIII.

Louys de Marolles, Cheualier, Seigneur de Marolles, la Rochere Noisay, le Breüil, espousa en premieres nopces

Rochefort. Claude de Rochefort, fille de François de Rochefort, Cheualier, Baron de Luçai, & de Siluine le Begue, dont il n'eut qu'vn fils, qui mourut en naissant, auec sa Mere l'an mil six cents vingt-neuf: puis il espousa Ieanne de Menou, Dame de Troüillaut & de la Ferté Sainte-Faute, fille

Menou. d'Emon de Menou, Cheualier, Seigneur du Rabris, & de Caristie de Mareuil, le quinziesme iour d'Auril mil six cents trente, son Contract de Mariage ayant esté signé dés le dernier iour de Decembre mil six cents vingt-neuf. Il mourut le premier de Mars mil six cents cinquante-&-vn, & de cette alliance sont sortis

14. Agathe de Marolles, morte aagée de douze ans.
14. Emon qui fut assassiné en l'aage de dix-neuf ans.
14. Claude-Michel, mort en bas aage.
14. Françoise-Gabrielle, morte en bas aage.
14. Anne-Louyse.
14. Angelique.
14. Vn fils mort sans auoir de nom.
14. Eustache.
14. Michel, Religieux & Prieur de Veuil, naquit le neufuiesme de Septembre, mil six cents quarante-&-vn.
14. René.
14. Dieu-donné-Louys.
14. Gabriel. } morts en bas aage.
14. Claude. }

LA BRANCHE DES PVISNEZ DE MAROLLES, Seigneurs de Breüillard, Touuant, les Caues, la Chesnaye, la Boutelerie, le Plessis, & la Pignoliere.

VIII.

Robert de Marolles Escuyer, Seigneur de Breüillard,
second fils de Guillaume de Marolles, & de Guillemine de Boutet, & frere puisné de Iean Seigneur de Marolles, espousa Renée de Thoret, seconde fille de Iean de
Thoret Escuyer, Seigneur de la Toucheuoisin & de Pri- Thoret.
chaut, & de Marguerite Marthe, en mil quatre cents se- 1471.
ptante-&-vn, dont il eut

9. François de Marolles, qui suit,
9. Perrine de Marolles mariée à Pierre de Thais, Sei- Thais.
gneur de Brees. Ce qui se prouue par vn partage fait l'an mil quatre cents nonante, *tilt. de Marolles*, Renée de Thoret sa Mere estant encore viuante: mais encore mieux par son Contract de Mariage, fait le vingt-deuxiesme iour de Iuin mil quatre cents quatre-vingts neuf, presents nobles hommes Mathelin de Beauregard, Escuyer, Seigneur de Beauregard, & Iean Aucher, Sieur des Murs.

IX.

François de Marolles, Escuyer Seigneur de Breüillard,
espousa Marguerite Gaines, qui estoit veuue de luy en Gaines.
mil cinq cents cinquante-&-vn, & viuoit encore en mil cinq cents soixante-trois, & son Contract de Mariage fut passé enuiron l'an mil quatre cents nonante. Les Enfants qui sortirent de cette alliance, furent,

10. Iean de Marolles, Seigneur de Breüillard, qui suit,
10. Bertrand de Marolles, Seigneur de la Boutelerie & du Plessis, dont la Posterité sera descrite apres celle de son Frere.
10. Guillaume de Marolles, Seigneur des Caues, qui a fait aussi branche, & en sera parlé en suitte.

X.

Iean de Marolles, Escuyer, Seigneur de Breüillard, espousa le dernier iour d'Aoust, mil cinq cents trente-trois,
1533. Mesnil. Catherine du Mesnil, fille de noble homme Iean du Mesnil, Seigneur de la Pignoliere & de Rançai, & de Philippe de Souuain, Dame de Corson, fille de Phelipon de Souuain, & sœur de Catherine de Souuain, seconde femme d'Estienne Seigneur de Marolles, en mil cinq cents treize, & niepce de Ieanne de Souuain, femme de Simon Peret, Escuyer Seigneur de la Nodiere, en mil quatre cents soixante-&-vn, *tilt. de la Pignoliere*. Iean du Mesnil pere de Iaques du Mesnil, Seigneur de la Pignoliere, qui viuoit en mil cinq cents vingt-neuf, & auoit espousé Ieanne de Marcheuille, estoit fils de Guillaume du Mesnil, Seigneur de Rançai, de la Perriere, & d'Esual, frere de Iean du Mesnil, Seigneur de Veuil, en mil quatre cents septante-neuf, & de Marguerite la Bloye Dame de la Pignoliere, fille & principale heritiere de Iean le Bloy, & de Marie Gastette. Et du mariage de Iean de Marolles, Seigneur de Breüillard, & de Catherine du Mesnil, sortirent,

11. Iulian de Marolles, Seigneur de Breüillard, qui suit.

11. Antoine de Marolles, Seigneur de la Chesnaye, dont il sera parlé en suitte.

Préuille. 11. Marguerite de Marolles mariée à Iean de Préuille, Escuyer, Seigneur de la Plissonniere, en mil cinq cents quatre-vingts cinq.

11. Catherine de Marolles, decedée sans posterité.

11. Anne de Marolles.

Du Cloux. Puis Iean de Marolles, Seigneur de Breüillard, espousa en secondes nopces Antoinette du Cloux, veufue de Iaques Gaigneron, en mil cinq cents soixante neuf.

XI.

Iulian de Marolles, Escuyer Seigneur de Breüillard, es-
Sancerre. pousa Catherine de Sancerre, dont il eut,

12. Martin de Marolles.

XII.

Martin de Marolles, Escuyer, Seigneur de Breüillard, qui ne laissa point de fils de Marie de la Croix, son espouse.

XI.

Antoine de Marolles, Escuyer, Seigneur de la Chesnaye, second fils de Iean de Marolles, Seigneur de Breüillard,& de Catherine du Mesnil, fut marié deux fois: la premiere auec Marie Gaigneron, fille de Iaques Gaigneron & d'Antoinette du Cloux : la seconde auec Guyonne Sauary, ayant laissé du premier lit, Sauary.

12. Antoine de Marolles, Seigneur de la Chesnaye, mort sans posterité.

12. Renée de Marolles, decedée sans alliance.

12. Catherine de Marolles, dont il sera parlé en suitte.

Et du second lit.

12. Lucrece.
12. Renée.
12. Marguerite.
12. Ieanne.
} de Marolles.

XII.

Catherine de Marolles fut mariée auec noble homme Iean de Launay, Escuyer, Seigneur de Launay, fils de François de Launay & de Marguerite de Virly, dont sont sortis Launay.

13. René de Launay Ecclesiastique, Curé de Nouan.

13. Claude de Launay, Sieur de la Treuandiere, qui suit.

13. Alexis de Launay, Sieur de la Valette.

13. Iean de Launay, Sieur de la Bruere, tué deuant Corbie.

13. Charlotte de Launay.

XIII.

Claude de Launay, Escuyer, Seigneur de la Treuandiere, a espousé Anne de Montfort, heritiere de Clau- Montfort.

de de Montfort & de Françoise de Mareuil, dont sont sortis

14. René de Launay, mort ieune.

14. . . . de Launay.

14. Marie de Launay.

LA SECONDE LIGNEE DE LA BRANCHE des puisnez de Marolles, Seigneurs de la Boutelerie, Touuent, & la Pignoliere.

X.

p301. BErtrand de Marolles, second fils de François de Marolles, & de Marguerite Gaines, ou de Ganes, Escuyer, Seigneur de la Boutelerie, du Plessis & de Touuant, fut marié trois fois, la premiere auec Demoiselle Catherine de Poix, fille de noble homme Charles de Poix, Escuyer, Seigneur du Clouseau, de laquelle il n'eut qu'vn fils vnique, Claude de Marolles, dont il sera parlé en suite. Puis en secondes nopces, il espousa Ieanne de Cherruë veufue d'Hercule de Terraçon, en son viuant Seigneur de la Martiniere, en la Parroisse de Sassai, le trentiesme iour de Ianuier mil cinq cents cinquante-sept. Puis en troisiesmes nopces, Demoiselle Renée de Nauet, sœur de Iean de Nauet, Escuyer Sieur de la Varenne, & Tante de Florence de Nauet, dont il sera parlé en suitte. Ce Bertrand de Marolles est inhumé dans le Chœur de l'Eglise Parrochiale de Sassay, où ses Armes sont grauées sur sa tombe, dans vn Escusson releué de deux doigts. Il eut donc du premier lit,

Poix.

Cherruë.

Nauet.

11. Claude de Marolles, Seigneur de Touuant, qui suit.

X I.

Claude de Marolles, Escuyer, Seigneur de Touuant, espousa Demoiselle Florence de Nauet, fille de noble homme Iean de Nauet, Escuyer, & de Louyse d'Eschelles, le trentiesme iour de Fevrier mil cinq cents septante-sept, dont il eut

Nauet.

12. René

12. René de Marolles, Escuyer, Seigneur de Touuant; mort sans enfants en l'aage de quarante ans, au retour du siege de Moutauban.

12. François de Marolles, Escuyer, Sieur de la Varenne.

12. Iaques de Marolles, Escuyer, Seigneur de la Pignoliere, qui suit.

12. Louyse. } de Marolles, mortes en bas aage.
12. Claude }

XII.

Iaques de Marolles, Escuyer, Seigneur de la Pignoliere, espousa Claude Geruais, fille de Louys Geruais, Sieur des Murs, & de Denise Brossier, de laquelle il a enfants Geruais.

13. Louys de Marolles.

13. Pierre }
13. Iacques } de Marolles.
13. Claude }
13 Marie }

TROISIESME LIGNEE DE LA BRANCHE *des puisneZ de Marolles, Seigneurs des Caues.*

XI.

GVillaume de Marolles, Escuyer, troisiesme fils de François de Marolles, Seigneur de Breüillard & de Marguerite Gaines, espousa Antoinette de Montjoys, fille de Iean de Montjoys, Seigneur des Caues, en la Parroisse de Ligni-lez-Blois en Poictou, & de Florence Rance, lesquels de Montjoys & Rance, furent mariez le quinziesme de Mars, mil cinq cents trente huict. Cette Florence Rance & Iaquette Rance sa sœur, estoient filles d'Antoine Rance & de Françoise Gedoin. Cet Antoine Rance, Seigneur des Caues, frere de Matthieu Rance, Escuyer, Seigneur de la Patriere. Ils firent partage le sixiesme d'Avril mil cinq cents trente-sept. Matthieu Rance, Sieur de la Patriere, fut pere de Bertrand Rance, pere d'Anne Rance, mere de René Ducher, Seigneur de la Pa-

Montioys. Rance. Gedoin.

triere. Et du mariage de Guillaume de Marolles, & d'Antoinette de Montioys, sortirent

11. René de Marolles, Seigneur de Caues, qui suit.
11. Iean de Marolles, Escuyer, Seigneur de la Brosse, qui fut tué à Brie-comte-Robert.
11. Louys de Marolles, Escuyer, qui espousa Marie Raseteau, le sixiesme iour d'Octobre, mil cinq cents septante-sept, dont il eut Louys de Marolles, qui se noya. Iaques de Marolles, Sieur dudit lieu en Poictou. Françoise de Marolles, mariée au Sieur des Forges.

Raseteau.

Forges.

XI.

Du Breüil.

René de Marolles, Escuyer, Seigneur des Caues, espousa Guillemette du Breüil, dont il eut,

12. Louys de Marolles, qui suit,

XII.

Bergerac.

Louys de Marolles, Escuyer, dans la Parroisse de Martisay, a espousé Helene de Bergerac, fille de Philippe de Bergerac, Escuyer, Seigneur de Ragonnant, dont il a eu,

12. Palamedes de Marolles, Seigneur des Caues.
12. René de Marolles, mort ieune.
12. Charles de Marolles.
12. Renée. }
12. Marie. } de Marolles.
12. Geneuieue. }

Chasteau-chalon.

Ie trouue par les Registres de la Chambre des Comptes, vn homage rendu au Roy, de la terre de Renliz & des Granges, par Anne de Chasteauchalon, veufue de René de Marolles du seiziesme d'Aoust, mil cinq cents cinquante-six.

DES BLASONS DES ARMES
de quelques Maisons alliées.

Boisuilliers, d'azur à la face d'or, accompagnée de trois Croissants montants d'argent, chacun surmonté d'vne Estoile d'or.

Grasleul, de synople au Lyon d'argent.

Guenand, d'or à trois fusées, & deux demies de gueules.

Le Bloy, d'azur au Lion d'or.

Thoret, d'azur à l'Escusson d'argent chargé d'vne teste de Taureau de gueules.

Gault, d'azur à la face d'argent.

Prie, de gueules à trois quintes-feüilles d'or.

Isoré, d'argent à deux faces d'azur.

Thais, d'argent à deux faces d'azur, comme Isoré.

Riuode, ecartelé d'argent de sable.

Boutet, d'azur à trois chicots d'argent, posez en bande l'vn sur l'autre.

Mesnil, echiqueté d'argent & de synople.

Sauati, escartelé d'or & de sable, au lambel de gueules sur le tout.

Le Puy, Couldray-Monin, d'or au Lion d'azur, armé, lampassé & couronné de gueules.

Erian, de gueules à la viure d'hermines, accompagnée de trois testes de Lion d'or arrachées.

Chastillon-en-Forests, d'azur au Lion d'or lampassé de gueules, & armé de sable, chargé d'vne cotice de gueules à trois Croissants d'argent.

La Vuë, d'azur à l'Aigle d'or, qui regarde vn Soleil de mesme.

Buatier, d'or au Sanglier de sable, coleté par vn Limier de gueules.

Vouhet, d'azur au chevron d'argent, accompagné de trois Fleurs de-lys d'or.

Guiet, d'azur à la face d'argent, chargée de cinq mer-

lettres de sable, accompagnée d'vn Croissant d'or en chef, & d'vne Estoile aussi d'or en pointe.
Chauuet, d'or à trois testes de Maures de sable liées de gueules.
Amboise, pallé d'or & de gueules, de six pieces.
Pierre-buffiere, de sable au Lion d'or.
Bellefaye, d'azur au chevron d'or.
Chenac, burelé de dix pieces d'argent & d'azur, chargé du Lion de gueules.
Bruyeres, d'or au Lion de sable.
Sainte-Maure, d'argent à la face de gueules.
Craon, lozangé d'or & de gueules.
Menou, de gueule, à la bande d'or.
Mareuil, de gueules à cinq faces d'or.
Quinaut, d'azur au cheuron d'argent, accompagné de trois Soucis d'or, feüillez de synople.
Pean Palluau, d'azur à trois faces d'or, au chef de sable chargé d'vne Croix Potencée d'or.
La Guerche & Pouencé, de gueules à deux Leopards d'or.
Le Fau, de gueules à la face d'argent de trois pieces.
Couzan, d'or à la Croix ancrée de gueules.
Guerin, d'or à la bande de gueules.
Thiern, d'azur à trois Estoiles d'or, au chef de mesmes.
Le Puy-en-Forests, d'or à la bande de sable, chargée de trois roses d'argent au chef d'azur chargé de trois Estoiles d'or.
Bridieu, d'azur à la macle cramponnée d'argent, accompagnée de trois Estoiles d'or, deux en chef & vne en pointe.
Thurin, de gueules à trois Estoiles d'or en chef.
Cottereau, d'argent à deux Lezars de synople.
Faye, d'argent semé de Fleurs-de lys de sable.

TABLES GENEALOGIQVES.

PAR lesquelles on voit que la famille de MAROLLES en Touraine, descend par diuers degrez en ligne feminine des Maisons Royales de France, d'Angleterre, de Castille, de Leon, de Ierusalem, des Anciens Ducs de Bourgongne, des Comtes d'Aniou, & autres Maisons Illustres, pour montrer qu'il n'y a point de miserable qui ne pust iustifier qu'il a des Princes & des Roys dans sa race, si on y prenoit garde, comme il n'y a peut-estre point de Princes ny de Roys, qui ne trouuassent dans la leur des Bergers & des personnes obscures, sans qu'il fust necessaire pour cela de monter iusques au vingtiesme degré, où il faut qu'vn milion de personnes ait contribué à la naissance d'vne seule: & si on monte iusques au vingt-cinquiesme degré, il y en a trente-deux millions, ce qui est d'abord vne chose incroyable; si bien que sans hyperbole, cela ne comprend rien moins que les alliances veritables de toute vne Nation, & quelquesfois mesmes bien au de-là: Et cela est encore vray de telle sorte, que si les generations n'auoient point esté multipliées, le dernier legitime pourroit en heriter par droit de succession, comme il se pourroit iustifier dans la Maison de Neuers, en la personne de Charles, second du nom, Duc de Mantouë, descenduë en ligne feminine, depuis le trente-quatriesme degré du premier Comte de Neuers, dont il est neantmoins beaucoup plus écarté de consanguinité, qu'il n'y en a entre-nous & tous les grands Princes que ie nommerai dans les Tables suiuantes, puis qu'ils ne se trouuent qu'au dix-septiesme ou dix-huictiesme degré. Ie le prouue donc en cette sorte.

Descente par diuers degrez en ligne feminine de la Maison Royale de France.

1.

Louys le Gros VI. du nom, Roy de France.
Alix de Sauoye.

2.

Pierre de France.
Isabeau de Courtenay.

3.

Alix de Courtenay.
Aimar Comte d'Angoulesme.

4.

Isabeau Comtesse d'Angoulesme, & Reine d'Angleterre, femme en second lit de Hugues de Luzignan, Comte de la Marche.

5.

Isabeau de la Marche.
Maurice 4. Seigneur de Craon.

6.

Maurice 5. du nom, Seigneur de Craon.
Mahaut de Malines.

7.

Marie de Craon.
Robert de Beaumont, Seigneur de Pouence.

8.

Ieanne de Beaumont.
Iean d'Amboise, Seigneur de Chaumont.

9.

Hugues d'Amboise, Seigneur de Chaumont.
Marguerite de Ioinuille.

10.

Hugues d'Amboise, Seigneur de Chaumont.
Ieanne Guenand.

11.

Magdelaine d'Amboise.
Antoine de Prie, Seigneur de Busancois.

12.

Catherine de Prie.
Louys du Puy, Baron de Bellefaye, Seigneur du Coudray.

13.

Marie du Puy, sœur de Magdelaine du Puy.
Iaques de Vouhet, Cheualier, Seigneur de Villeneuue.

Histoire des Chasteigners d'André du Chesne, fol. 199.

14.

Antoinette de Vouhet.

Thomas d'Erian, Seigneur de la Rochere.

15.

Pierre d'Erian, Seigneur de la Rochere.
Anne de Guiet, de la Forest.

16.

Françoise d'Erian.
Claude de Marolles.

17.

Claude de Marolles, deuxiesme du nom.
Agathe de Chastillon.

18.

Michel de Marolles de Villeloin.

On pourroit encore induire la mesme descente en cette sorte,

1.

Pierre de France, fils du Roy Louis le Gros.
Isabeau de Courtenai.

2.

Clemence de Courtenai, femme du Seigneur de Thiern en Auuergne. *Histoire des Chasteigners. pag. 3.*

3.

Chatard, Seigneur de Thiern.
Brunissent, Dame des Peschadoires.

4.

Guy, Seigneur de Thiern.
Marguerite de Thiern, Dame de Valore.

5.

Guillaume, Seigneur de Thiern.
Agnes de Maumont.

6.

Brunissent de Thiern.
Guillaume Guenand, Seigneur des Bordes en Touraine.

7.

Guillaume Guenand, Seigneur des Bordes.
Marguerite de Bruïeres.

8.

Guillaume Guenand, Seigneur des Bordes.
Anne d'Amboise.

9.

Guy Guenand, Seigneur de la Selle-Guenand.
Ieanne Grasleul, fille de Barthelemy Grasleul, Seigneur de la Mothe.

10.

Antoine Guenand, Seigneur de la Selle-Guenand.

Marie Isoré, fille de Iean Isoré, Seigneur de Plain-martin.

11.

Louis Guenand, Seigneur de saint Sirang du Iambot.
Anne Cheualeau.

12.

Catherine Guenand.
Iean Grasleul, Seigneur de la Rochebreteau.

13.

Catherine Grasleul.
Estienne de Marolles.

14.

François de Marolles.
Philippe de Boisuilliers.

15.

Claude de Marolles.
Françoise d'Erian.

16.

Claude de Marolles, second du nom.
Agathe de Chastillon.

17.

Michel de Marolles, Abbé de Villeloin.

Voicy comme la descente se peut induire des Roys d'Angleterre, de Castille, de Leon, & de Ierusalem, & des Ducs de Guienne, & des anciens Comtes d'Anjou.

1.

Henry II. du nom, Roy d'Angleterre, fils de Geofroy, Comte d'Aniou, & de Mathilde d'Angleterre.
Alienor Duchesse de Guienne & Comtesse de Poitou.

Histoire des Chasteigners d'André du Chesne.

2.

Alienor d'Angleterre.
Alfonse IX. Roy de Castille.

3.

Berengere de Castille. B.
Alfonse IX. Roy de Leon.

4.

Berengere de Leon, ditte de Castille.
Iean de Brienne, Roy de Ierusalem, ou d'Acre.

5.

Louis de Brienne.
Agnes de Beaumont.

6.

Iean, Vicomte de Beaumont.
Ieanne, Dame de la Guerche & de Pouencé.

Robert

7.

Robert de Beaumont.
Marie de Craon.

8.

Ieanne de Beaumont.
Iean d'Amboiſe, Seigneur de Chaumont.

9.

Hugues d'Amboiſe, Seigneur de Chaumont.
Marguerite de Iainuille.
Hugues d'Amboiſe, Seigneur de Chaumont.
Ieanne Guenand.

10.

Magdelaine d'Amboiſe.
Antoine de Prie, Seigneur de Buſançois.

11.

Catherine de Prie.
Louis du Puy, Baron de Belle-faye, Seigneur du Couldray.

12.

Marie du Puy, ſœur de Magdelaine du Puy, femme de Guy Chaſteigner, Seigneur de la Rocheposay. *Hiſtoire des Chaſteigners. fol. 199.*
Iaques, & non pas Georges de Vouhet.

13.

Antoinette de Vouhet.
Thomas d'Erian.

14.

Pierre d'Erian.
Anne de Guiet.

15.

Françoiſe d'Erian.
Claude de Marolles.

16.

Claude de Marolles.
Agathe de Chaſtillon.

17.

Michel de Marolles, Abbé de Villeloin.

On la peut encore induire des Roys de Caſtille, en cette ſorte.

1.

Robert, Roy de France, fils du Roy Hugues Capet.
Conſtance d'Arles.

2.

Robert de France, Duc de Bourgongne.
Alix, Comteſſe de Flandres.

3.

Constance de Bourgongne.
Alfonse VI. Roy de Castille.

4.

Vrraque, Reine de Castille & de Leon.
Raimond de Bourgogne.

5.

Alfonse VIII. Roy de Castille & de Leon.
Berengeere de Barcelone.

6.

Sance III. Roy de Castille.
Blanche de Nauarre.

7.

Alfonse IX. du nom, Roy de Castille.
Alienor d'Angleterre.

Le reste comme cy-dessus, en montant B.

On la peut aussi induire des Anciens Ducs de Bourgongne, en cette sorte.

1.

Robert de France, Duc de Bourgongne.
Alix de France, Comtesse de Flandres.

2.

Henry de Bourgongne.
Sibile de Bourgongne.

3.

Eudes I. Duc de Bourgongne.

4.

Hugues II. Duc de Bourgongne.
Mahaut.

5.

Eudes II. Duc de Bourgongne.
Marie de Champagne.

6.

Mahaut de Bourgongne.
Robert, Comte d'Auuergne.

7.

Guy, Comte d'Auuergne.
Perronelle de Chambon.

8.

Guillaume, Comte d'Auuergne.
Alix de Brabant.

9.

Marie d'Auuergne.

Gautier Bertoult, Seigneur de Malines.

10.

Mahaut de Malines.
Maurice cinquiesme du nom, Seigneur de Craon.

11.

Marie de Craon.
Robert de Beaumont.

Le reste comme cy-dessus, en montant. A.

Degrez de consanguinité auec quelques Maisons Illustres.

Auec celle de la Rochepošai en Touraine, du nom de Chasteigner.

Louys du Puy, Baron de Belle-faye, Seigneur du Coudray.
Catherine de Prie.

1.

Magdelaine du Puy.
Guy Chasteigner, Seigneur de la Rochepošay.

2.

Iean Chasteigner 3. du nom.
Claude de Monleon.

3.

Louis Chasteigner, Seign. d'Abain.
Claude du Puy.

4.

Iean Chasteigner 4. du nom.
Diane de Fonseque.

5.

Charles Chasteigner, Seigneur d'Abain.

1.

Marie du Puy.
Iaques de Vouhet, Seigneur de Ville neuue.

2.

Antoinette de Vouhet.
Thomas d'Erian.

3.

Pierre d'Erian.
Anne de Guiet.

4.

Françoise d'Erian.
Claude de Marolles.

5.

Claude de Marolles.
Agathe de Chastillon.

6.

Michel de Marolles, Abbé de Villeloin.

Auec Monsieur le Marquis d'Heruaux, du nom d'Isoré.

Iean Isoré 3. du nom, Sire de Plainmartin, fils de Iean 2. du nom.
Ieanne de Combarel.

1.

Leon Isoré, Seigneur de Plainmartin.
Ieanne Chenin.

2.

Iean Isoré 4. du nom.

3.

Leon Isoré 3. du nom.
Ieannette Chabot.

4.

Iean Isoré 4. du nom.
Louyse de Lyniers.

5.

Rene Isoré.
Françoise de Sorbiers.

6.

Honorat Isoré, Baron d'Heruaut.
Magdelaine Babou.

7.

Rene Isoré, Baron d'Heruaut.
Marguerite de Chamborant.

8.

Georges Isoré, Marquis d'Heruaut.
Marie de Roncherolles.

1.

Marie Isoré.
Antoine Genand, Seigneur de S. Sirang du Iambot.

2.

Louis Guenand, Seigneur de S. Sirang.
Anne Cheualeau.

3.

Catherine Guenand.
Iean Grasleul, Sieur de la Rochebreteau.

4.

Catherine Grasleul.
Estienne de Marolles.

5.

François de Marolles.
Phelippe de Boisuilliers.

6.

Claude de Marolles.
Françoise d'Erian.

7.

Claude de Marolles.
Agathe de Chastillon.

8.

Michel de Marolles, Abbé de Villeloin.

Degrez de consanguinité, auec Monſ. le Comte d'Aubigeoux, de la Maiſon d'Amboiſe.

Hugues d'Amboise 8. du nom, Seigneur de Chaumont.
Ieanne Guenand.

1.

Pierre d'Amboise, Seigneur de Chaumont.
Anne de Bueil.

2.

Hugues, ou Huet d'Amboise, Seigneur d'Aubigeoux.
Magdelaine d'Armagnac.

1.

Magdelaine d'Amboise.
Antoine de Prie, Seigneur de Busancois.

2.

Catherine de Prie.
Louys du Puy, Baron de Bellefaye.

Iaques

3.

Iaques d'Amboise, Seigneur d'Aubigeoux.

Hyppolite de la Chambre.

4.

Louis d'Amboise C. d'Aubigeoux.

Blanche de Leuis.

5.

François d'Amboise, Comte d'Aubigeoux.

Elisabeth de Leuis.

6.

François-Iaques d'Amboise, Comte d'Aubigeoux.

7.

Iaques d'Amboise.

3.

Marie du Puy.

Iaques de Vouhet, Sieur de Villeneuue.

4.

Antoinette de Vouhet.

Thomas d'Erian.

5.

Pierre d'Erian.

Anne de Guiet.

6.

Françoise d'Erian.

Claude de Marolles.

7.

Claude Marolles.

Agathe de Chastillon.

8.

Michel de Marolles Abbé de Villeloin.

Auec Boisuilliers.

Aubert de Boisuilliers, fils de Laurent de Boisuilliers, Seigneur du Marchais, & de Marie la Bloye.

Catherine de Souuain.

1.

Iaques de Boisuilliers, Seigneur du Marchais.

Marguerite de Launay.

2.

Odet de Boisuilliers, Sieur du Marchais.

Claude Guisarme.

3.

Iaques de Boisuilliers, Seigneur de Busseuil.

Gabrielle-Anne du Mesnil-Simõ.

4.

Iaques de Boisuilliers, Seigneur de Busseuil.

1.

Phelippe de Boisuilliers.

François de Marolles.

2.

Claude de Marolles.

Françoise d'Erian.

3.

Claude de Marolles.

Agathe de Chastillon.

4.

Michel de Marolles, Abbé de Villeloin.

On en peut dire autant des Maisons de Preüille, du

Bois de Menetou, de Pons, de Beauregard-Chabris, de le Bloy, de Bellere, de Rez, descendus au cinquiesme degré de Iean le Bloy, fils de Pierre le Bloy Cheualier, qui viuoit en mil quatre cents septante cinq, & fut pere de Marie le Bloy, femme de Laurent de Boisuilliers, & de Ieanne le Bloy, Dame de Chambrelin femme de Iean de Preüille, bis ayeul de Claude de Preüille, Seigneur de Chasteaulandon, d'Anne de Preüille femme d'Astremoine du Bois Seigneur de Menetou, & de Marie de Preüille femme de Messire René d'Argi Seigneur de Pons & mere de Gilles d'Argi aussi Seigneur de Pons, & des Dames de Bellefons & de la Sabardiere.

Or de Marie le Bloy, femme de Laurent de Boisuilliers, dont ie suis descendu, comme ie l'ai cy-deuant iustifié, Mess. de Beauregard-Chabris, de Bellere de S. Iulien, & de Rex, Seigneur de Nointeau, sont aussi descendus, à cause d'Aubert de Boisuilliers, Seigneur du Marchais, Rayeul de Marie de Boisuilliers, femme de Charles Rabeau, Seigneur de Beauregard-Chabris, dont elle a eu plusieurs Enfants; de Renée de Boisuilliers, femme de Iaques de S. Iulien, Seigneur de Nerbonne, mere de Françoise de S. Iulien, femme de François de Belere, dont sont sortis plusieurs Enfants; & d'Isabeau de Boisuilliers, femme de François de Rex, Seigneur de Nointeau, lesquelles Marie, Renée, & Isabeau de Boisuilliers estoient sœurs, filles de Iaques de Boisuilliers, Seigneur du Marchais, & de Marguerite de Launay, & Iaques fils d'Aubert de Boisuilliers & de Catherine de Souuain, & frere de Phelippe de Boisuilliers, ma bis-ayeule.

Consanguinité auec la Maison de Prie.

Antoine de Prie, Seigneur de Busançois, de Montpepon, & de la Mothe de Prie, grand Queux de France.

Magdelaine d'Amboise.

1.	1.
Emar de Prie, Seigneur de la Mothe de Prie & de Montpepon.	Catherine de Prie.
Claude de Traues, fille de Thibaud de Traues, Seigneur de Dracy, & d'Isabel de Chalon.	Louys du Puy, Baron de Bellefaye.
2.	2.
Edme de Prie, Baron de Toucy & Seigneur de Monpepon.	Marie du Puy.
Charlotte de Rochefort la Croisette.	Iaques de Vouhet, Seigneur de Villeneuue.
3.	3.
René, Seigneur de Prie & de Monpepon.	Antoinette de Vouhet.
N. de Buseuille.	Thomas d'Erian.
4.	4.
Emar de Prie, Marquis de Toucy.	Pierre d'Erian.
Louyse de Hautmer.	Anne de Guiet.
5.	5.
Louys de Prie Marquis de Toucy.	Françoise d'Erian.
Françoise de Lusignan.	Claude de Marolles.

Auec les Berars & les Fauerolles, Seigneurs de Bleré, & Barons de la Croix.

Louys du Puy, Baron de Bellefaye, & Seigneur du Couldray-Monin.
Catherine de Prie.

1.	1.
Magdelaine du Puy.	Marie du Puy.
Guy Chasteigner, Seigneur de la Rochepozay.	Iaques de Vouhet, Seigneur de Villeneuue.
2.	2.
Magdelaine Chasteigner.	Antoinette de Vouhet.
Iaques Berar, Cheualier, Seigneur de Bleré.	Thomas d'Erian.
3.	3.
François Berar, Seigneur de Bleré.	Pierre d'Erian.
Anne de Ronsard.	Anne de Guiet.
4.	4.
Louyse Berar, Dame de Bleré.	Françoise d'Erian.
Gilles de Fauerolles.	Claude de Marolles.

5.	5.
Gilles de Fauerolles 2. du nom, Seigneur de Bleré.	Claude de Marolles.
Peronne de Kairuel.	Agathe d'Erian.
6.	6.
Ioseph de Fauerolles, Seigneur de Bleré.	Louys de Marolles.
Claude de Rigné.	Ieanne de Menou.
7.	7.
Iaques de Fauerolles, Seigneur de Bleré. 1655.	Eustache de Marolles.

René Berar, Baron de la Croix, frere puisné de François, auoit espousé Isabeau Richeome, dont sortit Claude Berar Baron de la Croix, qui de Claude Raguier de Migene, laissa entre autres enfants, François Berar, Baron de la Croix, qui espousa en secondes nopces Claude de la Barde, sœur de Monf. l'Euesque de S. Brieux, que i'ay connu auec tant d'estime, dés le temps de ma premiere ieunesse.

Nous en pouuons dire autant de Monsieur le Mareschal de Schomberg, de Madame la Duchesse de Liancour, de Monf. le Comte du Lude, & de Messieurs les Brachets, Seigneurs de Palluau en Touraine, & de Villars, tous descendus, aussi bien que nous, d'Antoine de Prie & de Magdelaine d'Amboise: & tous encore, excepté Meff. les Brachets, sortis de Magdelaine du Puy, féme de Guy Chasteigner, Seigneur de la Rocheposay, & sœur de Marie du Puy, femme de Iaques de Vouhet, Seigneur de Villeneuue, ma cinquiesme ayeulle, comme ie l'ay cy-deuant iustifié: & voicy de quelle sorte Ieanne de Chasteigner, femme de Gaspard de Schomberg, Comte de Nanteüil, ayeul de Monsieur le Mareschal de Schomberg, Duc d'Halluin, & de Ieanne de Schomberg, femme de Roger du Plessis, Duc de Liancour, estoit petite fille de Guy Chasteigner, Seigneur de la Rocheposay, & de Magdelaine du Puy, sœur de Marie du Puy, ma cinquiesme ayeule. Et cette Ieanne Chasteignér, femme de Gaspard de Schomberg, estoit mere de Françoise de

Schomberg, femme de François de Daillon, Comte du Lude, ayeul de Monſ. le Comte du Lude d'apreſent.

Degrez de conſanguinité auec Meſſ. du Puy, originaires de Galmier, en Forets.

Geofroy du Puy, fils de Hugues du Puy & d'Antoinette de Chaſtelus.

Françoiſe Trunel.

1.	1.
Clement du Puy, Aduocat à Paris.	Magdelaine du Puy.
Philippes Poncet.	Baptiſte de la Vuë.
2.	2.
Claude du Puy, Conſeiller au Parlement.	Ieanne de la Vuë.
Claude Sanguin.	Noël de Chaſtillon.
3.	3.
Pierre & Iaques du Puy.	Agathe de Chaſtillon.
Anne du Puy, femme de Pierre Board.	Claude de Marolles.
4.	4.
Pierre Board, Secretaire de l'Ambaſſade de Rome.	Michel de Marolles, Abbé de Villeloin.

Marie du Puy, ſœur de Pierre & de Iaques du Puy.

Claude Genoud, Secretaire du Roy, Sieur de Guibeuille.

Philippes Genoud, Conſeiller au Parlement.

Marie Bauſſan. On en peut dire autant auec Meſſ. du Puy de Maroigny.

Degrez de conſanguinité auec Meſſieurs d'Eſpaiſſes.

Pierre Faye, Seigneur d'Eſpaiſſes, Capitaine du Chaſteau de Tizi en Beauiolois, en mil quatre cents trente-ſix.

Bonne de Namy.

1.	1.
Iean Faye, Seigneur d'Eſpaiſſes 1465.	Bonne Faye.
Ieannette de Clauel, fille de Hugues de Clauel & d'Antoinette de Saconay.	André de Thurin, Seigneur de Iarnoſſe, Treſorier de France, à Lion.

2.	2.
Pierre Faye, Escuyer, Seigneur d'Espaisses.	Iaquette de Thurin.
Meraude Patarin, fille de Laurent Patarin, Podestat de Milan.	Benoist Buatier.
3.	3.
Barthelemy Faye, Seigneur d'Espaisses, Conseiller au Parlement, & President aux Enquestes 1541.	Geneuieue Buatier.
Marie Viole, fille de Iean Viole, Seigneur d'Aigremont, Conseiller au Parlement.	Pierre de Chastillon, Seigneur du Soleilhan.
4.	4.
Iaques Faye, Seigneur d'Espaisses, President au Mortier, en 1576.	Noël de Chastillon.
Françoise de Chaluet, fille de François de Chaluet, Barõ de Trisac.	Ieanne de la Vuë.
5.	5.
Charles Faye, Cheualier, Seigneur d'Espaisses, Conseiller d'Estat, Ambassadeur en Hollande.	Agathe de Chastillon.
Charlotte de Fourcy, fille de Iean de Fourcy, Seigneur de Chessi, Surintendant des Bastiments.	Claude de Marolles.
6.	6.
Henry Faye, Baron de Trisar, Conseiller au Parlement de Roüen.	Michel de Marolles, Abbé de Villeloin.
Louys Faye, Abbé de saint Pierre de Vienne.	
Claude Faye, femme de Louys Andraut, Comte de Langeron, Bailly de Niuernois, dés l'an 1645.	

Il y a mesme parenté auec les enfants de Marie Faye, sœur de feu Monſ. d'Espaisses, laquelle espousa René de Thou, Seigneur de Bonœil, Conducteur des Ambassadeurs : & auec les enfants de Françoise Faye, femme de Charles Gheslain de Fiennes, Cheualier, Vicomte de Fruges.

Il y en a autant auec Monſ. de la Milletiere, pere de Claude Brachet, qu'il a eu de Marie Georgeau son Espouse. Il s'appelle Theophile Brachet, fils d'Ignace Brachet, Seigneur de la Milletiere, & d'Antoinette Faye, fille de Barthelemi Faye & de Marie Viole; de ſorte que nous ſommes parents au cinquieſme degré.

On en peut encore dire autant de Monſ. de Beaumont de Harlay, de Monſieur le premier Preſident de Believre, de Meſſ. de Refuge, de Monſ. de Tilly, Gouuerneur de Colioure, & des enfants de Monſ. le Preſident Bigot en Normandie: tous ceux-là eſtant venus de Louyſe Faye, qui eſpouſa Claude de Believre, premier Preſident en Dauſiné, & eſtoit petite fille de Pierre Faye, Seigneur d'Epaiſſes & de Bonne de Namy, dont nous ſommes auſſi deſcendus, au ſixieſme degré.

Degrez de conſanguinité auec le Marquis de Thurin, & Madame Olier ſa ſœur.

André de Thurin, Seigneur de Iarnoſſe, Treſorier de France, à Lion.

Bonne Faye, fille de Pierre Faye, Seigneur d'Eſpaiſſes.

1.	1.
André de Thurin, Seigneur de Iarnoſſe.	Iaquette de Thurin.
Iaquette de Crozet.	Benoiſt Buatier.
2.	2.
Francois de Thurin, Seigneur de Iarnoſſe & de Charly.	Geneuiefue Buatier.
Ieanne Faye.	Pierre de Chaſtillon.
3.	3.
Philbert de Thurin, Seigneur de Villoré-Bonœil, mort Doyen de la grand'Chambre, en 1566.	Noël de Chaſtillon.
Marguerite Coignet de la Tuillerie.	Ieanne de la Vuë.
4.	4.
Philbert de Thurin, Preſident au grand Conſeil.	Agathe de Chaſtillon.
Catherine de Picard.	Claude de Marolles.
5.	5.
Philbert, Marquis de Thurin.	Michel de Marolles, Abbé de Villeloin.
Marie de Caſtelnau-la-Mauuiſſiere.	

Renée de Thurin, sœur de Philbert, Marquis de Thurin, a espousé Nicolas Edoüard-Olier, grand Audiencier de France, dont il y a plusieurs enfants.

On en peut dire autant de Messieurs de la Guesle & de la Chastre Comte de Nancei, des enfants de Mons. le Duc de Luines, de Madame de la Vieuille, de Messieurs Viole & du Tillet, & de Mons. le Comte de Be r ins Pierre de Corsant, Bailly de Dombes; Tous descendus d'André de Thurin, Seigneur de Iarnosse, & de Bonne Faye, dont ie suis aussi sorti, par les degrez que i'ay marqué, au cinquiesme degré.

Degrez de consanguinité auec Mons. le Cardinal de Reths.

André Thurin, Seigneur de Iarnosse.

Bonne Faye.

1.	1.
Ieanne de Thurin.	Iacquette Thurin.
Nicolas de Pierre-viue, Seigneur de Vaux.	Benoist Buatier.
2.	2.
Marion de Pierre-viue.	Geneuieue Buatier.
Antoine de Gondy, Seigneur du Perron.	Pierre de Chastillon.
3.	3.
Albert de Gondy, Duc de Reths, Mareschal de France.	Noël de Chastillon.
Claude-Catherine de Clermont.	Ieanne de la Vuë.
4.	4.
Philippe-Emanuel de Gondy, Comte de Ioigny, General des Galeres, Cheualier de l'Ordre.	Agathe de Chastillon.
Francoise-Marguerite de Silly, fille d'Antoine de Silly, Comte de la Rochefort.	Claude de Marolles.
5.	5.
Iean-Francois-Paul de Gondy, Cardinal de Reths.	Michel de Marolles, Abbé de Villeloin.

On en peut dire autant de Messieurs les Ducs de Reths & de Brissac, de feu Mons. de Cipierre, de Mons. le Marquis de Vassé, des enfants de Mons. le Duc de Lesdiguieres

guieres, & de Messieurs de Fiesque Princes de Masseran, tous venus d'Antoine de Gondi, & de Marion de Pierre-viue, fille de Nicolas de Pierre-viue Seigneur de Vaux, & de Ieanne de Thurin, sœur de Iaquette de Thurin, dont ie suis sorti, l'vne & l'autre filles d'André de Thurin, Seigneur de Iarnosse & de Bonne Faye.

Henry Marquis de Vassé, est petit-fils de Françoise de Gondy, petite-fille d'Antoine de Gondy. Madame la Duchesse de Lesdiguieres est fille d'Hyppolite de Gondy, fille d'Albert de Gondy Duc de Reths, fils d'Antoine. Et Paul Ferrier de Fiesque Prince de Masseran Seigneur de Creuecœur, est fils de Philbert de Ferrier de Fiesque, & de Françoise de Grillet, fille de Claude Maximilien de Grillet, Comte de S. Triuier, fils de Nicolas de Grillet & de Marie de Gondy, fille d'Antoine de Gondy, Seigneur du Perron, & de Marion de Pierre-viue.

Auec Monsʳ. le Baron de Lezigni.

1.

Ieanne de Thurin, fille d'André de Thurin & de Bonne Faye.
Nicolas de Pierre-viue, Seigneur de Vaux.

2.

Charles de Pierre viue, Seigneur de Lezigny en Brie, Maistre de la Garde-robe.
Ieanne Clausse de Marchaumont.

3.

Anne de Pierre-viue, Baron de Lezigny.
Louyse de Clermont-Talart.

4.

Gabriel de Pierre-viue, Baron de Lezigny.
Louyse d'Ardres, fille du Baron de Cresigne.

Degrez de consanguinité auec M. le Marquis de Noirmonstier.

André de Thurin, Seigneur de Iarnosse-
Bonne Faye.

1.	1.
Marie de Thurin.	Iaquette Thurin.
Iean Cottereau, Seigneur de Maintenon & de Vauperreux, General des Finances.	Benoist Buatier.
2.	2.
Bonne Cottereau, Dame de Vauperreux.	Geneuieue Buatier.
Guillaume de Beaune, Seigneur de Samblançai, General des Finances, puis Surintendant.	Pierre de Chastillon.
3.	3.
Iaques de Beaune, Baron de Samblançai, Vicomte de Tours, Ambassadeur en Suisse, Cheualier de l'Ordre.	Noël de Chastillon.
Gabrielle de Sade.	Ieanne de la Vuë.
4.	4.
Charlotte de Beaune, la plus belle femme de son temps.	Agathe de Chastillon.
François de la Trimoüille, Marquis de Noirmonstier.	Claude de Marolles.
5.	5.
Louys de la Trimoüille, Marquis de Noirmonstier.	Louys de Marolles.
Lucrece Bouhier, fille de Vincent Bouhier, Sieur de Beaumarchais.	Ieanne de Menou.
6.	6.
Louys de la Trimoüille, Marquis de Noirmonstier.	Eustache de Marolles.
Renée Iulie Aubry.	

Auec Monſ. le Marquis de Foſſeux.

2.

Bonne Cottereau.
Guillaume de Beaune.

3.

Iean de Beaune, Baron de la Tour d'Argy.
Anne Merlet du Musdan, fille du Sieur de Prauille.

4.

Marie de Beaune, Dame de la Tour d'Argy.
Anne de Montmoranci, ſ. Marquis de Thury, Baron de Fosseux.

5.

Pierre de Montmoranci, Marquis de Thury, Baron de Fosseux.

Charlotte du Val fille de Germain du Val, Sieur de Mareuil & de Fontenay Vicomte de Corbeil, & de Marie Moulinet.

6.

François de Montmoranci, Marquis de Thury, Baron de Fosseux.

Isabeau de Haruille de Paloiseau.

Auec Mess. d'Angenes, de Ramboüillet & de Maintenon.

1.

Marie de Thurin.

Iean Cottereau, Seigneur de Maintenon.

2.

Isabeau Cottereau, Dame de Maintenon.

Iaques d'Angenes, Seigneur de Ramboüillet.

3.

Nicolas d'Angenes, Marquis de Ramboüillet, Vidame du Mans, Cheualier des Ordres du Roy.

Iulienne d'Arquenay.

4.

Charles d'Angenes, Marquis de Ramboüillet.

Catherine de Viuonne.

5.

Iulie d'Angenes.

Charles de Sainte-Maure, Marquis de Montosier.

On en peut dire autant de Messieurs de Maintenon, de Montloüet, & de Poigni, tous sortis d'Isabeau Cottereau, Dame de Maintenon, & de Iaques d'Angenes. Cette Isabeau Cottereau, fille de Iean Cottereau Seigneur de Maintenon, & de Marie de Thurin, sœur de Iaquette de Thurin, dont ie suis descendu, l'vne & l'autre filles d'André de Thurin, Seigneur de Iarnosse & de Bonne-Faye, comme nous l'auons iustifié cy-dessus.

On en peut encore dire autant du Marquis de Marolles, Gouuerneur de Thionuille, appellé Ioachim de Lenoncour, fille d'Antoine de Lenoncour, Seigneur de Marolles, Gouuerneur & Bailli de Bar; & de Marie d'Angenes, fille de Philippes d'Angenes, Seigneur du Fargis, Gouuerneur du Maine & du Perche, & de Ieanne d'Halluuin. Ce Philippes d'Angenes, fils de Iaques d'Angenes &.d'Isabeau Cottereau.

Et encore autant de Monſ. le Duc de Boüillon d'apresent, fils de Frederic de la Tour Duc de Boüillon, & de Leonor de Bergh, fille de Frederic Comte de Bergh Gouuerneur de Frise, & de Françoise de Rauenel, fille d'Eustache de Rauenel Seigneur de Rouligni, & de Marie de Renti. Eustache de Rauenel, fils de Claude de Rauenel & de Françoise d'Angenes, fille de Iaques d'Angenes & d'Isabeau Cottereau.

Les quartiers qui se peuuent fournir dans ma Genealogie, iusques au 20. degré. Lesquels se multiplient iusques au nombre que ie diray.

1. MIchel de Marolles, Abbé de Villeloin.

Le premier degré est de deux,

I. 1. Claude de Marolles, Seigneur de Marolles.
2. Agathe de Chastillon.

Le 2. degré est de 4.

I. 1. Claude de Marolles, premier du nom.
2. Françoise d'Erian, Dame de la Rochere.
II. 3. Noël de Chastillon, Seign. de Soleillan.
4. Ieanne de la Vuë de Surieu.

Le 3. degré est de 8.

I. 1. François de Marolles.
2. Phelippe de Boisuilliers.
II. 3. Pierre d'Erian, Sieur de la Rochere.
4. Anne de Guiet.
III. 5. Pierre de Chastillon.
6. Geneuieue Buatier.

IV. 7. Iean Baptiste de la Vuë, Sieur de Montagnac.
8. Magdelaine Dupuy.

Le 4. degré est de 16.

I. 1. Estienne de Marolles.
2. Catherine Grasleul.
II. 3. Aubert de Boisuilliers.
4. Catherine de Souuain.
III. 5. Thomas d'Erian.
6. Antoinette de Vouhet.
IV. 7. Christofle de Guiet.
8. Françoise le Porcher.
V. 9. Philippe de Chastillon.
10. Marquise Chauuet.
VI. 11. Benoist Buatier.
12. Iaquette Thurin.
VII. 13. Iaques de la Vuë.
14. . . .
VIII. 15. Geofroy Dupuy.
16. Françoise Trunel.

Le 5. degré est de 32.

I. 1. Iean de Marolles.
2. Guionne de Thoret.
II. 3. Iean Grasleul.
4. Catherine Guenand.
III. 5. Laurent de Boisuilliers.
9. Marie le Bloy.
IV. 7. Phelippon de Souuain.
8. Ieanne Dreux.
V. 9. Charles d'Erian.
10. Antoinette Richard.
VI. 11. Iaques de Vouhet.
12. Marie du Puy.
VII. 13. Iean de Guiet.
14. . . . .
IX. 17. Iean de Chastillon.
18. Catherine d'Auignon.
X. 19. Pierre Chauuet.

XI. 20. . . . . .
23. André de Thurin, Tresorier General des Finances.
24. Bonne-Faye.
XV. 29. Hugues Dupuy.
30. Antoinette de Chasteluz,

Dans le 6. degré, qui est de 64. ie trouue

Guillaume de Marolles, qui espousa Guillemine de Boutet.
Iean de Thoret, Sieur de la Touche-voisin, qui espousa Marguerite Marthe.
Iean Grasleul, mary de Ieanne de Mareuil.
Louys Guenand, mary d'Anne Cheualeau.
Ieannet de Boisuilliers, Seigneur du Marchais.
Iean le Bloy Damoyseau, qui espousa Marie Gastette.
Alain d'Erian, mary de Ieanne de Villeblanche.
Iean Richard, Sr. de Puychaut, qui espousa Marie Sauari.
Louys Dupuy, Sieur du Couldray-Monin, qui espousa Catherine de Prie.
Guillodon Chauuet, Intendant des Finances.
Thomas du Puy de Forets.
Pierre Faye, Seigneur d'Espaisses, Capitaine du Chasteau de Tisi, en Beaujolois.

Dans le 7. degré, qui est de 128. ie trouue

Guillaume de Marolles, dont l'alliance est ignorée.
Perrotin Boutet & Roberte sa femme.
Phelippon Grasleul & Guillemette Gault sa femme.
Guillaume de Mareuil, Sr. de Preblasme, & Marie Guerin.
Antoine Guenand, & Marie Isoré.
Iean de Boisuilliers, Seigneur du Marchais. 1393.
Raoul le Bloy, Damoyseau. 1362.
Robert de Villeblanche, Cheualier, & Marie de S. Pere.
Iean Sauari Cheualier Seigneur de la Croix de Bleré, & Agnes de saint-Pere.
Geofroy Dupuy, Sieur du Couldray, & Ieanne de Pierre Buffiere.
Antoine de Prie, Seigneur de Busançois, & Magdelaine d'Amboise.
Pierre Dupuy, originaire de la ville de Saint Galmier en Forets.

Ie trouue dans le 8. degré, qui est de 256.

Iean de Marolles, qui viuoit l'an 1327.

Barthelemy Grasleul, Sieur de la Mothe-Grasleul.

André Gault, & Catherine Clergesse.

Guy Guenand, & Ieanne Grasleul.

Iean Isoré, quatriesme du nom, Seigneur de Plainmartin, & Isabeau Bataille.

Raoul le Bloy, premier du nom.

Guiomar de Villeblanche Cheualier, & Philippe sa féme.

Philippe de S. Pere, Tresorier de Frãce, & Odeart sa féme.

Perrin du Puy, Sieur de Dames, & Ieanne du Four, Dame des Places.

Iean de Pierre-Buffiere, & Hyacinte de Belle-faye.

Iean de Prie, & Isabeau de Chenac.

Hugues d'Amboise, & Ieanne Guenand.

Ie trouue dans le 9. degré, qui est de 512.

Iean de Marolles, premier du nom, en 1269.

Guillaume Grasleul, & Alis sa femme.

Guillaume Guenand, & Anne d'Amboise.

Barthelemy Grasleul.

Iean Isoré troisiesme du nom, & Gillette Ribot.

Guillaume Bataille Cheualier Breton, Sieur du Ricouet, & Auoye Boselle.

Pierre le Bloy.

N. de Chaumont, Dame de la Rochere, femme de N. de Villeblanche.

Perrin du Puy, premier du nom, Sieur des Dames en Berry, & Isabeau Sigongneau.

Pierre, Seigneur de Belle Faye & de Peirac, & Marguerite, Dame de Valore.

Iean de Prie, & Philippe Couraut, de la maison de Saint-Gaultier.

Hugues d'Amboise, Seigneur de Chaumont, & Marguerite de Ianuille.

Guillaume Guenand, & Anne d'Amboise.

Ie trouue dans le 10. degré, qui est de 1024.

Raoul de Marolles, en mil deux cents quarante-&-vn.

Guillaume Guenand & Marguerite de Bruyeres.

Hugues d'Amboise, Seigneur de la Maison-fort, & Isabeau de Bury.

Guillaume Grasleul, en mil deux cents quarante-cinq.

Iean Isoré, deuxiesme du nom, & Ieanne d'Angle.

Nicolas Ribot, Sr. de Chauagnes & Guillemette Vrädelle.

Iean de Chaumont, Sieur de la Rochere, &c.

Guillaume du Puy, Sieur de Dames, en 1319.

Philippe de Prie, & Isabeau de Sainte-Maure.

Hugues d'Amboise & Anne de Saint-Verain.

Ie trouue dans l'onziesme degré, qui est de 2048.

Helias de Marolles, mil deux cents douze.

Guillaume Guenand, Sieur des Bordes, & Brunissent de Thiern.

Hugues d'Amboise, & Ieanne de Saint Verain.

Phelippe Isoré, & Isabel de la Haye.

Guichard d'Angle, Mareschal d'Aquitaine.

Iean de Prie, Seigneur de Busançois.

Iean d'Amboise, & Ieanne de Beaumont.

Hugues de Saint Verain, Sieur des Comes.

Ie trouue dans le douziesme degré, qui est de 4096.

Raoul de Marolles.

Guillaume, Seigneur de Thiern, & Agnes de Maumont.

Iean 2. du nom, Seign. d'Amboise, & Mathilde d'Amboise.

Philippe Isoré, en 1288. & N. de Monleon.

Iean de Prie, en mil deux cents septante.

Hugues d'Amboise, & Ieanne de Saint-Verain.

Louis ou Robert, Vicõte de Beaumõt, & Marie de Craon.

Dans le treiziesme degré, qui est de 8192.

Guy, Seigneur de Thiern, & Marguerite de Thiern, Dame de Valore.

Iean d'Amboise, premier du nom, dit de Berrie, & Marguerite de Berrie.

Sulpice 3. Seigneur d'Amboise, & Elisabeth de Blois.

Iean Isoré, premier du nom, mil deux cents quarante.

Guy de Monleon, Seigneur de Toufou, & Marguerite de Baucai.

Iean

Iean 2. du nõ, Seign. d'Amboise, & Mathilde d'Amboise.

Maurice 5. du nom, Seigneur de Craon, & Mahaut de Malines.

Iean Vicomte de Beaumont, & Ieanne Dame de la Guerche & de Pouencé.

Dans le quatorziesme degré, qui est de seize mille deux cents quatre-vingts quatre.

Chatar Seigneur de Thiern, & Brunissent, Dame de Peschadoires

Hugues d'Amboise 3. du nom, & Matilde.

Renaud de Berrie.

Thibaud le Bon, Comte de Blois, & Alix de France.

Guillaume Isoré, en 1201.

Iean d'Amboise 1. du nom, & Marguerite de Berrie.

Sulpice 3. du nom, Seign. d'Amboise, & Elisabeth de Blois.

Louys de Brienne, & Agnes de Beaumont.

Gaultier Bertod, Seign. de Malines, & Marie d'Auuergne.

Maurice 4. du nom, Seigneur de Craon, & Isabeau de la Marche.

Dans le quinziesme degré, qui est de trente-deux mille cinq cents soixante-huict.

Guy de Thiern, & Marquise sa femme.

Sulpice d'Amboise 2. du nom, & Agnes de Donzy.

Thibaud le grãd, Cõte de Chãpagne, & Mahaud sa fẽme.

Louys VII. Roy de France, & Alienor de Guienne.

Iaques d'Amboise 3. du nom, & Matilde.

Renaud de Berrie.

Thibaud le Bon, Comte de Blois, & Alix de France.

Amaury de Craon, & Ieanne des Roches.

Hugues de Luzignen, Comte de la Marche, & Isabeau Comtesse d'Engoulesme.

Iean de Brienne, Roy de Ierusalem & d'Acre, & Berangere de Leon, ditte de Castille.

Guillaume Comte d'Auuergne, Alix de Brabant.

Dans le 16. degré, qui est de soixante & cinq mille cent cinquante-six.

Le Seigneur de Thiern en Auuergne, & Clemence de Courtenai.

Hugues d'Amboise, & Elisabeth de Souuigni.
Herué de Donzi.
Henry, surnõmé Estiẽne, C. de Blois, & Alix d'Angleterre.
Engelbert Duc.
Louis VI. dit le Gros, Roy de France, & Alix de Sauoye.
Guillaume 9. du nom, C. de Poictiers, & Aenor sa femme.
Sulpice 2. du nom, Seign. d'Amboise, & Agnes de Donzy.
Thibaud le Grand, Comte de Champagne, & Mahaud.
Louys VII. dit le Ieune, Roy de France, & Alienor de Guienne.
Maurice 2. Seigneur de Craon, & Isabeau de Meullen.
Aimar Comte d'Engoulesme, & Alix de Courtenay.
Alfonse IX. Roy de Leon, & Berangere de Castille.
Guy Comte d'Auuergne, Peronelle de Chambon.

Dans le 17. degré, qui est de cent trente mille trois cents douze.

Pierre de France, & Isabeau de Courtenai.
Sulpice d'Amboise, & Denise de Fougeres.
Guillaume de Souuigni, & Hermengarde de Bourbon.
Henry Seigneur de Donzy & de S. Aignan.
Thibaud 3. du nom, Comte de Tours & de Blois, & Alix de Crespi.
Guillaume I. Roy d'Angleterre, & Mahaut de Flandres.
Philippes I. Roy de France, & Berthe de Hollande.
Humbert 2. du nom, Comte de Morienne, & Gisle de Bourgongne.
Guillaume 8. Duc de Guienne, & Philippes de Tolose.
Hugues d'Amboise, & Elisabeth de Souuigni.
Herué de Donzy.
Henry, surnommé Estienne, Comte de Blois, & Alix d'Angleterre.
Engelbert Duc.
Louys VI. dit le Gros, Roy de France, & Alix de Sauoye.
Guillaume 9. du nom, Comte de Poictiers, & Aenor sa femme.
Hugues Seigneur de Craon, & Marquise sa femme.
Vvaleran Comte de Meullen, & Agnes de Montfort.
Alfonse IX. Roy de Castille, & Alienor d'Angleterre.

Robert C. d'Auuergne, & Mahaut de Bourgongne.

Guillaume Comte d'Engoulesme, & N. de Iarnac.

Pierre de France, & Isabeau de Courtenai.

Dans le 18. degré, qui est de deux cents soixante mille six cents vingt-quatre quartiers, ie trouue

Louys VI. dit le Gros, Roy de France, & Alix de Sauoye.

Renaud Seigneur de Courtenay.

Lysoy Seigneur d'Amboise, & Hersende de Busançois.

Frangal de Fougeres, & Chane sœur de Geofroy, Pucelle, Seigneur de Chaumont.

Geofroy 1. du nom, Seigneur de Donzy, de la Maison de Vergi.

Eudes 2. du nom, Comte de Tours Blois, & Hermengarde d'Auuergne.

Raoul Comte de Crespi & de Bar-sur-Aube.

Robert Duc de Normandie, & Adeline de Falaise.

Baudoüin 5. du nom, Comte de Flandres, & Adelle de France.

Henry I. Roy de France, & Anne de Russie.

Florent Comte de Hollande & de Frise, & Gertrude de Saxe.

Amedée 2. du nom, Comte de Maienne.

Guillaume second, Comte de Bourgongne.

Guillaume 7. Comte de Poictiers, & Aldearde de Bourgongne.

Guillaume Comte de Tolose.

Sulpice Seigneur d'Amboise, & Denise de Fougeres.

Guillaume Seigneur de Souuigni, & Hermengarde de Bourbon.

Henry de Donzy, Seigneur de S. Aignan.

Thibaud 3. du nom, Comte de Tours & Blois, & Alix de Crespi, en Valois.

Guillaume I. Roy d'Angleterre, & Mahaut de Flandres.

Philippe I. Roy de France, & Berthe de Hollande.

Humbert 2. du nom, Comte de Maienne, & Gisle de Bourgongne.

Guillaume 8. du nom, Duc de Guienne, & Phelippe de Tolose.

Maurice 1. Seigneur de Craon, & Anguelle sa femme.
Robert Comte de Meullen, & Isabeau de Vermandois.
Louys sixiesme, dit le Gros, Roy de France, & Alix de Sauoye.
Renaud, Seigneur de Courtenay.
Henry II. Roy d'Angleterre, & Alienor C. de Guienne.
Eudes 2. Duc de Bourgongne, & Marie de Champagne.
Sance III. Roy de Castille, & Blanche de Nauarre.

Dans le 19. degré, qui est de cinq cents vingt ~~et un mille, deux cents quarante-huict~~ quartiers, ie trouue

Philippe I. Roy de France, & Berthe de Hollande.
Humbert 2. du nom, Comte de Maienne, & Gisle de Bourgongne.
Hugues Seigneur de Lauerdin, & Obeline de Sainte-Susanne.
Archambaud Seigneur de Busançois.
Geldoin le Danois, Seign. de Saumur & de Chaumont.
Gerard de Vergi, Comte en Bourgongne, & Elisabeth de Chalon.
Eudes 1. du nom, dit le Champenois, & Berthe de Bourgongne.
Robert 2. du nom, Comte d'Auuergne, & Ermengarde d'Arles.
Richard 2. du nom, Duc de Normandie, & Paule de Dannemarch.
Fulbert de Falaise, en Normandie.
Baudoüin 4. du nom, Comte de Flandres, & Ogine de Luxembourg.
Robert Roy de France, & Constance d'Arles.
Georges Roy de Russie, & de Moscouie.
Amedée 1. Comte de Morienne, & Alix de Suse.
Renaud 1. Comte de Bourgongne, & Adelise de Normandie.
Guillaume 4. du nom, Duc de Guienne, & Agnes de Bourgongne.
Robert de France, Duc de Bourgongne, & Helie de Semur.

Ponce 1. Comte de Tholose, & Adelmodie de la Marche.

Renaud Seigneur de Craon, & Ennoguen de Vitré.

Robert de Beaumont, Comte de Meullent en Normandie, & Adeline de Meullent.

Hugues de France, surnommé le Grand, Comte de Vermandois, & d'Alix heritiere de Vermandois.

Guillaume neufuiesme, Duc de Guienne, & Aenor de Chastelleraut.

Hugues 2. Duc de Bourgongne, & Mahaut sa femme.

Alfonse VIII. Roy de Castille & de Leon, & Berenguere de Barcelonne.

Au 20. degré, il y a vn million quarante ~~deux mille quatre cents nonante six~~ quartiers, où se trouuent

Henry I. Roy de France, & Anne de Russie.

Florent Comte de Hollande & de Frise, & Gertrude de Saxe.

Amedée 2. Comte de Morienne.

Guillaume 2. Comte de Bourgongne.

Raoul Vicomte de Sainte-Susanne.

Robert de Busançois.

Vvalon Comte de Bourgongne, Sieur de Vergi en 990. & Iudith de Fonuens.

Thibaud 1. surnommé le Tricheur, Seigneur de Tours, & Ledgarde de Vermandois.

Gerard Roy de Bourgongne, & Mahaud de France, sœur de Lothaire.

Guy 1. du nom, Comte d'Auuergne, & Vmberge sa femme.

Guillaume 1. Comte d'Arles, & Adelais d'Aniou.

Richard sans-Peur Duc de Normandie, & Agnes sœur de Huë-Capet.

Suenon Roy de Dannemarch & de Noruege.

Arnoul 2. Comte de Flandres.

Hugues-Capet Roy de France, & Adeleïde.

Guillaume 1. Comte d'Arles, & Adelaïs d'Aniou.

Humbert aux Blanches-mains, Comte de Morienne, & Ancilie.

Mamfroy Marquis de Suse, & Berthe fille de Hugbert, Marquis d'Yurée.

Othe Guillaume 1. du nom, Comte de Bourgongne, & Hermentrude fille d'Albrade de France.

Guillaume 3. du nom, Duc de Guienne, & Emme de Champagne.

Robert Roy de France, & Constance d'Arles.

Dalmatius Seigneur de Semur, & Aremburge de Vergi, sœur de S. Hugues de Cluny.

Raimond Prince de Gothie & de Guienne, & Berthe niepce du Roy Hugues.

Robert de Bourgongne, Seigneur de Craon, & Blanche sa femme.

Herber Comte de Vermandois, & Alix de Crespy.

Eudes 1. Duc de Bourgongne.

Raimond de Bourgongne, & Verarque Reine de Castille & de Leon, fille d'Alfonse VI. Roy de Castille & de Constance de Bourgongne, &c.

Neceßité Morale & physique de toutes les generatiõs qui sont au monde.

Enfin l'on pourroit monter encore bien plus haut: mais cela ne seruiroit de rien, & suffit que l'induction que i'ay faite, montre clairement que presque toutes les generations d'vn grand Royaume, comme celuy-cy, se tiennent par la main, & qu'il y a grande apparence que chacun participe de chaque lignée des hommes qui viuoient il n'y a que sept ou huit cents ans, puis qu'il y en doit entrer vn si grand nombre (quoy qu'à la verité plusieurs se trouuent reïterées) qu'au vingt-cinquiesme degré, on compte iusques à quarante millions quarante-&-vn mille soixante & douze: & au trentiesme degré, iusques à vingt-cinq fois cent, & septante six millions neuf cents quarante-huict mille six cents quatre: & ainsi iusques à l'infini, si plusieurs de ces mesmes lignes ne se replioient en elles-mesmes. Mais quoy qu'il en soit, il est fort vray-semblable, comme i'ay desia dit, qu'il n'y en a pas vn seul de nous qui ne prenne quelque descente de tous les hõmes qui viuoiẽt il y a 7. ou 8. cẽts ans, lesquels ont laissé quelque poſterité : & il ne faut pas douter encore, que tous ceux qui engendrent à preſent, ne ſeruent à la production de quiconque naiſtra ſous noſtre climat dans ſept ou huict cents ans, & l'on pourroit dire meſmes que ce ſera de telle ſorte, que celuy qui doit naiſtre, ne viendroit pas au monde, ſi quelqu'vn de ceux-cy manquoit à faire ce qui luy eſt ordonné de Dieu pour cela : comme il n'y a point d'apparence que nous fuſſions venus au monde ſi nos parents ne s'eſtoient point rencontrez, puis que nous auons vne conſtitution qui participe neceſſairement de tous les deux, & ainſi du reſte qui ſe pourroit remonter iuſques à la Creation du monde.

COmme ie corrigeois la copie de ce que vous venez de lire, Monſ. d'Eſtrées Eueſque & Duc de Laon, qui m'honora de ſa viſite, la voulut auſſi voir tout du long : & s'eſtant étonné d'vne ſi prodigieuſe enumeratiō, il me dit que par ce moyen tout le monde d'vne Nation ſe trouueroit allié. Ie luy repliquai que ie n'en faiſois point de doute en des degrez vn peu éloignez ; mais qu'il n'eſtoit pas aiſé de le iuſtifier. Et comme il me demanda ſi ie n'auois point auſſi trouué que nous fuſſions parents, ie luy repondis que ie n'auois pas eſté ſi heureux que cela, bien que ie l'euſſe cherché par des maiſons diuerſes alliées dans la ſienne, comme celles de Bethune, de la Bourdaiſiere, & autres. Que i'auois eſſayé d'en faire autant pour les maiſons d'Humieres ou de Crauan, de Bourdeilles, d'Eſtempes Valençay & de Iuſſac, où il y a des perſonnes que i'honore infiniment ; mais que ç'auoit eſté auec auſſi peu de bon-heur ; De ſorte qu'il ne faut pas penſer que dans les degrez proches ſe trouuent aiſément toutes les alliances qu'on pourroit bien deſirer.

Monſ. l'Eueſque de Laon.

Mais ayant quitté ce propos pour le feliciter de ſes Bulles de l'Eueſché de Laon, que i'auois appris qui deuoiēt arriuer dans deux iours, ie luy dis que ſa patience, & ſa bonne conduitte, auec la haute reputatiō qu'il s'eſtoit acquiſe dans le monde, auoiēt glorieuſement ſurmōté les efforts de la plus noire calomnie qu'on sçauroit s'imaginer, non pas à la verité touchant ses mœurs & sa doctrine, qui sont sans reproche ; mais touchant l'ambition qui se conçoit facilement par les personnes de grande qualité comme luy. Qu'au reste les longs & importants seruices de Mons. le Mareschal son pere, la consideration de Mess. ses freres, celle de Mess. ses oncles, des Princes qui luy sont tres-proches, & de plusieurs Maisons illustres qui sont alliées dans la sienne, auoient admirablement secondé son propre merite: que neanmoins pour en dire la verité, tout cela ioint à l'opinion que l'on auoit conceuë de son grād cœur, & de quelques marques qu'il auoit données d'vne noble ambition, ne prouuoit que trop ce qui deuoit seulement seruir à sa iustification ; de sorte que si d'ailleurs sa probité & sa rare modestie n'eussent esté reconnuës par ceux que Dieu a éleuez au dessus de nos testes, & qui ont tant de part en la dispensation des tresors du Roy & de l'Estat, il eust esté en danger de ne recueillir pas si tost les recompenses qui sont duës à son sçauoir, à sa naissance & à sa vertu : Mais qu'à le bien prendre, la dignité qui luy alloit estre conferée, estoit vne charge terrible à ceux qui croyent en Dieu, & qui s'en veulent dignement acquiter. Ie fus émerueillé des excellentes reponses que me fit ce ieune Seigneur, & ie puis croire que la prudence Royale ne le verra pas long-temps posseder cette belle dignité, qu'elle ne luy en procure encore bien-tost quelqu'autre plus releuée, s'il y en a dans l'Eglise au dessus de l'Episcopale.

TESMOI-

CLAVD. de MAROLLES generosus. Turonensis, Eques auratus, Regis a consiliis, cataphractorum militum Præfectus, Ferentariorumque Dux imperterritus, pro Patria, pro Rege, pro Religione, in duello clarus, in bello clarissim. in pace spectabilis, in spernẽdis diuitiis eximius, apud suos inter Mich. Abbatis de Villeloin ac Ludouici strenui militis carissimorum filiorum amplexus Chr. Cath. occubuit ann. natus LXIX. vj. id Dec. MDCXXXIII

TESMOIGNAGES DES HISTORIENS Touchant le Combat à la Lance, ou Iouste Mortelle, de Messieurs de Marolles, & de l'Isle-Mariuaut. Le iour de la mort du Roy Henry III. l'an 1589.

ESSIRE Claude de Marolles Cheualier, fils d'vn autre Claude de Marolles aussi Cheualier, & de Françoise d'Erian, naquit à Marolles en Touraine, sous le regne du Roy Charles neufuiesme, l'an mil cinq cents soixante-quatre. Perdit son Pere en l'aage de douze ans, & s'adonna, comme ses Ancestres, au dur mêtier des Armes, s'engagea dans le parti de la Ligue, où il se signala par ce fameux Duel qu'il fit contre l'Isle-Mariuaut, lequel nous auons descrit en la page 202. Et i'ay dessein d'en raporter icy les tesmoignages de quelques-vns de nos plus Illustres Historiens, ne pouuant mieux commencer que par celuy de Monf. de Mezerai, dans son Histoire de France, au commencement du Regne de Henry quatriesme, où il en parle en cette sorte.

» A La mesme heure que la Ligue receut les nouuel-
» les de la mort du Roy, arriua vn incident qui
» confirma encore son audace, & luy donna suiet de pu-
» blier que le Ciel authorisoit ses attentats. Ce fut le fa-
» meux Duel d'entre Iean de l'Isle-Mariuaut du parti du
» Roy, & Claude de Marolles de celuy de la Ligue. Il
» seruira comme de prelude à tant de sanglantes mélées
» que nous verrons dans la premiere partie de ce regne;
» & ie le veux descrire, parce qu'il se fit dans la plus glo-

» rieuse lice du monde, à la vuë de Paris, au milieu de
» toutes les forces du Royaume, & que dans cette occa-
» sion se vid le plus beau coup de lance, dont l'on ait ia-
« mais parlé, & le dernier qui merite que l'on en parle.
» Comme les plus braues des deux partis venoient sou-
» uent faire caracol à la vuë de l'Ennemi, & demander à
» donner le coup de lance, & de pistolet, d'où il s'estoit
» desia ensuiui plusieurs combats particuliers, sans que
» les Chefs peussent reprimer cette ardeur : vne heure
» auant la blesseure du Roy, Mariuaut s'estant presenté
» pour demander si quelqu'vn vouloit rompre vne lance
» pour l'amour des Dames ; Marolles accepta le deffi
» pour le lendemain dans la campagne, derriere les
» Chartreux. Mariuaut outre sa valeur extraordinaire,

qui auoit merité les bonnes-graces du Roy, estoit redoutable pour vne grande force de corps, & vne merueilleuse addresse, qui l'auoient heureusement signalé en plusieurs occasions. Marolles beaucoup plus ieune, mais fort adroït & beau-gendarme, ne s'estoit encore acquis de l'estime que dans les Tournois & Courses de Bague, où il auoit souuent r'emporté le prix; C'est-pourquoy le Duc de Mayenne craignant que cette partie ne luy fust desauantageuse, & qu'elle ne decourageast le peuple desia extremément abbatu, essaya par deux fois de l'en diuertir. Mais Marolles trop engagé d'honneur, ne se rendit point à toutes ces persuasions, & l'asseura qu'il ne mãqueroit point de tuer Mariuaut, s'il venoit au combat auec l'habillement de teste ouuert qu'il luy auoit vû ce iour-là, & qu'il auoit acoutumé de porter ainsi, à cause qu'il auoit la vuë basse. Le Duc ne pouuant donc le retenir, luy accorda la permission qu'il demãdoit. Le lendemain deuxiesme iour d'Aoust, Mariuaut pressé par son mauuais destin, & par les regrets de la mort de son Maistre, qui venoit d'expirer, se trouua sur le champ long-temps auant l'heure assignée, & brûlant d'impatience de voir son Ennemy, l'enuoya sommer par vn Trompette de luy tenir parole. Le Cheualier d'Aumale donnoit lors les armes à Marolles, qui ayant repondu *que Mariuaut auoit grand haste de mourir*, monta incontinent à cheual, & se rendit sur le champ, accompagné de la Chastre, qu'il auoit pris pour son Parrin, comme Mariuaut auoit pris Chastillon pour le sien. La Chastre ayant fait apporter deux lances, il en enuoya le choix à Mariuaut, qui les rebuta toutes deux, disant que c'estoient des quenoüilles de femme plustost que des lances de gendarmes, & qu'il le prioit de trouuer bon qu'il se seruist de celle qu'il auoit gagnée quelques iours auparauant dans vn combat sur les Parisiens: ce que Marolles luy accorda, mais ne prit pour luy qu'vne lance aussi legere que celles dont on couroit la bague. Enfin apres que les deux

» Parrins eurent asseuré le champ par vne haye de cinq » cents Cheuaux disposez tout à l'entour, qu'ils furent » demeurez d'accord des conditions du combat, portans » que le Vainqueur feroit ce qu'il luy plairoit du Vaincu, » & que toutes les solemnitez ordinaires en telles occa- » sions eurent esté faites, les Combatans passerent cha- » cun du costé des Ennemis, Mariuaut vers les retran- » chements, & Marolles vers la campagne, afin qu'ayant » rompu, ils se trouuassent du costé de leurs gens. Et » lors au signal des Trompettes ils partirent tous deux » de la main. Mariuaut qui se fioit en sa force, mit la » lance en arrest; mais Marolles qui se tenoit asseuré de » sa iustesse, ne la baissa que comme s'il eust voulu cour- » re la bague. Le premier rompit dans la cuirasse, qui en » fut faussée; mais Marolles sans estre ébranlé, addressa » son coup auec tant de iugement & de bon-heur, qu'il » atteignit son Ennemy dans l'œil, & y laissa le fer de la » lance auec le tronçon, enfoncé iusqu'au derriere de la » teste. Mariuaut renuersé par terre, expira dans vn de- » mi-quart-d'heure, en proferant ces genereuses paro- » les, *Que s'il eust esté heureux de vaincre, il eust esté mal-heu-* » *reux de suruiure au Roy son Maistre.* Marolles ne voulut » point d'autres marques de sa victoire, que l'espée & le » cheual du Vaincu, & rendit le corps à Chastillon, qui » le fit emporter auec grande douleur des Royalistes, » tandis que le Vainqueur fut ramené à Paris parmi les » fanfares des trompettes, & les acclamations publi- » ques. Or parce que dans le commencement des gran- » des choses, les moindres accidents sont auidement re- » gardez par le vulgaire, comme des pronostics de la fin, » les Chefs de la Ligue ne manquerent pas de se seruir de » ce bon succez pour animer dauantage leur parti. Et » leurs Predicateurs apres auoir crié à pleine teste sur la » mort du Roy, *Que la droite du Seigneur auoit fait vertu : que* » *son bras tout-puissant s'estoit estendu à leur aide,* debitoient à » leurs Auditeurs la victoire de Marolles comme vn se- » cond coup du Ciel, qui authorisoit le premier. Ils di-

soient *que le ieune Dauid auoit tué le Philistin Goliat*, & vou- «
loient faire croire que dans cette espreuue, Dieu auoit «
manifestement declaré qu'il estoit le peuple fidelle, & «
le parti qu'il fauorisoit: ce que la populace receuoit «
auec tant de credulité & d'asseurance, qu'elle se pro- «
mettoit en suitte toutes sortes de prosperitez, & ce- «
lebroit par auance les triomphes de tous les bons suc- «
cez que son imagination se pouuoit figurer. «

Le Sieur Daudiguier dans son Liure du vray & ancien vsage des Duels, imprimé chez Pierre Bilaine à Paris, en l'année mil six cents dix-sept, au Chapitre 34. le descrit ainsi.

HEnry troisiesme estoit à Saint Cloud, accom- «
pagné de deux Rois, tous deux desheritez par «
celuy d'Espagne, dont l'vn ne luy seruoit que de char- «
ge, & l'autre auoit passé quelques mois auparauant la «
riuiere de Loire auec quatre cents hommes de cheual, «
& mille de pied. Le Roy menaçoit Paris de quarãte mil- «
le hommes, & de la fureur d'vn Prince iustement irri- «
té contre des suiets rebelles. Paris regardoit cet orage «
d'vn œil plein d'estonnement & de crainte, & le feu «
Duc du Maine, Chef de la Ligue, que son frere auoit «
ourdie contre le Roy, essayoit de coniurer la tempeste «
qu'il voyoit preste à fondre sur luy. Les Armées estoiẽt «
voisines: car la Royale s'estendoit par tous les villages «
des enuirons de Paris, & les rebelles auoient fait des «
tranchées & des rãpars, qui paroissoient encore autour «
de la ville, où ils se tenoient en armes. Les Gens-de- «
guerre s'entreuoyoient tous les iours: Et l'Isle-Mari- «
uaut, l'vn des braues Gentils-hommes de l'Armée du «
Roy, abordant le dernier de Iuillet ces tranchées, s'y «
aboucha auec Marolles, qui ieune encore, comme «
l'on peut voir par l'aage qu'il a maintenant, & cher- «
chant son asseurance dans vn parti contraire, pour vn «
homme qu'il auoit tué honorablement, marchoit «
alors sous les enseignes de la Ligue. Mariuaut soit qu'il «

» le connust particulierement, soit qu'il s'adressast à luy
» comme au plus aparent Ligueur de la troupe, l'inuite à
» rompre vne lance pour l'amour des Dames. Voilà
» pourquoy ce combat deuoit estre mis entre ceux du
» quatriesme suiet que nous auons representez, s'il n'eust
» esté fait de François à autre en Guerre-Ciuile, & sans
» permission. Marolles s'en accorde auec luy, & arreste
» le iour ensuiuant, afin que le combat fust plus solemnel
» à la vuë des deux Armées.

» Ces deux Champions estant assez connus en France,
» nous n'en dirons autre chose, sinon que Mariuaut ou-
» tre la valeur, & le courage, dont il estoit tout plein,
» estoit encore recommandé d'vne grande force, &
» d'vne adresse qui n'estoit pas moindre, principalement
» à cheual, où il estoit excellent, & braue Gendarme. De
» Marolles, il n'en faut rien dire aussi, puis qu'on peut as-
» sez colliger de sa Victoire, ce qu'il doit estre: car il vain-
» quit par adresse & non par hazard.

» Le soir Monsieur du Maine fut auerti de la partie
» que Marolles auoit arrestée auec Mariuaut, sans son
» congé: car desia l'on s'estoit tellement disposé de se
» batre sans permission, qu'on prenoit à des honneur
» de la demander: Et en redoutant l'issuë, pour la crain-
» te du peuple, fut marry que Marolles s'y fust engagé,
» & eust bien voulu trouuer moyen de l'en diuertir. La
» Ligue estoit en peril, & si malade, que le moindre ac-
» cident de mauuais presage, l'eust fait perir. Marolles
» estoit vn ieune-homme encore de peu d'experience, &
» Mariuaut au contraire estoit vn Ennemy redoutable.
» Les Parisiens vouloient ouurir leurs portes au Roy, &
» crioiét tout haut que s'il n'y vouloit entrer que par vne
» brêche, ils aimoient mieux abatre leurs propres mu-
» railles eux-mesmes, qu'atendre le tonnerre de ses ca-
» nons. Tout cela mettoit l'esprit du Duc à parti; au-
» quel Marolles: Monsieur, laissez-moy, s'il vous plaist,
» deuider cette fusée auec Mariuaut; & vous asseurez
» que s'il porte l'habillement de teste que ie luy ai vû, ie

le tuëray par la grille de sa visiere. Le Duc luy permit « alors ce qu'il ne luy pouuoit bonnement empescher: « Et le lendemain luy ayant fait donner vn cheual (si ru- « de neantmoins, qu'il ne s'en pût seruir, & fut contraint « d'en prendre vn autre, qui tomba depuis sous luy, com- « me nous dirons) il fut armé par le Cheualier d'Aumale, « & conduit aux tranchées par le feu Sieur de la Cha- « stre, depuis Mareschal de France & lors son Parrin. «

D'autre part, il arriua vne grande desolation en « l'Armée Royalle, le meilleur Roy du monde ayant « esté prodigieusement assassiné par le plus mechant « Moine qui fut iamais, auoit plongé ce grand nom- « bre d'hommes qui le suiuoit, en vn deüil public. Cela « neantmoins n'empescha pas Mariuaut de se trouuer au « lieu qu'il auoit conuenu le iour auparauant auec Ma- « rolles, accompagné du Sieur de Chastillon, & de cinq « cents Maistres, pour la seureté du Camp. Auant que « les Parties s'entreuissent, la Chastre voulant parler à « Mariuaut, tant pour arrester les conditions du combat « que pour s'informer de la mort du Roy, dont la nou- « uelle estoit encore incertaine; luy demanda s'il luy « pouuoit dire vn mot en asseurance. A qui Mariuaut « repondit qu'il en pouuoit dire quatre; & voyant la Cha- « stre sans lance, il ietta la sienne par terre. Alors la Cha- « stre: Mon Gentil-homme, dit-il en s'aprochant, il n'est « plus temps de combatre, il se faut embrasser l'vn l'au- « tre, & se reconcilier comme Catholiques que nous « sommes. Monsieur, dit Mariuaut, i'aimerois mieux « mourir que de faillir à cette partie, aussi bien mon Mai- « stre est mort. Si Marolles ne me tient promesse, ie luy « en feray reproche. Vous ne luy en ferez point, repon- « dit la Chastre; car il est icy prest à la tenir: & lors ayant « conuenu du Cãp; & accordé que le Vaïnqueur feroit ce « qu'il luy plairoit du Vaincu, les seuretez données & re- « ceuës de part-&d'autre, les publications faites auec les « formes & solẽnitez accoutumées; Marolles voulant sor- « tir de la trenchée, son cheual tõbant des quatre pieds, le «

» versa par terre, si lourdement, que plusieurs en conceu-
» rent vn mauuais presage Neantmoins s'estant releué, &
» la Chastre ayant fait aporter deux lances, il en enuoya
» le choix à Mariuaut, qui les trouuant trop foibles, les
» renuoya toutes deux auec cette response; Que c'e-
» stoient plustost des quenoüilles pour des femmes, que
» des lances pour des hommes, & qu'il le prioit de trou-
» uer bon qu'il se seruist en ce combat de celle-là mesme
» qu'il auoit gagnée quelques iours auparauant sur les Pa
» risiens: ce qui luy fut accordé. Et les deux Champions
„ estants passez chacun du costé de ses Ennemis, sçauoir
„ Mariuaut du costé des tranchées, & Marolles du costé
„ de Chastillon, afin qu'ayant rompu, chacun se trou-
„ uast en son parti, ils coururent l'vn contre l'autre de
„ toute la force de leurs cheuaux, & de telle roideur,
„ qu'ils rompirent tous deux leurs lances; Mariuaut dans
„ la cuirace de Marolles, & comme il estoit grand &
„ fort, & la lance & la course roide, il luy donna si grand
„ coup qu'il le pensa renuerser. Marolles rompit la sien-
„ ne dans la grille de la salade de Mariuaut qu'il enfonça,
„ & luy laissa le fer, & vn grand tronçon de bois fiché
„ dans la vuë. De ce coup Mariuaut tomba mort à terre,
„ Marolles donna le corps à Chastillon, & se contenta
„ des armes & du cheual. Ainsi Marolles ne degenere
„ point de * cet Hugues de Marolles, lequel en cette
„ grande bataille de Bouuines, que gaigna Philippe Au-
„ guste, print prisonnier le Comte de Flandres, l'vn des
„ principaux des Chefs du party contraire, & des plus
„ vaillans hommes qui fussent lors.

* Paul Emile.

Marc de Vulson Sieur de la Colombiere, a transcrit tout cecy presque mot à mot, dans son Liure du Vray Theatre d'Honneur, dans le Chapitre 42. de son second Volume, au fol. 481.

Mais voicy comme en parle le Sieur d'Aubigni dans son Histoire Vniuerselle, imprimée en 1626. au second Liure du troisiesme Tome, au Chapitre vingt-quatriesme.

Dedans

Dedans Paris au contraire, ne retentissoient que les « éclats d'vne incomparable gayeté ; quelques Princesses « &, Grands se parerent d'escharpes vertes, & comme si « auec la ioye le courage eust changé de parti ; Voilà les « Galands sur les rangs à demander les coups de pistolets, « dont se fit le Duel d'entre l'Isle-Mariuaut & Marolles : « ces deux s'estans defiez d'vn coup de lance auant met- « tre la main à l'espée, L'Isle coucha en arrest, l'autre ai- « ma mieux se fier en sa iustesse, & prenant sa carriere, vn « sillon entre deux, comme à courre la Bague, logea le « fer de sa lance entre les deux yeux de son Ennemy, qui « fut combatre d'vne grande froideur, & l'estendit mort « sur la place. Cette Victoire qui fut bien autrement ele- « uée que celle du iour d'auparauant, fut vn echantillon « de bonne esperance pour les autres que les Liguez se « promettoient à l'auenir. «

De l'Histoire de France, par Scipion du Pleix.

ON auoit crû que le Duc de Mayenne ayant de grandes forces dans Paris, se mettroit en campagne & feroit quelque effort digne de sa reputation : mais soit qu'il atédist le secours des Estrangers qui luy deuoit arriuer de diuers endroits, soit qu'il n'eust pas encore establi l'ordre qu'il desiroit dans cette grande Cité, il ne bougeoit pas, & les siens ne faisoient pas de grandes ni de hardies entreprises. Le plus signalé exploit qui se fit depuis la mort de Henry troisiesme, fut ce fameux Duel d'entre les Sieurs de Marolles & l'Isle-Mariuaut, braues & genereux Caualiers, celuy-cy Royal, & celuy-là Ligueur. Le defy fut accepté par Mariuaut à tirer vn coup de lance, le lendemain du trépas de ce bon Roy, deuant les murs de Paris, & en presence de partie des Troupes des deux Partis, les vnes commandées par Chastillon, & les autres par la Chastre. Marolles ayant obserué le iour precedent que Mariuaut auoit son habillement-de teste entre-ouuert au deuant par des grilles assez larges, dit à la Chastre que sans faute il luy donneroit dans la visiere; & de fait, il s'aiusta si bien, qu'il luy perça la teste, & y laissa le fer auec vn tronçon de sa lance. Mariuaut estant terracé roide mort de ce coup, Marolles retourna aux siens, ramenant le cheual de son Aduersaire, pour vne glorieuse marque de sa Victoire.

Et à la Page 184. du Regne de Henry quatriesme.

IL y eut depuis plusieurs entreprises sur Vienne, & sur la personne du Duc de Nemours, auec l'intelligence des Habitans, qui ne desiroient rien tant que de se reduire à l'obeïssance du Roy, quand ce n'eust esté que pour se décharger de la Garnison dont ils estoient oppressez & entierement ruinés. Et mesmes vne nuict ils introduisirent les Trouppes d'Ornano dans la Ville, par vn grand trou qu'ils firent à la muraille, de sorte que desia il y estoit entré plus de quatre cents hommes, lesquels furent quasi tous tuez, ou faits prisonniers par MAROLLES & DISEMIEVX, qui se trouuerent sous les armes auec peu de Soldats, & coururent plus de hazard par les embusches des Habitans, qu'à combatre ceux qui estoient entrés par la brêche. Le Duc qui estoit logé en la Tour Sainte-Colombe, où il auoit quinze cents hommes, ne sortit point en vuë, qu'apres que tout fut fait, à cause que les Royaux donnerent vne fausse alarme de son costé, afin de le retenir dans son fort, pendant qu'ils entroient ailleurs.

De l'Histoire de De Serres, sous Louys treiziesme. an. 1612. au Carrousel.

SVr leurs ailes trente Estafiers, habillez de la livrée, les Sieurs de Marolles & Courbouson, tous deux Parrains, l'vn à la gauche, l'autre à la droite du troisiesme, & apres eux six Estafiers vestus de velours incarnat, couuerts de passement d'argent.

Du mesme sous le Regne de Henry quatriesme, en l'année 1605.

L'Exemple de Guy de Laual, inuitoit à trouuer en Hongrie de quoy signaler son courage, si quelque
;enerosité porte aux actions que l'eguillon d'honneur
xcite és plus nobles cœurs. L'aage & la force auoient à
eine amené ce ieune Seigneur à cette loüable ambition
'aprendre le metier de ceux que le Ciel a fait de qualité
our courre cette fortune, que le voilà resolu d'aller
hercher quelque eschole de Mars, pour s'instruire auant en l'art d honneur, comme il auoit fait és diferents
le la sainte Religion contre les preceptes de sa naissance
c premiere institution.

Il en obtint congé du Roy, & partit de Paris le 19.
Aoust, suiui de quinze à seize Gentils-hommes, auec
n train conforme à sa qualité, sous la conduite de MA-
ROLLES, Gentil-homme * de Solongne, renommé * C'est de Touraine.
our auoir tué en combat singulier à la lance, L'Isle-Ma-
iuaut, desesperé de suruiure le feu Roy son bon Maistre.
Le Roy l'auoit n'agueres choisi pour temperer les ieunes
ırdeurs de ce nouuel aprentif-d'armes, & l'empescher de
ourir aux dangers mal-à-propos.

De l'Histoire des Turcs, composée par Michel Baudier, Gentil-homme du Languedoc, au 17. Liure.

LE Comte de Laual, ieune Seigneur de Bretagne, d'vne Maison tres-illustre, arriué pour lors en l'Armée Chrestienne, campée aux enuirons de Kemorhe, MAROLLES Gentil-hôme de Sologne, renommé pour sa valeur, & pour auoir tué en combat singulier à la lance L'Isle-Mariuaut, auoit le soin de sa conduite: Henry le Grand l'auoit choisi pour temperer les feux de ce ieune Guerrier, & l'empescher de se ietter indiscretement dans les perils de la guerre. Glorieux choix pour celuy qui en a receu l'honneur, puis qu'il auoit esté fait par la main d'vn si valeureux & si sage Monarque des François.

Il me semble que Mar[illegible] Gentilhome de Sologne n[illegible] pas Marolles de Tourai[illegible] Il y avoit des marolles [illegible] celuy duquel on parle [illegible]

Et en suite parlant des actions du Comte de Laual, au mesme lieu.

COleniche passa auec ses Trouppes, & le Comte de Laual auec luy : les Ennemis se disposent à les attaquer à leur premiere vuë : le Comte se debande pour les aller charger, suiui de ceux de sa Maison & de quelques Volontaires. MAROLLES se iette au deuant de cette fougue, l'arreste, luy remonstre que la valeur ne consistoit pas à se porter inconsiderément au milieu du peril, ains à menager sagement son courage pour ruïner vn Ennemy. A ces paroles, il adioute la force, prend la bride du cheual du Comte, mesmes donne de son espée sur la teste du cheual pour l'arrester. Mais à peine auoit-il acheué ses remonstrances, que la Trouppe de Coleniche va à la charge, alors le Sieur de Laual en liberté de son courage & de ses armes, se poussant à la teste des autres, leur fit voir les actions de sa valeur.

Et plus bas.

Le Comte de la Val voulant estre de cette trouppe hazardeuse pour tesmoigner dauantage sa valeur parmi le peril. Il s'estoit armé à la haste, sans donner le loisir aux siens de lier ses tassettes sur la cuisse. Ainsi il part pour estre de cette course & prie Guitaut, de vouloir aux occasions qui s'offriroient, suiure l'auis du Sieur de MAROLLES, auquel l'aage & l'experience auoient donné le tiltre honorable de sage & valeureux Capitaine.

De l'Histoire de Matthieu, au premier Liure du second Tome.

MAriuaut pressé de l'extreme douleur de cette mort, vint aux portes de Paris, & inuita Marolles, qui estoit en garde, à tirer vn coup de lance; il l'accepte pour le lendemain, & estant à la porte accompagné de trois ou quatre de ses Amis, il y trouue vn Trompette auec vne lettre de Mariuaut, *le priant de luy tenir parole, & de n'oublier rien au logis : car tout luy feroit besoin.* Marolles repond *qu'il s'en falloit plus de deux heures que celle de l'assignation ne fust echeuë, & que si le cheual de Mariuaut n'estoit bien sanglé il l'abbatroit.* Ce combat se fit à la vuë de l'Armée du Roy, qui estoit en bataille, toute la ville de Paris estoit sur les murailles, & hors des Faux-bourgs pour le voir. Les deux Champions furent conduits par leurs Parrains. Mariuaut par Chastillon, Marolles par la Chastre. Au mesme instant ils partirent de la main, Marolles donna droit dans l'œil de Mariuaut, le fer de la lance passe tout entier le derriere de la teste, le bois se rompt, le blessé bronche à terre. Marolles ayant vû le casque qu'il portoit, remarquant que les grilles de la visiere estoient vn peu larges, dit à ses Amis, *que sans doute il le tuëroit.*

Du Liure intitulé, Institution du Roy en l'exercice de monter à cheual, *par Antoine de Pluuinel, son Sous-Gouuerneur, en la page 154.*

Monf. de Pluuinel.

IL ny a rien qui aiuste tant le gendarme à bien manier sa lance & en faire tout ce qu'il desire, que les frequentes courses de bague, ayant vû vn exemple si signalé pour prouuer cette verité, que les ignorans mesmes le sçachans, n'en sçauroient apres douter auec raison. Ce que ie veux dire à V. M. (Sire) est le combat des Sieurs de Marolles & de Mariuaut, qui se fit durant le siege de Paris, au milieu de l'Armée du feu Roy vostre Pere & de celle de la Ligue. La veille du combat le Sieur de Marolles ayant vû le Sieur de Mariuaut auec vn habillement de teste à grille, dit à ceux qui estoient aupres de luy; si demain il se presente deuant moy la teste armée de la sorte, asseurément il y perdra la vie, se sentant tellement seur de son dire par le long vsage des courses de bagues armé, que le lendemain, le Sieur de Mariuaut se trouuant auec le mesme habillement de teste, il ne manqua pas de luy donner iustement au lieu où il auoit dit, le portant par terre roide-mort sur la place: Qui est, Sire, pour faire connoiſtre à voſtre Maieſté, comme quoy l'exercice ordinaire de la bague, outre ce qu'il eſt agreable à voir, eſt neceſſaire pour ceux qui ſe veulent ſeruir d'vne lance.

Le ſçauant Iuriſconſulte, Antoine Mornac, en a parlé en cette ſorte, dans vn Poëme heroïque qu'il auoit compoſé ſur le ſuiet des Guerres de la Ligue.

Hos inter ſtrepitus mox Vnus ex agmine regum
Proſilit, eſt illi Marivalto nobile nomen:
Ergone, ait, nos hinc miſerè fugiemus inulti?
Cura Deûm dij ſunt, nec erit ſine vindice crimen.
Ecce mihi conſpectus eques iuuenatur in agris,
Et laſciuit equo, nigricat lachrymantibus armis
Per caput atque humeros, qua nunc ſunt fronte rebelles:
Me velut iſta vocant cæſorum inſignia fratrum,
Fax vnde accendit Blæſana volubile regnum.
Quid moror? Exanimis vitam pertæſus & exſpes?
Qua licet horrentes vlciſcar principis vmbras,
Et tentabo lubens diri mactare rebellem.
Si cado, at illa meos ſolabitur hora dolores,
Quæ me cum domino Cocyti admouerit vndis.
Exere nunc robur, tu tanto electa labori
Lancea, & illæſa da cuſpide ſternere corpus
Perfuſum inſanis lachrymis: en vltor amici
Principis exorior, ſi te victrice reuertar,
Iſteque traiectus mento contingit arenam,
Inſcripta, æternum ſtabis per templa trophæum.
Talia mœrenti Regum legione minatus
Vertitur, & quia tunc mediis abſceſſerat aruis
Feſſus eques, vallum nunc huc nunc turbidus illuc
Luſtrat equo, inſultat, volitat, greſſuſque ſuperbos
Huc atque huc glomerans campo ſeſe arduus infert,
Et vaga vir ſummo veſtigia puluere ſignat:
Audebit-ne, inquit, populoſo excedere vallo
Ille mihi ſpectatus eques, qui ſolus in agris
Nunc agitabat equum? Liceat confligere tandem

Per ſudum hoc, noſtriſque hodie pendentibus armis?
Dixerat, atque moras vrbano ex aggere rumpit
Ille accius Eques, qui triſtibus acer in armis
Lancea, equo, galea; Iam iam quia me petis vltro,
Congrediamur, ait, primæ ſociata Iuuentæ
Hæc fuit in noſtris Turonum colluſio campis.
Neuè putes vilem, qui cum decernere ferro
Expetis, ortus ego ſerie Marollus auorum
Nobilium, belliſque fuit mea cognita virtus.
Ipſe etiam tibi ſim Mariuallus. Regius infit
Alter Eques, factis ego Belga ſuperbus auitis
Haud fuerim, proprias malo mihi quærere lauros.
Conueniunt hinc inde duces: Patronus vtrinque
Bellicus allegitur, qui amborum deſpicit arma.
Mox abit ingentis præceps ea fama duelli:
Concurrunt proceres, ſemper præſagia fantur,
Sumpſit ab hac belli ſpecie veneranda vetuſtas.
Regia caſtra vrbem repetunt, ſtat denſa per agros
Omnis vbique cohors, & collucentibus armis
Dixeris arrectas acies confligerè pugna.
Ergo datur ſignum, & puris concurrere campis
Iuſſi Equites, poſtquam certis conſidere metis
Incipiunt, ſociaſque vomit de naribus iras
Cornipes, atque leuis prope iam quatit vngula campum,
Torpentes hinc inde animi ſine vocibus hærent,
Certamenque anceps auidè exſpectatur vtrinque.
Sed certo interea Marollus ad æthera vultu.
Aſpice me, ô Ingens circumlabentis Olympi
Conditor, ipſe nihil Mariualtia tela laceſſo:
Cerne hoſtilem animum, quanto ſeſe efferat æſtu.
Puluereæ inuolitans nubi: dudum ecce minatur:
Nunc ades, vtque videt potior nos Gallia campo
Commiſſos Equites pulchro da vulnere dextram
Supremum in vultus medios defigere ferrum.
Sic ille intrepidus, claraque in luce triumphos
Cogitat, atque auida ſpe iam ſibi conficit hoſtem.
Clangor vtrinque ferox: metuit patronus vtrinque,

Ardet adire virum Marivaltus, & emicat armis,
Seque fore Entellum minitatur uterque Dareti.
Heu galeam Marivalte caue, passim agmina clamant
Regia, te feret hostis atrox, tu vertice fixo
Laberis, atque tuæ nunc est meta vltima vitæ;
Cassidis interior quæ pars tegat ora; dehiscit,
Lethiferæque tenet metuenda foramina cratis:
Fata, patrone mone, malus hic te respicit error;
Diuide Martigenas tantum vt mutetur hiulca
Buccula, sed serum est, &c.

Il y auoit encore dix ou douze vers sur ce suiet dans le manuscript, qu'il m'a esté impossible de lire: mais afin d'en rendre l'intelligence facile à tout le monde; voicy comme i'en ay fait la traduction, sans m'attacher trop rigoureusement à la lettre, parce qu'elle n'auroit pas esté supportable.

Traduction des Vers d'Antoine de Mornac, descriuant le Combat de Mess. de Marolles & de Mariuaut, en l'année mil cinq cents quatre-vingts-neuf.

PEndant les troubles de France, on vit paroistre vn Guerrier de l'Armée Royale, il s'appelloit Mariuaut, qui est vn nom illustre. Serons nous donc, dit-il, contraints de nous retirer d'icy sans nous vanger? Les Roys sont en la garde de Dieu, & il n'y a point de crime à leur egard, qui demeure impuni. Ie voy dans cette plaine vn Cheualier sous des armes noires, qui fait passer des carrieres à son cheual. Les panaches qu'il porte au dessus de l'armet, sont de la couleur du front des peuples reuoltez. Ces enseignes des deux freres qui furent tuez, quand la coniuration de Blois fut decouuerte, m'inuitent, si ie ne me trompe, à m'approcher de luy. Qu'est-ce qui m'arreste, pressé comme ie suis, de deüil & d'ennuy? Pour vanger l'assassinat d'vn grand Roy, i'essayrai volontiers d'immoler sur son tombeau vne Victime rebelle. Si ie demeure dans le combat, ma mort sera vne grande consolation

lation à ma douleur, parce qu'elle me reioindra bien-tost à mon Maistre. C'est icy, ô ma lance, qu'il faut acquerir de la gloire. Ie t'ai choisie expres pour faire quelque noble exploit; sois moy fidelle en cette occasion. Me voicy sur les rangs pour combattre les Ennemis du grand Prince qui m'honoroit de ses faueurs. Si par ton moyen ie gagne la victoire, & si ie renuerse celuy-cy par terre, l'ayant percé de part-en-part, tu seras consacrée dans vn Temple pour vn eternel trophée de ma victoire. Disant ces paroles, il tourne vers l'Armée qui estoit en deüil, & parce que le Cheualier qu'il auoit vû, s'estoit retiré, il en prend de l'auantage, en fait mesmes des railleries, courant ça & là, paroist dans le champ au dessus de tous les autres, & marque sur la poussiere ses traces incertaines. Qu'est deuenu le Braue, dit-il, que ie voyois n'agueres dans la plaine? N'oseroit il sortir du rempart qui r'enferme tant de gens? Ie voudrois auiourd'huy donner vn coup de lance. Il parla ainsi, lors que le Cheualier aux armes noires sortit brusquement de la tranchée: & tenant sa lance haute, auec le casque en teste; Puis que c'est à moy à qui vous en voulez, dit-il, ie serai raui d'eprouuer vostre valeur, & ie n'y aurai point de repugnance, puis que ce sont les premiers exercices de ma ieunesse La Touraine d'où ie suis, & le sang qui coule dans mes veines, m'en ont inspiré le courage: Ie m'appelle Marolles, descendu d'vne famille assez noble pour auoir soin de conseruer quelque reputation qui est duë à la valeur de mes Peres, & ie pense en auoir vn peu acquis dans les occasions. Vous sçaurez aussi, luy repartit l'autre, que ie m'appelle Mariuaut; mais que ie ne cherche point de gloire dans les actions de mes Ancestres, qui font honneur à la Picardie, & que ie serois marri de me parer d'autres lauriers que de ceux que i'ay cueillis.

Les Chefs de part & d'autre assemblent donc leurs Trouppes: on choisit des Parrins pour la seureté du Camp: & tout aussi-tost la Renommée porte la nouuelle du grand Duel qui se doit faire. Les Officiers de l'Armée en tiennent des conferences: on en parle auec des coniectures diuerses: l'Antiquité se renouuelle dans cette sorte de combat. Les Trouppes Royales s'auancent du costé de la Ville: toute l'Armée se met en campagne: & on diroit que les Escadrons qui étincellent sous les armes, sont prets à se choquer. Enfin on donna le signal, & les Cheualiers ayant pris autant de champ qu'il en falloit pour fournir leur carriere, coururent l'vn contre l'autre, & leurs cheuaux animez, pousserent de leurs narines le courroux dont ils estoient remplis, & de leurs iambes roides ils firent retentir le terrain. Chacun sans parler estoit attentif de l'vn & de l'autre costé, & l'on obserue le combat douteux.

Mais Marolles éleuant ses yeux au Ciel auec vne grande confiance; Detournez sur moy vos regards, dit-il, ô grand Dieu qui auez fait toutes choses. Ie ne prouoque point les Aduersaires. Voyez de quelle ardeur s'allume l'audace ennemie, & comme la poussiere s'éleue autour de luy, nous ayant long-temps menacé de ses gestes & de sa voix. Assistez-moy à la vuë de toute la France. Octroyez-moy, pour vostre gloire, que ie le frappe dans la visiere, & que ie le renuerse par vne noble blesseure.

C'estoit ainsi que d'vn courage intrepide il se promettoit la victoire, & que l'esperance qu'il auoit conceuë, l'asseuroit de surmonter son Ennemy. Les Trompettes firent grand bruit. Les Parrins en eurent de l'effroy. On eust dit que Mariuaut brûloit d'impatience de ioindre son Aduersaire: & chacun en faisant éclater ses armes, essayoit de se rendre redoutable. Ha! Mariuaut, prenez garde à vostre habillement de teste, s'escrierent les Troupes Royales. Le fier Ligueur vous attaque de ce costé-là: vous tombez de la selle, où vous estiez si ferme, & c'est fait de vous. Vostre visiere s'ouure, & le fer la transperce d'vne atainte mortelle. Chastillon, qui estes son Parrin, auertissez-le du coup funeste, il y va peut-estre de vostre faute. Separez les Combatants, pour esſayer de luy donner vn autre armet, parce que le ſien eſt fauſſé: mais il eſt trop tard, & il n'eſt plus temps de s'en repentir: la lance de Marolles luy a donné dans l'œil, & s'eſt enfoncée iuſqu'au derriere de la teſte. De ce coup Mariuaut tombe à terre, laiſſant ſes dépoüilles à ſon glorieux Vainqueur.

Eloges pour feu Monſieur de Marolles, composé par le Seigneur Thomas Ricchiardi.

PVlcherrima Turonenſis Galliarum Prouincia inter nobiles familias præclaram vnam à quadringentis annis exaltat, quæ fortes, illuſtreſque viros, bello, paceque, ſumma ſuorum Regum admiratione produxit: hoc æuo præ ceteris excellentiſſimum Claudium MAROLLVM, præſtanti corporis forma, animique dotibus feliciſſimam protulit, Hic à teneris vnguiculis Majorum exempla æmulatus ſolam virtutis viam ſatius peragere ducit armaque tractare & bellicam gloriam ſuſpirans breui coæuos omnes ſuperauit. Miles ſtrenuiſſimus, Dux ſapientiſſimus inter mortales euaſit. Qui nouum è Cœlo Gradiuum deſcendiſſe credebant, non aberrarunt quidem: nam in flore iuuentæ bellicoſiſſimum, ſuperbiſſimumque MARIVONEM tota ſpectante armata Gallia ſingulari equeſtri certamine, ſicuti promiſerat vnica lancea confodit, ac opima reportauit ſpolia ab inimicis vſque memorabili gloria nullo æuo interitura commendatus. Hęc circumduxit illum Europæque tanquam Miraculum oſtendit, vbi plurima digna ſe facinora pro Regibus, pro Patria, pro Chriſto egit, cuius ſemper fidiſſimus proprio ſanguine nomen deffendit. Nobiliſſimam duxit vxorem Agatham Caſtillionæm quæ filios illi præſtantiſſimos, filias honeſtiſſimas genuit, diu ſecum ſanctiſſimè vixit, domi non minori prudentia clarus, quam foris belli præſtantia eximius. Magni Reges illius vtebantur conſilio, virtute, ac in delicijs conſuetudinem eius habebant, quem Senem ingenuis moribus, vigoreque viuido præditum, Martem togatum, vel Iouem armatum credentes, Illuſtrium Principum Rectorem, cathaphractorum Equitum Ducem, & variæ militiæ Ductorem elegerunt. Virtus Comes illi ſemper fuit, fortuna deſeruit tanti viri arbitrata haud poſſe æquare merita, ipſeque forti animo iniquas vices ſuſtinuit, ratus in terris nullum virtutis præmium reperiri. Hinc spreuit diuitias & vanum mundi fauorem, sed illum iam pene septuagenarium inuida Mors extinxit in hoc vno homine credens inesse Mortalium salutem, honorem, gloriam.

Obiit die 8. mensis Decembris anno Domini 1633.

EPITAPHIVM.

D. O. M.

QVid ploras viator? inuides gloriæ Viri sepulti? Corpus hic iacet magnæ illius animæ qui fortissimus Gallorum Bellicosissimum ac superbissimum Mariuonem coram omni armata Gallia singulari certamine occidit. Marollus sub hoc saxo dormit, nobilissimus Turonensis Eques qui pene ab incunabulis arma tractauit, Europæque notissimus fuit ob præclaras animi, corporisque dotes quæ futuris mortalibus quoque admirationi erunt: placuit Regibus, Principibus, æqualibus: tandem sicuti piissimus vixit, sanctissimus inter filiorum amplexus qui soli tanto patre digni existimantur, septuagenarius occubuit. Vale: solum communem vicem lacrymare.

GENEALOGIE DE CHASTILLON *en Forests, d'où est sortie Agathe de Chastillon, Mere de Michel de Marolles.*

I.

IEan de Chastillon Escuyer, Notaire & Secretaire du Roy, Maison & Couronne de France, sous le Roy Charles septiesme, & proprietaire des Greffes de la Cour de Parlement de Tholose, espousa en mil quatre cents cinquante, Catherine d'Auignon, dont il eut trois fils, Pierre, Claude & Philippe. Ie ne sçay pas la genealogie des deux premiers.

Auignon.

II.

Philippe de Chastillon, troisiesme fils de Iean de Cha-

ſtillon & de Catherine d'Auignon, Eſcuyer, Lieutenant General au païs de Forets, pour Monſ. le Duc de Bourbonnois, Comte d'Auuergne, de la Marche & de Forets, eſpouſa Marquiſe Chauuet, fille de Pierre Chauuet, fils de Guilodon Chauuet, Intendant des Finances du Roy & des Comtes de Forets, dont il eut Pierre de Chaſtillon, & Françoiſe de Chaſtillon, mariée à Vital de Chalançon, Lieutenant-General au païs de Forets, & Catherine de Chaſtillon, Religieuſe à Marceny-les-Nonnains, où l'on ne reçoit que des filles de noble extraction. Chauuet.

III.

Pierre de Chaſtillon Eſcuyer, Seigneur du Soleillan en Forets, eſpouſa Geneuieue Buatier, fille de Benoiſt Buatier & de Iaquette Thurin, fille d'André de Thurin, Seigneur de Iarnoſſe & de Bonne-Faye, dont il eut Buatier.

4. Charles de Chaſtillon, qui fut tenu ſur les Fons par Charles de Bourbon Prince du Sang, il fut Chanoine & Chamarie de l'Egliſe de Saint Paul de Lion, & Prieur de l'Hoſpital ſous Rochefort en Forets.

4. Noël de Chaſtillon, qui ſuit,

4. Ierosme de Chastillon, dont il sera aussi parlé en suitte.

4. Sibyle de Chastillon, mariée à Iaques Polar, Sieur de Moutarboux.

Pierre de Chastillon fit son testament le vingt-&-vniesme iour de May mil cinq cents cinquante-neuf, par lequel il institua son heritier Noël de Chastillon, à la charge qu'il viuroit noblement, puis qu'il estoit noble d'ancienne extraction, & qu'il ne feroit point sa demeure dans Montbrison, ny en d'autres villes du païs de Forets, si ce n'estoit en cas d'affaires, & où il viendroit au contraire, veut & entend que sa Maison de Soleillan appartienne à Charles de Chastillon son fils aîné, qui estoit d'Eglise. Il fut enterré auec son pere en l'Eglise des Cordeliers de Monbrison, dans la Chapelle de tous les Saints, qui est la Chapelle de Mess. de Chastillon.

IV.

Noël de Chastillon Cheualier, Seigneur du Soleillan en Forets, & Capitaine de S. Germain-Laual, espousa en premieres nopces Gabrielle de Billon, du païs de la Marche, dont il n'eut que trois filles.

Billon.

5. Catherine de Chastillon, mariée à Claude de Rauerie Cheualier, Maistre-d'Hostel chez le Roy, Gentil homme ordinaire de sa Chambre, & l'vn des quatre Escuyers de la petite Escurie, fils de Claude de Rauerie & de Constance de Monconi de Bourgongne, dont elle eut vn fils vnique, appellé Baltasar, mort sans estre marié. Ceux de Rauerie sont originaires d'Italie, & estoient alliez du Comte d'Altessan Piemontois, du Baron de Neronde Masconnois, des Baglioni de Venise, & des Sieurs de Liergue en Lyonnois. Claude de Rauerie est inhumé à S. Nizier de Lion, aupres du grand Autel.

Rauerie.

5. Marie de Chastillon fut mariée à Iean Buatier Escuyer, dont sortirent deux filles, Ieanne & Eleonor Buatier, l'ainée mariée à Thomas du Troncy Escuyer, fils de Benoist du Troncy, & de ce Mariage

Buatier.

eſt ſorti François du Troncy.

5. Enemonde de Chaſtillon, mourut fille en l'aage de vingt-cinq ans, à Paris, où elle eſt inhumée dans l'Egliſe S. Coſme.

Puis Noël de Chaſtillon s'eſtant remarié en ſecondes nopces auec Ieanne de la Vuë de Surieu, fille de Iean Baptiſte de la Vuë, Seigneur de Montagnac & de Magdelaine Dupuy, il en eut les enfants cy-apres denommez. La Vuë.

5. Agathe de Chaſtillon, mariée à Meſſire Claude de Marolles Cheualier, Seigneur de Marolles en Touraine, dont nous auons deſcrit la Poſterité. Marolles.

5. Sibyle de Chaſtillon, mariée à Michel d'Arcolieres, Gentil-homme Sauoyar, deſcendu de celuy qui en la bataille de Pauie empeſcha le Roy François d'eſtre tué; à cauſe de quoy le Roy luy donna les Armes qu'il porte; c'eſt à dire vne Fleur- de lys d'or aupres d'vne eſpée d'argent poſée en pal, la pointe en haut, dans vn Eſcuſſon d'azur. Vn fils ſortit de ce mariage, qui depuis eſt mort ſans enfants. Arcolieres.

5. Geneuieue de Chaſtillon, mariée à Claude Belier Eſcuyer, Seigneur de Treſuble en Bourbonnois, dont ſont ſortis des enfants.

5. Baltazar de Chaſtillon. Cy-apres.

V.

Baltazar de Chaſtillon Cheualier, Seigneur de Moutarboux Palongneux, & l'Orignieu au païs de Forets, eſpouſa en premieres nopces Louyſe du Iar, fille de noble homme Iean du Iar & de Magdelaine de Launay en Berry, Du Iar. Puis en ſecondes nopces Antoinette de Cubleſſe du païs de Velay, ayant laiſſé du premier lit Cubleſſe.

6. Annet de Chaſtillon, qui continuë la poſterité.

6. Georges de Chaſtillon, mort en portant les armes pour le ſeruice du Roy.

6. Michel de Chaſtillon, Religieux de l'Ordre de S. Benoiſt, dans l'Abbaye de Villeloin, dont il a eſté depuis Infirmier, Prieur de Crots, & Prieur Clauſtral.

6. Anne de Chastillon, mariée à Iaques Gerar Escuyer, Seigneur de Beauuoir, au païs de Forets.

La seconde Branche de la famille de Chastillon.

IErosme de Chastillon, troisiesme fils de Pierre de Chastillon & de Geneuieue Buatier, fut President au Siege de Lion, & fut marié deux fois: la premiere auec Anne Teste, veuue de M. Petron de Lion: la seconde auec Helene de Villars, fille d'vn Lieutenant-General de Lion, niepce de M. l'Euesque de Mirepoix, & sœur de M. l'Archeuesque de Vienne & du President de Villars à Lion, ayant laissé du premier lit

Teste.

Villars.

5. Philbert de Chastillon Chamarie de S. Paul.

5. Blandine de Chastillon, mariée à Monf. Cauet, Senateur de Chamberi.

Et du second lit.

5. Pierre de Chastillon, Obeancier de S. Iust, Abbé de l'Isle-Barbe, & Prieur de l'Hospital.

5. Philippe de Chastillon, Religieux Celestin.

5. Michel Antoine de Chastillon, Grand-Vicaire de M. l'Archeuesque de Vienne, & Doyen de S Pierre.

5. Nicolas de Chastillon, Chanoine & Maistre-de-Chœur de l'Isle Barbe, Secretaire de Saint Iust, & Chanoine de S. Paul, & depuis la mort de son frere, Chamarie de S. Paul.

5. Iean de Chastillon, aussi Chanoine de S. Paul, & Prieur de l'Hospital, deuenu pareillement Chamarie de S. Paul, & encore Chanoine & Archidiacre de l'Isle-Barbe.

5. Claude de Chastillon, mariée à M. l'Anglois, Conseiller au Presidial de Lyon, dont il y a des enfants.

GENEA-

GENEALOGIE DES D'ERIAN,

Seigneurs de la Rochere, de Noiſay, des Ouches, & autres lieux en Touraine, deſquels ie ſuis ſorti, à cauſe de Françoiſe d'Erian, Dame de la Rochere, ma grand' Mere.

Eriã, porte de gueules à la viure d'hermines accompagnée de trois teſtes de Lion d'or.

I.

IEan de Chaumont Cheualier, eſt qualifié Seigneur de la Rochere, en la Parroiſſe de Noiſay en Touraine, en mil trois cents trente-cinq, par vn Aueu qu'il rend de ſa terre & ſeigneurie de la Rochere, à Monſ. l'Archeueſque de Tours, de qui elle releue à cauſe de ſa Baronie de Verno: Il ne laiſſa qu'vne fille heritiere, appellée Philippe. Chaumõt.

II.

Philippe de Chaumont, Dame de la Rochere, eſpouſa Meſſire Guyomard de Villeblanche Valet, Seign. du Pleſſis-Barbe en la Parroiſſe de Bueil, & d'Orſueille en la Parroiſſe de Reugné, & de pluſieurs autres lieux, qui viuoit Villeblanche.

en mil trois cents quatre-vingts-neuf, & fit partage à ses enfants en mil trois cents nonante-huict, laissant à Robert son puisné les Seigneuries de la Rochere & d'Orfeüille. Ses Armes estoient de gueules, au chevron d'argent, chargé d'vn autre d'azur, accompagné de trois quintes-feüilles d'or.

3. Pierre de Villeblanche Cheualier, Seigneur du Plessis-Barbe, qui espousa Marguerite Amenard, fille de Messire Iean Amenard, Cheualier, dont il eut Iean de Villeblanche, qui viuoit l'an mil quatre cents dix-sept, & Renaud de Villeblanche Seigneur de Maudeux, en mil quatre cents vingt-trois.

Amenard.

3. Robert de Villeblanche, qui suit.

3. Ieanne de Villeblanche, mariée à Messire Iean de Maillé Cheualier, dont elle eut Iean de Maillé, Seigneur de Chançai, qui mourut à la bataille d'Azincour, sans laisser de posterité.

III.

Robert de Villeblanche Cheualier, Seigneur de la Rochere, d'Orfeüille, de Bray & de Launay, en la Parroisse de Chançai, dans les années mil trois cents nonante-neuf, & mil quatre cents cinq, espousa Damoiselle Marie de S. Pere, fille de Sire Philippe de S. Pere, Tresorier de France, & de Odear sa femme Ce Philippe fils de Iamet de S. Pere, de la ville de Tours, fit son testament l'an mil trois cents quatre-vingts sept: & encore vn autre le neufuiesme iour de Decembre mil trois cents nonante. Il estoit frere, ou oncle de Iean de S. Pere, Escuyer, qui fit homage au Roy pour son Hostel de Varennes en la Chastelenie de Loches, le vingt-troisiesme Iuin mil quatre cents deux, & pere d'Agnes de S. Pere, veuue de Messire Iean Sauari, comme il se iustifie par vn aueu qu'elle rend au Roy pour son hebergement, seant en la Parroisse de Saint Quentin de Blere. En l'an mil quatre cents trente-deux, elle fit aussi l'homage de la terre de la Roche-Baudoin, & de l'Hostel de la Croix de Bleré, estant veuue de Iean Sauary Cheualier, le quatorziesme iour de Iuin mil

S. Pere.

Sauari.

quatre cents trente &-vn. Regist. de la Chambre des Comptes. Au reste, Marie de S. Pere, sœur d'Agnes, & veufue de Robert de Villeblanche, fit homage du lieu des Ouches, en la Parroisse de Bleré, & du lieu & appartenance de Bray, le quatorziesme Iuin, mil quatre cents trente-&-vn, & laissa enfants.

4. Iean de Villeblanche, qui se fit d'Eglise, & viuoit 1428. & 1462. il partagea auec sa sœur l'an mil quatre cents quarante.

4. Ieanne de Villeblanche heritiere, qui suit.

IV.

Ieanne de Villeblanche, Dame de la Rochere, Orfeüille, &c. apres la mort de son frere, espousa Alix d'Erian, Escuyer, originaire de Bretagne, & comme il est probable frere puisné d'Yues d'Erian, dont nous parlerons tantost, fut executeur du Testament de Marie de Saint-Pere, mere de sa femme, en l'année mil quatre cents trente-huict, fit homage au Roy de sa terre de Bray & du fief Renard, le seiziesme de May de la mesme année, mil quatre cents trente-huict, vendit sa terre d'Orfeüille à son beau-frere Iean de Villeblanche en mil quatre cents quarante-neuf, & viuoit encore en l'année mil quatre cents cinquante, & laissa plusieurs enfants de sa femme, qui se remaria en secondes nopces auec Messire Raoulin le Boucher Cheualier, en l'année mil quatre cents soixante-&-vn, qui la suruesquit en l'année mil quatre cents septante-trois, & n'en eut point d'enfants : mais ceux du premier lit, furent

Erian.

Le Boucher.

5. Charles d'Erian, qui suit.

5. Pierre d'Erian, Seigneur des Ouches.

5. Armet d'Erian, Seigneur de Beauchesne & de Beauregard, qui espousa N. du Breuc, de laquelle il eut vne fille, mariée au petit-fils de Tristan-L'Hermite. Breuc.

5. Ieanne d'Erian, mariée à Cassin Canart, dit de l'Astre, Escuyer, Seigneur de Noisay, dont elle eut Guillaume, Charles & Anne de l'Astre, morts sans enfants.

Crafort. 5. Henriette d'Erian, mariée à Henry de Crafort Escuyer, Seigneur de Longchamp & de la Voyerie, en mil quatre cents quatre-vingts huict, puis en secondes nopces auec Iean Mallerert Escuyer, en mil cinq cẽts dix-huict, dont elle n'eut point d'enfants. Mallerert.

Preston. 5. Pregente d'Eriã, mariée à Edoüard Preston, Escuier.

Esuier. 5. Marguerite d'Erian, mariée à Laurent Esuier, en mil quatre cents quatre-vingts-vn: puis en secondes nopces à Alexandre de Glais Escuyer, Seigneur du Ponceau, & de la Menegauderie, Archier de la Garde Escossoise du Roy, dont elle n'eut point d'enfants. Glais.

5. Helene d'Erian, Prieure de Myré.

V.

Charles d'Erian Escuyer, Seigneur de la Rochere, d'Orfeüille, des Ouches, de Beauregard, &c. espousa en premieres nopces, le second iour de May mil quatre cents cinquante-huict, Phileberte du Pont, fille de noble homme Guillaume du Pont Escuyer, Seigneur de la Guespiere, qui fit homage au Roy de la terre de la Guespiere & du lieu du Plessis bois-chaste, le quatorziesme de Iuin mil quatre cents trente-&-vn, & encore de la terre de la Bardeliere, à cause de Damoiselle Ieanne de Neuuis sa femme, l'onziesme iour de Ianuier mil quatre cents soixante-huict, puis Philberte du Pont estant decedée le vingt-quatriesme iour de Ianuier, mil quatre cents quatre-vingts-cinq, & enterrée dans sa Chapelle de l'Eglise Parrochiale de Noisay, deuant l'Autel saint Blaise; Charles d'Erian se remaria en secondes nopces, le seiziesme iour d'Avril mil quatre cents quatre-vingts six, auec Damoiselle Antoinette Richard, fille de noble homme Iean Richard Escuyer, Seigneur de Puychaut, de la Parroisse de Viuonne, pres Poictiers: ce qui se passa en la maison de noble homme Guillaume Sauary, Seigneur de Bleré, oncle de ladite Damoiselle, lequel luy donna son mariage, argent content. Il viuoit encore en l'année mil quatre cents nonante-quatre, & sa femme Antoinette de

Du Pont. Richard.

Puychaut le suruesquit dans les années mil quatre cents nonante-neuf & mil cinq cents trois. Les enfants du premier lit, furent

6. Iean d'Erian en mil quatre cents cinquante-neuf, mourut ieune, & fut enterré à Bleré dans la Chapelle de Sainte Agnes.

6. Marguerite d'Erian, née à la Guespiere le dix-septiesme Ianuier mil quatre cents soixante-deux: fut mariée à Guillaume le Breton Escuyer, & eut en mariage la Seigneurie d'Orfeüille en mil quatre cents septante-huict. Puis en secondes nopces elle espousa Pietre-pé Escuyer, en mil cinq cents vn. Le Breton. Pietre-pé.

6. Perrette d'Erian, née à la Guespiere, le vingt-cinquiesme de Mars mil quatre cents soixante-quatre. fut mariée à Christofle de Pois, dont elle eut Pasquier, Charles, Auoye, & Christoflete de Pois, & mourut deuant son mary. Pois.

6. Louyse d'Erian, née à Orfeüille l'onziesme iour de Iuillet mil quatre cents soixante-cinq, & fut mariée à noble homme Guillaume Dromont, Escuyer. Dromont.

6. Isabeau d'Erian, née à Orfeüille le quinziesme d'Aoust mil quatre cents soixante-sept, & fut mariée à Ardoin Loile, Escuyer. Loile.

6. Agnes d'Erian, née à Orfeüille le dixiesme iour d'Aoust mil quatre cents septante-deux, & fut Religieuse, & Sacristaine de l'Abbaye de Beaumont-lez-Tours, en mil cinq cents sept, & mil cinq cents vingt.

6. Marie d'Erian, née à la Rochere le cinquiesme iour de Ianuier mil quatre cents septante-quatre, fut religieuse à Beaumont-lez-Tours.

Les enfants du second lit, furent

6. Thomas d'Erian, dont il sera parlé en suitte.

6. Catherine d'Erian, née le dix-huictiesme d'Auril mil quatre cents quatre vingts huict. Elle fut mariée à Thomas Mauriçon Escuyer, Seigneur de la Guenaudiere. Mauriçon.

6. Anne d'Erian, née le vingt-neufuiesme Octobre, mil quatre cents quatre-vingts neuf, fut mariée à Estienne de Saulis Escuyer, Seigneur de Vaumore.

Saulis.

6. Loyse d'Erian, née le dixiesme de May mil quatre cents nonante deux.

VI.

Thomas d'Erian Escuyer, Seigneur de la Rochere; du Ponceau & de Thillouze, naquit le vingt-huictiesme iour d'Avril mil quatre cents quatre-vingt sept. Et le Dimanche dernier iour d'Aoust mil cinq cents cinq, il espousa dans la Chapelle de Monpepon, Damoiselle Antoinette de Vouhet, fille de Messire Iaques de Vouhet Cheualier, Seigneur de Villeneuue & de Marie Dupuy, fille de Louys Dupuy, Seigneur du Couldray, & de Catherine de Prie, fille d'Antoine de Prie, Seigneur de Busançois, & de Magdelaine d'Amboise, fille de Hugues d'Amboise & de Marguerite de Ianuille. Laquelle Antoinette de Vouhet renonça à la succession de ses pere & mere, en faueur des hoirs masles, moyennant deux mille liures, qui luy sont baillées en contemplation de son mariage: elle a suruescu long-temps son mary, apres luy auoir laissé pour enfants

Vouhet.

7. Marguerite d'Erian, née le troisiesme d'Aoust mil cinq cents six, & fut mariée en l'année mil cinq cents vingt-six à Estienne L'Aleman Escuyer, Seigneur de Chaumont, en la Parroisse de Coursselles en Nyuernois.

L'Aleman.

7. Hector d'Erian, né le 9. de Ianuier 1508.
7. Louyse d'Erian née le 15. Iuillet 1510.
7. Pierre d'Erian, dont il sera parlé en suitte.
7. Marguerite d'Erian, née le 18. Mars 1513.
7. Christofle d'Erian, né le seiziesme Iuillet mil cinq cents quinze, fut baptisé à Vernou, & tenu sur les Fons par Christofle de Brilhac Archeuesque de Tours, & par l'Archidiacre d'Aualon, & Madame de S. Mauris, femme du grand Fauconnier de la

Reine. Il espousa Antoinette de Clermont, Dame de Fougeres.

7. Iean d'Erian, Seigneur de la Sale, qui a fait branche, & en sera parlé apres la descente de Pierre, son frere ainé.

7. François d'Erian, né le 22. Fevrier mil cinq cents dix-huict. Il fut Seigneur de Vauguerin, & espousa Marguerite de Chasteauchalon, dont il eut trois filles, Ieanne, Helene, & Claude d'Erian. Chasteauchalon.

7. N. d'Erian, né le deuxiesme Iuillet mil cinq cents vingt.

7. Gabriel d'Erian, né le douziesme de Fevrier mil cinq cents vingt-quatre, mourut sans estre marié.

7. Françoise d'Erian, née le cinquiesme de Fevrier mil cinq cents vingt-deux, fut Religieuse au Monastere de la Trinité de Poictiers, sous l'Abbesse Ieanne de Clermont, en mil cinq cents quarante-& vn, & mil cinq cents cinquante-six

VII.

Pierre d'Erian Escuyer, Seigneur de la Rochere, naquit le Samedy vingt-quatriesme iour de Iuillet mil cinq cents douze. Il fut Capitaine d'Ingrande en l'année mil cinq cents quarante-deux, & auoit espousé en l'an mil cinq cents trente-huict, Damoiselle Anne de Guiet, fille de noble homme Christofle de Guiet Escuyer, Seigneur de la Forest, & de Brérobert, Conseiller du Roy, Reformateur General des Greniers à Sel & Gabelles de France, & Preuost de Mess. les Mareschaux par tout le Royaume de France, & de Françoise le Porcher. Anne de Guiet mourut fort ieune, auant son mary qui deceda le neufuiesme d'Octobre, mil cinq cents cinquante, ne laissant qu'vne fille vnique. Guiet.

8. Françoise d'Erian, qui suit.

VIII.

Françoise d'Erian, Dame de la Rochere & de Noisay, espousa en premieres nopces, l'an mil cinq cents cinquante-huict, Claude de Marolles Escuyer, Seigneur de Marolles.

Marolles, en presence de Damoiselle Antoinette de Vouhet, son ayeule paternelle, & de ce mariage sortirent,

9. Claude de Marolles, mon pere, dont i'ay parlé dans sa genealogie.

9. Louys de Marolles, Seigneur de la Rochere.

9. Gabrielle & Charlotte de Marolles, mortes sans estre mariées.

Puis Françoise d'Erian estant demeurée veuue en l'année mil cinq cents soixante-neuf, se remaria en secondes nopces auec Nicolas Papillon Cheualier, Seigneur de Vauberaut, fils de Pierre Papillon & de Marie Preuost, dont elle eut

9. Polixene Papillon, Dame de Vauberaut, qui espousa Samuel Papillon, Seigneur de Sources, dont elle eut Nicolas & Susane Papillon, qui moururent ieunes.

9. Françoise & Tertia Papillon, mortes sans estre mariées.

Seconde Branche de la Maison d'Erian.

IEan d'Erian Escuyer, Seigneur de la Sale, troisiesme fils de Thomas d'Erian Seigneur de la Rochere, & d'Antoinette de Vouhet, naquit le dix-septiesme iour de Ianuier mil cinq cents dix sept. Il espousa Anne de la Ferté, fille de Claude de la Ferté, Seigneur de la Sale, Parroisse de Souuigné, & d'Enzans Parroisse de Noisay, & de Ieanne Moreau, fille de Iean Moreau, Seigneur de la Munnerie, & de Ieanne de Chastenet, Dame du Foüillet, de laquelle Anne de la Ferté, qui estoit muette & sourde; mais l'vne des plus belles femmes de son temps, il eut

La Ferté.

8. Palamedes d'Erian, qui suit.

8. Ieanne d'Erian, mariée à noble homme Louys de Bonnefoy, Seigneur de Lormeau, dont elle eut

Barthelemy, qui n'a point laissé d'enfants, Helene de Bonnefoy mariée au Sieur de Vaugeois, dont sont sortis plusieurs enfants, & entre-autres Louïse Gilbert, seconde femme de Gabriel de Bridieu Seigneur de Claueau, dont il y a aussi des enfants: Anne de Bonnefoy, mariée au Sieur de la Dauiere, dont il n'y a point d'enfants; & Marguerite de Bonnefoy, femme du Sieur de Villemié.

8. Marguerite d'Erian, mariée à noble homme Philippe de Bergerac Sieur de Ragonnant, dont elle n'eut point d'enfants.

8. Anne d'Erian, mariée à Iean du Faure de la Vicomté de Turene, Escuyer, Seigneur d'Enzans, dont elle a eu Charles & Claude du Faure.

8. Gabrielle d'Erian, celle qui eut soin de mon education, quand i'estois dans mon enfance, & depuis mariée à Iean du Breüil Escuyer.

VIII.

Palamedes d'Erian Escuyer Seigneur de la Sale, espousa en premieres nopces Antoinette de Marolles, fille d'vn Cadet d'vne branche fort éloignée de nostre Maison, dont il n'eut que deux filles, Anne & Gabrielle d'Erian, qui moururent ieunes. Puis il espousa en secondes nopces Brigide de Quenoüilles, fille de Iean de Quenoüilles, Escuyer Seigneur du Deluge en Beauuoisis, & d'Antoinette de Bernac de Paris, lequel Iean de Quenoüilles estoit fils de Michel de Quenoüilles, & de N. de Courcelles: & de ce mariage sont sortis,

9. Florent d'Erian Seigneur de la Sale, Gentil-homme bien fait & de grande valeur, qui fut tué à Paris, aagé de trente-trois ans.

9. Iaques d'Erian, qui suit,

9. Anne d'Erian, morte fille en mil six cents cinquante-deux.

9. Marguerite d'Erian, Religieuse à Paris, au Monastere de Sainte Elisabeth.

9. Gabrielle d'Erian.

9. Helene d'Erian, mariée à noble homme Charles le Chertier Escuyer Sieur du Viuier, veuf de Françoise du Prat, fille de Iean du Prat Escuyer Sieur de Brunac, dont il auoit eu Louyse Religieuse aux Filles Dieu de Chartres Marie femme de Gabriel de la Garde, Sieur de la Gouric, & Iaques Chertier Cornette dans le Regiment de Canillac, aagé de vingt quatre ans: & d'Helene d'Erian sont sortis Michel Chertier Capitaine d'Infanterie dans le Regiment de Touraine, aagé de vingt ans. Daniel, Antoine & Marie Chertier. Helene d'Erian leur mere mourut en mil six cents cinquante-trois.

9. Marie d'Erian, mariée à Eme Greslin, Commissaire extraordinaire des Guerres de Flandres, originaire de Berry, n'a point d'enfants.

9. Ieanne d'Erian, Religieuse à Roüen.

9. Brigide d'Erian.

9. Isabel d'Erian.

IX.

Iaques d'Erian Escuyer, Seigneur de la Sale, espousa en premieres nopces Susanne de Villereau, dont il y a vn fils Iaques d'Erian. Puis en secondes nopces il espousa Ieanne Pezard, fille de Pierre Pezard, Escuyer Sieur de la Coudraye, mort au siege de Bosleduc, & de Marie Fouchet, duquel mariage il y a deux fils, Charles & Louys d'Erian.

Autre Branche des d'Erian, induite d'vn acte de la fondation de la Chapelle saint Yues, dans l'Eglise de saint Iean en Greue à Paris.

YVes d'Erian, de qui les Armes sont semblables à celles d'Alain d'Erian, excepté que la viure d'hermine n'est pas accompagnée de trois testes de Lion arrachées, ce qui me fait croire que cet Yues estoit l'ainé, ou de la branche de l'ainé. Il est qualifié Seigneur de Condéſur-Marne, ou ſur Morin, de Sainte-Cibiere, de Boiſgarnier, des Hautes-maiſons, & de Mareüil-lez-Meaux, Maiſtre des Comptes: & auec Anne l'Alemande ſa femme, il fit la fondation de la Chapelle ſaint Yues dans l'Egliſe de ſaint Iean en Greve à Paris, où il ordonna par teſtament, que vingt-quatre liures de rente fuſſent amorties. Il eſt repreſenté auec ſa femme dans les vitres de cette Chapelle. L'Aleman.

Martin d'Erian, Notaire & Secretaire du Roy, Seigneur de Condé, Sainte-Cibiere, Boiſgarnier, & des Hautes-maiſons lez-Meaux, eſpouſa Deniſe de Vaudetar, fille de Iean de Vaudetar, Seigneur de Poüilli, Vanures, Iſſi, Charonne, Baignolet, Saint-Port, Boiſſiſe, premier Valet-de-Chambre du Roy Charles cinquieſme, & Damoiſelle Pernelle de la Riuiere, Dame de Liury-ſur-Seine. Ce Iean de Vaudetar fut depuis Conſeiller General des Finances, c'eſt à dire Intendant ſous Charles ſixieſme, & eſtoit fils de Guillaume de Vaudetar Gentil homme Lombard, qui ſe donna au ſeruice de Philippe Comte de Valois, lors qu'il fut Lieutenant pour le Pape Iean XXII. & fut ſon premier Valet-de-Chambre; il portoit en ſes Armoiries faſcé de ſix pieces d'azur & d'argent: & du mariage de Martin d'Erian ſortit Vaudetar.

Yues d'Erian, Clerc du Roy en ſon treſor, lequel mourut ſans enfants, & fit ſes heritiers Iean & Artus de Vaudetar, ſes couſins germains, enfants de Pierre de Vaudetar, & de Marguerite de Chanteprime. Ce Pierre de Vaudetar fils de Iean de Vaudetar, mentionné cy-deſſus: Le tout à la charge de fonder vn Chapellain en la Chapelle ſaint Yues de l'Egliſe Parrochiale de ſaint Iean en Greve.

GENEALOGIE DE LA MAISON de Menou, à cause de Monſ. de Menou, mon beau-frere, qui eſpouſa Magdelaine de Marolles ma ſœur, & de ma belle-ſœur Jeanne de Menou ſa fille, femme de Monſ. de Marolles, mon frere.

Menou porte de gueules à la bande d'or.

I.

MEnou, ou Manou, eſt vne Seigneurie dans le pays du Perche, aupres de Chaſteauneuf en Thymerais. Elle appartenoit à Guillaume de Feüillet, Seigneur de Feüillet & de Menou, comme il ſe iuſtifie par vne ancienne charte de l'Abbaye de Tyron, en datte de mille cent vingt-&-vn. Et vn chartulaire de l'Eueſché de Chartres fait mention de Geruais de Menou, & de Simon ſon frere, en l'année mille deux cents neuf.

Nous aprenons auſſi de quelques titres de l'Egliſe de ſaint Martin de Tours, deſquels il y a copies collationnées au treſor des chartes de Chaſteauneuf en Thymerais, que Nicolas de Menou viuoit en l'année mille deux cents cinquante-trois : & par cette lettre il est qualifié Cheualier Seigneur de la Salle, d'Irlou & des Friches, en la Parroisse de Digny pres Chasteauneuf en Thymerais : & pour les bons & agreables seruices qu'il auoit rendus à Hugues de Chasteauneuf & à Iean de Chasteauneuf son fils, Alienor de Chasteauneuf sœur de Iean, luy donna toute iustice sur les terres qu'il possedoit dans l'estenduë de la Baronie de Chasteauneuf. Il fut pere de Chasteau-neuf.

2. Iean de Menou, qui suit.

II.

Iean de Menou, Seigneur de la Sale, d'Irlou & des Friches, viuoit en 1270. comme il paroist par le don que Richard de la Roche, qui auoit espousé Alienor de Chasteauneuf, fit à Iean de Menou, fils de Nicolas, pour les bois à luy appartenants aux Bessieres de Digny, auec tout droit de Iustice. Il transigea auec vn nommé Guillaume de Grogniaux Escuyer, pour la succession appartenante à Marguerite Damileschamps sa femme, par le deceds d'Euerard Damileschamps son frere. D'où vient que ce lieu-là s'appelle encore auiourd'huy la Sale Damileschamps, en la Parroisse de Digny. Damileschamps.

En l'année 1345. ce mesme Iean de Menou, Seigneur des Frisches, ou peut-estre son fils, qui s'appelloit comme luy, obtint main-leuée de sa Iustice, contre le Procureur Fiscal de Monseigneur le Comte d'Alençon lors Seigneur de Chasteauneuf en Tymerais, par l'aquest par luy fait de Richard de la Roche, & d'Alienor son espouse. Mais en l'année 1467. ceux de Menou ne tenoient plus cette terre des Frisches, ni la Sale d'Irlou, ni Damileschamps : car vn certain Richard des Vaux en auoit obtenu main-leuée pour sa Haute Iustice, auec le droit d'Aubeines & de Forfaitures, & les vendit au Roy en l'année 1481. au profit de l'Eglise de S. Martin de Tours ; de sorte qu'en l'année 1487. le sixiesme iour de May, les Chanoines de cette Eglise en firent foy & homage à Chasteauneuf, & en payerent soixante sols pour le rachapt abonné à cette somme. Le tout cy-dessus extrait des tiltres du tresor de saint Martin de Tours. Mais par les tiltres qui sont entre les mains de M. de Menou Seigneur de Boussai, l'aprens

Melun. Comme Madame Aalis de Melun, veufue de defunct Messire Simon de Menou Cheualier, Seigneur de Menou au païs du Perche, fit son testament, par lequel elle eleut sa sepulture dans l'Eglise de l'Abbaye de Bellomer, au Diocese de Chartres, aupres de son mary, faisant mention de Collinet, & de Ieannet de Menou, ses enfants.

De ce Simon de Menou Cheualier il est parlé dans l'Histoire de Dreux escrite par André du Chesne, auec Robert le Vidame, pour bailler au Comte Iean de Dreux quatre mille liures en argent, auec mille liurées de terres, à asseoir en la Chastelenie de Cerno, par Henry Seigneur de Suilli Boutiller de France, auant l'an 1409. Hist. de Dreux, fol. 106.

Or de Simon de Menou, & d'Aalis de Melun son espouse, ou de Iean de Menou, Seigneur des Frisches, & de Marguerite Damileschamps, sortirent entre-autres enfants,

3. Nicolas, ou Colar de Menou, qui suit.

3. Ieanne de Menou, Religieuse à Bellomer, & sœur de Nicolas, comme il se iustifie par vn tiltre de Boussay en l'an 1372.

III.

Nicolas, ou Colar de Menou Cheualier, fut marié deux fois: la premiere auec Ieanne Pean, de la maison de Palleau: la seconde auec Marguerite de Clermont, tiltre du Boussai. Vn aueu de Pierre Sabart valet, en datte de 1355. lequel m'a esté donné par Monsieur le Marquis d'Heruaut, fait mention de luy, & l'appelle noble homme & puissant Seigneur, Colar de Meno, Cheualier, Sire de Meno & de Seneuieres, auquel ledit Pierre Sabart valet, au nom de Ieanne de Boissimon sa femme, rend par aveu la dixme de la Parroisse saint Hyppolite, partageant

Pean. Clermont. Sabart. Boissimon.

par indiuis auec le Seigneur du Breüil-doré, à cause de Seneuieres, le Seigneur de Menou ayant le bail de ses enfants, & de fuë noble Dame Ieanne Peane, iadis son espouse. Ses enfants du premier lit, furent

4. Iean de Menou l'aisné, qui suit.

4. Perrinet de Menou, mort sans posterité.

4. Amauri de Menou, qualifié Seigneur du Mée en l'an 1370. tit. du Mée, & par les Memoires de M. de Baudiment, il se trouue qualifié Cheualier & Seigneur de Iupilles, & donna sur ses tailles de Iupilles à l'Eglise sainte Menhoust de Palluau, dix liures de rente, afin de prier Dieu pour luy. Il mourut aussi sans posterité, & sa succession fut recueillie par Iean de Menou l'aisné, & Iean de Menou le ieune, ses freres, l'an 1372. *til. de Boussay.*

4. Alis de Menou, mariée à Veron le Vert Cheualier, mourut aussi sans posterité. Le Vert.

Du second lit.

4. Iean de Menou le ieune, lequel auec Iean de Menou l'aisné, son frere du premier lit, partagea l'heredité échuë, par la mort de Perrinet & Amauri de Menou leurs freres; c'est à sçauoir la terre & seigneurie de Iupilles & autres appartenances assises à Issoudun, & les dixmes appellées les Dixmes de S. Georges pres Issoudun, lesquelles furent laissées à Iean de Menou le ieune, à la charge aussi qu'à Iean de Menou l'aisné, il quitteroit le lieu & Chastel de Menou, en l'an 1372. *til. de Boussay.* Il mourut aussi sans posterité. Marguerite de Clermont sa mere viuoit encore l'an 1377.

IV.

Iean de Menou l'aisné, Seigneur du Mée, de Boussay, de Seneuieres, de Longny, & autres lieux, fut conioint en mariage auec Agnes de Galardon, auant l'an 1372. apres Galardon. la mort de laquelle il fit partage à ses enfants, le neufuiesme iour d'Aoust de l'année 1401. & viuoit encore en 1402. *til. de Boussay.* Vn aveu luy fut rendu, à cause de Seneuieres, par Ieanne Dosee, pour les bois d'Yuernau en 1398. *til. communiquez par M. le Marquis d'Heruault.* Ce Iean laissa de son espouse les enfants qui suiuent.

5. Iean de Menou Cheualier, lequel apres le deceds de sa mere Agnes de Galardon, fut apannagé par son pere de tous & chacuns les biens qui pouuoient appartenir à ladite Agnes, & encore de la terre de Iupilles : mais ce Iean mourut sans laisser de posterité, & sa succession fut recueillie par Iean de Menou, fils de Perrinet de Menou, & par Louys de Menou, fils de Collinet de Menou, ses neveux : & encore par Isabeau de Menou sa sœur, enuiron l'an 144. *til. de Boussay & de Villegongis.*

5. Perrinet de Menou, Seigneur de Boussay, qui suit.

5. Collinet de Menou, Seigneur du Mée, dont la posterité sera escrite apres celle de son frere.

5. Isabeau de Menou, qui fut apanagée de la terre & seigneurie de Seneuieres, en l'an 1401. & la porta à Guillaume de Tranchelyon Cheualier Seigneur de Marreau, puis de Palluau, qu'elle espousa, & dont elle eut Iean de Tranchelyon Seigneur de Palluau, & Ieannet de Tranchelyon Seigneur de Seneuieres. Vn aveu luy est rendu, à cause de Seneuieres par Geofroy de Fougeres, pour la moitié d'vne grand'Dixme au Bridore, en 1419. *tilt. communiquez par M. le Marquis d'Heruault.*

Tranchélyon.

V.

Perrinet, ou Pierre de Menou Cheualier, Seigneur de Boussay, & de la Forge, fut apanagé des seigneuries de Boussay & de la Forge, apres le decez de sa mere, le neufuiesme iour d'Aoust 1401. & de l'authorité & du consentement de son pere, il espousa Marguerite de Fougieres, fille de Messire Yndes de Fougieres Cheualier, & de Ieanne de la Celle sa femme, en presence de nobles personnes Messire Guillaume Guenand Cheualier Seigneur des Bordes, Messire Iean de Menou Cheualier, Guillaume de Tranchelyon, Bertrand de Tranchelyon, Imbaud

Fougieres.

Imbaud d'Azay, Collinet de Menou, Guyot de Fougieres, Adam d'Azay, Phelippon de Fougieres, Le cinquiesme de Fevrier 1402. *til. de Baussay.* & dans vne vieille vitre de cette seigneurie, i'ay veu les Armes de Menou, qui sont de gueules à la bande d'or, parties auec vn Escusson d'azur chargé de trois gerbes d'or, où est escrit au dessous, les Armes de Pierre de Menou Amiral de France, & de Dame Marguerite de Brosse, sa compagne & espouse. Brosse.

6. Iean de Menou, qui suit.

6. Philippes de Menou, mariée auec Messire Louys de la Marche Cheualier, le 20. de May 1435. LaMarche.

VI.

Iean de Menou Cheualier, Seigneur de la Ferté, & depuis du lieu de Menou, de Boussai, de la Forge, & de Villegongis, espousa Iaquette de Chamborant, fille de noble & puissant Seigneur Foucault de Chamborant, le 3. iour de Ianuier 1435. & afin que le nom & les armes pleines de Menou, que deuoit porter Trignan de Menou son fils aisné, pussent mieux & plus honorablement estre entretenus apres son deceds, il promit de luy laisser toutes & chacunes les terres qu'il auoit en Berry, ensemble la terre & seigneurie de Vauzelle & autres apartenances, delaissées par le trepas de fuë Iaquette de Chamborant son espouse, aussi la terre & seigneurie de Menou, & autres apartenances au païs du Perche: & à Philippes son second fils, deuoient demeurer les terres & seigneuries de Boussay & de la Forge, l'an 1469. Ce Iean suruesquit Trignan de Menou son fils aisné: & de son espouse Ieanne de Chamborant, il laissa Chamborant.

7. Trignan de Menou Escuyer, Seigneur de la Ferté, qui suit.

7. Philippes de Menou, Seigneur de Boussai, dont il sera parlé cy-apres.

7. Catherine de Menou, mariée à noble homme Claude de la Chastre Escuyer, fils de noble homme Pierre de la Chastre aussi Escuyer, Seigneur de La Chastre.

Nancey, & de Marguerite Rouye, & eut en dot dix-huict cents escus d'or, l'escu valant vingt-sept sols six deniers, le 23. iour de Nouembre 1460.

VII.

Trignan de Menou Escuyer, Seigneur de la Ferté, Vauzelle, Villegongis en Berry, & de Menou au païs du Perche, lequel fut fort auantagé par son pere Iean de Menou, comme il a esté dit, en l'an 1469. espousa Andrée de Nozai, ou de Noroy, fille vnique de noble homme Eustache de Noroy Escuyer, Seigneur de Mancieux & de Tusseau. *Tilt. de Boussai & de Villegongis*, & de ce mariage sortirent deux filles.

Noroy.

8. Marquise de Menou, Dame de Villegongis, dont il sera parlé en suitte.

8. Magdelaine de Menou, mariée à Lancelot de la Touche, l'an 1482. *Tilt. de Boussai.*

La Touche.

Mais ces deux filles estant demeurées mineures d'ans, apres le deceds de Trignan de Menou leur pere, Philippe de Menou leur oncle, Seigneur de Boussai, fut élu leur Tuteur en la presence de Messire Gilbert de Chamborant Abbé de Massai, oncle maternel, Frere Gilbert de la Brosse Prieur de la Chapelle, Louys de Fougieres, cousins & proches parents desdites Damoiselles, le 28. de Iuillet 1473. *Tilt. de Boussai.* Puis Andrée de Noroy leur mere, se remaria en secondes nopces auec N. de Blanchefort, Baron de S. Ianurin Maire de Bordeaux, d'où sont descendus ceux de Crissai, qui ont partagé la terre de Targé. *Memoires de M. de Baudiment.*

Blanchefort.

VIII.

Marquise de Menou, Dame de Vauzelle, Villegongis & Iupilles, comme il se prouue par l'accord fait auec Abel de Brisay, Seigneur de Beaumont, fils d'Emery de Brisay & de Louyse de la Lande, pour tout le droit successif qui luy pouuoit appartenir, & à Magdelaine de Menou sa sœur, en la succession de feu Messire Iean de Menou, & de Iaquette de Chamborant leurs ayeul & ayeule, le deuxiesme de Decembre, mil quatre cents

Brisay.

quatre-vingts deux. *Tilt. de Boussai*: & de ce mariage, selon que ie l'ai appris des Memoires de M. de Baudiment', sortirent les enfants cy-apres.

9. Iaques de Brisay Cheualier, Capitaine de cinquante Hommes-d'armes des Ordonnances, Seneschal de la Haute & Basse Marche, qui espousa Auoye de Chabanes, fille de Messire Iean de Chabanes, Mareschal de France, & de Susanne de Bourbon, Comtesse de Roussillon, & Doüairiere de Dammartin, dont sortit Charlotte de Brisai, fille vnique, mariée à Pierre de Neufcheses Seigneur de Baudiment & de Beaumont, pere de Geofroy de Neufcheses, Seigneur de Baudiment, de qui est sorti Honorat de Neufcheses aussi Seigneur de Baudiment, pere de Iaques de Neufcheses, & de Melchior, Seigneur de Villegongis. Chabanes.

9. Claude de Brisai, mort Gouuerneur de Milan.

9. Marie de Brisai, mariée à Iean Guillaume de Sanazar, Comte de Gerolles, demeurant à Casal, dont sont sortis Iaques Comte de Gerolles, & Charles de Sanazar. Sanazar.

9. Iaquette de Brisai, mariée à François de Mauuoisin, Sieur de la Forest, en la Parroisse de Coursai en Bourbonnois, & de Beaupesche, dont sont sortis Gabriel de Mauuoisin espoux d'Anne du Plessis-Richelieu, & François de Mauuoisin Cheualier de Malthe, Commandeur de Villefranche. Mauuoisin.

9. Marguerite de Brisai, mariée à Antoine de la Brosse, Seigneur de S. Christofle en Bardelle, dont est sorti Iaques de la Brosse, mort sans enfants, & Louyse de la Brosse, depuis mariée à Guillaume de Betoüillac, Sieur d'Archys. La Brosse.

9. Adriane de Brisai, mariée à Iean de Villebresme, Seigneur de Fougeres, pres Contre. Villebresme.

VII.

Philippes de Menou Escuyer, Seigneur de Menou, de Boussai, de Meré, de la Forge, de la Thorate, & de Pingré, depuis Cheualier, Conseiller & Maistre-d'Hostel ordinaire de la Reine, Seigneur de Billi, de Charnisai, & de Beauuolier, estoit second fils de Iean de Menou Cheualier, & de Iaquette de Chamborant son espouse, & frere puisné de Trignan de Menou. Il fut éleu Tuteur de Marquise & de Magdelaine de Menou ses niepces, en 1473. & fut conioint en mariage auec Damoiselle Antoinette de la Tousche, fille de Hardoin de la Tousche Escuyer, Seigneur de Vilaines, des Roches, du Gué, & des Roches de Ciurai, & de Damoiselle Louyse de Billy, iadis son espouse, le 8. iour d'Octobre 1474. Il fit son Testament le 14. iour de Mars 1515. par lequel il ordonna d'estre enterré aupres de sa femme Antoinette de la Tousche, sous la voûte qu'il auoit fait faire dans l'Eglise Parrochiale de S. Laurent de Boussai, en la Chapelle de S. Sebastien, & S. Antoine. *Tilt. de Boussai*. Ie croy que les Armes de la Tousche sont de gueules à trois fusées d'argent : & de ce mariage sortirent

La Tousche.

8. René de Menou, Seigneur de Boussai, qui suit.

8. Philippes de Menou, mariée à noble homme Iean Isoré, fils d'Antoine Isoré, & de Ieanne de Boisiourdain, Seigneur de Fontenai & d'Amenon.

Isoré.

8. Anne de Menou, mariée à Messire Antoine de Chasteauneuf, Seigneur de Luçai-le-Mal, & de Gargilesse, le 5. d'Avril 1494.

Chasteauneuf. Luçai.

8 Perrine de Menou, mariée à noble homme Antoine des Essars Escuyer, Seigneur de Lye & de Thieux, le 2. iour de Ianuier 1505. presents nobles personnes Lancelot de la Tousche Escuyer, Seigneur des Roches-Tranchelyon, Iean Isoré, Seigneur de Fontenai, Iaques de Malemouche, Escuyer, Seigneur de Rouuray.

Essars.

VIII.

René de Menou Cheualier, Seigneur de Menou, Boussai, Billi & Charnisai, espousa Claude du Fau, Dame du Fau, de Mantelan, de Marai & Chastre, dont il eut Le Fau.

9. Iaques de Menou Cheualier, premier Echançon de la Reine, qui espousa Louyse d'Estampes, veuue de François de Genoüillac, Seigneur d'Assier & du Maignot, Capitaine de cinquante Hommes-d'armes des Ordonnances du Roy, demeurant à Dry au Diocese de Neuers, par l'aduis & conseil de Messire Claude de la Chastre Cheualier, Seigneur de la Maisonfort, & de Dame Anne Robertet sa femme, mere de Louyse d'Estampes, le 10. iour de Mars 1544. mais de ce mariage il n'y eut point d'enfants. Estampes.

9. Iean de Menou, Seigneur de Menou, qui suit.

9. René de Menou, Seigneur de Billi, ne fut point marié.

9. François de Menou, Seigneur de Charnisai, la posterité duquel sera representée apres celle de son frere. p 388.

9. Albin de Menou, mort ieune.

9. Auoye de Menou, mariée deux fois, la premiere auec Gaulcher de Meslai, Seigneur de Cerisai, Valentin & Rouneau, fils & principal heritier de feu Messire François de Meslai Cheualier, demeurant à Cerisai, Parroisse d'Asay-le-Boine, au païs du Maine, le 20. iour de Decembre 1555. duquel mariage ne sortirent point d'enfants. Puis en secondes nopces elle espousa Messire Anne de Chasteauchalon, Cheualier, Seigneur des Effes, Capitaine & Lieutenant de cinquante Hommes-d'armes des Ordonnances, sous la charge de M. de Villequier, le 13. iour de Decembre 1578. & de ce mariage ne sont point aussi sortis d'enfants. Meslai. Chasteau-chalon.

IX.

Iean de Menou Cheualier, Seigneur de Menou & de Boussai, espousa Michelle de la Chastre, fille de haut & La Chastre.

puiſſant Seigneur Meſſire Claude de la Chaſtre, Cheualier, Seigneur de la Maiſonfort, & de Dame Anne Robertet, le 10. iour de Decembre 1559. eſtant veuf de defuncte Dame Claude des Perſonnes, dont il auoit eu

Des Perſonnes. Gaignon.

10. Marie de Menou, mariée à François de Gaignon Eſcuyer, Seigneur de S. Bohere, de Sougny & du Gué de Lauelle, Gentil-homme de la Chambre du Roy, demeurant en la Parroiſſe S. Robert, au reſſort de Blois, le 20. de Mars 1575.

Et du ſecond lit ſortirent

10. Ieã de Menou, Seigneur de Menou & de Bouſſai, qui ſuit.

Châliuaut.

10. Charles de Menou, Seigneur de Mantelan, qui eſpouſa la fille de . . . . Seigneur de Chanliuaut, heritiere, dont il eut fils & filles, & a fait la branche de Chanliuaut.

10. René de Menou Eccleſiaſtique.

10. Ioachim de Menou, Cheualier de Malthe.

Vauſſai.

10. Claude de Menou, mariée à Marin de Vauſſai, Eſcuyer Sieur de la Barre, au païs du Maine.

Sainte-Fere.

10. . . . . de Menou, mariée au Sieur de Sainte-Fere.

Coulombiers.

10. Françoiſe de Menou, mariée au Sieur de Colombiers.

10. . . . . de Menou Religieuſe à Glatigni.

X.

Iean de Menou, Cheualier Seigneur de Menou & de Bouſſai, ſe fit de la Religion pretenduë reformée, dans laquelle il eſt mort, ayant eſté marié deux fois, la premiere auec Magdelaine Fumée, fille & heritiere de Martin Fumée Cheualier Seigneur de Genillé, & de Marie Loüet, depuis Dame de la Poſſonniere. La ſeconde fois auec Anne de Ploy, fille du Cadet de Rouſſillon en Saintonge, & petite-fille du Preſident Largebaſton, à Bordeaux, laiſſant du premier lit

Fumée.

Ploy.

11. René de Menou, qui ſuit.

Et du ſecond lit.

11. Iean de Menou, Lieutenant de la Compagnie de Monſ. de Hauteriue, en Hollande,

11. Charles de Menou Sieur de Billi, marié à Anne de Chaſteauchalon, fille du Sieur des Effes. Chaſteau-chalon.

11. François de Menou, mort ieune.

11. Philippes de Menou, Sieur de Montjean.

11. Henry de Menou, mort ieune.

11. Claude & Anne de Menou, mortes ieunes.

11. Marie de Menou.

11. Gabrielle de Menou.

XI.

René de Menou Cheualier Seigneur de Menou, de Bouſſai, de Genillé, & de la Roche-d'Alez, s'eſt allié auec Magdelaine Fumée ſa couſine, fille de Martin Fumée, Conſeiller du Roy & Maiſtre des Requeſtes de l'Hoſtel, & Seigneur des Roches ſaint-Quentin, & de Dame Magdelaine de Crauant, ſœur de M. le Vicomte de Brigueil, ſon eſpouſe, duquel mariage ſont ſortis dix-neuf enfants. Fumée.

12. Magdelaine de Menou, mariée deux fois. La premiere auec Louys de Bridiers Seigneur de Nouſerine, dont elle eut vne fille : Et la ſeconde auec Claude de Cluys, dont elle a laiſſé ſept enfants, eſtant morte en couche du dernier en la preſente année 1655.

12. Iaques de Menou, Enſeigne des Gardes de feu M. le Cardinal de Richelieu, & en ſuitte tué à Graueline.

12. Claude de Menou Religieuſe.

12. Deux Maries, l'vne deſquelles eſt Religieuſe, & l'autre eſt decedée en bas aage.

12. Anne Religieuſe, & vn petit garçon, mort en naiſſant.

12. Louys de Menou Seigneur de Genillé, qui ſuit.

12. François de Menou, Capitaine au Regiment de Normandie.

12. Magdelaine, Religieuſe.

12. Louys de Menou, deſtiné à la profeſſion Eccleſiaſtique.

12. Vn garçon & vne fille, morts en naissant.
12. René de Menou, Cheualier de Malthe.
12. Emond de Menou, Religieux.
12. Pierre de Menou, Enseigne dans la Marine.
12. Isabeau de Menou, & deux autres petits, morts en bas aage.

Puis René de Menou s'estant remarié en secondes nopces auec Louyse de Montfaulcon, il en a eu dix enfants, dont il n'y a d'en vie que Magdelaine, Françoise, Louyse, vn garçon appellé Claude, & deux autres qui n'ont point de nom.

XII.

Louys de Menou Seigneur de Genillé, a espousé Catherine Perrot, d'vne famille illustre dans la Robe, dont Monsieur de la Mal-maison, Conseiller au Parlement, est auiourd'huy le Chef; & de ce mariage sont sortis quatre enfants, René, Louys, Roger, & Catherine de Menou.

La Branche des Mess. de Charnisai, sortie de celle de Boussai.

IX.

FRançois de Menou Seigneur de Charnisai, quatriesme fils de René de Menou Seigneur de Menou & de Boussai, & de Dame Claude du Fau, espousa Earine du Renier fille du Seigneur de Chezelles & d'Antoinette du Val sa femme, dont il eût dix enfants masles. Renier, porte d'azur au soc d'or.

Du Renier.

10. René de Menou, Seigneur de Charnisai, Escuyer de l'Escurie du Roy, qui espousa Nicole de Iousseran, fille de René de Iousseran Seigneur de Londigni en Engoumois, & de Renée Robin, de la maison de la Tremblaye-Robin. Les Armes de Iousseran sont d'argent à l'Aigle de sable: & de ce mariage sortirent René de Menou, mort en Hollande, au siege de Breda: Charles de Menou Sieur d'Aunai, mort dans l'Amerique, où il a laissé posterité:

sterité : Iean de Menou, mort ieune : & Renée de Menou, Religieuse Carmelite, & Superieure au Conuent de Lion.

10. Cinq enfants masles, morts au berceau.

10. Vrban de Menou Seigneur d'Aubeterre, qui n'a point laissé de posterité.

10. François de Menou Seigneur du Chiron, qui espousa la veuue du Baron d'Equilli de Niuernois, dont il y a eu vn fils & deux filles.

10. Melaine de Menou Sieur de Charnisai, non marié.

10. Louys de Menou Sieur de Menou, s'est habitué en Bourgongne, où il a espousé Ieanne du Puy, fille de Marie du Puy Seigneur d'Igny, Trigni, Ratilli, Senan au païs d'Auxerrois, & de Emée d'Assus sa femme, duquel mariage sont sortis vn fils & trois filles, Louys, Magdelaine, Louyse, & Iaqueline de Menou. Le Puy porte en ses Armes d'argent à trois pals de sable. Le Puy d'Igny.

Genealogie de Menou, de la Branche du Mée.

V.

COllinet de Menou Cheualier Seigneur du Mée & de Longni, comme il se prouue par le partage entre luy ses freres, & sa sœur, le 9. iour d'Aoust 1401. estoit le troisiesme fils de Iean de Menou l'aisné, Cheualier Seigneur du Mée, de Boussai, de Seneuieres, de Menou, de Longny, & autres terres, & de Agnes de Galardon son espouse. Il espousa Isabeau Grasleul, Dame de la Boutelais, fille de Barthelemy Grasleul, Escuyer Seigneur de la Mothe Grasleul, laquelle estant demeurée veuue de Collinet de Menou, en l'année 1413. se remaria en secondes nopces auec Messire Pierre de Charnai, aupres de Remorantin. Puis en troisiesmes nopces, elle espousa noble homme Iean Sauari, Escuyer Seigneur de Lancosme, duquel elle demeura veuue en l'année mille Grasleul. Charnai. Sauari.

quatre cents trente-&-vn, & laissa de son premier mary,

6. Louys de Menou, qui suit.

VI.

Louys de Menou, Cheualier Seigneur du Mée, espousa Ieanne de Thais, fille de noble homme Iaques de Thais Seigneur de Cousieres & de Nantillai, & de Catherine Isoré sa femme, fille de Iean Isoré, Cheualier Seigneur de Plainmartin, & sœur d'vn autre Iean Isoré aussi Seigneur de Plainmartin, qui fut pere de Marie Isoré, femme d'Antoine Guenand: & de cette Ieanne de Thais & de Louys de Menou, qui mourut en l'année 1455. sortirent sept fils & sept filles; entre lesquels sont

Thais.

Isoré.

7. Iean de Menou, Cheualier Seigneur du Mée, qui viuoit en l'année 1492. & auoit espousé Oliue de Grassai Dame de Grassai & de la Maisonfort, enuiron l'an 1455. de laquelle il ne laissa point d'enfants. Cette Oliue de Grassai, fille de I. de Grassai & de Ieanne Rouye, cette Ieanne Rouye, depuis femme de Iannet de Tranchelyon. *Tilt. du Mée.* Par vne charte en datte de l'année 1483. Il est dit comme noble Damoiselle Oliue de Grassai Dame de la Maisonfort, suffisamment authorisée de noble & puissant Seigneur Iean de Menou Escuyer, son mary, fit vn échange auec noble homme Iean Maussabrai Escuyer Seigneur du Bois-saint-Pere. Ce Iean de Menou Seigneur de la Maisonfort, vendit à Pierre le Breton Escuyer Sieur de Chanceaux, le lieu de Longny dans la Chastelenie de Loches, en 1491.

Grassai.

7. Antoine de Menou, Seigneur du Mée, qui suit.

7. Philippe de Menou, Escuyer Seigneur de Poiriers, qui espousa Françoise de Marolles, fille d'Estienne de Marolles Cheualier, & de Catherine de Grasleul. *Tilt. du Mée & de Marolles.*

Marolles.

7. Hugues de Menou, Seigneur du Perier, en 1503.

7. Louys de Menou, Prieur de Louens.

7. François de Menou Prestre, Chanoine de Chartres, Seigneur de Cousieres.

7. Godemar de Menou, Religieux de Miserai, Prieur de Cloüé, & Curé de Puluoisin.

7. Ieanne de Menou, mariée auec Antoine Gastineau Escuyer Seigneur de la Chapelle-Hurtemale, dont elle eut Perrichon Gastineau Sieur de la Chapelle. Gastineau.

7. Renée de Menou, mariée à Iaques Douaut, Escuyer Seigneur de Sellon en Berri, pres Argenton.

7. Marie de Menou, mariée auec Pere de Grai, Sieur de Chambon. Grai.

7. Antoinette de Menou, espousa vn nommé du Chesne.

VII.

Antoine de Menou Seigneur du Mée, succeda à Iean de Menou, son frere ainé, faute d'hoirs masles. Il espousa Catherine Guenand, fille de Louys Guenand, Escuyer Seigneur de S. Ciran du Iambot, & d'Anne Cheualeau sa femme, en l'an 1496. Elle estoit parente au quatriesme degré d'Antoine de Menou son mary; c'est-pourquoy il falut obtenir dispense en l'année 1498: car elle estoit descenduë de Ieanne Grasleul, femme de Guy Guenand, & sœur d'Isabeau Grasleul, femme de Collinet de Menou. Et de ce mariage sortirent Guenand.

8. Emon de Menou, qui suit

8. Iean de Menou Seigneur de Cousieres, comme il paroist par vn tiltre de l'an 1510. Il espousa la veuue du Seigneur d'Autry, dont sortirent trois filles: la premiere mariée au Seigneur de Pontlong: la seconde au Vau de Valerre: & la troisiesme au Sieur de la Larrie. Autry.

VIII.

Emon de Menou Seigneur du Mée, espousa Catherine de Varennes sœur de Meri de Varennes Seigneur d'Arthon, par l'aduis & authorité de Messire Gabriel de la Chastre Seigneur de Nançai, oncle de Catherine de Varennes, qui estoit fille de Charlotte de la Chastre, sœur de Gabriel, de laquelle Catherine Emon de Menou laissa Varennes.

9. Iean de Menou Seigneur du Mée, qui suit

Rillou. 9. . . . de Menou, marié au Seigneur de Rillon, nommé Douaut.

Chargé. 9. . . . de Menou, mariée à Gabriel de Chargé Seigneur de Hautfleré.

9. . . . de Menou, mariée au Sieur du Rocheron.

IX.

Iean de Menou Cheualier Seigneur du Mée, fit partage auec ses sœurs en 1548. fit homage au Roy du fief de Puluoisin, le 18. de Decembre 1545. & fut conioint en mariage auec Françoise de Lanet de la maison de Champost, duquel mariage sortirent deux filles.

Lanet.

La Chastre. 10. Ieanne de Menou, mariée à Charles de la Chastre Escuyer Seigneur de Parai, dont elle a eu Charles, Iean & Siluine de la Chastre; l'aisnée mariée auec Marie Carré de la maison de Villebon, sorti Cadet de Charnai, en la Parroisse de Rouure-les-bois, & a laissé deux garçons & trois filles, l'aisnée desquelles appellée Marie de la Chastre, a espousé Pierre le Gras Sieur de Verneüil, l'aisné des garçons a espousé vne fille de Piegu en la Marche.

Hilaire. 10. Marie de Menou, mariée à Pierre Hilaire Seigneur de Saluert en Poictou, dont est sorti Iaques Hilaire, Curé de Puluoisin.

Puis en secondes nopces, Iean de Menou espousa Catherine Quinaut, fille de Gilles Quinaut, depuis Abbé de S. Genou, & de Françoise Bonnet, ladite Quinaut veuue de Pierre Bodichon, Lieutenant en la Preuosté de Chastillon, dont elle auoit eu vne fille, Marguerite Baudichon, mariée à Claude Cholé Escuyer Seigneur de la Ioubardiere: & de ce second mariage sortirent

Quinaut. Cholé.

10. Iaques de Menou Seigneur du Mée, qui suit

10. Emon de Menou, dont la posterité sera escrite apres celle de son frere.

Coagne. 10. Marie de Menou, femme d'Antoine Coagne Seigneur de Marteau, dont sont sortis quatre fils & quatre filles, Antoine de Coagne, tué à Chastillon par le Sieur de Malambert: Iean Ecclesiastique: Iaques Seigneur de Marteau: Charles, mort sans auoir esté marié: Catherine, Religieuse à Beauuoir: Magdelaine, femme de Iean de Coüé Sieur des Escuries: Marguerite, femme de Iaques de Sorbiers, Sieur de Maubois: & Françoise, Religieuse à Beauuoir. Iaques de Coagne Sieur de Marteau, ayant espousé Magdelaine d'Antienuille, a laissé huict enfants, & entre-autres Louys Seigneur de Marteau, qui a espousé Marguerite de Bonnafau, dont il y a vn fils & vne fille. Puis Iaques de Coagne s'estant allié en secondes nopces auec Magdelaine Cholé, en a laissé quatre fils & vne fille. Les Armes de Coagne sont d'hermines.

10. Marguerite de Menou, femme de Charles de Bridiers Seigneur de Nouzerine, dont sont sortis quatre fils & deux filles: Siluine de Bridiers, qui espousa Iaques de Montreux Seigneur de Tari: Louys de Bridiers, qui espousa Marie de l'Estan, & en secondes nopces Magdelaine de Menou, fille de René de Menou Seigneur de Boussai: Iean de Bridiers, marié à Ieanne de l'Estan, sœur de Marie: Louyse Religieuse: Gabrielle mariée à René de Sorbiers Seigneur de Manson: Siluain de Bridiers est aussi marié. Les Armes de Bridiers sont d'or à la bande de gueules. Bridiers.

X.

Iaques de Menou Cheualier Seigneur du Mée, fit l'hommage au Roy de la Seigneurie de Puluoisin, le 17. d'Aoust 1606. & se maria en premieres nopces auec Louyse de Rochefort, fille de Claude de Rochefort Seigneur de Sigi & de Luçai-le-mal, & de Claude de la Riuiere, son espouse, dont il a eu Rochefort.

11. Louys de Menou Seigneur du Mée, qui suit.

11. Marie de Menou, mariée à Charles de Graffar Escuyer Sieur d'Ormoye, dont il y a eu des enfants.

11. Claude de Menou, Religieuse au lieu Nostre-Dame.

11. Louyse de Menou, mariée à Henry de Carsardel Seigneur de Germenonuille en Beauce.

Grenezi. Puis en secondes nopces, il espousa Charlote de Grenezi, de la maison du Plessis-de-Cheles en Dunois, fille de Claude de Grenezi, Escuyer Sieur du Plessis-de-Cheles, & de Ieanne d'Amilli du païs du Perche: & de ce mariage sortit

11. Iaques de Menou, mort ieune & inhumé dans l'Eglise des Augustins de Chastillon, où Charlotte de Grenezi sa mere, auoit fondé vne belle Chapelle.

XI.

Baraudin. Louys de Menou Seigneur du Mée, fut conioint en mariage auec Damoiselle Claude Baraudin, fille puisnée de noble homme Honorat Baraudin, Escuyer Seigneur du Verger, & de Marie Cerisiers son espouse, le 22. iour du mois de Nouembre 1636. dont sont sortis cinq fils & neuf filles.

12. Charlotte.
12. François.
12. Louyse.
12. Marie.
12. Emon.
12. Louys.
12. Anne.
12. Claude.
12. Iaquette.
12. Marie.
12. Magdelaine, morte.
12. Angelique.
12. Vn fils & vne fille, qui n'ont point de nom.

X.

Emon de Menou Cheualier Seigneur de Menou, du Rabry & de Poiriers, frere puisné de Iaques de Menou Seigneur du Mée, fut marié deux fois: la premiere auec
Mareuil. Caristie de Mareuil, Dame de la Ferté Sainte-Faute, & de Troüillaut, fille vnique de Iean de Mareuil Escuyer, &
Sauzai. de Ieanne de Sauzai sa femme: ce Iean fils de Pierre de
Boisay. Mareuil, & de Renée de Boisai, fille de Iean de Boisai Escuyer Seigneur de Coursenay. Pierre de Mareuil, fils de

Ioachim de Mareuil & de Claude Sauari, fille de Blaise Sauari Escuyer Seigneur de Chesaugautier & de Ieanne Agesnes. Ioachim de Mareuil, fils de Iean de Mareuil l'aisné, & de Marie de Riuode, fille de Iean de Riuode Seigneur de Montaboulin. Iean de Mareuil l'aisné, fils de Guillaume de Mareuil & de Marie Guerine. Les Armes de Mareuil sont de gueules à cinq faces d'or. Riuode d'argent à la face de gueules, au Lion naissant de sable en chef. Sauari écartelé d'or & de sable: & du mariage d'Emon de Menou & de Caristie de Mareuil, est sortie Sauari. Riuode. Guerine.

11. Ieanne de Menou, mariée à Messire Louys de Marolles Cheualier, dont elle a eu plusieurs enfants. Marolles.

Puis Emon de Menou espousa en secondes nopces Madelaine de Marolles, ma sœur aisnée, qui mourut en couche du vingt-&-vniesme enfant, en l'aage de trente-six ans, le premier iour de l'an 1633. Ses enfants furent

11. Magdelaine de Menou, morte ieune.
11. Deux bessons, morts en naissant.
11. Vn fils, mort en naissant.
11. Michel de Menou, mort ieune.
11. Vn fils, mort en naissant.
11. Deux bessons, morts en naissant.
11. Siluain de Menou, qui deceda aagé d'onze ans, en 1627.
11. Charlotte de Menou, mariée en premieres nopces auec Charles le Bloy, Seigneur de la Pornerie, le 5. de Septembre 1635. dont elle eut Ieanne Gemée, qui mourut en bas aage. Puis son mary estant mort au mois de Nouembre de l'année 1636. elle espousa en secondes nopces Eustache Grasleul Seigneur de la Rochebreteau, le 16. de Feurier 1640. dont elle a eu trois enfants, Eustache, Gabriel & Louys Grasleul. Puis en troisiesmes nopces elle a espousé le 15. de Septembre 1647. Antoine de Montbel Seigneur de Champeron, fils de Robert de Montbel, Cheualier Seigneur de Champeron, & d'Anne de l'Aage de Puy-Laurens, dont il y a cinq enfants, Le Bloy. Grasleul. Montbel. L'Aage.

René, Iean, Charles, Antoine, & Marie.

11. Anne de Menou, Religieuse Augustine.

11. Iaqueline de Menou.
11. Iaques de Menou.
11. Louys de Menou.
11. Marie de Menou.
} morts ieunes.

11. Michel de Menou, mon filleul, mort en la fleur de sa ieunesse.

11. Polixene de Menou, mariée à Iean Renaud en Saintonge, dont il y a vne fille.

11. Deux bessonnes, mortes ieunes.

11. Magdelaine de Menou a espousé Iean de Moraille, Sieur de la Robertie, en la Marche.

11. Louyse de Menou, morte en bas aage.

Voicy ce qui se lit dans l'Histoire d'vn Seigneur de Menou. Ie croy que c'estoit Perrinet de Menou fils de Colar de Menou & de Ieanne Peane, de la maison de Paluau. Nicole Gilles en parle en cette sorte dans son Histoire de France, sous le Regne de Charles VI. en l'an-
» née 1413. Puis, dit-il, alla le Roy à Soissons, où tenoit
» pour le Duc de Bourgongne, Messire Enguerrand de
» Bournonuille, & vn Cheualier de Touraine, nommé
» Monseigneur de MENOV, en haine desquels, pour-
» ce qu'ils auoient tenu la ville contre le Roy, & tué He-
» ctor le Bon, Bastard de Bourbon, tandis qu'il parle-
» mentoit, & fut blessé au visage d'vn coup de fleche. La
» Ville fut prise d'assaut, pillée, & les Eglises saccagées,
» dont fut grand pitié & dommage: & là furent decapi-
» tez Enguerrand de Bournonuille, & le Seigneur de
» Menou, & Messire Guiot du Plessis, qui fut pris en
» l'Abbaye de S. Martin, & fut enuoyé à Paris, & decapi-
» té aux Halles.

Et dans les Annales de Bourgongne, escrites par Pa-
» radin au troisiesme Liure, en l'année 1414. Dedans Sois-
» sons, dit-il, estoit au nom du Duc de Bourgongne
Messire

Messire Enguerrand de Bournonuille, qui estoit la fleur « de Cheualerie de ce temps là. Auec luy estoient Messire Coillar de Fiennes, Lamon de Launoy, le vieil Seigneur de MENOV, homme non moins plein d'aage que de grandes richesses, & plusieurs autres Gentils-hommes.

Et plus bas au feüillet 582.

Aussi auec ledit Enguerrand, furent decapitez Messire PIERRE DE MENAV, Capitaine du commun de la Ville, Maistre Aussiel Bassuel Aduocat, & quatre Gentils-hommes, & vn Aduocat nommé Maistre Iean Tiret, qui estoit en grande reputation de Sçauoir & de Sagesse.

GENEALOGIE DE BRIDIEV,

à cause de ma sœur Polixene de Marolles, alliée dans cette Maison.

I.

LA maison de Bridieu, en la Parroisse de S. Hyriers au Diocese de Limoges, tomba en quenoüille: & Catherine de Bridieu Dame de Bridieu, en paya le rachapt à Iean d'Aubusson Seigneur de la Borne & de Montil, le 9. iour de Septembre 1415. estant deuenuë veuue de feu noble homme Iean de Pratmy Escuyer, & d'elle & de Iean de Pratmi, sortirent Pratmi.

2. Ieanne & Helene de Pratmi.

II.

Ieanne & Helene de Pratmi sœurs, espouserent les deux freres, Perrichon & Pierre Iacmetons Escuyers, Iacmetons. d'vne maison noble au païs de la Marche, comme ie l'ai iustifié, par vn tiltre en datte du 26. de Iuillet 1446. Or de Pierre Iacmeton & d'Helene de Pratmi, sœur de Ieanne de Pratmi, & tante de François, Iean, & Antoine de Pratmi freres, Seigneurs de Vourene en la Parroisse de

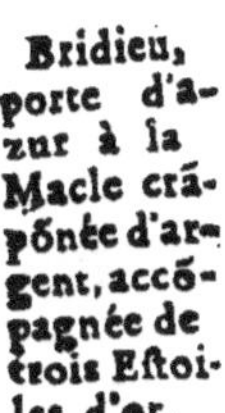
Bridieu, porte d'azur à la Macle crāpōnée d'argent, accōpagnée de trois Estoiles d'or.

Naussac, au Diocese de Limoges, comme il se voit par vn tiltre de l'année 1500. sortit vn fils appellé Iean Iacmeton de Bridieu : & Pierre son pere, est qualifié Seigneur de Bridieu & de la Montarde, au Diocese de Limoges.

III.

Iean Iacmeton de Bridieu, fils de Pierre Iacmeton, & d'Helene de Pratmi, Escuyer Seigneur de Bridieu, en 1452. espousa Antoinette de Marcy, fille de noble homme Benoist de Marcy Escuyer Seigneur de Bestemitte, & de Simone de Bestemitte, de laquelle Antoinette de Marcy il eut enfants

Marcy. Bestemitte.

4. Lyonnet de Bridieu, qui suit.
4. Gabriel de Bridieu.
4. Iaques de Bridieu, Ecclesiastique.
4. Antoine de Bridieu, Cheualier de l'Ordre de saint Iean de Ierusalem, & Commandeur de Ferrieres, en la Marche.

IV.

Lyonnet de Bridieu, Escuyer Seigneur de Bridieu, laissa deux fils.

5. Guichard de Bridieu, qui suit.

5. Iean de Bridieu.

V.

Guichard de Bridieu, viuoit en l'année 1510. & laissa

6. Iaques de Bridieu,

VI.

Iaques de Bridieu, Escuyer Seigneur de Bridieu, Escuyer & Maistre-d'Hostel de haut & puissant Prince, Monseigneur François de Bourbon Comte Daufin d'Auuergne, Duc de Montpensier, espousa en premieres nopces Catherine de Montferrand, Dame de la Geole en la Parroisse de l'Estere, au Diocese de Limoges, qui luy donna irreuocablement cette Seigneurie, en l'an 1531. Elle estoit veuue de Gautier Beraud. Puis en secondes nopces il espousa en 1551. Gabrielle du Rigal-la-Vaissiere, fille de noble homme François du Rigal Escuyer Seigneur de la Vaissiere, au Diocese de S. Flour, de laquelle il eut enfants. Montferrand.

7. Iean de Bridieu Seigneur de la Geole, Escuyer de Monf. le Duc de Montpensier, & fut celuy qui eut l'honneur de le releuer à la bataille d'Yuri, où son cheual auoit esté tué sous luy. Il deceda à six heures du soir, le 27 du mois de Iuin en 1619. & fut enterré dans l'Eglise Parrochiale de l'Estere, deuant le grand-Autel.

7. Dieu-donné de Bridieu, qui suit.

7. François de Bridieu, appellé Monf. de S. Sirang, fut pourueû du Prieuré de saint Leonard de Noblac en Limousin, le 16. de Iuillet 1592. par la mort d'Antoine Bancel Abbé d'Issoire, & Precepteur de Monf. Henry de Bourbon, Duc de Montpensier, celebra sa premiere Messe le quinziesme de Septembre 1608. & mourut à la Geole, le 10. Mars 1614. aagé de cinquante-trois ans, ayant possedé son Prieuré l'espace de vingt-deux ans, auquel succeda François de Bridieu son neveu, aagé de neuf ans, à la nomination du Roy.

7. Pierre de Bridieu, dont la posterité sera descrite apres celle de son frere Dieu-donné.

Gonthier. 7. Françoise de Bridieu, fut mariée à Ioseph Gonthier, Escuyer Seigneur de la Roche en Poictou, dont est sorti vn fils, qui s'est allé habituer en Angleterre Elle mourut à la Geole, le 27. Ianuier 1608. & fut inhumée dans l'Eglise Parrochiale de l'Estere, estant aagée de cinquante-deux ans.

7. Ieanne de Bridieu, mourut à la Geole, le 5. de Iuin 1613. & gist dans l'Eglise de l'Estere, dans les tombeaux de la Geole, aagée de cinquante-trois ans, sans auoir esté mariée.

VII.

Dieudonné de Bridieu, Escuyer Seigneur du Claueau, espousa Françoise de la Rouë, Dame des Linieres, fille de René de la Rouë Seigneur des Linieres, & d'Anne Brachet, fille de François Brachet Seigneur des Sosettes, & de Aalis de Rigoux, laquelle demeura veuue en 1555. & se remaria en secondes nopces à Pierre Iousseaume Escuyer Seigneur des Linieres : Le Contract de Mariage de Dieudonné de Bridieu & de Françoise de la Rouë, fut passé en la presence de haut & puissant Prince François de Bourbon, Duc de Montpensier, & de haute & puissante Dame Gabrielle de Mareuil, Marquise de Mezieres, le 9. iour d'Aoust 1584. & furent dés le mesme iour Seigneur & Dame de Claueau. Et le septiesme iour de Septembre ensuiuant, ils furent mariez à Paris, au logis de Monsr. de Montpensier. Madame la Marquise de Mezieres, qui mourut le 25. iour de Ianuier 1592. fit executeur de son Testament, Dieudonné de Bridieu Seigneur du Claueau, qui de sa femme Françoise de la Rouë, laissa enfants

La Rouë.

8. Gabriel de Bridieu, qui suit.

8. Antoine, dont il sera parlé apres son frere.

8. Marie de Bridieu, qui naquit au Claueau, le 16. de Iuillet 1598. fut mariée à René de Preaux, Seigneur de Riz en Touraine, dont elle a eu Dieudonné,

Preaux.

Polixene, Ieanne, Françoise, Armand, Marie, & Louyse. Mais il ne reste à present qu'Armand, Polixene & Françoise de Preaux.

8. Henriette de Bridieu, morte en bas aage.

VIII.

Gabriel de Bridieu Seigneur du Claueau, Gouuerneur de Mesieres en Brenne, naquit le 18. iour de Iuillet 1592. vn Samedy à quatre heures-&-demie apres midi, au Chasteau de Villebois en Engoumois. Il espousa Polixene de Marolles, ma sœur, le 24. iour d'Octobre 1624. & de ce mariage sont sortis Marolles.

9. Dieudonné de Bridieu, Prieur de saint Martin de Vertou.
9. Claude de Bridieu, Lieutenant de la Compagnie des Cheuaux-legers de Mons. le Duc de Guise, & qui s'est signalé par ses seruices dans les Armées en plusieurs occasions.
9. Michel de Bridieu, mort en bas aage.
9. Marie de Bridieu.
9. Polixene de Bridieu.
9. Isabelle de Bridieu, morte en bas aage.
9. Antoine de Bridieu, mort dans son enfance.
9. Ieanne de Bridieu, morte en bas aage.
9. Agathe de Bridieu, morte au berceau.
9. Gabriel, Louyse & Louys, morts en bas aage.
9. Roger de Bridieu.

Puis Gabriel de Bridieu estant demeuré veuf de Polixene de Marolles qui mourut le 8. iour de May 1647 espousa en secondes nopces Louyse-Gilbert, le premier iour de Iuin 1649. Et de ce mariage sont sortis, Claire-Terese: Gabriel-François: & Iean, & Magdelaine, iumeaux.

VIII.

Antoine de Bridieu Seigneur des Linieres, second fils de Dieudonné de Bridieu Seigneur du Claueau & de Françoise de la Roue, espousa Louyse Chastaigner de la

Rocheposai, fille de Claude Chastaigner Seigneur de la Vernelle & d'Effougeard, & de Ieãne de Coüé, dont il a eu

9. Annet de Bridieu, nourri Page de la petite-Escuyrie du Roy, mort aagé de seize ans.
9. Roger-Antoine de Bridieu, Ecclesiastique.
9. Marie.
9. Henriette.
9. Marie.

Lignée de Bridieu Seigneurs de Labaron.

VII.

Pierre de Bridieu Seigneur de Bridieu & de Labaron en Mirebalais, quatriesme fils de Iaques de Bridieu & de Gabrielle du Rigal, espousa en 1593. le 15. de Fevrier Gabrielle de Montfort, Dame du Breüil & de Labaron, fille de Guillaume de Montfort Escuyer Seigneur de Breüil en Normandie, dont il a eu

Montfort.

8. Iean de Bridieu, qui suit.
8. François de Bridieu, Prieur de saint Leonard, Grand-Vicaire de M. de Guise, Archeuesque de Rheims, & Intendant de sa Maison.
8. Pierre de Bridieu, Prieur de saint Leonard de Noblac en Limosin, apres la mort de Frãçois son frere.
8. Louys de Bridieu, Gouuerneur de Guise, & Mestre-de Camp d'vn Regiment de Caualerie, honoré d'vn breuet de Cheualier de l'Ordre du S. Esprit.
8. Iaques de Bridieu, Sieur de Courteille.
8. Catherine de Bridieu, ditte de sainte Dorothée, Religieuse à saint Pierre de Rheims.
8. Magdelaine de Bridieu, morte ieune.
8. Louyse de Bridieu, femme d'Alexandre de Galard de Bearn, Escuyer Sieur de saint Maurice-Brossée.
8. Renée de Bridieu, morte en bas aage.

VIII.

Iean de Bridieu Seigneur de Labaron a espousé, le 28.

Fevrier 1634. Marie Roger, veuue de fuë Pierre Thubert, Conseiller du Roy au Siege Presidial de Poictiers, fille de Monsieur Roger de Poictiers, dont il y a des enfants, & entre-autres Pierre de Bridieu.

Autre Branche de la Maison de Bridieu.

II.

PErrichon Iacmeton, d'vne maison noble en la Marche, espousa enuiron l'an 1446. Ieanne de Pratmi, fille de Iean de Pratmi Escuyer, & de Catherine de Bridieu, Dame de Bridieu, en la Parroisse de S. Hyriers au Diocese de Limoges, il viuoit en 1460. & de luy sortit Pratmi.

3. Pierre Iacmeton de Bridieu.

III.

Pierre Iacmeton de Bridieu, fut pere de

4. Iean de Bridieu, qui suit.

IV.

Iean de Bridieu, fut tué auec son fils aisné à l'assaut de Rome: & de sa femme Catherine de Vieilleuille de la Marche, pres Esmontier, il eut plusieurs enfants, & entre-autres, Vieilleuille.

5. . . . de Bridieu, qui fut tué auec son pere à l'assaut de Rome.

5. Gabriel de Bridieu, qui suit.

5. . . . de Bridieu, Prieur de Dissai, aupres de Poictiers.

5. Jaques de Bridieu, Chanoine de Monstier Rouzelie, pres de Feletin.

V.

Gabriel de Bridieu espousa Magdelaine de l'Aage, fille de Louys de l'Aage, & de Françoise de Montaignac, dont la maison est aupres de Tulles. Cette Magdelaine de l'Aage n'auoit qu'vn frere, nommé Emon de l'Aage, Conseiller du Roy en son Conseil d'Estat & Priué, Abbé de Miserai en Touraine, & de saint Mangé-lez-Chaalon, & L'Aage. Môtaignac.

de Fontenois: & de ce mariage sortit

6. Leonet de Bridieu, qui suit.

VI.

Esmoin. Leonet de Bridieu, espousa Magdelaine Esmoin de la Vaublanche, aupres de Gueret, dont sortit

7. Gaspard de Bridieu.

VII.

La Faye. Gaspard de Bridieu, espousa Charlote de la Faye, aupres du Peyrat en Poictou, & a laissé quatre filles.

8. Catherine de Bridieu, mariée auec le Sieur de Beaumont, fils de M. de Moussac, en Bourbonnois.

8. Ieanne de Bridieu, mariée auec le Sieur de Tronget, aupres de Vrier en Bourbonnois.

8. Helene de Bridieu, mariée auec le Seigneur de la Chassaigne-de-Beauregard en Poictou, morte sans enfants.

8. Ieanne de Bridieu, mariée en premieres nopces auec Leon Brachet Sieur de Montaignac, de la Maison de Perusse, & en secondes nopces auec Messire Guillaume d'Aubusson, Cheualier Seigneur de Chassaingrimont, en la Marche.

GENEALOGIE DES DVPVY,

au païs de Forets, d'où ie suis sorti, à cause de Magdelaine Dupuy.

Les Armes de Dupuy sont d'or à la bande de sable, chargée de trois roses d'argent au chef d'azur, chargé de trois Estoiles d'or.

I.

Pierre Dupuy, originaire de la ville de S. Galmier en Forets, venant à deceder enuiron l'an 1400. laissa deux enfants,

2. Thomas Dupuy, qui suit.

Lya. 2. Ieanne Dupuy, mariée à Iean de Lya.

II.

II.

Thomas Dupuy laissa six enfants.

3. Hugues Dupuy, qui suit.

3. Gregoire Dupuy, qui espousa Annelle Fromentin, au païs de Bresse. Fromentin.

3. Isabeau Dupuy, mariée auec Claude Rousslin, de Condrieu. Rousslin.

3. Vienne Dupuy, mariée à Iean Fornel de la Bresse. Fornel.

3. Huguette Dupuy, mariée à Claude Richard de la Bresse. Richard.

3. Marguerite Dupuy, mariée à Iean Heliot de saint Galmier. Heliot.

III.

Hugues Dupuy, espousa Antoinette de Chasteluz, dont il eut Chasteluz.

4. Geofroy Dupuy, qui suit.

4. Anne Dupuy, mariée à Iean Paular. Paular.

4. Thomas Dupuy, Prieur de Ioursieu.

4. Estienne Dupuy, Conseiller au Parlement de Paris, enterré à saint Innocent.

4. François Dupuy, Prieur General des Chartreux, fit Canoniser saint Bruno, & fut à Rome, pour cet effet, & a esté l'vn des plus celebres de son Ordre.

4. Iean Dupuy, qui espousa Damoiselle Iaqueline Taupeau, dont il eut cinq enfants, Iean Dupuy Capitaine & Chastelain de S. Galmier: Denys Dupuy, qui mourut portant les armes en Piemont: Hugues Dupuy Sieur de la Mothe, President à Lyon: Vn autre Hugues Dupuy, Conseiller au Parlement de Roüen. N. Dupuy, mariée au Sieur Laurencin de Lyon, qui ont laissé des enfants. Taupeau. Laurencin.

IV.

Geofroy Dupuy, espousa Damoiselle Françoise Trunel, laquelle portoit de gueules au Lion d'or armé & lampassé de sable: & de ce mariage sortirent onze enfants. Trunel.

5. Pierre Dupuy, Prieur d'Estiualleilles, Maistre du Chœur & Chanoine de Nostre-Dame de Mont-

brison, & Curé de saint Galmier.

5. Antoine Dupuy, Prieur de Salles.

5. Iacques Dupuy, Chastelain de S. Galmier, qui suit.

5. Philbert Dupuy, Commandeur de saint Antoine de Viennois.

5. François Dupuy, Prieur de Marcigny.

5. Clement du Puy, Aduocat, dont la posterité sera escrite cy-apres.

Orlandin. 5. Marguerite Dupuy, mariée auec le Sieur Orlandin de Lyon, dont elle eut trois enfants: Iean Orlandin, Curé de saint Galmier: Leonarde Orlandin, mariée auec le Sieur Sauoye Financier, dont il y a eu plusieurs enfants: & Marie Orlandin, mariée auec le Seigneur Flaminio Fahardi Italien, Commandant en la Citadelle de Lyon, sous Mons. de Mandelot, & ont laissé des enfants.

S. Thaon. 5. Denise Dupuy, mariée auec le Sieur Bernard de saint Thaon, dont il y a des enfants.

5. Louys Dupuy, nai enuiron l'an 1526. dont la posterité sera escrite apres celles de ses freres, Iaques & Clement.

Dupuy. 5. Marthe Dupuy, mariée auec Iean Dupuy, Sieur du Perier, de Montbrison, dont il y a eu plusieurs enfants.

La Vuë. 5. Magdelaine Dupuy, mariée à Baptiste de la Vuë de Surieu le-Contal, duquel mariage sont sortis cinq enfants, & entre-autres Ieanne de la Vuë, mariée à Noël de Chastillon Seigneur du Soleillan, pere d'Agathe de Chastillon ma mere, & de Baltazar de Chastillon Seigneur de Montarboux, decedé le 6. de Decembre 1652. aagé de 80. ans, pere d'Annet de Chastillon Seigneur de Montarboux & de Tasney en Dombes, qui fut marié en premieres nopces à Claudine de Siccard, dont il y a eu deux filles, Antoinette & Iaqueline: & la seconde auec Anne de Soulei, dont il n'a point encore d'enfants.

V.

Iaques Dupuy, Capitaine & Chastelain de saint Galmier, espousa Claire de Chalançon, fille du Lieutenant de Montbrison, & en eut cinq enfants. Chalāçon.

6. Iean Dupuy, Aduocat en Parlement, & depuis Capitaine & Chastelain de saint Galmier, decedé sans enfants.

6. Marie Dupuy, mariée à Hugues Athiant, Aduocat à Lion, decedée sans enfants. Athiant.

6. Iaques Dupuy, qui suit.

6. Louys Dupuy, qui succeda à la charge de Chastelain de saint Galmier, laissa vn fils appellé Hugues, Gendarme de la Compagnie du Roy, marié à saint Galmier, & a des enfants.

6. Catherine Dupuy, mariée auec le Sieur Boüillon du Bourg-Argoulal, a laissé trois fils & trois filles. Deux des fils sont Aduocats, & l'autre Controoleur de l'Artillerie à Lyon: l'vne des filles mariée à M. Daler, Procureur du Roy au Bourg-Argoulal.

VI.

Iaques Dupuy, espousa Catherine de Villars, & succeda à la charge de Capitaine & Chastelain de saint Galmier, & laissa trois enfants. Villars.

7. Claude Dupuy, Prouincial des Capucins iusques à la quatriesme fois.

7. François Dupuy, Capucin & Gardien du Conuent de Villefranche, en Rouergue.

7. Catherine Dupuy, mariée en premieres nopces auec Messire Nicolas du Pelouz, Cheualier de l'Ordre du Roy, Gouuerneur du Haut Viuarets, en secondes nopces en l'année 1626. auec le Seigneur Bayard, neveu du Seigneur de Pelouz, dont il y a eu des enfants, decedez sans posterité, & vne fille mariée en Auuergne au Seigneur de Beaufort-Canillac, dont il reste deux enfants masles. Pelouz. Canillac.

V.

Clement Dupuy, sixiesme enfant de Geofroy Dupuy & de Françoise Trunel, fut Aduocat fameux à Paris, & se maria auec Damoiselle Philippes Poncet, dont il eut

Poncet.

6. Clement Dupuy, Iesuite, grand personnage en son Ordre, decedé à Bordeaux.

6. Claude Dupuy, Conseiller au Parlement de Paris, qui suit.

Seguier.

6. Iudith Dupuy, mariée à Claude Seguier Seigneur de la Verriere, Maistre particulier des Eaux & Forets.

VI.

Claude Dupuy, Conseiller au Parlement de Paris, dont les Eloges ont esté imprimez auec ceux de Pierre Dupuy son fils, espousa Claude Sanguin, sœur de M. Sanguin, Conseiller en ladite Cour, & neveu de Monſ. le premier President de Thou: & de ce mariage sortirent 8. enfants.

Board.

7. Anne Dupuy, mariée à Pierre Board Conseiller au Parlement, qui en eut trois fils, Pierre Board Secretaire de l'Ambassade de Rome, Iaques Board Doyen de l'Eglise de Sées, & François Board, Chanoine de Chartres. Les filles sont Religieuses.

7. Christofle Dupuy, Chartreux, Prieur du Conuent de Rome, en 1636. & 1654. qu'il mourut.

7. Augustin Dupuy, Chanoine & Preuost d'Ingrai dans l'Eglise de Chartres.

7. Pierre Dupuy, Conseiller du Roy en ses Conseils, personnage de grande erudition, & d'vne vertu consommée, qui mourut à Paris le 16. de Decembre 1653. & fut enterré dans l'Eglise de S. Cosme. Plusieurs ont trauaillé depuis sa mort à faire ses Eloges, & feu M. Rigault a escrit sa vie. Voyez la p. 190.

7. Clement Dupuy, Escuyer de M. le Duc de Vendosme, puis Commissaire de l'Artillerie, marié à Catherine de Longueual. Il fut tué à la bataille d'Auin en Flandres, laissa vn fils nommé Cesar, & 2. filles.

Longueual.

Genoud.

7. Marie Dupuy, mariée à Claude Genoud, Secretaire

du Roy Seigneur de Guibeuille & de Toulonges, dont il y a plusieurs enfants, Philippes Genoud Conseiller au Parlement de Paris: Claude Genoud Sieur de Toulonges, Capitaine au Regiment de Normandie, mort en Piemont d'vne blesseure, l'an 1642. Marie Genoud, femme de M. de Baussan, Conseiller au Chastelet: & quelques autres fort ieunes.

7. Iaques Dupuy, Aumosnier du Roy & Prieur de saint Sauueur en Brie, qui n'est pas moins recommandable entre les Gens-de-lettres, que l'estoit feu M. son frere, Pierre Dupuy, dont nous auons parlé.

7. Nicolas Dupuy, Cheualier de Malthe, decedé le premier iour de Iuillet 1625.

V.

Louys Dupuy, neufuiesme enfant de Geofroy Dupuy, & de Françoise Trunel, fut mariée à Marcigni-les Nonnains, auec vne fille heritiere, nommée Edoüarde de Montomdry, dont il laissa Montomdry.

6. Iean Dupuy, mort à la Cour du Duc de Loraine.

6. Pierre Dupuy. } morts en bas aage.
6. Pierre Dupuy. }

6. Guillaume Dupuy. } morts en bas aage.
6. Guillaume Dupuy. }

6. Antoine Dupuy, dont il sera parlé en suite.

6. Clement Dupuy Sieur des Forges, mort aagé de cinquante-cinq ans, fut marié auec Philberte Racaut Racaut. de Paray-le-Moneau, dont il eut six enfants. L'aisné s'appelle Antoine Sieur des Forges. Iean & Claude Dupuy, sont Prestres à Marcigny.

6. Philberte Dupuy, mariée à Iean Raguin, Iuge de Raguin. Marcigny, & Lieutenant au Baillage de Surieu en Brionnois, decedez sans posterité.

6. Marie Dupuy, mariée auec le Sieur Gregoire de Gregoire. Marcigny, qui a laissé deux enfants.

Petit. 6. Françoiſe Dupuy, mariée au Sieur Petit, du meſme lieu.

En ſecondes nopces Louys Dupuy eſpouſa Damoiſelle

Roſcelin. Marguerite Roſcelin de Paray-le-Moneau, au païs de Charolois, & eut d'elle deux enfants maſles.

6. Claude Dupuy. }
6. Claude Dupuy. } decedez en bas aage.

Et en troiſieſmes nopces, eſtant aagé de cinquante huict

Aumaiſtre. ans, il eſpouſa Damoiſelle Ieanne Aumaiſtre de Marcigni, qui eſtoit encore viuante en l'année 1637. aagée de 78. ans: & Louys Dupuy deceda à Marcigni aagé de 83. ans, le 12. iour de Iuin 1609. laiſſant de ſon eſpouſe quatre fils, ſçauoir,

6. Iean Dupuy, Docteur en Medecine, aſſez connu par ſon ſçauoir & par ſes rares experiences, fut Medecin de Monſ. le Duc de Niuernois, & de Madame la Princeſſe Marie ſa fille, depuis Reine de Pologne, & l'eſt encore à preſent de Madame la Princeſſe Pa-

Briſſon. latine ſa ſœur. Il a eſpouſé Eſtiennette Briſſon de Neuers, dont il a eu ſix enfants, Eſtienne Dupuy, deux Charles, dont l'vn eſt decedé au berceau, & trois filles, Marie, Ieanne, & Claude Dupuy.

6. François Dupuy Recolet, nommé Pere Daniel Dupuy, Predicateur celebre dans ſon Ordre.

6. Louys Dupuy. }
6. Louys Dupuy. } morts en bas aage.

VI.

Antoine Dupuy, fils de Louys Dupuy & d'Edoüarde de Montomdry, ſa premiere eſpouſe, fut Iuge de Marcigni, & mourut aagé de ſoixante-neuf ans, ayant eſpouſé Da-

Ioly. moiſelle Peane Ioly du Donjon, en Bourbonnois, de laquelle il a laiſſé

7. Louys Dupuy, Religieux Benedictin à S. Martin des Champs à Paris.

7. François Dupuy, premierement Ieſuite, & depuis Primicier à Charolles, grand Predicateur, mort à Charolles, en 1617.

7. Susanne Dupuy, mariée à Louys Marque Sieur du Coin, Controoleur aux Greniers à-Sel de Marcigni, Semur, & Digoin. Marque.

7. Iean Dupuy, Aduocat, Iuge à Marcigni, qui suit.

7. Philbert Dupuy Aduocat, marié à Damoiselle Marguerite Rousset, dont il y a plusieurs enfants. Rousset.

7. Edoüarde Dupuy, mariée au Sieur Ioard Aduocat, & Iuge de saint André en Forets, qui a laissé des enfants. Ioard.

7. Claude Dupuy, mariée à Roüane, au Sieur Garnier. Garnier.

7. Antoine Dupuy, Religieux à Cluny.

7. Benigne Dupuy, Docteur en Medecine, marié à S. Germain le Vieux, au païs de Forets. ep Ch. de Greysollon.

VII.

Iean Dupuy, Aduocat & Iuge à Marcigny, a espousé Damoiselle Philberte Gregaine, dont il y a vn fils appellé Claude Dupuy, Gregaine.

Ie pourrois encore mettre icy les Genealogies d'Amboise, de Prie, d'Isoré, de Guenand, de Grasleul, de le Bloy, d'Argi, de Boisuilliers, des Berars, de Preüille, de Rochefort, de Rabeau, du Mesnil: & quelques autres, qui nous sont alliées dans des degrez assez proches: mais cela seroit vn peu bien long, & il se faut contenter de ce que nous en auons donné depuis la page 310. iusques à la page 340.

ORIGINE DE LA TRES-illuſtre & tres-ancienne Maiſon des Gonzagues, d'où ſont deſcendus les Ducs de Mantouë.

OVR m'acquiter de la promeſſe que i'ay faite en la page 265. touchant quelques Memoires Genealogiques pour la Maiſon de Mantouë, ie dirai en peu de mots ce que i'en ai trouué dans quelques Autheurs, & entre-autres Poſſeuin, qui en a fait vn Liure expres.

Il y a peu de familles, à mon aduis, qui puiſſent raporter de plus belles marques de leur antiquité, que celle des Gonzagues, dont ie veux eſcrire icy vn petit Abbregé. Paul Lombard, Diacre de l'Egliſe d'Aquilée, qui viuoit il y a plus de huict cents ans, en fait mention dans le premier Liure de ſon Ouurage, où il traite de l'origine des Lombards & des principales actions de leurs Roys & Capitaines, depuis qu'eſtant ſortis d'vne Iſle de la Mer Baltique, qu'il appelle Scandauie, ils roderent en diuerſes contrées, & ſe vinrent enfin ietter dans l'Italie, où ils établirent vn Royaume; qui a duré deux cents ſix ans. Cét Autheur eſcrit donc que de la race des Gongingues [ou *Gonzagues*] la plus noble & la plus illuſtre de toute leur Nation, eſtoient deſcendus Ibor & Agio, qui ſurpaſſants tous les autres en merite & en valeur, furent choiſis par ces peuples pour auoir ſoin de leur conduitte, & que du dernier ſortit ALGEMONT, qu'il élurent Roy,

Roy, pour leur commander à la façon des autres Nations, lequel regna trente trois ans, au raport des Anciens. Les autres Roys des Lombards, qui ſuiuirent celuy-cy, furent au nombre de trente-deux, iuſques à Didier le dernier de tous, qui fut vaincu par Charles-Magne, l'an 774. reduiſant ſon Royaume & ſes Eſtats en Prouince, pour les aſſuietir à ſon Empire. Tous ceux-là veritablement n'eſtoient point deſcendus d'Algemont, qui mourut ſans laiſſer de poſterité: mais la race dont ce Prince eſtoit ſorti, n'eſtant point demeurée infertile, comme il eſt aiſé de ſe le perſuader par la ſuite de l'Hiſtoire, il ne faut pas auſſi douter que Vvalterius Gonzach, qui viuoit ſous le regne de l'Empereur Othon, enuiron l'an 992. n'ait tiré ſon extraction de ces Gongingues, dont nous auons parlé, ſelon les inductions qu'en tire Poſſeuin.

Or comme Vvalterius Gonzach eſtoit l'vn des plus parfaits, & des plus accomplis Seigneurs de ſon temps, auſſi fut-il honoré par l'Empereur Othon ſon parent, du tiltre de Vicaire perpetuel de l'Empire en Italie, & de premier Marquis de Mantouë, comme il ſe iuſtifie par vne ancienne charte de ce meſme Empereur, donnée à Viterbe le 13. iour de Nouembre 962. & gardée dans les Archiues de Mantouë, ſelon le teſmoignage de Poſſeuin, au trente-troiſieſme feüillet de ſon Hiſtoire imprimée: & c'eſt de celuy-cy duquel, comme d'vne feconde pepiniere ſont ſortis toutes les branches de la famille des Gonzagues, alliées dans les plus hautes & les plus illuſtres Maiſons de l'Europe. Il eſpouſa vne petite-fille des Ducs de Saxe, appellée Gertrude, ce qui n'eſt pas peu conſiderable, pour marquer la grandeur de ſon extraction & de ſon merite, ſans quoy il eſt certain qu'il n'euſt oſé pretendre à vn parti ſi auantageux: car par ce moyen, il eſtoit allié de l'Empereur, & de tous les plus grands Princes de ſon temps: & ie ne fais point de doute que ce ne ſoit pour le meſme ſuiet que ſes Deſcendants ont mis dans l'Eſcuſſon de leurs Armes vn quartier de celles de Saxe. Vvalterius enuoya vn secours de Gens de guerre, pour maintenir la dignité de l'Eglise en faueur du Pape Leon, contre ceux du parti de Iean, qui s'efforçoit de r'entrer par force dans le Pontificat, où les brigues de sa mere l'auoient éleué, quoy qu'il ne fust qu'vn enfant; mais d'où il fut chassé en suitte à cause de ses debordements & de ses crimes. Enfin ce Seigneur estant deuenu vieux, & ayant paisiblement gouuerné la Ville & l'Estat, qui luy estoient commis, mourut laissant Otbertus son fils aisné, pour son Successeur, & Proterius son autre fils, de qui la posterité subsiste encore à present.

II.

Otbertus Gonzague second Marquis de Mantouë sous l'Empire de Henry second, fut digne Successeur des vertus & des qualitez de son pere. Vne vieille Chronique dit que le peuple Mantoüan luy preta mille cinq cents escus de pur or, pour mettre sur pied six cents Soldats, qu'il mena au secours de cet Empereur, en reconnoissance de l'inuestiture du Marquisat de Mantouë, que son pere auoit obtenu des liberalitez de l'Empereur Othon, deuxiesme du nom, pour faire la guerre à Heribert Archeuesque de Cologne, qui auoit excité de grandes reuoltes dans l'Alemagne, en suitte dequoy l'Empereur ayant donné la Caualerie à commander à Otbert, & vne partie de l'Infanterie à Vvilprand de Saxe, il demeura victorieux de ses Ennemis.

Au reste, Otbert signala son courage & sa valeur en deux guerres que l'Empereur eut contre les Roys de France & de Boheme. Puis estant de retour en sa maison, il y mourut en paix, chargé d'honneur & de blesseures, enuiron l'an mille de nostre Seigneur. Son corps inhumé dans l'Eglise de la Sainte Trinité, fut mis dans vne caisse de Cipres, auec vne Croix d'argent, son espée, & son baston: il laissa pour son Successeur, son fils Adhelbert.

III.

Adhelbert troisiesme Marquis de Mantouë, ayant

rendu à son pere les honneurs de la sepulture, fut recommandé aux soins de son oncle Proterius, qui a continué la branche des Ducs de Mantouë d'apresent : mais Proterius ne l'ayant pas fait longue depuis la mort de son frere, pria son Neveu de conseruer son amitié & sa protection à ses deux fils Conrad & Gerard. Ils furent traitez par leur Cousin-germain auec tant de courtoisie & d'humanité, que bien que la femme d'Adhelbert eust essayé plusieurs fois de les perdre aupres de son mari, excitant autant qu'elle pouuoit contre eux sa colere & son animosité, si est-ce que sans faire semblant d'y prendre garde, il leur fit part liberalement de tous les grands biens de sa fortune, & leur donna à perpetuité la ville & le territoire de Gonzague, auec Lendinares, Polesin & Guardagnague, & leurs dependances, pour aider à soutenir leur dignité, & maintenir la grandeur de leur condition, sans les obliger à aucunes redeuances, ni mesmes de foy & d'homages, excepté de demeurer Amis fidelles de l'Empereur Henry. Ce qui fut confirmé par vne charte du mesme Adelbert qui proteste de viure selon la loy des Lombards, en la presence de Guy & d'Albert, Comtes de Gemole, & autres, fait enuiron l'an 1009. Il receut à Mantouë l'Emperenr Henry auec vne magnificence royale : & comme il luy eut offert les clefs de la ville, Henry s'estant contenté seulement de les toucher, les remit entre les mains du Marquis, auec la confirmation de l'inuestiture du Marquisat, & octroya beaucoup de priuileges pour les Citoyens de Mantouë en 1014. S'adonnant entierement aux œuures de pieté, auec sa femme Adelaïde, il fonda dans sa ville vne Eglise en l'honneur de la Sainte Trinité, qu'il enrichit d'exemptions & d'amples reuenus, enuiron l'an 1033. Il fit de grandes aumosnes aux pauures, & pour garentir du naufrage la pudicité de beaucoup de filles qui n'auoient pas tant de richesses que de beauté & de graces naturelles pour se faire aimer, il eut soin de pouruoir à ce defaut, augmentant leur dot. Sa liberalité parut aussi fort considerable à l'assistance d'hommes & d'argent qu'il fit à l'Empereur Conrad passant à Mantouë, quand il eut de grandes affaires à demesler auec les Polonois : & qu'il eut besoin de forces pour se faire obeïr, & reconnoïstre à Rome & à Milan. Il mourut peu de temps auant l'Empereur Conrad, & ne laissa qu'vn fils appellé Thedalde, qui luy succeda.

IV.

Thedalde quatriesme Marquis de Mantouë, fils vnique d'Adhelbert & d'Adelaïde son espouse, passa le cours de sa ieunesse aupres de son pere, sans s'adonner que bien peu à l'exercice des armes, se contentant de la gloire militaire qui se conseruoit tous les iours au nom de Gonzagues, par le courage & la valeur de Gerard son parent employé au seruice de l'Empereur. Mais sa pieté fut rare, & se plût en tous les honnestes diuertissements de la paix. Deux tiltres entre-autres, font mention de luy. L'vn du premier iour de Fevrier de l'année 1046. sous le regne de l'Empereur Henry, porte que ce Seigneur qualifié du nom de *Tres-haut Theodalde* fils d'Adhelbert, Marquis de Mantouë, donna de sa pure & liberale volonté à religieux homme Heluin de Cremes & à ses Successeurs à perpetuité, à la gloire de Dieu & des saints André Apostre, & Longin Martyr de Iesus-Christ, tout le domaine & l'heritage appellé *Cauallaria*, dans le territoire de Mantouë, à la charge de prier Dieu pour son ame. L'autre tiltre signé de la main de Thedalde, le dixiesme iour de Decembre 1049. où il se qualifie Marquis de Mantouë, & fils de haut Seigneur Adhelbert, aussi Marquis de Mantouë, exprime la donnation faite par luy à genereux Cheualier Charles Boniface son amy, d'vne appartenance & Seigneurie qu'il auoit en vn lieu appellé le Puy, aupres du lac de Bune, pour recompense de plusieurs seruices rendus à son pere & à luy.

Quelques Historiens d'Italie, tiennent qu'il fut fondateur de ce celebre Monastere de l'Ordre de S. Benoist, dans le territoire de Mantouë, basti entre les riuieres du Pau & de la Zare, bien que d'autres en veulent donner la gloire à Boniface son fils; mais l'opinion du premier, au raport de Posseuin, est authorisée par vn grand nombre de tiltres & de memoires qu'il dit auoir vûs dans les Archiues de cette grande Abbaye, & ailleurs.

• Ce Thedalde, le premier des Gonzagues qui prit alliance dans la tres-illustre & tres ancienne Maison d'Este, espousa Iulie fille d'Azo Prince de Ferrare, dont elle fut seule & vnique heritiere, mais non pas sans de grandes contestations: car il y auoit des masles en ligne directe, qui pretendoient cette grande succession. Quelques Historiens d'Italie, entre lesquels on peut nommer Sigonius, disent que Thedalde Comte de Canosse & de Parme, Marquis de Mantouë & de Ferrare, & Duc de Toscane, estoit fils d'Atho Comte de Canosse, & celuy-cy fils de Sigifrid Comte de Parme, lequel mourut en 945. Mais Posseuin dans son Histoire de Mantouë, maintient auoir vû vne ancienne charte de l'Abbaye de S. Benoist, dont nous venons de parler, où Thedalde est nommé fils d'Adhelbert, celuy-cy fils d'Otbert, & Otbert fils de Vvalterius. Tant y a que ce Prince, l'vn des plus puissants qui ait iamais commandé dans l'Italie, sans estre Roy ny Empereur, deceda en 1007. selon Sigonius: ce qui ne s'accorde nullement auec tout ce que dit Posseuin, qui ne met sa mort qu'en 1040. bien qu'il se serue de l'authorité de deux tiltres souscrits de sa main, dans les années 1046. & 1049. comme il a esté remarqué. Mais comme il y a peu d'eloquence en cet Escriuain, qui est presque barbare dans la langue Latine dont il se veut seruir, il s'y rencontre encore à mon aduis beaucoup moins de iugement & de fidelité; de sorte que de son Histoire, qui est fort grosse, il seroit mal-aisé de tirer quelques remarques vtiles à nostre dessein, s'il n'y auoit des memoires & des tiltres anciens, qu'il y transcript tout du long, apres s'estre donné bien de la peine pour en faire vne mauuaise compilation. Mais quoy qu'il en soit, du mariage de Thedalde & de Iulie d'Este, sortirent

5. Boniface, qui suit.

5. Conrad, qui fut employé par son pere en plusieurs expeditions de guerre & negotiations, pour asseurer dans sa famille les grands biens prouenus du chef de sa mere, contre les pretentions des Princes de la Maison de Ferrare.

V.

Boniface, cinquiesme Marquis de Mantouë, le plus considerable de tous les Princes d'Italie de son temps, fut aussi Marquis de Ferrare, Comte de Canosse & de Parme, & Duc de Toscane, dés l'année 1007. au raport de Sigonius: mais Posseuin dit que ce ne fut qu'en 1040. Il espousa Richilde fille de Gilbert en 1021. Il se trouue vne lettre de luy à Ingon Euesque de Modene, du regne de l'Empereur Conrad en 1034. commençant par ces mots. *Nous Boniface, Marquis & Duc de Toscane, & Richilde, assemblez sous vn mesme ioug.* Il fut haï de tous les Princes d'Italie, à cause de ses grandes richesses; de sorte que les autres Marquis de Lombardie, ayant conspiré contre luy, enleuerent sa femme, l'emmenerent à Cuuilly, qui estoit vne forteresse dans le territoire de Rhege, & tuerent dans le combat son frere Conrad, qui rendit beaucoup de preuues de sa valeur. Mais Richilde estant decedée sans enfants, & le Marquis se voyant au dessus de ses Ennemis, porta ses pensées à vn second mariage, & prit à femme Beatrix fille de l'Empereur Conrad, en l'année 1037. Posseuin dit fille de l'Empereur Henry second, & qu'elle eut en dot Modene, Rhege, Parme & Luques: & de fait, les espousailles en furent celebrées auec tant de magnificence, que l'on dit mesme que les cheuaux qui les trainerent l'vn & l'autre, à la solemnité de leurs nopces, estoient ferrez d'argent: que retournant au logis, il auoit employé les moulins publics à broyer pour l'vsage de tout le monde des parfums tres-exquis, & fit verser liberalement du vin à tous ceux qui en vouloient. Mais comme l'Empereur Conrad vint à Parme, pour y passer la feste de Noël, les Parmesans ayant tué dans vne sedition son Maistre-d'Hostel, Conrad incita son gendre Boniface pour en prendre la vengeance, à cause dequoy les Citoyens de cette ville furent chastiez, & la ville fut à plus de moitié brûlée.

Enfin en l'année 1052. le sixiesme iour de May, le Marquis Boniface estant tombé dans vne embuscade qui luy auoit esté dressée aupres de Spinete dans le territoire de Cremone, fut mal-heureusemeut assassiné par vn certain Bandi, au bord de la riuiere d'Olie, au regret vniuersel de toute l'Italie, & fut inhumé à Mantouë dans l'Eglise de S. André, laissant en la tutelle de Beatrix son espouse, qui auoit construit cette Eglise, sa fille Mathilde dont nous parlerons en suitte, & le ieune Boniface son fils, encore petit enfant, qui ne le suruescut que de peu de iours. Mais Beatrix se voyant encore en aage de prendre vn second mary, ne fut pas long-temps sans en choisir vn, & se maria auec Gozello Duc de Loraine (Hinniges l'appelle Godefroy troisiesme du nom, lequel estoit veuf d'Agnes, fille de Hugues Comte d'Apsbourg) & fit espouser en mesme temps, la Comtesse Mathilde sa fille, par Godefroy quatriesme du nom, fils de Godefroy Duc de Loraine son mary, dont il ne sortit point de posterité.

Posseuin escrit que du temps du Marquis Boniface, la Relique du precieux Sang de nostre Seigneur Iesus-Christ, se trouua miraculeusement dans la ville de Mantouë, lequel y auoit esté caché dés l'année 903. pour euiter la fureur de quelques Barbares, qui venant du costé de la Pannonie, faisoient apprehender à l'Italie de grandes incursions. Vn saint homme, dit-il, appellé Adhelbert, ne viuant que des aumosnes & des liberalitez de la Comtesse Beatrix, eut en songe vne vision de saint André, le quatriesme iour de Mars 1048. Lequel Saint appuyé sur sa Croix, & d'vne venerable vieillesse, luy ordonna d'aller trouuer la Comtesse, & de luy declarer l'endroit dans vn champ où estoit le prix de nostre Redemption, afin qu'en faisant foüiller, & ayant trouué ce tresor, elle empeschast qu'il fust dauantage profané par les passants, qui le fouloient aux pieds. A quoy la Comtesse Beatrix ayant obeï & fait chercher par diuerses fois ; enfin apres plusieurs miracles, & diuerses apparitions de saint André, & en presence du Marquis Boniface, des Euesques de Trente, de Nouarre, & de Mantouë, & d'vn grand concours de peuple de toute l'Italie, ce Sang precieux fut trouué dans vne fiole de verre, enfermée auec vn certain vase, contenant vne partie de l'eponge, le tout dans vne boëtte cachée entre les marbres d'vne ancienne colomne enfouie en terre. Ce qui fut approuué & confirmé par le Pape Leon neufuiesme, en 1049. S'il faut adiouter foy à la credulité des vieux siecles.

La sepulture du Marquis Boniface, qui se voit encore assez entiere dans l'Eglise de Mantouë, y porte cette Epitaphe grauée à l'entour. *Hic iacet Dominus Bonifacius illustris Marchio, & Pater Serenissimæ Dominæ Matildæ, qui obiit anno* 1052. *die VI. Maij indictione V.* Vn tiltre de l'Eglise de S. Martin de Tours, dit qu'il y eut vn diferent entre les Chanoines de cette Eglise, & les Marquis d'Italie, c'est à dire Boniface, Albert, Azo, Otbert & Hugues, pour certaines terres de S. Martin en Italie, lesquelles ils occupoient iniustement, à cause dequoy Hugues fut delegué & enuoyé comme Ambassadeur à Robert Roy de France : & passant par le lieu de S. Martin, où il seiourna deux iours, pour l'amour & pour le respect de ce tres-saint Confesseur, il entendit la querelle & la complainte des Chanoines deuant son saint Sepulchre, tant de soy que des autres Marquis denommez cy-dessus, & se trouuant touché en vn instant d'vn esprit de crainte, il satisfit à S. Martin & à ses Chanoines, au suiet de la complainte qui auoit esté intentée : & confirma par son serment, de ne venir iamais à l'encontre, & de ne retourner plus à commettre vne pareille iniustice & violence. *Chartes de S. Martin de Tours.*

VI.

Mathilde Duchesse de Lombardie & de Toscane, Marquise de Mantouë, de Parme, de Ferrare, d'Hetrurie,

rie, de Spolete, d'Ancosne, & de Pise, Comtesse de Canosse, seule heritiere des Seigneuries de son pere, le ieune Boniface son frere, estant decedé en 1055. fut tres-affectionnée aux Papes Gregoire VII. Victor II. Vrbain II. & Pascal II. qu'elle deffendit contre les Empereurs, & les assista de ses richesses. Elle se trouua à l'Assemblée qui fut tenuë à Sutri, pour la confirmation du Pape Nicolas II. & pour la deposition de l'Antipape Benoist, en l'an 1059. & fut presente au Concile de Latran en 1074. Enfin ayant esté griéuement malade pendant sept mois, elle mourut le neufuiesme des Calendes d'Aoust, ou le 24. de Iuillet de l'année 1115. aagée de septante six ans, & fut inhumée dans le Monastere de S. Benoist de Mantouë, que son ayeul auoit fondé, auec cette Epitaphe,

Stirpe, opibus, forma, gestis & nomine quondam
Inclyta Mathildis, hic iacet, Astra tenens.

Elle fut non seulement excellente en pieté & religion, mais encore celebre pour vne infinité de belles actions, qui rendront sa memoire immortelle, sans parler des Temples, Monasteres, grands-chemins, ponts & autres œuures publiques, qui sont des monuments de sa magnificence & de sa liberalité dans toute la Lombardie, comme sa façon de souscrire toutes les lettres de priuileges, & d'exemptions, qu'elle octroyoit aux Eglises, ou à ses suiets, est vne marque indubitable de son humilité chrestienne, n'escriuant point son nom qu'auec l'Image de la Croix, & s'appellant simplement Mathilde, Par la grace de Dieu, si elle est quelque chose, en cette sorte.

Ma	thil
Da	Dei
Gra	tia
si quid	est,

Ses Maris furent Geofroy, quatriesme du nom, surnommé le Bossu Duc de Loraine, qui l'espousa en 1053. au mesme temps que Beatrix sa mere, fut conioincte en secondes nopces auec Geofroy troisiesme du nom, aussi

Duc de Loraine, pere de celuy-cy, qui mourut sans posterité l'an 1077. ayant esté tué en trahison par Richarius, qui estoit venu auec luy sous pretexte de traiter la paix. Le second Mari fut Azo, cinquiesme du nom, Marquis d'Este, qu'elle espousa l'an 1080. Mais par commandement du Pape Gregoire VII. elle le quitta, à cause de la proximité, & legua par son testament à l'Eglise Romaine, la Lombardie & la Toscane, que l'on appella depuis Patrimoine de S. Pierre, & quelques autres, *Venin detrempé auec du miel, presenté aux Chrestiens par vne femme.* Le troisiesme Mari de Mathilde, fut Vvelfo Duc de Bauieres, surnommé le Gras, qu'elle espousa en 1088. & fut aussi separée de ce Mari. Celuy-cy du consentement de sa femme, octroya des priuileges à Mantouë. Elle portoit pour sa deuise vne grenade, auec ce mot au dessous *Semper*, non tant pour symbole de sa chasteté, que de la souueraine authorité qu'elle exerçoit sur plusieurs peuples, lesquels elle maintenoit en grande vnion & concorde.

La seconde Branche des Gonzagues.

II.

PRotherius Gonzach, second fils de Vvalterius, premier Marquis de Mantouë, & de Gertrude de Saxe, son espouse, ne suruesquit pas de beaucoup son frere aisné Otbert, second Marquis de Mantouë, qui mourut enuiron l'an mille de nostre Seigneur. Le nom de l'alliance qu'il prit, est ignoré; mais on sçait bien qu'il fut pere de Conrad & de Gerard Gonzagues.

III.

Conrad & Gerard Gonzagues, enfants de Protherius & Neveux d'Otbert, second Marquis de Mantouë, furent mis en possession du Chasteau de Gonzagues, de Landinaires, de Polesino-Longo, de Guardagnague, & d'autres Seigneuries, par la bonté & courtoisie d'Adhelbert Gonzagues, troisiesme Marquis de Mantouë, leur

Cousin-germain, en l'an 1009. le cinquiesme iour d'Avril de la 9. Indiction, presents Guy & Albert Comtes de Gemole, qui protesterent de viure selon la loy des Lombards : mais estant tombez en suitte dans les disgraces du Marquis leur Cousin, par les artifices de sa femme, qui s'efforçoit de les ruïner dans son esprit, pour cause de ialousie, l'vn & l'autre furent contraints de se retirer de sa Cour : Et tandis que Conrad s'occupa à fortifier son Chasteau de Gonzagues, Gerard se mit à la suite de l'Empereur Henry premier, quand il sceut qu'il venoit prendre en Italie les enseignes de sa dignité, où il acquit beaucoup de gloire & de reputation dans les grands emplois qui luy furent donnez en diuerses guerres, & particulierement en celle qui fut entreprise pour chasser de la Campanie quelques Barbares qui s'y estoient iettez : car il eut l'honneur d'y commander l'Infanterie, & y receut vne fort grande blesseure au milieu du front, s'estant signalé encore en d'autres occasions tres-importantes où il se trouua, en Alemagne & dans la Hongrie, comme Possevin l'a remarqué dans le premier Liure de son Histoire, sous l'année 1053. De Conrad son frere, sortit Bolongherius, qui suit.

IV.

Bolongherius, ou Belanchorius de Gonzagues, fut pere de Gerard & Conrad Gonzagues.

V.

Gerard & Conrad Gonzagues, se trouuant nommez dans vne charte de la Comtesse Mathilde, en datte de 1107. le douziesme des Cal. de Ianuier, en la quinziesme Indiction, presents Rocherius de Gonzagues & Vincent de Bondene & autres. Ces Seigneurs ne furent pas bien traitez par cette Comtesse Mathilde, leur parente, qui ne se voyant point d'enfants, prefera l'Eglise, le Pape, & quelques autres Princes Ecclesiastiques à ceux de son sang. Conrad de Gonzagues tenant l'Empereur Henry quatriesme auerti de tout ce qui se passoit en Italie, le disposa à suiure vn meilleur conseil que celuy qu'il auoit pris, voulant imiter l'exemple de son pere, pour semer des haines & des inimitiez entre les peuples: mais il en vint mal aisément about. Ce Seigneur laissa trois enfants, dont les noms sont ignorez: mais de l'vn de ceux-là sortit Abraminus.

VII.

Abraminus de Gonzagues, qui viuoit enuiron l'an 1110. se trouue nommé auec vn certain Philippe Gonzagues, dans vn tiltre pour la terre de la Roche-Tenimberge, au raport de Posseuin, au feüillet 93. Et de celuy-cy sortirent Bolongerius & Albert Euesque d'Ipare, ou de Camarine.

VIII.

Bolongerius second du nom, fut pere de Conrad & de Gerard Gonzagues.

IX.

Conrad fut pere de Guido.

X.

Guido fut pere d'Antoine, de Barthelemy, & de Bonauenture.

XI.

Antoine Gonzagues espousa Richilde Gonzagues, dont il eut Conrad & Frideric, Vicomte de l'Euesché de Mantoüe.

XII.

Conrad fut pere de Guido, second du nom.

XIII.

Guido, second du nom, ayant espousé vne femme de la maison des Extrambins, fut pere de

14. Aloisio Gonzagues, qui suit.

14. Gentil Gonzagues, qui laissa posterité.

14. Pierre, Protonotaire Apostolique, duquel descendit vn certain Diomede, son petit-fils.

14. Gaultier, duquel aussi vint Barthelemy Gonzagues, son arriere petit-fils.

14. Abramin, d'où sont descendus Iean, Michel & Alexandre, ses arrieres-petits-fils.

XIV.

Aloisio Gonzagues fut pere de Guy, Philippe & Feltrin.

XV.

Guy, Seigneur de plusieurs Seigneuries dans le detroit de Rhege, fut éleué à des dignitez & charges publiques par Azo dixiesme du nom, Marquis d'Este son parent, & laissa Louys & Beatrix, femme de Nicolas d'Este, Marquis de Ferrare.

XVI.

Louys Gonzagues, fils de Guy, dont les Soldats ayant tué Passarin Bonacolsi, qui fut le dernier Tiran de Mantouë en 1320. & 1329. au mois de Iuillet receut le gouuernement souuerain de la Republique de Mantouë, du consentement de tout le peuple; estant Prince liberal & courageux. Il deceda au mois de Ianuier de l'année 1360. aagé de plus de nonante ans, laissant de sa premiere femme, de la famille des Rambertins, dont le nom est ignoré, Rãbertins.

17. Guy Gonzagues né l'an 1320. cy-apres.

17. Philippes, ou Philippin Gonzagues, qui merita de grandes recompenses de Louys Roy de Hongrie, pour l'auoir dignement serui en Italie contre le Roy de Naples, fit la guerre à Obizon huictiesme du nom, en 1346. mais la paix se traita incontinent entre-eux. Il laissa vne seule fille appellé Ziliola, mariée à Matthieu premier, Vicomte de Milan. Vicomte de Milan.

17. Feltrius Gonzagues.

Puis d'vne seconde femme de la maison des Malatestes, il eut

17. Conrad Albert & Frideric Gonzagues, desquels sont sortis Barthelemy Gonzagues, qui fut pris au siege de Verone en 1405. & Feltrin Gonzagues, pris auec son frere, qui laissa vn fils appellé Guy Seigneur de Rhege 1371.

Puis d'vne troisiesme femme de la maison de Malespine, laquelle il espousa le sixiesme des Ides de Feurier 1340. il eut Malespine.

17. Azo, Iaques, Iean & Marc Gonzagues.

XVII.

Guy Gonzagues, heritier de son pere Louys en la Principauté de Mantouë, fut Prince pacifique, modeste, studieux, deuot & vigilant, & mourut l'an 1369. ayant espousé Beatrix Comtesse de Bar, ou Verada Beccaria, qui portoit fassé emmanché de quatre pieces d'or & de gueules au chef d'or, chargé d'vn Aigle de sable: & laissa de son mariage,

18. Vgolin Gonzagues, tué par ses freres, de ialousie qu'ils eurent, que du viuant de leur pere, il gouuernoit la Republique auec luy, en 1366. Sa femme estoit Catherine, fille de Matthieu Visconti.

Visconti.

18. Guy Gonzagues.

18. François Gonzagues, qui mourut deuant son pere, ayant espousé N. fille de Guy Polentan Prince de Rauenne.

Polentan Prince de Rauenne.

18. Louys Gonzagues, Seigneur de Mantouë, cy-apres.

18. Beatrix Gonzagues, femme de Nicolas d'Este.

XVIII.

Louys Gonzagues deuxiesme du nom, Seigneur de Mantouë, fut Vicaire perpetuel de l'Empire Romain: & pour vn adultere qu'il commit, il fut massacré par les Mantoüans en 1382. ayant espousé Ada, fille d'Obizon d'Este septiesme du nom, Marquis de Ferrare, dont il laissa enfants

Est-Ferrare.

19. François de Gonzagues Seigneur de Mantouë, cy-apres.

19. Galeas Gonzagues, qui combatit en duel en Campclos, vn nommé Boucicaud Capitaine François, qui estoit Gouuerneur de Gennes pour le Roy Charles VI. & le vainquit, bien que Boucicaud fust d'vne force de corps extraordinaire. Il fut tué au siege de la forteresse de Terzon, en 1407.

XIX.

François Gonzagues Seigneur de Mantouë, succeda aux Estats de son pere, comme il n'estoit encore aagé que de treize ans. Il acquit beaucoup de reputation dans les armes. Iean Galeace Visconti Duc de Milan, luy fit la guerre & l'assiegea dans sa ville de Mantouë; mais s'estant trouué assisté des Venitiens, il le contraignit de leuer le siege, & dissipa ses forces. Il estoit Prince auisé, amateur des gens doctes, sçauant en l'Histoire, admirateur de la gloire antique, agreable en conuersation, liberal & magnifique. Il mourut en la quarante-&-vniesme année de son aage, l'an 1407. ayant espousé Agnes fille de Barnabon Visconti de Milan, dont il laissa Visconti.

20. Iean-François Gonzagues, premier Marquis de Mantouë, cy apres.

20. Alda Gonzagues, mariée à François troisiesme du nom, de l'illustre maison de Carraria, d'où sont venus les Princes & Seigneurs de Padouë.

20. Guy, Ecclesiastique.

XX.

Iean-François Gonzagues, qui succeda à son pere en l'aage de douze ans, fut creé Marquis de Mantouë hereditairement par l'Empereur Sigismond, le 22. Septembre 1433. & l'Empereur luy octroya pour enseigne en ses armes, vn Escu d'argent à la Croix pattée de gueules, accompagnée ou cantonnée de quatre Aigles de sable. Il mourut le 23. Septembre 1444. aagé de cinquante-quatre ans. Il espousa en l'année 1410. Paule Malateste, qui pour ses vertus singulieres a esté loüée par plusieurs Escriuains. Elle portoit bandé d'or & d'azur, les bandes d'or chargées d'Aigles de gueule. Et de ce mariage sont sortis Malateste.

21. Louys Gonzagues troisiesme du nom, Marquis de Mantouë, cy-apres.

21. Charles Gonzagues Seigneur de Bozzolo & Gazzulo, de qui sont venus plusieurs grands Capitaines renommez dans l'Histoire, ayant esté chassé par son frere Louys, & pris par les Soldats de Sforce l'an 1439. il fut creé General des Armées du Duc de Milan, & fit plusieurs beaux exploits. Mais enfin il mourut pauure, apres auoir long-temps vescu. Il

Este Ferrare. auoit espousé Lucie, fille de Nicolas d'Este troisiesme du nom, Marquis de Ferrare.

21. Alexandre Gonzagues Seigneur de Canedo & Rolondisco, qui espousa la fille du Comte d'Vrbin.

Vrbin.

21. Iean-Lucide Gonzagues, qui fut voüé à l'Eglise, & fut Seigneur de Rodigo & Capriana. Il fut tué à la prise de Verone, l'an 1439.

21. Lucia Gonzagues.

21. Cecile Gonzagues, Religieuse.

21. Ieanne, ou Marguerite Gonzagues, mariée à Leonello d'Este, Marquis de Ferrare.

Este Ferrare.

XXI.

Louys de Gonzagues troisiesme du nom, Marquis de Mantouë, succeda à son pere en l'aage de trente-deux ans, receut en sa maison l'Empereur Frideric troisiesme du nom, & Christierne Roy de Dannemarch. L'an 1469. fonda l'Eglise saint Sebastien, acheua le merueilleux horologe de saint André, & mourut à Goito le 12. Iuin de l'an 1478. aagé de soixante ans, Prince tres-eloquent & tres-pieux. Il auoit espousé Barbe, fille de Iean Marquis de Brandenbourg, dont il laissa enfants.

Brandenbourg.

22. Frideric de Gonzagues Marquis de Mantouë, cy-apres.

22. Louys de Gonzagues, Euesque de Mantouë.

22. Rodolphe de Gonzagues.

22. Iean-François de Gonzagues.

22. Barbe de Gonzagues, mariée à Eberhard le Barbu, Duc de Vvirtemberg.

Vvirtēberg

22. François de Gonzagues, Cardinal Legat à Boulongne, personnage né pour les railleries & les diuertissements, aymant toutesfois la verité, & fort propre au conseil, il mourut bien ieune par vne maladie que ses excés luy auoient causée.

22. Susanne de Gonzagues, femme de Galeace-Marie Sforce, Duc de Milan.

Sforce.

XXII.

Frideric de Gonzagues, fils aisné de Louys de Gonzagues

gues, & de Barbe de Brendenbourg, Marquis de Mantouë, voulut que plusieurs metiers fussent exercez en sa ville, d'où il fut soigneux de bannir toute paresse, & mourut au mois de Iuillet de l'an 1484. ayant espousé Marguerite fille d'Albert-le-Pieux Duc de Bauieres, dont il eut enfants. Bauieres.

23. François de Gonzagues 2. du nom, Marquis de Mantouë, cy-apres.

23. Sigismond de Gonzagues, Cardinal du tiltre de Sainte-Marie la Neuue.

23. Iean de Gonzagues.

23. Claire de Gonzagues, mariée à Gilbert de Bourbon, Comte de Montpensier, dont est venuë Renée de Bourbon, femme d'Antoine Duc de Loraine. Bourbon.

23. Paule de Gonzagues, femme du Seigneur Malateste. Malateste.

23. Magdelaine de Gonzagues, femme du Seigneur de Pisaure. Pisaure.

23. Cecile de Gonzagues.

XXIII.

François de Gonzagues Marquis de Mantouë, apres son pere, auquel il succeda en l'aage de dix-huict ans 1484. fut le premier des Princes d'Italie qui nourrît vne longue barbe, & fut vn guerrier fameux, comme il le fit bien paroistre en diuerses rencontres au seruice du Roy Louys douziesme, & des Venitiens. Depuis il fut Gonfalonnier de l'Eglise Romaine du temps du Pape Iule II. Apres il fut Capitaine General de l'Armée de l'Eglise & des Florentins du temps du Pape Adrian VI. Puis mourut le 29. Mars 1519. ayant espousé Isabelle fille d'Hercules d'Este premier du nom, Duc de Ferrare, dont il laissa enfants. Este Ferrare.

24. Frideric deuxiesme du nom, premier Duc de Mantouë, cy-apres.

24. Hercules de Gonzagues, Cardinal, & tuteur de François son neveu Duc de Mantouë.

24. Ferdinand de Gonzagues, né l'an 1507. Vice-Roy de Sicile, gouuerneur de Milan, & General d'Armée pour l'Empereur Charles V. & Duc d'Ariane & de Melfe, espousa Isabel de Capouë, dont il eut Cesar Duc d'Ariane, & autres enfants.

Le Rouere, Vrbin.

24. Eleonor de Gonzagues, mariée à François-Marie de la Rouere, gouuerneur de Rome & Duc d'Vrbin.

24. Hyppolite de Gonzagues, Religieux de l'Ordre de sainte Catherine de Sienne.

24. Paule de Gonzagues, Religieuse de l'Ordre de sainte Claire.

XXIV.

Frideric de Gonzagues deuxiesme du nom, Marquis de Mantouë, succeda à son pere en l'aage de dix-huict ans, fut aussi Capitaine General de l'Eglise, receut splendidement en sa maison l'Empereur Charles V. qui auoit esté couronné à Boulongne par les mains du Pape Clement VII. lequel Empereur erigea le Marquisat de Mantouë en Duché, l'an 1530. & en fut le premier Duc ce Frideric de Gonzagues, qui l'année suiuante espousa Marguerite Paleologue fille de Guillaume Paleologue Marquis de Montferrat, & d'Anne d'Alençon, à cause de quoy il fut aussi Marquis de Montferrat. Celuy-cy fut le premier qui orna ses Armes du Mont-Olympe, symbole de la foy, & mourut l'an mille cinq cents quarante, laissant enfants

Paleologue.

25. François de Gonzagues, Duc de Mantouë, cy-apres.

25. Guillaume de Gonzagues, aussi Duc de Mantouë, apres le deceds de son frere mort sans enfants, cy-apres.

25. Ludouic de Gonzagues, Prince de Mantouë & Duc de Neuers, dont la posterité sera descrite apres celle de ses freres.

25. Frideric de Gonzagues, posthume.

25. Alexandre de Gonzagues, mort ieune.

25. Isabelle de Gonzagues, qui fut femme de François

Ferdinand d'Aualos, Marquis de Pesquaire. Aualos.

XXV.

François de Gonzagues, fut Duc de Mantouë à six ans, & Marquis de Montferrat à vingt-cinq, espousa Catherine fille de Ferdinand, Roy des Romains, qui depuis fut Empereur, & deceda sans enfants, s'estant noyé en la riuiere de Menzo, l'an 1550. Autriche, Emp.

XXV.

Guillaume de Gonzagues, second fils de Frideric de Gonzagues & de Marguerite Paleologue Duc de Mantouë, apres le deceds de son frere François, mort sans enfants, espousa Eleonor, fille de Ferdinand, Roy des Romains, duquel mariage sont sortis enfants Autriche, Emp.

26. Vincent de Gonzagues, fils vnique du Duc de Mantouë, cy-apres.

26. Marguerite de Gonzagues, mariée à Alfonse d'Este Duc de Ferrare. Este Ferrare.

XIII.

Vincent de Gonzagues, Duc de Mantouë & Marquis de Montferrat, Prince doüé de belles & excellentes qualités, espousa deux femmes : la premiere Leonor, fille de François de Medicis Duc de Toscane, & sœur de Marie de Medicis Reine de France, dont il a eu trois fils, tous trois Ducs de Mantouë l'vn apres l'autre: la seconde femme fut Marguerite, fille d'Alexandre Farnese, Duc de Parme. Les trois fils sont Medicis. Farnese.

27. François, Prince de Mantouë, depuis Duc, cy-apres.

27. Ferdinand Cardinal, depuis Duc, cy-apres.

27. Vincent Cardinal, depuis Duc, cy apres.

27. Marguerite de Gonzagues, femme de Henry de Loraine, Marquis du Pont-à-Mouçon, puis Duc de Loraine, mere de Nicole de Loraine, à present Duchesse de Loraine. Loraine.

27. Eleonor de Gonzagues, mariée à Ferdinand deuxiesme du nom, Empereur des Romains. Empereur.

XXVII.

Sauoye. François de Gonzagues, Duc de Mantouë & Marquis de Montferrat, espousa Marguerite de Sauoye, fille de Charles Emanuel Duc de Sauoye, dont il eut

28. Louys de Gonzagues, Prince de Mantouë, decedé en ieunesse.

Gõzagues. 28. Marie de Gonzagues, heritiere de Mantouë, mariée à Charles de Gonzagues Duc de Rethelois, fils de Charles de Gonzagues Duc de Neuers & depuis Duc de Mantouë, dont il eut vn fils & vne fille.

XXVII.

Medicis. Ferdinand de Gonzagues, second fils de Vincent de Gonzagues & de Eleonor de Medicis, premierement Cardinal, puis Duc de Mantouë, espousa Catherine de Medicis, fille de Ferdinand de Medicis premier du nom, grand Duc de Toscane, & de Chrestienne de Loraine sa femme, duquel mariage ne sont point sortis d'enfants.

XXVII.

Vincent de Gonzagues deuxiesme du nom, premierement Cardinal, puis Duc de Mantouë & de Montferrat, apres le deceds de ses deux freres, François & Ferdinand.

Seconde Branche de la Maison de Gonzagues, Ducs de Neuers.

XXV.

Cleues Neuers. LVdouic de Gonzagues, troisiesme fils de Frideric de Gonzagues Duc de Mantouë, & de Marguerite Paleologue, Prince de Mantouë, Seigneur de la Guierche en Anjou, Pouençay, Chasteaugontier, Senonches, & Bresolles, espousa Henriette de Cleues, fille aisnée de François de Cleues, & de Marguerite de Bourbon, & sœur de François & de Iaques de Cleues Ducs de Niuernois & de Rhetelois, morts sans enfants, à cause de quoy, comme fille aisnée & principale heritiere de ses pere & mere, elle apporta à Ludouic de Gonzagues Prince de Mantouë, son mary, les Duchés de Niuernois & de Rethelois, les Baronnies de Donzy & Rosoy, les terres d'Orual en Bourbonnois, Chasteaumeillan, la Chapelle d'Angillon, & autres terres en Berry, l'Espare & païs de Medoc en Gascongne, les terres de Picardie & de Flandres, & les terres souueraines d'outre Meuse. Ce Prince deceda de maladie à Nesle en Picardie, le 23. d'Octobre 1595. à onze heures de nuit, aagé de cinquante-six ans & trente-cinq iours: car il naquit le 18. Septembre 1539. Il gist auec son espouse dans l'Eglise Cathedrale de Neuers, où leur figure est releuée en bosse sur leur sepulture. Il laissa de sa femme Henriette de Cleues

26. Charles de Gonzagues & de Cleues, Duc de Neuers, depuis Duc de Mantouë, cy-apres.

26. Catherine de Gonzagues, qui naquit le 21. Ianuier 1568. mariée à Henry d'Orleans Duc de Longueuille, dont elle a eu Henry 2. Duc d'Orleans, aussi Duc de Longueuille. Orleans. Lõgueuille

26. Henriette de Gonzagues, qui naquit le 23. Septembre 1571. mariée à Henry de Loraine Duc de Mayenne & d'Eguillon, dont il n'a point eu d'enfants. Loraine. Mayenne.

XXVI.

Charles de Gonzagues & de Cleues, fils de Ludouic de Gonzagues & de Henriette de Cleues, Duc de Niuernois & Rethelois, Pair de France, & Gouuerneur pour le Roy en ses Prouinces de Champagne & Brie, depuis Duc de Mantouë, par la mort des trois derniers Ducs ses cousins, qui n'ont point laissé d'enfants masles, auoit espousé Catherine de Loraine, fille de Charles de Loraine Duc de Mayenne, & de Henry de Sauoye, dont il a eu trois fils & trois filles. Sçauoir, Loraine. Mayenne.

27. François de Paule de Gonzagues & de Cleues, Duc de Rethelois & Gouuerneur pour le Roy en ses Prouinces de Champagne & Brie, mourut à Charles-ville, aagé de 16. ans, en l'année 1622. Il gist dans l'Eglise des Minimes de Neuers.

27. Charles de Gonzagues & de Cleues, Duc de Rethelois, & Prince de Mantouë, cy-apres.

27. Ferdinand de Gonzagues, Duc de Mayenne, mort ieune, en Italie.

27. Marie-Louyse de Gonzagues, Princesse de Mantouë & de Neuers, Reine de Pologne & de Suede.

27. Anne de Gonzagues, Princesse Palatine.

27. Benedicte de Gonzagues, Abbesse d'Auenay, de l'Ordre de S. Benoist, au Diocese de Rheims.

XXVII.

Charles de Gonzagues & de Cleues, deuxiesme du nom, Prince de Mantouë & Duc de Rethelois, mourut de maladie à Mantouë, apres que la ville fut prise, ayant espousé MARIE DE GONZAGVES, fille vnique & heritiere de François de Gonzagues 2. du nom, Duc de Mantouë, & de Marguerite de Sauoye sa femme, dont il a laissé

28. Charles de Gonzagues, à present Duc de Mantouë.

28. Marie de Gonzagues, Imperatrice.

Descente de la Maison de Neuers, pour seruir de preuue à ce que i'ay cy deuant escrit dans la page 309.

ABbon, qui fut institué premier Comte de Poictiers par Charles-Magne, en l'année 778. fut pere de Ricuin, qui succeda à son pere enuiron l'an 814. & laissa pour successeur Bernard, qui espousa Bilichilde, fille du Comte Roricon, & de Bilichilde fille du Comte Goslin, & sœur de Goslin Euesque de Paris, sous le Roy Charles le Chauue.

5. De ce Bernard sortit vn autre Bernard de Poictiers, Marquis ou Comte de NEVERS, qui fut aussi Comte de Bourges & d'Auuergne, sous le regne de Louys le Begue, qui mourut l'an 879. & le Comte de Neuers fut tué à la guerre contre Boson de Prouence en 886. ayant laissé
6. d'Hermengarde son espouse H. de Poitiers Comte de

Neuers, frere puisné de Guillaume le Deuot, sous Charles le Simple, en 926. selon Bely.

A celuy-cy succeda Seguin Comte de Neuers, en 931. 7.
qui de Berthe son espouse, qui viuoit l'an 958. laissa

Rodolphe Comte de Neuers, sous Louys d'Outre- 8.
mer: & celuy-cy de Lieutgarde sa femme, eut

Gerberge Comtesse de Neuers, qui porta cette Sei- 9.
gneurie à Albert, ou Adelbert Marquis d'Yurée en Italie, fils de Berenger second du nom, Roy d'Italie, dont sortit

Otheguillaume Comte de Neuers, de Dijon & de 10.
Bourgongne, adopté par Henry Duc de Bourgongne, son beau-pere, & espousa Hermentrude fille d'Alberade de France, Comtesse, fille du Roy Louys d'Outre-mer: & de ce mariage sortit vne fille vnique.

Mathilde Comtesse de Neuers, qui espousa Landry 11.
Seigneur de Neuers, fils de Bodo, fils de Landry, & d'vne Dame du païs d'Anjou: & de Mathilde sortit

Renaud Comte de Neuers, en 1003. tué l'an 1040. ayant 12.
laissé d'Adelaïs, sœur du Roy Robert.

Guillaume Comte de Neuers, d'Auxerre & de Ton- 13.
nerre, en 1083. 1093. qui de N. Comtesse de Tonnerre, laissa

Renaud de Neuers Comte de Tonnerre, mort auant 14.
son pere, en 1083. & qui de N. fille de Lancelin Seigneur de Boisgenci, sa seconde femme, laissa

Guillaume Comte de Neuers, d'Auxerre & de Ton- 15.
nerre, en 1097. qui se fit Chartreux en 1147. mourut l'an 1148. & de son alliance, qui est ignorée, laissa

Guillaume troisiesme du nom, Comte de Neuers & 16.
d'Auxerre, qui mourut l'an 1160. & laissa d'Ide son espouse, Guillaume quatriesme du nom, Comte de Neuers, &

Guy Comte de Neuers, apres son frere, en 1174. & 17.
qui de Mahaut de Bourgongne, fille de Raimond de Bourgongne & d'Agnes Comtesse de Montpensier, depuis remariée à Robert second, Comte de Dreux, laissa

18. Agnes Comtesse de Neuers, d'Auxerre & de Tonnerre, en 1182. qui espousa Pierre de Courtenay, fils de Pierre de France & d'Elisabeth de Courtenai: & de cette Agnes sortit

19. Mahaut de Courtenay Comtesse de Neuers, d'Auxerre & de Tonnerre, qui espousa René de Donzy, Seigneur de S. Aignan, en 1199.

20. Agnes de Donzy, Comtesse de Neuers, d'Auxerre & de Tonnerre, espousa Guy de Chastillon, Seigneur de Montjay, Comte de S. Paul, tué l'an 1226.

21. Ioland de Chastillon, heritiere de Neuers, &c. espousa Archambaud de Bourbon le ieune, neufuiesme du nom.

22. Mahaut de Bourbon, Comtesse de Neuers, Auxerre & Tonnerre, fut mariée à Eudes de Bourgongne, fils aisné de Hugues quatriesme du nom, Duc de Bourgongne, en 1266.

23. Ioland de Bourgongne, Comtesse de Neuers, espousa Robert de Flandres, dit de Bethune, Comte de Flandres, en 1280.

24. Louys de Flandres, Comte de Neuers, espousa Ieanne heritiere de Retel, dont il eut

25. Louys de Flandres, dit de Crecy, Comte de Flandres, de Neuers, de Retel, &c. qui de Marguerite de France, fille du Roy Philippe le Long, laissa

26. Louys de Flandres, dit le Mâle, Comte de Flandres, de Neuers, de Retel, &c. & espousa Marguerite heritiere de Brabant, en 1350. dont sortit vne fille vnique.

27. Marguerite de Flandres, heritiere de Flandres, de Neuers, de Retel, de Brabant, de Hollande, &c. espousa Philippe de France, Duc de Bourgongne.

28. Philippe de Bourgongne, Comte de Neuers, de Retel, &c. espousa Bonne d'Artois Comtesse d'Eu, en 1415.

29. Iean de Bourgongne Duc de Brabant, Comte de Neuers, qui de Paule de Bresse, sa seconde femme, laissa

30. Charlote de Bourgongne, Comtesse de Neuers, qui espousa

espousa Iean d'Albret Comte de Dreux, Sire d'Orual : & de ce mariage sortit

Marie d'Albret Comtesse de Neuers, qui espousa 31.
Charles de Cleues Comte d'Eu, fils d'Engilbert de Cleues, fils d'Elisabeth de Bourgongne Duchesse de Cleues, fille de Iean de Bourgongne Duc de Brabant & Comte de Neuers.

François de Cleues, Duc de Neuers & Comte de Re- 32.
tel, espousa Marguerite de Bourbon.

Henriette de Cleues, Duchesse de Neuers & Comtesse 33.
de Retel, fille aisnée de François de Cleues, espousa Ludouic de Gonzagues Prince de Mantouë.

Charles de Gonzagues & de Cleues, Duc de Neuers, 34.
depuis Duc de Mantouë, auoit espousé Catherine de Loraine, fille de Mons. le Duc de Mayenne : & de ce mariage sortit

Charles de Gonzagues & de Cleues, Prince de Man- 35.
touë, frere aisné de Louyse-Marie de Gonzagues Reine de Pologne, & d'Anne de Gonzagues Princesse Palatine: & de Marie de Gonzagues, sa cousine, fille vnique de François Duc de Mantouë, & de Marguerite de Sauoye, est sorti

Charles de Gonzagues, à present Duc de Mantouë & 36.
de Neuers. Ce qui fait voir de combien de degrez éloignez cette belle Seigneurie, l'vne des plus considerables du Royaume, est venuë à Monf. le Duc de Mantouë, par droit de succession, à cause de ses meres, cette Maison estant tombée plusieurs fois en quenoüille, comme ie le viens de iustifier. Cependant il faut auoüer que ce Prince est cent millions de fois plus éloigné du premier Comte de Neuers, pour luy succeder dans les degrez de consanguinité, si nous pouuions marquer tous les quartiers qui entrent dans sa genealogie, qu'il ne l'est dans la mesme proportion de tous les Princes Souuerains de l'Europe, des Ancestres desquels il me seroit facile de demonstrer qu'il est descendu par des degrez assez proches, du costé des grandes Princesses alliées dans sa Maison.

Addition pour mettre deuant la page 210.

SI i'eusse voulu marquer dans ce Liure tous ceux de mon temps, qui se sont acquis la reputation de bien escrire en nostre langue, ie n'y aurois pas oublié Monf. de Priezac Conseiller d'Estat, pour ses excellents discours politiques: M. de la Chambre, aussi Conseiller d'Estat & Medecin du Roy, pour les belles choses que nous auons de luy dans ses traitez de Physique: Le vertueux Gentil-homme M. de la Hoguette, qui s'est rendu immortel dans le testament qu'il a fait d'vn bon pere à ses enfants: L'Aduersaire de M. Costar qui méle tant d'erudition dans ses Ouurages: M. le Maistre, qui s'est rendu si celebre par ses illustres Plaidoyers: Les agreables Autheurs de l'Ariane, du Polexandre, de la Cleopatre, du Grand Cyrus & de la Clelie, du Mitridate, & du Toledan: Les Historiens de ces fameux Heros de nostre siecle, tels que les Ducs d'Epernon, de Rohan, de Lesdiguieres, de Suilly, & les Mareschaux de Toiras & de Guebrian: Les Autheurs d'autres vies de Personnages qui ont excellé en sainteté, ceux de diuers voyages, les Panegyriques de M. Oger, les eloquents Sermons du Pere Senaut, & quelques autres Liures de pieté.

Pour la Poësie, outre ceux que i'ay marquez auec honneur dans le corps de ces Memoires, nous auons Mess. de Corneille, de Boisrobert, de Benserade, de Bertaut, des Segrais & le Baron d'Angeruille, ce dernier si digne des faueurs de Monf. le Prince de Conti qui l'honore de son estime & de son amitié: M. de Monplaisir, que i'ay vû engagé dans les interets de la mesme maison: Monf. l'Abbé Testu, dont la reputation de l'eloquence est desormais si publique: Monf. de la Menardiere de Poitou, qui nous donne vn recueil admirable de pieces tres-acheuées. Mess. des Ruaux & l'Abbé Talman son frere, qui ont l'esprit si poli & si delicat: Mess. de Montreüil, de

Maucroy, de Montauban Aduocat en Parlemẽt, Autheur de tant de belles Pieces de Theatre, qu'il a données au public, du Teil, autre Aduocat en Parlement, Guilbert, qui a si bien reüssi dans l'art de plaire, Boyer, Scaron, si connu de toute la France par tant de iolies choses qu'il a escrites, auec vne facilité incroyable, le Pere le Moine Iesuite, & les Sieurs Mairet & Beïs, sans parler de quelques illustres Defuncts que i'ay fort connus, tels que Mess. des Yueteaux, Porcheres, Mainard, l'Estoile, Baro, Malleuille, Rotrou, Rampales, l'Abbé de Laffemas, Sarasin & Tristan : & quelques-vns encore qui escriuent de si beaux vers Latins, entre lesquels, apres la mort de nostre Borbonius, & du Sieur Remy Poëte Royal, auquel a si dignement succedé Mons. Hallé de Caen celebre Professeur en Eloquence, & depuis en Droit-Canon, nous auons Mons. Gaulmin, Maistre des Requestes de l'Hostel : ces deux freres, Adrian & Henry de Valois, dont la reputation est si éclatante, le docte Tarin Professeur du Roy, Charles du Perier Gentil-homme Prouençal, neveu d'vn autre du mesme nom, si connu dans les Poësies de Malherbe, Mons. l'Abbé Pidou, Mons. de Petitville, Conseiller du Roy au Parlement de Roüen, les Peres Mambrun, Theron, le Vasseur Iesuites, & Nicolas Dominicain, Iean Maury Theologien, & le sçauant Rhetoricien Nicolas Mercier, qui a fait vn Ouurage considerable de l'art de composer des Epigrammes en toutes sortes de genres pour le Latin, au mesme temps que M. Colletet en a publié vn autre auec son Recueil d'Epigrammes pour le François.

Laudemus viros præclaros, & quibus prognati sumus, Maiores nostros. Ecclesiast. 44.

I'Ay aussi obmis dans la page 177. de ces Memoires, de marquer les ressentiments que i'ay des ciuilitez que m'a faites François Roger de Gagnieres, ieune Gentil-homme dont l'esprit, les graces & la beauté égalent la naissance illustre, pour quelques Anagrammes qu'il a pris la peine de chercher sur mon nom, comme celle-cy, adioutant vne R. à *Michel de Marolles*, L'OR DE MILLE CHARMES, & pour ces vers tres-obligeants; mais qui me conuiennent si peu, que ie ne m'y reconnois point du tout.

Ton pere a triomphé dans la gloire des armes,
Et tu vas surpassant par tes doctes escrits
Ce qu'ont iamais produit les plus rares esprits,
De-là vient qu'on te dit L'OR *vray* DE MILLE CHARMES.

Car ie sçay bien que ie ne merite point toutes ces loüanges, & i'ay mesmes quelque pudeur d'en parer cet Ouurage: mais ce que i'en ai fait, n'est pas tant pour ma propre gloire, quoy qu'elles me soient tres-honorables d'vne personne si pure & si innocente, que pour ne fascher pas celuy qui en est l'Autheur, & qui m'a voulu preter des graces & des auantages que ie n'ay pas, outre qu'il a desiré de moy ce petit tesmoignage de l'estime que ie fais de son esprit, de son amitié & de sa vertu dans la grande ieunesse où il est encore, approchant à peine la fin de la treisiesme année de son aage; d'où il est facile de connoistre les esperances qui se peuuent conceuoir d'vn si beau naturel.

Spes perfectionis est, honesta in adolescente inchoatio: Nec ab erudico distat, qui inter exordia boni gloriam occupat instituti. Ennodius lib. 7. Epist. 24.

AVTRE

AVTRE ADDITION.

L'OCCASION se venant d'offrir de parler d'vne action celebre de Monsieur Talon Aduocat General au Parlement, qui dans la grande ieunesse où il est encore, occupe si dignement la place que feu Mons. son pere, l'vne des grandes lumieres de son siecle, remplissoit auec tant de gloire, ie ne sçaurois la laisser échaper, sans luy donner vne partie des loüanges qu'elle merite, apres l'aplaudissement de tout le Barreau. Ce fut le vingt-neufuiesme iour de Nouembre de l'année mille six cents cinquante-cinq, en la Cause où soixante-cinq Docteurs estoient appellants, comme d'abus, d'vne Conclusion de la Faculté de Theologie de Paris, par laquelle on auoit donné des Commissaires pour examiner la seconde Lettre de Monsieur Arnaud Docteur de Sorbonne, pour seruir de reponse à plusieurs Escrits qui auoient esté publiez contre sa premiere Lettre, sur ce qui estoit arriué à vn Seigneur de la Cour, dans vne Parroisse de Paris. Il y auoit dans cette affaire deux raisons de l'appel interietté. La premiere, de ce que dans l'Assemblée de la Faculté de Theologie, tenuë au College de Sorbone, le quatriesme iour de Nouembre de la mesme année, où se prit la conclusion que ie viens de dire, il s'y estoit trouué plus de Docteurs des Ordres Mendiants qu'il ne s'y en doit trouuer, par les Reglements de la Faculté de Theologie, confirmez par plusieurs Arrests de la Cour. La seconde, que l'on auoit donné des Commissaires qui estoient les Parties declarées de Monsieur Arnaud. Sur quoy Monsieur Talon Aduocat General, en l'absence de Monsieur de Bignon, ſon ancien, l'vn des plus humbles & des plus ſçauants hommes de la Terre, dit pour le Roy & pour les interets de l'equité publique, qu'il luy ſembloit que c'eſtoit vne neceſſité indiſpenſable d'obſeruer les Arreſts dans vne queſtion comme celle qui s'offroit à iuger, & que ſa charge l'obligeoit d'en procurer l'execution. Qu'au reſte, touchant la ſeconde Cauſe d'apel comme d'abus, il y auoit vn Arreſt du Parlement, donné en faueur de Jaques Merlin Docteur de la Faculté de Theologie de Paris, qui auoit appellé de ce qu'on luy auoit donné des Docteurs pour Commiſſaires & pour Iuges, qui luy eſtoient ſuſpects, que la Cour ordonna qu'on luy en donneroit non ſeulement d'autres; mais des Docteurs qui ne luy ſeroient point ſuſpects.

Il remarqua que dans l'ancienne Diſcipline de l'Egliſe, vn Eueſque auoit quelquesfois eſcrit contre vn Heretique, dont il fut choiſi pour eſtre Iuge dans vn Concile; mais qu'il ne ſe trouuoit point qu'il en euſt iugé apres auoir eſté recuſé, ce qu'il adiouta eſtre bien digne de remarque au ſuiet dont il s'agiſſoit. Et de fait, dit-il, combien y a-t-il de Magiſtrats qui iugent d'vn procez, qui n'en iugeroient pas s'ils auoient eſté recuſez? Saint Cyrile auoit bien eſcrit contre Neſtorius, dont il ne laiſſa pas en ſuitte d'eſtre iuge dans le Concile d'Epheſe; mais il ne fut iamais recuſé par Neſtorius, qui d'ailleurs ne voulut pas ſe trouuer au Concile, & fut condamné par contumace. Saint Auguſtin eſcriuit l'an quatre cents onze contre Pelagius, & aſſiſta au Concile de Mileue, où Pelagius fut condamné. Les Sçauants ne demeurent pas bien d'accord de l'année de ce Concile: car les vns diſent qu'il fut tenu en quatre cents deux: & les autres en quatre cents ſeize: mais quoy qu'il en ſoit, ſaint Auguſtin en a decidé la queſtion, au ſecond Liure contre Iulien, au chapitre dixieſme, où il combat Iulien par le teſmoignage des Saints Peres, contre qui l'on ne pouuoit rien obiecter dans cette cauſe, laquelle ils n'auoient iamais combatuë ny fauoriſée: car vous n'eſtiez pas encore en estat, dit-il, que nous peussions debatre contre vous pour ce regard : *Nondum enim extiteratis, contra quos susciperemus de hac quæstione conflictum*, & plus bas. Quand ils prononcerent leurs iugements dans cette cause, ce fut sans aucune preoccupation d'amitié ou de haine pour vous & pour nous. *Quando de illa causa sententias protulerunt, nullas nobiscum vel vobiscum amicitias attenderunt, vel inimicitias exercuerunt, neque nobis, neque vobis irati sunt, neque nos, neque vos miserati sunt.* Pour montrer que si l'on eust pû dire le contraire, saint Augustin fust demeuré d'accord de ne les pas opposer à Iulien. Il fit voir en suitte par vn passage illustre du mesme Saint, auec quelle restriction il oppose à Iulien le Pape saint Innocent premier & saint Hierosme : *Ex quibus (Patribus) Papam Innocentium & Presbyterum Hieronymum retrahere fortasse tentabis, istum quia Pelagium Celestiumque damnauit, illum quia in oriente Pelagium Catholicam fidem pro intentione defendit*, & le reste. Sur quoy il faut remarquer que saint Augustin n'eust point opposé le Pape saint Innocent à Iulien, si Pelagius n'eust autresfois loüé le Pape Innocent, & il n'oppose saint Hierosme à Iulien, qu'en ce qu'il auoit escrit, auant que Pelagius eust dogmatisé. *Non enim eius sententiam posui quam tempore inimicitiarum contra vestrum tenuit & deffendit errorem, sed quam posuit in scriptis suis liber ab omni studio partium, & antequam vestra damnabilia dogmata pullularent.* Et il rend en ce lieu-là mesme vne belle raison de ce qu'il n'opposoit point les Liures qu'il auoit faits contre Pelagius.

Il employa vn passage de l'Epistre de saint Iean Chrisostome au Pape Innocent premier, par laquelle il dit, qu'il n'estoit pas equitable que Theophile d'Alexandrie fust son Iuge, parce qu'il estoit son Ennemy, & qu'il n'estoit pas raisonnable que ceux de l'Egypte iugeassent ceux de la Thrace, & particulierement Theophile, qui s'estoit declaré contre eux, & n'oublia pas sur ce propos ce que le Pape Innocent en escriuit à Theophile, par où il fit voir que le Pape Innocent ne laissa que la qualité de Partie à Theophile, & non pas celle de Iuge. *Si conscientiæ confidis, tu quoque iudicio accurre ad Synodum proximè in Christo celebrandam, & illic iuxta Nicæni Concilij Canones & Decreta contende.* De-là, il se souuint de l'exemple memorable d'Eutyches, qui recusa les Legats du Pape Leon, pour auoir esté regalez par Flauian Euesque de Constantinople, qu'il tenoit pour son Ennemi, & en raporta mesmes les paroles de la premiere action du Concile de Calcedoine. Ces Legats estoient les mesmes qui furent enuoyés au second Concile d'Ephese, qui eut vn bon commencement, & vne mauuaise fin.

Puis, il descendit au Concile de Constance, où les Hussites recuserent Iean Gerson Chancelier de l'Eglise de Paris. Les Peres du Concile, dit-il, n'allegueren point qu'on ne pouuoit recuser vn Docteur en matiere de foy: mais en supposant que cela se pouuoit faire, le Cardinal de Florence François Zabarella, qui fut vn fameux Iurisconsulte, prit la parole au nom du Concile, & dit comme en s'estonnant de la recusation des Hussites. *Dicitis, ô Hussitæ, Cancellarium Parisiensem vobis suspectum existere, qui tamen vsque adeo superexcellens Doctor est, qualis in tota Christianitate vix reperiri queat.* Comme il est raporté par Cocleus dans son Histoire des Hussites. En suite, il fit voir auec vne grande eloquence, que si les Parties demeuroient Iuges, la Censure qui pourroit estre faite, auroit vn effet tout contraire à celuy qu'elle deuoit auoir: & finit son plaidoyé par vn beau trait de Gerson, tiré du Liure qu'il a fait, *De examinatione Doctrinarum*, où il dit que la censure des Liures peut estre commise à vne Faculté de Theologie, *Modo habeat Doctores non partiales, non seductos, non factiosos, non inuidos, non sæculari potestati vel spirituali plus fauentes quam veritati, alioquin tolerabilius esset nullos Doctores habere, quam tales pati.*

Vers le milieu de son action, il parla de la constitution du Pape Innocent dixiesme, de laquelle les Aduocats de part & d'autre, auoient amplement discouru, & dit qu'il n'empeschoit point qu'on ne luy portast tout le respect qu'elle pouuoit meriter; mais qu'elle ne pouuoit faire de loy dans le Royaume, puis qu'elle n'auoit point esté verifiée ny enregistrée dans les Cours Souueraines: & que pour la regle infaillible de la foy, on ne reconnoissoit en France qu'vn Concile vniuersel, qu'autrement il faudroit reconnoistre la Bulle *Vnam sanctam* de Boniface huictiesme, qui pretendoit que tous les Royaumes & tous les Estats dependoient du Pape, & qu'il faudroit pareillement reconnoistre les Monitoires que Sixte cinquiesme fulmina contre les Rois Henry troisiesme & Henry quatriesme, pour des pieces ausquelles il faudroit se soumettre. Tout cela auec vne force de memoire, d'eloquence & de raisonnement, qui n'est pas imaginable, pendant cinq quarts d'heures, auec l'admiration & l'estonnement de tous ceux qui eurent le bonheur de l'ouïr.

Il semble que Monsieur l'Aduocat General, sur le point des Recusations, pouuoit adiouter vn illustre passage d'vn aduis du Pape Gelase donné à Faustus enuoyé à Constantinople par le Roy Theodoric, où il dit. Ie leur demande enquel lieu se pourra rendre le iugement « qu'on pretend? Sera-ce chez eux-mesmes, où les pro- « pres Ennemis seront Iuges & tesmoins? Mais, adiouste- « t-il, ni les choses humaines, ni l'integrité de la Loy Diui- « ne, ne se doiuẽt point commettre à vn semblable iuge- « ment. Sans mentir ce passage ferme la bouche à ceux qui disent qu'en des causes de Religion, on ne peut recuser des Iuges, quand ils seroient ennemis declarez, bien que la recusation ait lieu en affaires Ciuiles: & le iugement du Pape Gelase est formellement contre cela. Mais il n'est pas tousiours necessaire de raporter toutes les preuues qui peuuent seruir pour la iustification d'vn fait comme celuy-cy.

Les Commissaires deputez ayant esté maintenus, sans auoir egard aux causes d'appel comme d'abus, ni aux genereuses conclusions de Monsieur l'Aduocat General, ont fait leur raport à la Faculté de Theologie, qui n'a pas encore prononcé son iugement sur les deux points, l'vn de fait & l'autre de droit, dont quelques-vns reprennent la seconde Lettre de Monsieur Arnaud: Sur quoy ce Theologien d'vne vertu sans reproche & d'vne naissance honorable, a fourni en quatre iours des defenses ausquelles ses Accusateurs n'ont point encore fait de reponse, quoy qu'on l'eust pû esperer, & de leur suffisance & de leur propre engagement dans l'assemblée de la Faculté, qui fut tenuë le Vendredy 10. iour de Decembre 1655. pour manifester à tout le monde la iustice de leur accusation, & pour conuaincre celuy qu'ils auoient accusé.

Cependant ne faut-il pas deplorer, qu'il se trouue des gens assez inhumains, qui sans qu'on leur ait iamais rien dit, ni qu'on ait iamais escrit la moindre chose contre leurs Liures furieux, & qu'on pourroit mesmes dire n'auoir nul interest dans les disputes qui se sont agitées (Ie ne parle point icy des Peres Iesuites, dont les Ouurages dans cette dispute, ont tousiours esté considerés) se sont efforcez par les artifices d'vne eloquence outrageuse, d'emouuoir toutes les Puissances Soueraines contre des personnes innocentes & parfaitement soûmises à l'Eglise & au Roy, pour les exterminer, parce qu'elles ne sont pas entierement de leurs auis? Ils veulent qu'on les oblige de se retracter. Sera-ce donc de leur humble obeïssance, & de leur soûmission raisonnable? Cela s'appelle-t-il vn bon moyen d'empescher les Schismes? Et ne serons-nous iamais plus reseruez à iuger de nostre Prochain, sur de simples coniectures, quoy qu'il nous soit si expressément defendu par celuy de qui nous sommes trop glorieux d'estre, non seulement les Disciples; mais encore les Enfants, les Freres, & les Coheritiers? Il est question de cinq propositions, qu'on a presentées au Pape Innocent dixiesme, comme extraites du Liure de Iansenius, lesquelles sa Sainteté a condamnées par sa constitution de l'année 1653. On les condamne sincerement auec luy, en quelque lieu qu'elles se trouuent, & dans toute l'estenduë des termes aufquels elles sont conceuës, sans y rien adiouter ou diminuer: Que veut-on dauantage? Il faut reconnoistre, dit-on, qu'elles sont dans Iansenius, comme le Pape l'a dit, & comme trente-huict Euesques de France qui se trouuerent à Paris, chacun d'eux pour ses affaires particulieres, en l'année mille six cents cinquante-quatre, l'ont escrit dans les deux Lettres qu'ils ont publiées, ou bien, *On euitera mal-aisément ce qui est de plus dangereux & de plus tragique*, pour parler aux termes de l'Autheur du Liure de la vraye retractation des Sectaires: mais ni le Pape, ni les Euesques de France, qui se trouuerent à Paris en l'année 1654. sans y estre assemblez par deputation de leurs Eglises, n'ont point fait de constitution par laquelle ils ayent dit, que quiconque niera que les cinq propositions condamnées par le decret du Saint Pere, soient dans le Liure de Iansenius intitulé *Augustinus*, soit anatheme: & puis cela n'estant autre chose qu'vne question de fait, il est aisé d'en conuaincre tout le monde par la seule lecture, sans la fulmination des anathemes, en cittant, ou faisant voir les pages, & les lignes du Liure où elles se trouuent. Et puis le Pape Innocent, qui estoit alors viuant, ne pouuoit-il pas estre consulté bien aisément, pour aprendre de luy-mesme quelle estoit sa pensée sur ce suiet, sans se mettre en peine de la sçauoir d'ailleurs? Ie connois quelques sçauants hommes qui n'ayant pas leu tout l'Augustin de Iansenius, ne veulent pas nier que les propositions condamnées ne soient dans son Liure, puisque des personnes de grande authorité asseurent qu'elles y sont: mais ils auroient beaucoup de satisfaction qu'on eust la bonté de les leur y faire voir dans les mesmes termes qu'elles sont conceuës, sans rien changer ny adiouter, ou diminuer, afin qu'il n'y eust plus de lieu d'en disputer. Cependant i'ay apris de la bouche d'vn Prelat illustre, que six cents personnes les y ont vuës, comme luy; mais il ne se ressouuenoit pas des lieux où elles estoient; & d'autres estiment qu'elles n'y sont point du tout.

Ie ne ſçay plus où il faut chercher la bonne foy, & i'ay grand regret de voir qu'on ſe rende ſi dificile à ſe payer de raiſon, & que la pieté ſoit ſi peu reſpectée. Il n'y a rien qui ne s'enuenime : & les Eſcriuains ſe déchirent impitoyablement, ſans ſe vouloir entendre, auec cet Eſprit de Charité & de Paix, ſi recommandable aux Chreſtiens : ni meſmes ſans ſe faire de quartier, cõme s'ils auoient à faire à des ennemis execrables. On coupe le raiſonnement des Gens par le milieu : on demembre les periodes entieres ; on retranche d'vn diſcours complet des circonſtances & des preuues conſiderables : & on impoſe tout ce qu'on veut aux foibles & aux ignorants. Il faut que ie confeſſe pour mon particulier, que i'y perds toutes mes meſures, & que la doctrine, l'eloquence & le bon ſens n'y ſeruent plus de rien, puis que tout cela eſt mis en pieces par d'autres Eſcriuains, qui voyent, ou qui diſſimulent de voir tout le contraire de ce que nous voyons. Ie ne reſiſte point au torrent, & ie cede à la multitude : mais i'oſe eſperer que ceux qui ne ſeront point preoccupez, en opineront quelque iour autrement. La Poſterité ſera plus equitable que nous : & Dieu fera iuſtice à tout le monde. *Exurge Deus, & iudica cauſam.*

Pauci & mali dies annorum vitæ hominis. Geneſe 47. 9.

FIN.

TABLES

TABLE

Des Noms & des Matieres.

A.

Abbeuille. 131
Ablancour. 227
Abregez. 174
Academie. 41
Adam. 243
Adam Billaud. 107.
Agathe de Chastillon. 1.2.80
Aix Archeuesché. 76
Albret. 259.260
Amboise. 316
Ame, son immortalité. 249
Amiens. 131
Amour de la Patrie. 255
Amour de la verité. 251
Andilly. 278
Angenes. 327
Angers. 96
Angeruille. 438
Anghien. 145.173
Angleterre. 312
Anglois. 34
Aniou. 95.312
Anne d'Autriche Reine. 137.140
Anne de Rohan. 178
Anne Princesse Palatine. 67.168
Années Chronologiques. 271
Antoine de Bourbon, Comte de Moret. 38.42.60.79
Argençon. 85
Argi Pons. 85
Armée d'Italie. 77
Arnaud. 95.145.441
Assomption de la Vierge. 229
Astrologie. 147.272
Aubeterre. 252
Aubigné. 348
Audin. 178
Auenay. 66

B.

Balesdens. 32
Balets. 60.69.70.109.127
Balkos. 152
Balzac. 178.190
Baltazar. 276
Baranton. 28
Barberin Legat. 61
la Barde E. de S. Brieux. 320
Barillon. 143
Bargeot. 31
Barraud. 248
Baudier. 351
Baugerais. 5
Beaumanoir Euesq. du Mans. 229
Beauregard-Chabris. 43.318
Beliévre. 323
Bellefons. 85
Belleuille. 172
Bellozane Abbé. 130.147
Benserade. 438
Berars. 319
Berins. 256
Bertaut. 438
Beruille. 234
Bethune. 83.172
Bethune E. de Maillezais, puis Arch. de Bordeaux. 98.218

Mmm

Bibliotheque. 80 104
Bibliotheque Mazarine. 195
Bignon. 442
Bigot. 323
Blazons. 307
Bleré. 319
Blois. 108
le Bloy. 189. 397
Blondel. 191
Bochar. 10. 66
Bohan. 34
Boileau. 176. 277
du Bois. 59
Boisrobert. 58. 438
Boisuilliers. 317
Boni. 26
Bonne volonté. 223
Bonnet. 103. 254
Borel. 177
Bosse. 255
Boüillaut. 272. 274
Boüillon. 325
Boulai. 254
Boumois. 98
Bourbon l'Archambaud. 321
Bourdeilles. 74. 83. 329
Bourdelot. 35. 36. 276
Bourges. iij
Bourgongne. 314
Bouuar. 21
Boutiller Ar. de Tours. 224
Brachets. 320. 322
Breuiaire Romain. 105. 195
Bridieu. 189. 397
Briere. 48
Brieueté de la vie. 248
Brigueil. 84. 102. 107
Brissac. 94. 96. 324
Brissonnet. 6. 254
Brodeau. 254
Brulon Deagean. 186
Brunet. 110
Buade. 109
Bunel. 255

C.

Cabinet de Madame la Princesse Marie. 124
Cadrans. 267
Cahieu. 131
Camail. 171
Canaye Iesuite. 279
Canonisation. 50
Capucin. 146
Carcaui. 272
Cardinal de Guise. 45
Cardinal du Perron. 32
Cardinal de Richelieu. 134
Cardinal de la Rochefoucaut. 42
Cardinal de la Valette. 74
Carrouge Chartreux. 248
Carousel. 22. 23
des Cartes. 255
Casimir Prince de Pologne. 160
Cassandre. 176. 277
la Cassine. 65. 66
Castille. 312
Catherine de Gonzagues, Duchesse de Longueuille. 67
Catherine de Loraine, Duchesse de Neuers. 37
Catulle. 145
Canales. 7
Ceremonies Ecclesiastiques. 209
Cerisai. 58
la Chambre. 438
Chambret. 255
Chanualon. 277
Chantelou. 16
Chanut. 20
Chapelain. 174
la Chappelle Comte. 256
Chappuis. 254
Charles Emanuel, Duc de Nemours. 6
Charles de Gonzagues, Duc de Neuers. 25. 28. 56. 113
Charles de Gonzagues, Prince

de Thimerais. 46.53.57.66
Charles de Gonzagues, Duc de Mantouë. 201
Charles de Loraine, Duc de Mayenne. 47
Charleual. 234
Charleuille. 64
Charlotte de Marolles. 5.8.75
Charlote de Menou. 80.188
Charnisai. 34
Charpentier. 177
Chartreux du Liget. 10
Chasse. 48.49
Chasteau d'Angers. 95
Chasteau-Landon. 85
Chasteau Meillan. 121
Chastillon. 2.360
la Chastre. 122
Chaumont. 237
Chaune. 21
Chauueau. 174
Chef de S. Iean. 132
du Chesne. 106.128.176.255.
Cheualier du S. Esprit. 93
Chevreau. 277
Choiseul E. de Cominges. 222
Choisi de Caën. 172
Christine Reine de Suede. 186
Cipierre. 324
Claude de Marolles. 1.2.22.83.99.100.341.
Clement. 265
Coëffeteau. 40.54
College de Clermont. 18.38
College de la Marche. 18
Colletet. 41.58.176.280
Colombiere. 176.177.248
Combat de Mess. de Marolles & Mariuaut. 202.341
Comedies. 31.53.71.125.
Condé Prince. 25.27.87.142
Condé Princesse. 163
Conti Princesse. 21
Conrad. 174
Corade. 147
Cordon d'or. 223
Cornac. 39.72.75
Corneille. 103.438
Costar. 95
Cotin. 174.176
Coton Iesuite. 17.18.72
Cottereau. 328
Coulommiers. 67
Courtenay-bleneau. 259
Coutumes. 283
Crassot. 32
Creil. 133
Crissé. 97
Crosilles. 40.42.43.45.55.109.
Croix pectorale. 170

D.

Daillon. 320
Daudiguier. 37.41.345
Delingendes E. de Mascon. 40.42.43.222.225
Delingendes Iesuite. 95.178
Deputations du Clergé. 250
Desargues. 272
Deslandes E. de Triguier. 254
Deuises. 180.200.265
Dezize. 120
Diepe. 149
Dignitez Ecclesiastiques. 219
Disciples de S. Augustin. 278
Disné royal. 165
Domestiques. 287
Dom Marc-Durant, Chartreux. 10
Doüé. 108
Doujat Iesuite. 18
Douurier. 199
Duc d'Aniou. 194
Dupleix. 349
Duel de Mess. de Marolles & Mariuaut. 202.341
Dupuy. 2.37.106.190.321.404
Durier. 277
Du Val. 40.237

Bibliotheque. 80 104
Bibliotheque Mazarine. 195
Bignon. 442
Bigot. 323
Blazons. 307
Bleré. 319
Blois. 108
le Bloy. 189.397
Blondel. 191
Bochar. 10.66
Bohan. 34
Boileau. 176. 277
du Bois. 59
Boisrobert. 58.438
Boisuilliers. 317
Boni. 26
Bonne volonté. 223
Bonnet. 103. 254
Borel. 177
Bosse. 255
Boüillaut. 272. 274
Boüillon. 325
Boulai. 254
Boumois. 98
Baurbon l'Archambaud. 321
Bourdeilles. 74.83.329
Bourdelot. 35.36.276
Bourges. ij
Bourgongne. 314
Bouuar. 21
Boutiller Ar. de Tours. 224
Brachets. 320.322
Breuiaire Romain. 105.195
Bridieu. 189.397
Bricre. 48
Brieueté de la vie. 248
Brigueil. 84.102.107
Brissac. 94.96.324
Brissonnet. 6.254
Brodeau. 254
Brulon Deagean. 186
Brunet. 110
Buade. 109
Bunel. 255

C.

Cabinet de Madame la Princesse Marie. 124
Cadrans. 267
Cahieu. 131
Camail. 171
Canaye Iesuite. 279
Canonisation. 50
Capucin. 146
Carcaui. 272
Cardinal de Guise. 45
Cardinal du Perron. 32
Cardinal de Richelieu. 134
Cardinal de la Rochefoucaut. 42
Cardinal de la Valette. 74
Carrouge Chartreux. 248
Carousel. 22.23
des Cartes. 255
Casimir Prince de Pologne. 160
Cassandre. 176.277
la Cassine. 65.66
Castille. 312
Catherine de Gonzagues, Duchesse de Longueuille. 67
Catherine de Loraine, Duchesse de Neuers. 37
Catulle. 145
Cauales. 7
Ceremonies Ecclesiastiques. 209
Cerisai. 58
la Chambre. 438
Chambret. 255
Chanualon. 277
Chantelou. 16
Chanut. 20
Chapelain. 174
la Chappelle Comte. 256
Chappuis. 254
Charles Emanuel, Duc de Nemours. 6
Charles de Gonzagues, Duc de Neuers. 25.28.56.113
Charles de Gonzagues, Prince

de Thimerais. 46.53.57.66
Charles de Gonzagues, Duc de Mantouë. 201
Charles de Loraine, Duc de Mayenne. 47
Charleual. 234
Charleuille. 64
Charlotte de Marolles. 5.8.75
Charlote de Menou. 80.188
Charnisai. 34
Charpentier. 177
Chartreux du Liget. 10
Chasse. 48.49
Chasteau d'Angers. 95
Chasteau-Landon. 85
Chasteau Meillan. 121
Chastillon. 2.360
la Chastre. 122
Chaumont. 237
Chaune. 21
Chauueau. 174
Chef de S. Iean. 132
du Chesne. 106. 128. 176. 255.
Cheualier du S. Esprit. 93
Chevreau. 277
Choiseul E. de Cominges. 222
Choisi de Caën. 172
Christine Reine de Suede. 186
Cipierre. 324
Claude de Marolles. 1. 2. 22 83. 99. 100. 341.
Clement. 265
Coëfteau. 40.54
College de Clermont. 18.38
College de la Marche. 18
Coletet. 41.58.176.280
Colombiere. 176. 177.248
Combat de Mess. de Marolles & Mariuaut. 202.341
Comedies. 31.53.71.125.
Condé Prince. 25.27.87.142
Condé Princesse. 163
Conti Princesse. 21
Conrad. 174
Corade. 147
Cordon d'or. 223
Cornac. 39.72. 75
Corneille. 103. 438
Costar. 95
Cotin. 174.176
Coton Iesuite. 17.18.72
Cottereau. 328
Coulommiers. 67
Courtenay-bleneau. 259
Coutumes. 283
Crassot. 32
Creil. 133
Crissé. 97
Crosilles. 40.42. 43.45.55.109.
Croix pectorale. 170

D.

Daillon. 320
Daudiguier. 37. 41. 345
Delingendes E. de Mascon. 40. 42.43.222.225
Delingendes Iesuite. 95.178
Deputations du Clergé. 250
Desargues. 272
Deslandes E. de Triguier. 254
Deuises. 180.200. 265
Dezize. 120
Diepe. 149
Dignitez Ecclesiastiques. 219
Disciples de S. Augustin. 278
Disné royal. 165
Domestiques. 287
Dom Marc-Durant, Chartreux. 10
Doüé. 108
Doujat Iesuite. 18
Douurier. 199
Duc d'Aniou. 194
Dupleix. 349
Duel de Mess. de Marolles & Mariuaut. 202.341
Dupuy. 2.37.106.190. 321. 404
Durier. 277
Du Val. 40.237

E.

EDoüard Prince Palatin. 168
Embrun Archeuesque. 209
Emon de Menou. 187
Enseigne du Pont N. Dame. 153
Epistres & Euangiles. 193
Epitaphes. 182. 199. 360
Erian. 363
Erigone. 34
Eschaux Ar. de Tours. 87
l'Escale. 256
Espaisses. 321
Esparbez. 256
Espernon. 128
Esplas. 177
Estempes Valençai. 9. 73. 126
Estrées E. de Laon. 158. 247. 339
Eu. 130

F.

FAïe. 321
Falaiseau. 4. 254
Familles nobles. 86
Faremontier. 67
Fauereau. 196
le Febvre Chantereau. 271
Feramus. 190
Ferrier. 55
Ferté Imbant. 77
Festins. 26
Feux. 36. 50. 150
Fiesque. 31
Fismes. 62
Fleuri. 166
Flus & reflus de la Mer. 149
Fonteuraut. 98
Fontmorigny. 112
Forges. 130. 145. 150
Forget. 255
Fosseux. 327
France. 310
François de Gonzagues, Duc de Retelois. 25. 34. 45. 46. 48. 52
François de Sales E. de Geneue. 54.
François Paris. 19
François Peintre. 255
Frei. 35. 36. 40. 45
Frequente Communion. 145
Fronton du Duc Iesuite. 40. 59
Fumée. 254
Furetiere. 176

G.

GAberot. 103
Gagnieres. 440
Gayan. 147
Galand. 254
Gassendi. 197. 271. 272
du Gast. 3
Gaulmin. 439
Gault. 38. 254
Genealogies. 102. 289
Generations du monde. 338
Germain Carme Dechaux. 118
Giffort Ar. de Rheims. 65
Giry. 277
Godeau E. de Grace. 175. 227
Gombaud. 234
Gomberuille. 20
Gondi. 324
Gonzagues. 412
Gorge Anglois. 42
Gournay. 58. 105
Grasleul. 189
Graueurs en taille-douce. 153. 156
Guebrian. 166
Guenand. 103. 172
Guerres des Huguenots. 47
la Guesle. 6. 15. 324
Guienne. 312
Guiet. 191
Guilbert. 439
Guische Comte. 45
Guy de Tours. 255

H.

HAbert E. de Vabres. 40. 225
Habit de Prelat. 170
Haïneuue Iesuite. 166
Hallé. 176. 439
du Hamel. 101
Hardiuilier. 18

Harlai.

Harlai. 323
Heber Ar. de Bourges. iij
Henriette de France, Reine d'Angleterre. 61
Henry quatriesme Roy. 13
Henry de Bourbon, Marquis de Verneüil. 38. 60
Henry de Sauoye, Duc de Nemours. 69. 71. 269
Herau. 186
Herisson. 121
la Herpiniere. 276
Hersant. 146
Heruaux. 84. 158
Hesselin. 31
Histoire Romaine. 79
la Hoguette. 438
Horace. 187. 191
Hosier. 102. 256
Humieres. 84. 137

I.

IEanne de Menou. 82. 188
Iesuites de Tours. 90
Illustres de Touraine. 254
Images. 146
Images en taille-douce. 154
Indulgences. 88
Ionzac. 252
Isoré. 84. 315
Iubilé. 72. 88. 89
Iueteaux. 439
Iussac. 86. 329
Iuste Peintre. 180
Iustel. 191
Iuuenal. 194

K.

KEnopaski. 161
Kairuel 16

L.

le LAboureur. 280
Langues. 282
Launoy. 159. 160. 176. 237. 240. 276.
Lestoille. 58
Lestrade. 42
Liancour. 133
Limoges Eueſché. 68
Linieres. 194
Litolfi Maroni. 20
Liures. 197
Loüanges excessiues. 263
Louys XIII. Roy. 136. 137
Louys XIV. Roy. 136. 207
Louys de Marolles. 4. 15. 81. 179. 187
Louyse Marie de Gonzagues, Reine de Pologne. 53. 54. 68. 106. 112. 113. 124. 133. 152. 162. 168. 199.
Loix & Coutumes. 283
Lucain. 55. 173. 195
Luçon Euesque. 29. 92. 97
Luçon Eueſché. 91. 92
Lucrece Poëte. 186
Luines. 324
Lumague. 31
Lutier. 75

M.

MAchaut. 18
Magdelaine. 231
Magdelaine de Marolles. 21. 92
Maillezais. 97
Mainard. 439
Maisons de Touraine. 252
le Maistre. 438
Maladie du Roy. 136
Malleuille. 58. 439
Mambrun Iesuite. 439
Mamineau. 254
Mangot. 18. 29
Maniere de precher. 218
Mantouë. 263
des Marais. 177
Marandé. 279
Marcassus. 41
Mariage du Roy. 26
Marca Ar. de Tolose. 175. 219
Marolles Genealogie. 289
Marolles Lenoncour. 327
Marsault. 75

Nnn

Marteau. 255
Martel. 199
Martial. 196
Masparault. 20
Massac. 20
Masson. 41. 103
Matthieu. 31. 352
Maucroy. 439
Mehun-sur-Yéure. 110
Meige. 18. 19
Melan. 167
Menage. 96. 175
la Menardiere. 277. 438
Menetou. 318
Menou. 376
Mercier. 439
Meserai. 181. 341
Mesieres. 63. 124
Mesure. 85
Milice Chrestienne. 56
la Milletiere. 129. 193. 241. 322
le Moine Iesuite. 439
Molé Garde des Seaux. 144. 165. 195.
Monmor. 234. 273
Montbel. 189
Montmaur le Grec. 34
Montholon. 115. 116
Montresor. 83. 109
Moret, voyez Antoine.
Morin. 275
Mornac. 254. 354. 356
la Mort. 248
Mort du Card. de Richelieu. 135
Mort d'vne petite fille. 182
la Mothe le Vahier. 58. 194
la Moussaye. 173
Moussi Comte. 193

N.

Naudé. 190
Nemours, voyez Henry.
Neuers, voyez Charles & Louïse.
Neuers ville. 106. 110. 163
Neuuy Baron. 158
Neuui S. Sepulchre. 122
Nicole. 20
Noblesse. 257
Noirmontier. 325
Nopces Royales. 164
Nostre-Dame de la Victoire. 58
Nostradamus. 276
Nouueau-Testament. 178
des Noyers. 147. 199
Nublé. 254
Nuré. 269

O.

Oger. 58. 190. 438
Olier. 323
Ordres. 82
Otth. 177
Ouurages. 277

P.

Pagan. 186. 275
Pailleur. 186. 172. 274
Paiot. 194
Pairs. 210
Palatin Prince. 195. 201
Palluau. 86
Palu. 254
Papillon. 9
Parlement. 138
Pascal. 272. 274
Paulmy. 84
la Peire. 271. 272
Peletier. 55. 177
Pelisson. 196. 277
du Perier. 439
Perrin. 265
du Perron. 31
Perse Poëte. 194
Peste. 44
Petau Iesuite. 10. 40. 191. 230. 272
Petitte verolle. 103
Petit. ville. 439
Pidou. 439
Piétre. 269
Plantin. 255
Plessis-Richelieu. 15
Pluuinel. 353
Poëtes. 280
Poitou. 97
Polier. 264

Polixene de Marolles. 53
Pologne rauagée. 201. 208
Pompignan. 231.234
Potier E. de Beauuais. 142
du Prat. 199
Preaux. 86
Predictions. 276
Present de la Reine de Pologne. 179
Preüille. 317
Prie. 318
Priezac. 438
Prisonniers. 136
Properce. 195
Pseaumes. 152

Q.

Quartiers Genealogiques. 328
Querelle de M. le Duc de Neuers. 45
Quillet. 255.276

R.

Rabel. 34
Rabelais. 254
Racan. 44.255
Rampales. 438
Rançai Abbé. 200
Rançai Dame. 166
Retel. 63.324
Reunion des Protestans. 241
Reuel. 41.58.94.95.98.107
Rheims. 62
Ricchiardi. 94.359
Rigaud. 190
Roberual. 272. 275
Rochefort-Luçay. 9
la Rochelle. 78
la Rocheposai. 315
Roches S. Quentin. 94
Rocroy. 145
Rouuille. 258
le Roy. 20
des Ruaux. 438
Rudiments. 8

S.

Saint Aignan. 83
S. Amant. 48.167.176
S. Aubin. 280
S. Ciran. 151
S. Denys. 236
S. Eloy. 134
S. Florent. 108
S. Mars. 94.134
S. Pierre le Moutier. 120
S. Valeri. 131
Sainte Anne. 235
Sainte Magdelaine. 231
Sainte Marthe. 106.177.191
Sainte Maure. 252.256
Sainte-Mesme. 48
Salé. 159
Salmonnet. 129.193
Sang de Iesus-Christ. 123
Sansom. 2[illegible]1
Sarazin. 439
Saulmaise. 191
Scaron. 439
Schomberg. 320
Scuderi. 176
Seances. 138. 220
Seguier Chancelier de France. 140. 144
Semaine-Sainte. 68
Senaut. 438
Sens Archeuesque. 222
Sepultures de Neuers. 117
de Serre. 350
Seruin. 72
Simeon le Stylite. 227
Sirmond Iesuite. 40.191.237
du Solier. 119
Sompi. 63
Sorbieres. 199.276
Sorciers. 276
Sorel. 177
Superstition. 153.276

TABLE DES NOMS ET DES MATIERES.

T.

Tableau de la Reine de Pologne. 180
Tableaux des Muses. 196
Tables Genealogiques. 309
Talman. 276
Talon. 140. 441
Tarots. 112
Taupinamboux. 24
Temperament. 284
Testu. 438
Theron Iesuite. 439
Thou. 134
Thurin. 323
Tibulle. 195
du Tillet. ij. 324
Tilly. 323
Tiltres domestiques. 81
Tiltres de Neuers. 115. 116
Tonnereau. 42
Touraine. 252
Tours. 14
Traductions. 225. 277. 280
Tristan. 439
Troubles. [illegible]. 133

V.

Valençai. 83. 102
la Valiere. 3
de Valois. 439
Vardes. 44. 150
Vassé. 258. 324
le Vasseur. 439
Vaugelas. 277
Vaultier. 172
du Verdus. 199. 276
Verneüil. 133
Veruille. 255
la Victoire Abbé. 172
Vie priuée. 169. 222
Vie rustique. ij
Viger Iesuite. 214
la Vigne. 172
Vignon. 255
Villeloin. 74
Viole. 323
Virgile. 173
Vitalis. 119
Vladislas Roy de Pologne. 161
le Voyer. 85
Voiture. 167
Vxelles. 77
Vriez. 177

En la page 275. à la derniere ligne, en parlant de l'aage de Pierre Gassendi, au lieu de ces paroles, *est mort en la 65. année de son aage*, il faut mettre, aagé de 63. ans 9. mois 13. iours.

Belle et touchante description de la fin du regne d'Henri IV
p. 11. 12. 13.

L'abbé de Morellet parle [illegible] de M. de [illegible]
[illegible] que dans le 5 volume p. 175.
p 176 de M. Necker [illegible]

[illegible] les archives de maisons [illegible] p 102

www.ingramcontent.com/pod-product-compliance
Lightning Source LLC
LaVergne TN
LVHW010527100826
845148LV00001B/116

9782012577480